가장 위대한 메시지
로이드 존스와 함께 하는 **365일 묵상**

_____ 님께

_____ 드림

_____ 년 _____ 월 _____ 일

First Book of Daily Readings

Copyright ⓒ Frank Cumbers 1970
Originally published in English under the title *A First Book of Daily Readings*
by Epworth Press, UK.

All rights reserved.

This Korean Edition Copyright ⓒ 2011 by Somang Publishing, Seoul, Republic of Korea
This Korean edition is translated and used by arrangement of Epworth Press through Hymns Ancient & Modern Ltd. and rMaeng2, Seoul, Republic of Korea.

이 한국어판의 저작권은 Hymns Ancient & Modern Ltd.와 알맹2 에이전시를 통하여 Epworth Press와 독점 계약한 도서출판 소망에 있습니다. 신 저작권법에 의하여 한국 내에서 보호받는 저작물이므로 무단 전재와 무단 복제를 금합니다.

가장 위대한 메시지

로이드 존스와 함께 하는 **365일 묵상**

마틴 로이드 존스 지음
프랭크 컴버스 엮음
정길호 옮김

소망

20세기를 대표하는 설교자의 한 사람인 마틴 로이드 존스

(David Martyn Lloyd-Jones)

지금도 계속 연구되고, 그 영향력이 사그라지지 않는 신앙의 위인이다. 대다수의 신앙 위인들이 수백 년, 더 오래전에 활동하시던 분들임에 반해, 그는 가까운 시대에 최근의 인물로 우리에게 시대적 괴리감이 없는 강력한 영향력을 행사하고 있다.

그는 1899년 12월 20일, 영국 카디프에서 헨리 로이드 존스와 막달렌 로이드 존스의 둘째 아들로 태어났다. 1914년 아버지의 파산으로 런던으로 이사 온 후 경제적으로 어려운 집안을 위해 일을 해야 했으나, 주위 상인들의 도움으로 성 매리레본 그래머(ST. Marylebone Grammar School) 학교에 진학할 수 있었고 집 근처에 있는 웨스트민스터 교회에 출석하게 되었다. 16세에 성 바르톨로뮤(St. Bartholemew) 병원의 부속 의학교에 입학했는데 이 병원은 런던에서 가장 훌륭하고 유명한 병원 중 하나였다. 그 의학교에서 스승 토머스 호더 경을 만나서 그로부터 의사는 항상 정확한 진단에 이르기까지 철저히 자료들을 살피고 추론해 보도록 엄격하고 철저하게 가르침을 받았는데, 이런 의학적 수련은 나중에 그의 목회에 도움을 주었고, 이것을 그의 설교 스타일, 즉 '진단적 설교'의 형태로 접목하게 된다.

1921년 의학박사 학위를 취득하고, 같은 해 뛰어난 진단 논문으로 호더의 수석 진료조수 의사가 된다. 그때 나이가 23세였다. 그 후 마틴은 환자들을 치유하면서 사람들에게 필요한 것은 의약품이 아니라 복음이라는 것을 더욱더 깨닫게 된다. 후에 "나는 사람의 신체적 질병보다 사람 자체에 대해서 궁극적인 관심을 가지게 되었습니다"라고 고백한다. 그 후 몇 년간 복음의 소명을 깨닫지만 자신은 목회 사역에는 너무 부족하다고 느끼고는 의학과 목회 사역의 갈림길에서 극심한 투쟁을 하게 된다.

마침내 1926년 6월 목사로서의 부름에 대한 투쟁이 끝나고 드디어 사역자가 되기로 결심하게 된다. 애베라본 샌필드에 위치해 있는 B.F.M교회에서 첫 목회 사역을 시작한다. 그만의 독보적이고 독특한 설교와 하나님의 기름 부으심으로 인해서 교회는 성장하고 부흥하기 시작한다. 그의 명성은 곧 온 웨일스 지방에 퍼져 집회 장소는 그의 설교를 들으러 모인 사람들로 언제나 가득 차게 된다. 여러 요청에 의해 캐나다, 미국 등에서 복음을 전하게 된다.

1938년 런던의 웨스터민스터 채플에서 두 번째 목회가 시작되었는데, 그후 29년간 이 교회에서 사역하며 많은 영향을 끼치게 된다. 그 교회도 부흥되어 런던에서 가장 큰 교회가 되었다.

그의 설교는 그 당시 보편적인 설교 형태와 판이하게 달랐다. 그는 사람들의 흥미를 끌기 위해서 계획된 활동이나 흥미를 유발시킬 만한 프로그램이 아니라, 오직 설교만이 사람들을 교회로 모을 수 있다고 확신하였다. 그는 현란한 표현이나 수필식의 내용 또는 사회 개혁을 외치는 설교를 하지 않았다. 그는 청중들을 환자로 보았고, 감정보다 지성이 먼저 충격을 받는 것이 이루어져야 한다고 느꼈다. 그의 설교 스타일은 성경적 강해 설교 스타일이었다.

1968년 그는 암으로 인해 교회를 사임하게 된다. 그러나 그의 설교 사역은 은퇴한 후에도 15년이나 지속되었다. 그는 하나님께서 병을 통해 사역지를 더 넓히기 원하시는 것을 확인하고는 어느 정도 치료를 받고 회복이 되고 나서 책을 통한 사역에 더욱 힘쓰게 된다. 은퇴한 후에는 책을 쓰는 일이 주된 일이 되었는데, 베드로후서 강해 설교를 시작으로 산상수훈 강해 설교, 에베소서 강해, 로마서 강해 등을 저술하는 데 힘을 쏟아 부었다. 이 강해서들은 지금까지 세계의 모든 그리스도인들에게 큰 영향력을 주며, 하나님과 복음에 대해 잘 알도록 도움을 주고 있다. 지금도 그가 생전에 전했던 설교를 정리하여 책으로 출판되고 있다.

1981년 3월, 그는 수면 중에 평안히 숨을 거둔다. 그의 묘는 그가 평생을 사랑했던 웨일스의 뉴캐슬 엠린에 안장되었다. 그의 비석에는 그의 설교의 중심적인 메시지이며, 그를 의사에서 목회 사역으로 이끌게 한 말씀이 새겨져 있다. "내가 너희 중에서 예수 그리스도와 그가 십자가에 못 박히신 것 외에는 아무것도 알지 아니하기로 작정하였음이라"(고전 2:2).

그는 그렇게 생애의 마지막 순간까지 복음을 전도하며 하나님께서 택하신 모든 사람들이 그리스도에게 인도되도록 말씀을 증언하고, 죄인들을 회심시키는 일에 자신의 마지막 힘까지 쏟아 부으며 하나님께서 허락하신 기나긴 삶의 여정을 마쳤던 것이다.

| 서문 |

　웨스트민스터 예배당의 한 통로에 서서 마실 차를 준비하느라 바쁘게 오가는 몇몇 여인들을 보았습니다. 한 여인이 내 앞을 지날 때 그 여인에게 말했습니다. "로이드 존스 목사님과 만나기로 했는데요." 그녀는 밝게 미소를 지으며 말했습니다. "당신은 정말 행복한 분이시네요." 이는 그 역사적 교회의 사람들이 30년 동안 자신들을 지도했던 사랑하는 설교가에 대해서 여전히 어떻게 생각하는지를 보여 주는 듯했습니다.
　나는 그녀의 말을 인정하면서 스스로 행복하다고 생각했습니다. 고맙게도 로이드 존스 목사님이 웨스트민스터 교회 방문을 허락해 주셔서 우리는 이 책을 기획할 수 있었습니다. 그것이 첫 만남이었습니다. 비록 예배당에서 목사님의 설교를 듣는 것을 좋아했지만 말입니다. 목사님은 내게 친근하게 인사를 건네시면서 내 제안에 그 친절하고 깊은 관심을 보이셨습니다. 나는 신문에서 목사님에 대해 쓴 글을 읽은 적이 있습니다. "그의 얼굴은 개척자의 얼굴이며, 눈썹이 굵직하고, 입술이 두툼하며, 강하게 보이는 턱을 갖고 있습니다." 그 얼굴에는 친절함이 가득했습니다. 그는 매력적인 목소리로 조용히 말했습니다. 〈선데이 컴패니언〉에서 헐스가 한 말을 이해할 수 있었습니다. "로이드 존스 목사님은 낮은 톤으로 천천히 말합니다. 그는 이륙하기 전에 활주로를 몇 번 오갑니다. 그는 미세하게 사로잡으며, 당신은 곧 예언자의 불과 열정으로 비추는 말씀의 햇볕을 쬐게 됩니다. … 나팔 소리가 울립니다. 벽이 무너집니다. 영혼의 성채가 활짝 열려서 진리의 공격을 받아들입니다. 완전히 날아올라서 그는 영적으로 활기에 넘치며, 강한 설득력을 발휘합니다. 당신은 그분의 음성을 듣지 못할지라도 그의 독창적인 몸짓으로 감명을 받게 될 것입니다." 또 다른 평가는 이렇습니다. "그는 자신의 신앙을 위해서 구약성경의 예언자들처럼 겸손하며, 어둠의 자녀들을 향해 곰들을 풀어놓기를 주저하지 않습니다!"

성 바르톨로뮤 병원의 호더 경의 임상 수석 조교이며, 할리 가의 성공적인 젊은 전문의 로이드 존스가 이 모든 자리를 내려놓고 애버라본 샌필드에 있는 포워드 무브먼트 미션의 지도자가 되었을 때 세상을 떠들썩하게 했던 것을 여전히 기억합니다. 돈이 전부인 세상은 그의 봉급이 225파운드에 불과하다는 것에 주목했습니다. 로이드 존스는 그곳에서 12년 동안 섬겼습니다. 그러한 사역, 곧 오직 성경만을 설명하는 그러한 기술은 주목을 받지 않을 수 없었습니다. 1965년 7월 6일 웨스트민스터교회에서 청중들에게 말했듯이 그가 영국에서 청빙을 받으면 무조건 거절하는 분위기에 있는 웨일스에서 목회를 하도록 부름을 받았다는 것은 분명했지만, 알버트 홀에 있는 바이블 위트니스 랠리의 초청을 받아들이라는 부르심을 느꼈습니다. 거기에는 캠벨 모건이 있었습니다. 캠벨 모건은 가비가 회중교회의 애물단지라 불렀던 그곳을 부흥시켰던 사람이었습니다. 이 만남이 1938년 로이드 존스를 캠벨 모건의 부목사로 부르는 청빙으로 이어졌습니다. 캠벨 모건은 걱정이 많은 사람이었습니다. "내가 너를 여기로 데려왔어. 왜냐하면 폭격을 받아 완전히 초토화될 것이 분명했기 때문이네. 우리는 버킹검 궁 근처에 있어!" 그러나 그때도 로이드 존스는 '이 예배당은 폭격을 당하지 않을 것'이라고 강하게 확신했습니다. 1940년 5월 11일 웨스트민스터에 무시무시한 공습이 이어졌을 때 미클렘은 맨스필드 대학에서 저녁 예배를 드리게 된다고 공지하라고 로이드 존스에게 말했습니다. 미클렘은 웨스트민스터교회가 완전히 무너질 것이라고 확신했기 때문입니다. 로이드 존스는 런던으로 돌아와서 회의적인 택시 운전사를 파편으로 가득 찬 곳으로 인도해 보통 때처럼 저녁 예배를 드렸습니다.

우리 중 많은 사람들은 그 일이 어떻게 보다 굳건한 유대감을 만들어 냈으며, 전쟁 와중에서 그들의 곁에서 그들과 함께 있고 그들이 이겨 낼 수 있도록 도왔는지를 기억합니다. 로이드 존스와 그의 아내는 오늘날까지 자신과 자기 사람들 사이를 확고하게 이어 주는 결속력을 만들어 냈습니다. 그렇습니다. 나는 '운'이 좋았습니다.

1968년 5월 30일 사람들은 그의 서신을 받았는데, 그때 로이드 존스는 별안간에 목사직을 사임했습니다. 그는 성령의 인도하심 가운데 사임을 해야겠다고 느꼈습니다. 그의 사임은 그가 잘 이겨 냈던 질병 때문이 아니었습니다. 오히려 그는 책을 쓰는 데 시간을 많이 사용해야겠다는 확신 때문이었습니다. 이 책을 보면서 도움을 받는 이들은 그가 더 많은 책을 써야겠다고 했던 그의 전망에 감사해야 할 것입니다.

당시에 많은 사람들이 응당 받아야 할 감사를 돌렸습니다. 굴드가 '우리 시대의 가장 영향력 있는 비국교파 교회 목회자들'에 대해서 말했던 〈메소디스트 리코더〉는 '마라톤처럼 긴 사역의 종지'라고 말했습니다.

그의 설교에 관해 많은 내용이 여기에 덧붙여졌습니다. 그는 여전히 웨일스에서 설교하고 있으며, 웨일스는 로이드 존스를 탁월한 설교가로 생각합니다. 그는 캐나다와 미국의 여러 섬에 알려져 있습니다. 할리우드 교회는 그가 예배 순서를 다시 구성한 것에 대해서 고마워했습니다. 이 예배 순서는 설교 이상으로 찬송을 강조했는데, 이는 그에게 큰 기회가 되었습니다! 그는 복음주의 도서의 기둥입니다. 청교도협의회는 1955년에 매우 작은 그룹이었습니다. 오늘날 참석하기 원한다면 최고의 시간에 오는 것이 현명합니다. 그의 활동 기간 중에서 또 다른 중요하고 비밀스런 시기가 있습니다. "대도시 교회에서 사역할 때 교인들에게 다가가는 것이 쉬웠습니까?"라고 물었을 때 한 친구는 "그에게 상담하기를 갈망하는 목사들, 선교사들, 복음 전도 기관의 지도자들이 줄을 이었습니다"라고 말했습니다. 이 모든 일은 시간이 걸립니다.

마틴 로이드 존스는 실효 없는 펀치를 날리지 않았습니다. 자신의 영역을 넘어 헤매고 있는 주제넘은 과학자들, '구속자의 왕적 권리'를 침해하는 정치가들이나 평론가들은 평이한 말들에서 해답을 얻게 될 것입니다. 그는 '거만한 자를 낮추고 겸손한 자를 높이는' 현명한 협의회 의장으로서 알려져 있습니다. 어리석은 자들을 그대로 내버려 두지 않습니다. 캐터우드가 〈산업사회에서의 그리스도인 시민〉이라는 책을 출간했을 때 나는 이 권위 있는 책을 존중하는 마음으로 높이 평가했습니다. 왜냐하면 그는 오늘날 산업과 경제 무대에서 인정을 받는 지도자 중 하나이기 때문입니다. 이것은 설교자의 역할에 대한 본을 보여 줍니다. 로이드 존스는 그의 유명한 사위가 자신에게 분명하지 않은 일에 대해서 썼다는 내 의견에 아마도 동의했을 것입니다. 그러나 작가는 설교가에게서 영감을 얻었습니다. 하나님을 최우선 순위에 두면서 하나님의 세계에 대해서 좀더 자세하게 쓸 수 있었습니다.

로이드 존스는 센터네리에서 1865년보다 조금 이른 시간에 설교했을 것이라고 청중들에게 말했습니다. 이는 그 사람의 전형을 보여 줍니다. 그는 어려운 시기에 큰 공헌을 했습니다.

분명히 이 마지막 장면은 2천년까지 청중들이 그 유명한 옛 예배실을 메웠을 때나 1,200여 명이 금요일 저녁 성경학교에 참석했을 때 완전히 몰입한 경우임에 틀림없습니다. 굴드는 "주목할 만한 특징은 예전적인 장식이 거의 없는 상황에서 단순하고, 강해적인 성경적 설교에 이끌려 웨스트민스터교회에 계속해서 참석한 엄청난 수의 사람들이 의학이나 다른 과목을 공부하는 젊은 남녀와 런던에서 생활비를 버는 청소년들이라는 점"이었다고 말했습니다.

나는 말했습니다. "목사님이 2년 동안 매주 에베소서에 대해서 설교했다는 것이 사실입니까?" 그는 웃으면서 말했습니다. "당신에게 말하려니 부끄럽네요." 그러나 진리의 우물은 매우 깊고 설교자가 은혜를 통해서 은사를 받아서 물을 길어 낼 수 있다면 누가 기뻐하지 않겠습니까? 1927년에 그는 아름다운 박사 신부 베단과 결혼하면서 결혼 선물로 칼빈과 오웬의 전집을 원했습니다! 마틴 로이드 존스는 성경과 기독교 역사 가운데 저술된 저작들을 가장 중요하게 여겼습니다. 이 확고하고, 친절하며, 설교를 잘하는 로이드 존스가 오랫동안 지면으로 강렬한 웅변을 통해 말씀을 해설해 주기를 간절히 바랍니다!

프랭크 컴버스

| 차 례 |

20세기를 대표하는 설교자의 한 사람인 마틴 로이드 존스 4
서문 6

1월 January

1일 그리스도의 복음, 모든 이에 대한 가장 위대한 메시지 18 | 2일 예수님을 기억하십시오 19 | 3일 하나님은 보좌에 앉으셔서 만물을 다스리십니다 20 | 4일 내 아들아, 네 마음을 내게 다오! 21 | 5일 하나님의 진리, 오직 하나님만이 보여 주실 수 있는 신비 22 | 6일 모래 위에 집을 짓는 사람 1 23 | 7일 모래 위에 집을 짓는 사람 2 24 | 8일 반석 위에 집을 짓는 사람 25 |9일 세상의 길 26 | 10일 세상의 사물에 사로잡힘 27 | 11일 그리스도의 보혈로 구원을 받습니다 28 | 12일 우리의 모든 것을 요구합니다 29 | 13일 역사는 하나님의 나라와 밀접한 관계가 있습니다 30 |14일 인간의 유일한 소망인 복음 31 |15일 영혼의 난시를 경계하십시오 32 | 16일 놀라운 평강, 하나님 사랑의 선물 33 | 17일 다른 사람보다 더 의로운 삶을 살아야 합니다 34 | 18일 예수 그리스도의 권위 35 | 19일 "그들로 너희 착한 행실을 보고 하늘에 계신 너희 아버지께 영광을 돌리게 하라" 36 | 20일 당신 자신을 무엇이 되게 합니까? 37 | 21일 깨어날 때 여전히 당신과 함께 계십니다 38 | 22일 뒤에 있는 것을 잊어버리고 부름의 상을 위하여 달라갑니다 39 | 23일 그리스도인의 삶의 훈련 40 | 24일 복음을 진지하게 받아들이십시오 41 | 25일 순수한 복음! 42 | 26일 내 영혼을 소성시키소서 43 | 27일 어린양의 생명책 44 | 28일 "거칠 것을 형제 앞에 두지 아니하도록 주의하라"(롬 14:13) 45 | 29일 성격은 그리스도인의 실제 삶에서 큰 차이를 만듭니다 46 | 30일 하나님 나라의 삶 47 | 31일 하나님과의 관계를 회복하십시오 48 |

2월 February

1일 보라, 내가 만물을 새롭게 하노라 50|2일 당신은 죄의 심각함을 고려하지 않았습니다(안셀름) 51 | 3일 우리는 서로에게 속한 지체입니다 52 | 4일 당신 자신을 아십시오! 53 | 5일 용서의 법 54 | 6일 믿음의 특성 55 | 7일 어디로 가고 있습니까? 56 | 8일 죄와 소음과 분주함을 떠나 경외함으로 세미한 내면의 소리를 기다립니다 57 | 9일 여호와를 경외하는 것이 지혜의 근본입니다 58 | 10일 멈추십시오! 59 | 11일 신체 조건, 영적 침체의 한 원인이 됩니다 60| 12일 당신은 여기서 진격 명령을 발견할 것입니다 61| 13일 "나를 따르라" 62 | 14일 우리의 눈에 옳습니까 하나님의 눈에 옳습니까? 63 | 15일 하나님의 임재 연습 64 | 16일 젊은 시절에 멍에를 메는 것이 좋습니다 65 | 17일 하나님의 사랑을 받는 사람만 압니다 66 | 18일 "우리는 그 계책을 알지 못하는 바가 아니로라"(고후 2:11) 67 | 19일 구속받은 자를 본다면 당신의 구속자를 믿을 것이다(니체) 68 | 20일 하나님은 큰일을 위해서 성도를 시험하십니다 69 | 21일 그곳은 높아서 당신은 거기에 도달할 수 없습니다. 70 | 22일 하나님은 복을 주시려고 기다리십니다 71 | 23일 하나님의 방식대로 생각하십시오 72 | 24일 칭의의 중요성 73 |25일 전체 그림을 그리고 나서 각 부분을 보십시오 74 | 26일 오직 예수님의 이름으로만 75 | 27일 자신이 아니라 하나님을 신뢰하십시오 76 | 28일 기도는 인간 영혼의 가장 고귀한 행위입니다 77 | 29일 하나님의 집에서 생각하십시오 1 78 |

3월 March

1일 하나님의 집에서 생각하십시오 2 80 | 2일 산상설교는 제자, 곧 신자들에게 주어진 말씀입니다 81 | 3일 하나님은 왜 하십니까, 또 왜 하지 않으십니까? 1 82 | 4일 하나님은 왜 하십니까, 또 왜 하지 않으십니까? 2 83 | 5일 참된 신앙 84 | 6일 성경의 권위 85 | 7일 유일한 구원의 길 86 | 8일 기도하는 법을 가르쳐 주소서 87 | 9일 복음, 하나님의 진노를 피하는 길 88 | 10일 넘어져야만 일어날 수 있습니다 89 | 11일 그리스도인은 항상 하나님의 존전에 있습니다 90 | 12일 무력할 때 진리를 이해하게 됩니다 91 | 13일 반석인 성경 말씀 92 | 14일 그리스도 안에 있는 모든 사람의 일치 93 | 15일 내가 아는 유일한 것은 내가 보는 것입니다 94 | 16일 기도의 모범 95 | 17일 십자가의 스캔들 96 | 18일 사탄의 걸작품 97 | 19일 주님의 종을 보십시오 98 | 20일 "힘으로 되지 아니하며 능력으로 되지 아니하고 오직 나의 영으로 되느니라" 99 | 21일 인간은 두 날개, 곧 단순함과 순수함으로 세상일로부터 들어 올려집니다(토마스 아 켐피스) 100 | 22일 기도하는 법 1 101 | 23일 기도하는 법 2 102 | 24일 내 죄를 위해 죽으신 그리스도 103 | 25일 좁은 문으로 들어가십시오 104 | 26일 성령으로 거듭남 105 | 27일 경건하게 살고자 하는 사람은 박해를 당합니다 106 | 28일 온전한 사랑은 두려움을 몰아냅니다 107 | 29일 하나님을 두려워하는 사람 108 | 30일 "다 이루었다" 109 | 31일 복음, 우리의 유일한 소망 110 |

4월 April

1일 대속물에 대한 바울의 담대한 증언 112 | 2일 내 아버지는 아십니다 113 | 3일 우리는 이처럼 살 수 있습니다(올리브 슈라이너) 114 | 4일 오직 그리스도만을 바라봅니다 115 | 5일 중심을 회복하십시오 116 | 6일 모든 사람이 하나님을 찬미하게 하소서! 117 | 7일 기도의 햇불 118 | 8일 나아질 때까지 기다린다면 결코 거기에 이르지 못할 것입니다 119 | 9일 팔복, 놀라운 조화 120 | 10일 하나님만을 기다리십시오 121 | 11일 하나님 나라를 위한 기도 122 | 12일 첫발을 내딛으십시오 123 | 13일 미래를 저당잡히지 마십시오 124 | 14일 하나님의 말씀을 생각하십시오 125 | 15일 그리스도인의 성품은 은혜와 성령의 산물로 타고난 기질을 뛰어넘습니다 126 | 16일 온 마음으로 127 | 17일 위대한 기쁨의 기록! 128 | 18일 "이 세대를 본받지 마십시오"(롬 12:2) 129 | 19일 유혹과 죄 130 | 20일 우리의 모든 필요를 채우는 세 가지 간구 131 | 21일 그리스도인의 시금석 132 | 22일 작은 것까지 관심을 기울이시는 하나님 133 | 23일 참과 거짓 134 | 24일 용서의 정신 135 | 25일 인생 전체를 바라보십시오 136 | 26일 그리스도인과 비그리스도인 137 | 27일 "내 눈이 항상 여호와를 바라보나이다"(시 25:15) 138 | 28일 우리를 시험에 들게 하지 마시옵소서 139 | 29일 복된 확신! 140 | 30일 뜨겁든지 차갑든지 141 |

5월 May

1일 한 주님! 144 | 2일 그리스도인과 세상 145 | 3일 예수님의 아름다움을 당신 안에서 보일 수 있습니까? 146 | 4일 복음은 효과가 있습니다! 147 | 5일 근본을 바라보십시오! 148 | 6일 주리고 목마름 149 | 7일 "어떤 길은 사람이 보기에 바르나 필경은 사망의 길이니라"(잠 14:12) 150 | 8일 이것이 내 삶이었습니다. 그것이 정말 삶이었습니까?(어거스틴) 151 | 9일 우리가 대답해야 할 질문들 152 | 10일 성령의 인도하심을 받을 때 말씀을 온전히 이해할 수 있습니다 153 | 11일 "네 보물 있는 그곳에는 네 마음도 있느니라"(마 6:21) 154 |

12일 하나님 없이는 성공할 수도 평안을 얻을 수도 없습니다 155 | 13일 성경 말씀을 따르라! 156 | 14일 하나님은 빈 그릇에 복을 주십니다(토마스 아 켐피스) 157 | 15일 "내 증인이 되리라" 158 | 16일 그리스도인은 천국을 바라보는 나그네입니다 159 | 17일 우리 주 예수 그리스도를 통해서만 하나님께 감사할 수 있습니다 160 | 18일 황혼 161 | 19일 예수님은 불완전한 채로 남겨 두지 않습니다. 162 | 20일 하나님께 돌아설 때까지 산상설교는 성취할 수 없습니다 163 | 21일 하나님께 기도를 드린 후 응답을 기다려야만 합니다(행 12:5-16) 164 | 22일 한 가지 부족한 점 165 | 23일 본향을 향해 나아가십시오 166 | 24일 하나님을 통한 강력한 권능 167 | 25일 예수 그리스도에 대한 사실들 168 | 26일 근본으로 돌아가십시오 169 | 27일 세상은 망가진 장난감에 불과해서 그 즐거움은 공허합니다(길버트) 170 | 28일 목자 없는 양 171 | 29일 가장 위대한 드라마 172 | 30일 겸손, 성경의 최고 덕목 173 | 31일 하나님의 응답을 기다리십시오 174 |

6월 June

1일 적이나 도둑이 망가뜨릴 수 없는 것들 176 | 2일 기독교, 입장료는 무료이지만 연간 구독료는 개인의 전부입니다 177 | 3일 심령은 가난하지만 하나님의 은혜는 풍성합니다 178 | 4일 잠간의 즐거움으로 영원히 수치를 당한다는 사실을 기억하십시오 179 | 5일 그리스도 안에서 누리는 새 생명 180 | 6일 주님의 방법을 그대로 따르는 바울 181 | 7일 유다 지파의 사자 182 | 8일 믿음의 싸움 183 | 9일 하나님과 재물을 겸하여 섬기지 못합니다 184 | 10일 하나님은 모든 것을 소유하고 계시며 다스리십니다 185 | 11일 하나님은 이성을 올무에서 해방시킵니다 186 | 12일 문제는 죄가 아니라 하나님의 말씀을 믿지 않는 불신앙입니다 187 | 13일 주님을 계속 바라보십시오 188 | 14일 예, 하나님은 선하십니다! 189 | 15일 두 가지 인생길 190 | 16일 "애통하는 자는 복이 있나니" 191 | 17일 은혜가 넘치도록 풍성하였습니다 192 | 18일 "염려하지 말라" 193 | 19일 성령이 변화시킵니다 194 | 20일 애통하는 자는 위로를 받습니다 195 | 21일 훈련의 필요성 196 | 22일 과거에 대한 생각 때문에 현재에 무력해지지 마십시오 197 | 23일 생명의 수여자이신 하나님 198 | 24일 하나님 나라에 들어가 있다는 사실을 기뻐하십시오 199 | 25일 하나님의 계획은 확실합니다 200 | 26일 예수님에게 시선을 맞추십시오 201 | 27일 하나님은 우리를 아시고 인도하십니다 202 | 28일 급할수록 돌아가십시오 203 | 29일 나중 된 자가 처음이 되었습니다 204 | 30일 하늘 아버지는 자녀들을 돌보십니다 205 |

7월 July

1일 메뚜기가 먹어 치운 햇수들 208 | 2일 복된 소망 209 | 3일 복음은 누구에게나 동일하게 역사합니다 210 | 4일 무한한 섭리 211 | 5일 영적인 점검 212 | 6일 그리스도인은 하나님의 시선 아래에 살고 있습니다 213 | 7일 '하나의 믿음'이란 무엇입니까? 214 | 8일 "애통하는 자는 복이 있나니 그들이 위로를 받을 것임이요" 215 | 9일 모든 것을 변화시키시는 그리스도 216 | 10일 "내가 나 된 것은 하나님의 은혜로 된 것이니" 217 | 11일 신앙의 수수께끼 218 | 12일 당신의 일을 하나님의 손에 맡기십시오 219 | 13일 적은 믿음과 그 결과 220 | 14일 그리스도인, 당신은 평범한 사람이 아닙니다! 221 | 15일 우리의 겸손을 시험하는 법 222 | 16일 내가 아니라 내 안에 그리스도께서 계십니다 223 | 17일 믿음이 자라는 법 224 | 18일 뻗어 나가는 사랑 225 | 19일 온유한 사람들 226 | 20일 모든 복을 가지고 계시는 하나님 227 | 21일 고백해야 할 것이 있습니까? 228 | 22일 당신은 하나님의 자

녀입니다 229 | 23일 바울은 오직 그리스도만 알았습니다 230 | 24일 마음이 온유하고 겸손하신 예수님 231 | 25일 빛의 자녀는 어둠 속을 걸을지라도 주님이 거기에 계심을 압니다 232 | 26일 변치 않으시는 하나님 233 | 27일 문제는 바로 우리 자신입니다. 234 | 28일 "너희는 가만히 있어 내가 하나님 됨을 알지어다" 235 | 29일 가장 중요한 결정적인 원리는 '지속함'입니다 236 | 30일 온유함의 본질 237 | 31일 "너도 변하여 새 사람이 되리라"(삼상 10:6) 238 |

8월 August

1일 하나님의 말씀대로 살아가기 240 | 2일 주권자이신 하나님 241 | 3일 신앙생활 242| 4일 당신에게 빛을 주시는 그리스도 243 | 5일 그리스도인의 삶은 비그리스도인의 삶과 달라야 합니다 244 | 6일 하나님의 계산법 245 | 7일 유일한 길이신 그리스도 246 | 8일 인간이면서 하나님이신 주 예수 그리스도 247 | 9일 온유란 자신을 바라보는 참된 이해입니다 248 | 10일 믿음의 시련 249 | 11일 화를 잘 내십니까? 250 | 12일 믿음의 시련을 겪는 상황 251 | 13일 보다 높은 차원에서 살아가는 그리스도인 252 | 14일 "천지는 없어질지언정 내 말은 없어지지 아니하리라" 253 | 15일 쓰러진 사람은 넘어질까 두려워할 필요가 없습니다 254 | 16일 그리스도께서 배에 함께 계신다면 폭풍을 보고도 웃을 수 있습니다 255 | 17일 "너희는 먼저 그의 나라와 그의 의를 구하라"(마 6:33) 256 | 18일 예수님 … 예수님 … 예수님 257 |19일 경건함과 두려움으로 하나님께 나아가십시오 258 | 20일 우리의 강점은 우리의 연약함입니다 259 | 21일 오직 그리스도의 복음만을 자랑합니다 260| 22일 베드로는 믿음으로 물 위를 걸었습니다 261 | 23일 온유는 성령의 가르침과 주 예수님의 인도하심을 받는 것입니다 262 | 24일 너희가 권능을 받을 것이다 263 | 25일 영원한 나라의 상속자 264 | 26일 항상 예수님을 바라보십시오 265 | 27일 "아무것도 없는 자 같으나 모든 것을 가진 자로다" 266 | 28일 당신 안에 보혜사가 있습니다 267| 29일 구원의 상속자들은 많은 환난을 통해서 주님을 따라야 합니다 268 | 30일 우리 아빠 아버지 269 | 31일 하나님이여, 당신의 나라가 도래하게 하소서 270 |

9월 September

1일 온전한 구원을 이루십시오! 272 | 2일 모든 문제의 원인인 자아와 단절하십시오! 273 | 3일 중단하거나 포기하지 마십시오 274 | 4일 오늘을 위해 사십시오 275 | 5일 하나님의 용서하심을 두렵고 떨리는 기쁨으로 받으십시오 276 | 6일 소망을 잃지 마십시오 277 | 7일 "만일 당신이 나와 함께 가면 내가 가려니와 만일 당신이 나와 함께 가지 아니하면 나도 가지 아니하겠노라"(삿 4:8) 278 | 8일 모든 것을 아시고 해결하시는 주님 279 | 9일 하나님의 전신갑주를 입으라 280 | 10일 회복시키시는 하나님의 은혜 281 | 11일 인생의 여러 단계들 282 | 12일 모든 영혼을 위한 헌장 283 | 13일 주님이 걸어가신 길 284 | 14일 모든 일을 주님께 맡기십시오 285 | 15일 영원한 영광을 바라보십시오 286 | 16일 믿음이 당신을 온전하게 만듭니다 287 | 17일 주님의 기쁨은 당신의 힘입니다 288 | 18일 하나님은 우리 마음에 영원을 심어 놓으셨습니다 289 | 19일 더욱 힘써 훈련하십시오 290 | 20일 성도의 견인 291 | 21일 산상설교, 모든 교리의 서언 292 | 22일 온전한 믿음 293 | 23일 죄에 대한 갈망에서 벗어남 294 | 24일 영원한 안식처에 들어가는 복된 약속을 즐깁시다 295 | 25일 오직 하나님뿐입니다 296 | 26일 하나님의 시선에 합당하게 자신을 낮추십시오 297 | 27일 "그 사람이 말하는 것처럼 말한 사람은 이때까지 없었나이다" 298 | 28일 티와 들보

299 | 29일 의에 주림 300 | 30일 순금과 같은 신앙 301 |

10월 October

1일 하나님만 만족을 주십니다 304 | 2일 날마다 하나님을 단순하게 신뢰하십시오 305 | 3일 우리와 함께 여행하시는 친구 306 | 4일 시험에 대처하는 방법 307 | 5일 두 세계 308 | 6일 다양한 방법으로 우리를 성화로 이끄시는 하나님 309 | 7일 완전을 향한 도전 310 | 8일 "선 줄로 생각하는 자는 넘어질까 조심하라"(고전 10:12) 311 | 9일 인생의 목적은 하나님을 아는 것입니다 312 | 10일 '나는 죄사함을 받았다'고 되뇌십시오 313 | 11일 하나님의 훈련장에서 314 | 12일 우리의 궁핍함과 풍요로운 은혜 315 | 13일 제가 여기에 있습니다 316 | 14일 하나님께서 나를 사랑하시기 때문에 317 | 15일 영광의 소망이신 그리스도께서 당신 안에 계십니다 318 | 16일 하늘나라는 그리스도와 함께하는 것입니다 319 | 17일 과거 위에 쌓아 올려 미래로 나아가십시오 320 | 18일 바울이 환경의 횡포를 어떻게 극복했는지 보십시오 321 | 19일 항상 기도하고 낙심하지 말아야 합니다 322 | 20일 주님은 연단하는 자를 사랑하십니다 323 | 21일 "모든 일에 기도와 간구로, 너희 구할 것을 감사함으로 하나님께 아뢰라" 324 | 22일 아버지 되신 하나님 325 | 23일 온전한 복음을 전인에게 전해야 합니다 326 | 24일 간구하기 전에 먼저 경배하십시오 327 | 25일 하나님이 주시는 좋은 것들 328 | 26일 감사함으로 구할 것을 아뢰십시오 329 | 27일 황금률 330 | 28일 나는 견고한 반석이신 그리스도 위에 서 있습니다 331 | 29일 완전을 향하여 332 | 30일 하나님의 권능이 지켜주십니다 333 | 31일 황금률을 실천하지 못하는 이유 334 |

11월 November

1일 하나님을 가까이하기 336 | 2일 건강하고 행복한 얼굴 337 | 3일 의란 예수 그리스도와 같이 되는 것입니다 338 | 4일 하나님의 평강은 그분의 뜻 안에 있습니다 339 | 5일 하나님과 함께 시작하십시오! 340 | 6일 자족하기를 배우십시오 341 | 7일 우리의 공과를 따라 대하지 않으시는 하나님 342 | 8일 의에 주리고 목마른지 스스로에게 질문해 보십시오 343 | 9일 환난 중에라도 기뻐하십시오 344 | 10일 영생은 그분과 함께 있는 것입니다 345 | 11일 의, 세상의 모든 문제의 해결책 346 | 12일 "너는 조심하여 너를 애굽 땅 종 되었던 집에서 인도하여 내신 여호와를 잊지 말고"(신 6:12) 347 | 13일 그리스도의 새롭고 놀라운 방식 348 | 14일 회개의 필요성 349 | 15일 하나님의 의에 반대되는 것을 피하십시오 350 | 16일 경배를 받으시기에 합당하신 하나님 351 | 17일 육체의 가시가 주는 교훈 352 | 18일 애통하는 그리스도인이 누리는 복된 소망 353 | 19일 두 개의 문 354 | 20일 사도 바울의 논리 355 | 21일 의에 주리고 목마른 사람의 본을 따라서 356 | 22일 현대 세상에서 옛 복음을 받아들이기 1 357 | 23일 현대 세상에서 옛 복음을 받아들이기 2 358 | 24일 현대 세상에서 옛 복음을 받아들이기 3 359 | 25일 어둠 속에서도 예수님을 발견할 수 있습니까? 360 | 26일 온전한 안전 361 | 27일 "내게 능력 주시는 자 안에서 내가 모든 것을 할 수 있느니라" 362 | 28일 은혜의 도표 363 | 29일 영적 성장에 도움이 되는 것들 364 | 30일 사람의 영혼에 있는 하나님의 생명 365 |

12월 December

1일 좁은 문으로 들어가십시오 368 | 2일 "내 안에 그리스도께서 사시는 것이라"(갈 2:20) 369 | 3일 힘과 권능을 부어 주시는 그분 안에서 모든 것을 할 수 있습니다 370 | 4일 "누구든지 그리스도 안에 있으면 새로운 피조물이라 이전 것은 지나갔으니 보라 새것이 되었도다"(고후 5:17) 371 | 5일 과거에 경험했던 하나님의 사랑은 곤경에 빠졌을 때 하나님께서 나를 떠날 것이라는 생각에 빠져드는 것을 막아 줍니다 372 | 6일 성경의 진리에 비추어야만 모든 것을 올바로 이해하게 됩니다 373 | 7일 다른 사람을 향한 애통함은 참된 그리스도인의 표지입니다 374 |8일 삶의 정점 375 | 9일 은혜 안에서 자라 가십시오 376 | 10일 팔복의 흐름 377 | 11일 그리스도와 더불어 시간을 보내십시오 378 | 12일 거짓 약속이 아니라 진리에서 솟아나는 선명한 위로를 주십니다 379 | 13일 완전의 역설 380 | 14일 그리스도인의 삶은 처음부터 끝까지 좁은 길입니다 381 | 15일 거룩함의 장점 382 | 16일 크게 말하십시오! 383 | 17일 믿습니다, 그대로 따라가겠습니다 384 | 18일 기도하고 기도하고 기도하십시오 385 | 19일 그분의 발자취를 따라서 386 | 20일 당혹스러운 시대를 사는 방법 387 | 21일 은혜와 긍휼 388 | 22일 가장 가까이에 있는 의무를 행하십시오. 다음에 할 일이 명확해질 것입니다(토머스 칼라일) 389 | 23일 산상설교에 나오는 삶을 바라보십시오 390 | 24일 선포되어야 할 하나님의 진리 391 | 25일 내 아들아, 네 마음을 내게 다오 392 | 26일 기독교란 오직 그분을 사랑하고 섬기는 것입니다 393 | 27일 은혜와 율법 둘 다 필요합니다 394 | 28일 "사람은 외모를 보거니와 나 여호와는 중심을 보느니라"(삼상 16:7) 395 | 29일 거룩해지기 위해서 시간을 투자하십시오 396 | 30일 참된 신자의 모습 397 | 31일 오직 예수님을 위해서 398 |

The greatest message

Martyn Lloyd-Jones

January 1

"하나님이 죄를 알지도 못하신 이를 우리를 대신하여 죄로 삼으신 것은 우리로 하여금 그 안에서 하나님의 의가 되게 하려 하심이라" (고후 5:21)

1월 January

1일 : 그리스도의 복음, 모든 이에 대한 가장 위대한 메시지

복음의 영광은 기본적으로 하나님께서 행하신 일과 그 일을 예수 그리스도의 인격 안에서 알리는 것입니다. 이는 바울이 전한 복음의 핵심이었습니다. … 또한 모든 사도들이 전한 복음이었습니다. 사도들은 예수님을 그리스도로 전했습니다. 그들은 선포하고 알렸습니다. 그들은 사람들을 불러서 자신들이 '좋은 소식'이라고 부르는 것을 들려주었습니다. 사도들은 처음에 인생과 생활 프로그램을 전하지 않았습니다. … 그들은 프로그램이 아니라 한 사람을 전했습니다. 나사렛 예수님이 하늘에서 이 땅에 오신 하나님의 아들이라고 말했습니다. 그분이 완전하고 흠 없이, 죄 없이 하나님께 온전히 순종하는 삶을 사시고, 이적을 행하심으로 자신의 유일한 신성을 현시하시고 드러내셨습니다. 그분의 십자가 죽음은 생명의 끝이 아니라 자기 백성에게 거절당한 결과입니다. 그래서 그것은 더 심원하고 영원한 의미를 갖고 있습니다. … "하나님께서 그리스도 안에 계시사 세상을 자기와 화목하게 하시며"(고후 5:19). "하나님이 죄를 알지도 못하신 이를 우리를 대신하여 죄로 삼으신 것은 우리로 하여금 그 안에서 하나님의 의가 되게 하려 하심이라"(고후 5:21). 그러나 이것이 전부는 아닙니다. 그분은 무덤에서 부활하셔서 선택한 증인들에게 자신을 보이시고 하늘로 올라가셨습니다. 그분은 하늘로부터 성령의 은사를 초대 교회에 내리셨고, 그들에게 새 생명과 능력을 가져다주셨습니다. 그들의 삶은 완전히 변화되었습니다. 그들은 이제 정말로 생명이었던 그 생명을 가졌습니다. 이것이 메시지였습니다. 이는 하나님께서 행하셨던 일을 강조합니다. 그것은 하나님의 구원 방법과 사람들을 의롭게 만드는 방법을 알려 주었습니다. 그러나 사람은 그것을 받아들이고 그것에 순종해야 했습니다. 여기에 메시지로서 자부하는 무언가가 있었습니다. 여기에 얼굴을 붉히지 않고, 애써 변명하지 않고 아덴에서 스토아학파 사람들과 에피쿠로스 학파 사람들을 대면할 수 있는 무언가가 있었습니다. 그 메시지는 세상의 가장 고상하고 위대한 철학들을 무위로 돌릴 뿐만 아니라 아기들의 옹알이에 불과하게 만들어 버렸습니다.

The Plight of Man and the Power of God, 82-83

2일 : 예수님을 기억하십시오

당신은 윌리엄 위버포스에 관한 유명한 일화를 기억합니다. 노예 제도 반대 운동이 한창이었을 때 위버포스를 찾아간 여인은 말했습니다. "위버포스 씨, 그러면 영혼은 어떤가요?" 위버포스는 여인을 향해 돌아서서 말했습니다. "부인, 제가 영혼을 갖고 있다는 사실을 잊어버리고 있었습니다." … 물론 그녀는 참견을 잘하는 사람이었을 것입니다. 하지만 그녀가 그랬다는 증거는 어디에서도 찾아볼 수 없습니다. 아마도 그 여인은 일을 가장 훌륭하게 처리하는 선하고 멋진 그리스도인 남자가 있다고 생각했습니다. 그렇습니다. 그러나 그녀는 자신의 영혼을 망각할 수도 있는 노예 제도 반대 운동에 대한 의문에 빠져드는 위험이 그에게 닥쳤다는 사실을 깨달았습니다. 한 사람이 강단에서 설교하느라 바빠서 자신의 영혼을 잊어버리고 무시할 수 있습니다. 당신이 모임에 참석해서 공산주의를 입이 바짝 마르도록 비난할지라도, 당신이 변증론을 다루면서 놀라운 신학 지식과 시대에 대한 이해와 앞으로 50년간의 완벽한 방향을 드러낼지라도, 당신이 성경의 모든 역본을 읽고서 그 과정에 대해서 온전히 이해하여 유능함을 드러낼지라도 나는 여전히 당신에게 이렇게 질문할 것입니다. '당신과 주 예수 그리스도의 관계는 어떠신가요?' 당신은 1년 전보다 훨씬 더 많을 것을 알고 있습니다. 그러나 당신은 그분에 대해서 더 잘 알고 있습니까? 당신은 수많은 잘못된 점들을 비난합니다. 당신은 그분을 더 많이 사랑합니까? 당신은 믿기 어려울 정도로 성경과 그 번역에 대해서 많이 알고 있으며, 변증론 전문가입니다. 그렇다면 당신은 하나님과 그리스도의 법에 점점 더 순종하고 있습니까? 당신은 삶 속에서 성령의 열매를 점점 더 맺고 있습니까? 이는 '그분을 아는 것'과 '그분처럼 되는 것'에 대한 질문입니다. 무언가가 그것을 대신한다면 잘못된 길을 가고 있는 것입니다. 이 모든 다른 것들은 그분을 아는 지식에 이르도록 하는 도구에 불과합니다. 우리가 그것에 머물 때 그것은 우리에게서 그분을 빼앗아 갑니다.

Studies in the Sermon on the Mount II, 292-293

3일 : 하나님은 보좌에 앉으셔서 만물을 다스리십니다

어떤 일도 그냥 일어나지 않습니다. 우연이란 없습니다. 왜냐하면 확정된 역사 계획이 있으며, 모든 것이 태초부터 예정되었기 때문입니다. '태초에 종말을 보시는' 하나님은 만물에 목적을 갖고 계시며, '때와 절기'를 아십니다. 하나님은 이스라엘에게 복을 줄 때와 복을 주지 않을 때를 아십니다. 모든 일은 그분의 손안에 있습니다. 이것이 '때가 이르매' 하나님께서 아들을 보내셨다는 말의 의미입니다. 하나님은 사상이 명료해지도록 먼저 위대한 철학가들을 허용하셨습니다. 그러고 나서 질서 잡힌 정부, 도로 건설, 전 세계에 놀라운 법 체계를 전파하기로 유명한 로마인들이 등장하도록 하셨습니다. 하나님은 이러한 일들을 하신 후에 아들을 보내셨습니다. 하나님께서 이 모든 일을 계획하셨습니다.

역사에는 목적이 있습니다. 이 20세기에 일어나는 일은 결코 우연이 아닙니다. 교회가 하나님의 계획의 핵심이라는 사실을 기억한다면, 우리는 19세기 교회의 교만과 오만을 잊어버리지 않아야 합니다. 교회가 자기만족에 빠져서 소위 세련된 설교와 박식한 사역을 즐기며, 그런 일을 개종과 성령의 사역으로 말하면서 전혀 부끄러워하지 않는 모습을 보십시오. 번영한 빅토리아 여왕 시대 사람들이 편안하게 예배를 즐기는 모습을 떠올려 보십시오. 과학을 믿고 계시를 기꺼이 철학으로 대체하는 모습을 주목하십시오. … 그렇습니다. 교회는 징벌을 받아 마땅했습니다. 19세기 이야기를 세심하게 살펴보면 이 20세기를 쉽게 이해할 수 있습니다. 이 모든 일들을 식별하는 한 계획이 있습니다.

하나님은 계속해서 우리를 염두에 두십니다. 모든 것은 '그분이 계획한 의도'대로 일어납니다. 하나님은 그분만의 시간을 갖고 계십니다. 하나님은 그분만의 방법을 갖고 계십니다. 그래서 그분은 그것에 따라서 행동하시고 일하십니다.

From Fear to Faith, 22-23

4일 : 내 아들아, 네 마음을 내게 다오!

"마음이 청결한 자는 복이 있나니 그들이 하나님을 볼 것임이요"(마 5:8). 우리는 의심의 여지없이 성경 전체에서 가장 위대한 말씀 중 하나에 다다릅니다. 이 말씀의 의미를 깨닫는 사람은 누구나 경외감과 완전한 부족함으로만 그 말씀에 다가갈 수 있습니다.

물론 이는 기독교 입장과 기독교 가르침의 진수입니다. "마음이 청결한 자는 복이 있나니." 이는 기독교가 어떤 종교인지를 보여 주는 기독교의 메시지입니다. … 예수 그리스도의 복음은 마음에 관심을 가지고 있습니다. 복음은 마음을 강조합니다. 우리의 복된 주님이 가르치신 복음에 있는 기사를 읽어 보십시오. 그러면 당신은 그분이 처음부터 내내 마음에 관해 말씀하시는 것을 확인하게 될 것입니다. … 우리 주님은 확실히 바리새인 때문에 마음을 강조하십니다. 우리 주님은 바리새인들이 그릇과 접시의 바깥에는 관심을 갖지만 안쪽은 무시한다고 비난하셨습니다. 겉만 본다면 바리새인들은 아무런 흠이 없습니다. 그러나 그들의 내면은 탐욕과 사악함으로 가득 차 있었습니다. 그들은 종교의 겉치레에만 관심을 기울였습니다. 그러나 그들은 율법에서 더 중요한 문제인 하나님 사랑과 이웃 사랑을 망각했습니다. 그래서 우리 주님은 여기서 다시 한 번 마음을 강조하십니다. 마음은 우리 주님이 가르치신 교훈의 핵심입니다. … 그분은 머리가 아니라 마음을 강조하십니다. … 그분은 지적인 사람을 칭찬하지 않으십니다. 그분의 관심은 오직 마음에 있습니다. … 우리는 지적으로 신앙이나 신조를 인정하는 일을 무시하지 않도록 주의해야 합니다. 우리는 그 일을 해야 합니다. 그 일을 그만두는 것은 정말로 위험합니다.

Studies in the Sermon on the Mount I, 106, 108-109

5일 : 하나님의 진리, 오직 하나님만이 보여 주실 수 있는 신비

성경은 과학 이론으로 진리를 아는 데 도달할 수 없다고 분명하고도 솔직하게 말합니다. 만일 사람이 진리를 아는 지식에 이른다면 계시에 복종해야 합니다. 다시 말해서 사람은 도움이 없이는 진리에 이를 수 없다고 인정해만 합니다. 사람은 자기 확신을 버려야만 합니다. 자기 자신의 지식이나 이성의 힘을 신뢰하기를 그만두어야만 합니다. …

성경은 처음부터 사람은 계시에 복종해야만 한다고 말합니다. 왜냐하면 진리는 신비이기 때문입니다. 만일 사람이 진리를 아는 지식을 가지려 한다면 겸손히 경외하는 마음으로 복종해야 합니다. …

성경의 가르침 중에서 가장 위대한 말씀 중 하나는 불타는 떨기나무를 바라보는 모세의 이야기라고 생각합니다. 모세는 전형적인 과학적 사고방식으로 그 현상을 바라보며 말했습니다. '지금 보고 있는 이 흥미로운 현상을 조사해야겠어.' … 모세가 앞으로 다가가서 조사하려고 할 때 음성이 들렸습니다. "이리로 가까이 오지 말라 네가 선 곳은 거룩한 땅이니 네 발에서 신을 벗으라"(출 3:1-5). 당신은 여기서 조사하지 마십시오. 경외심과 두려움으로 예배하십시오. … 예수님은 니고데모와 대화를 나누시면서 동일한 진리를 가르치셨습니다. 니고데모는 유대인들 중에서 매우 유능하고 박학다식한 사람이었으며, 조사하고 싶고 알고 싶어서 예수님을 찾아온 사람이었습니다. 그리스도께서는 그에게 말씀하셨습니다. "진실로 진실로 네게 이르노니 사람이 거듭나지 아니하면 하나님의 나라를 볼 수 없느니라 … 바람이 임의로 불매 네가 그 소리는 들어도 어디서 와서 어디로 가는지 알지 못하나니"(요 3:3-8).

The Approach to Truth: Scientific and Religious, 21-23

6일 : 모래 위에 집을 짓는 사람 1

어리석은 자의 특징은 무엇입니까? 첫째로, 어리석은 자는 서두릅니다. 어리석은 사람들은 항상 서두릅니다. 그들은 모든 것을 한 번에 하고 싶어 합니다. 그들은 기다리지 못합니다. 성경은 이에 대해서 자주 경고합니다! 성경은 경건하고 의로운 사람은 '서두르지 않는다'고 말합니다. 그는 결코 허둥대거나 흥분하거나 서두르지 않습니다. 그는 하나님을 알고, 신조와 하나님의 목적과 계획이 영원불변하다는 것을 압니다. 그러나 어리석은 사람은 참지 못합니다. 그는 시간을 들이지 않습니다. 항상 지름길과 즉각적인 결과에 관심을 기울입니다. … 우리는 일상생활에서 이런 부류의 사람을 흔하게 만나는데, 이들은 기독교와 동떨어져 있습니다. 그는 이런 말을 합니다. '집을 당장 지어야만 해. 기초를 놓을 시간이 없어.' 그는 항상 서두릅니다.

그는 이런 성향을 갖고 있기 때문에 지시를 따르지 않습니다. 그는 집을 짓는 방법에 주의를 기울이지 않습니다. 이는 심각한 문제입니다. 집을 짓고 싶어 하는 사람은 안전하고 내구성이 강한 건물을 짓고 싶다면 건축 원리를 지켜야만 한다는 것을 알아야 합니다. 지혜로운 사람은 일을 제대로 하는 방법을 알고 싶어 합니다. 그래서 그는 지시를 따르며, 배울 준비를 합니다. 그러나 어리석은 사람은 그런 일에 관심을 두지 않습니다. 그는 집을 원하지만, 규칙과 규정은 무시합니다. 그는 단지 '세워'라고 말합니다. 그는 조급하며, 지시와 가르침을 얕잡아 보며, 이렇게 말합니다. '빨리빨리!' …

이 어리석은 사람은 지시를 건성으로 들을 뿐만 아니라 그런 지시는 필요 없다고 생각합니다. 항상 자기 생각이 최고라고 주장하며 다른 사람에게서 배우려 하지 않습니다. … 과거에 했던 일을 전혀 개의치 않으며, 충동과 즉흥적인 생각을 따라갑니다.

Studies in the Sermon on the Mount II, 298

7일 : 모래 위에 집을 짓는 사람 2

어리석은 사람의 마지막 특징은 일을 할 때 철저하게 생각하지 않는 성격입니다. 발전 가능성이나 예기치 못한 일이 벌어질 개연성을 생각하거나 대비하지 않습니다. 기초를 놓지 않고 모래 위에 집을 짓는 어리석은 사람은 계속해서 마음속으로 자문합니다. '무슨 일이 일어나겠어? 여름에 이렇게 아름다운 전경을 갖고 있는 이 강이 겨울에 엄청난 비나 눈이 쏟아져 불어나서 넘치겠어?' 그는 이런 생각을 멈추지 않습니다. 그는 다만 특정 자리에 쾌적한 집을 원할 뿐입니다. 그는 이런 일들 중에 어떤 것도 전혀 고려하지 않고 집을 짓습니다. 친구가 와서 말합니다. '친구야, 여기를 봐. 모래 위에 집을 짓는 것은 좋지 않아. 이 자리에 어떤 일이 일어날지 모르는 거야? 실제로 급류가 흐르는 것을 봤어. 여기에 폭풍이 불어서 가장 잘 지은 집이 휩쓸려 떠내려갔다는 소리를 들었어. 친구야, 내 생각에는 반석이 있는 데까지 더 깊게 파야 할 것 같아.' 어리석은 사람은 친구의 말을 귓등으로도 듣지 않고 자기가 좋다고 생각하는 대로 고집부리며 진행합니다. 영적인 의미에서 본다면 그는 교회사에서 배우는 데 관심을 기울이지 않습니다. 그는 성경 말씀에 귀를 기울이지 않습니다. 그는 무언가를 하고 싶어 하며, 자기 방법대로 그 일을 끝낼 수 있다고 믿습니다. 그는 가서 일을 저지릅니다. 설계도와 명세서를 참고하지 않습니다. 그는 미래를 생각하지 않으며, 집을 지으면서 반드시 해야 하는 검사 과정을 건너뜁니다.

Studies in the Sermon on the Mount II, 299

8일 : 반석 위에 집을 짓는 사람

지혜로운 사람은 한 가지 큰 소망을 갖고 있습니다. 그것은 견고하게 집을 짓는 것입니다. 그래서 그는 이렇게 말합니다. '난 이 일을 잘 몰라. 전문가도 아니고. 그래서 잘 아는 사람에게 조언을 구해야 해. 설계도와 명세서는 물론이고 안내와 지도도 필요해. 집을 빠르게 짓는 사람을 알지만, 오래가는 집을 짓고 싶어. 변수가 많을 거야. 내 건축 아이디어와 집을 잘 검사해야 할 것 같아.' 이것이 지혜의 본질입니다. 지혜로운 사람은 할 수 있는 한 모든 것을 알아내려고 애씁니다. 그는 자신의 느낌과 감정 또는 의욕을 자제합니다. 지식과 진리와 통찰력을 구합니다. 지혜를 구하고 갈망하라고 촉구하는 잠언의 권면을 따릅니다. … 그는 위험을 감수하거나 급하게 몰아치지 않습니다. 생각하고 나서 행동합니다. …

집이 지어진 후에는 후회해도 소용이 없습니다. 일을 시작할 때 조사해야 합니다. (지혜로운 건축가와 어리석은 건축가) 그리고 그들의 작업은 위치와 자리를 조사하고 계획하고 결정할 때 고려되어야만 합니다. 날림공사를 하는 목수를 지켜보고, 기초를 놓는 일을 확인하는 일도 모두 처음에 해야 합니다. 집이 완공되었을 때 그냥 바라보는 것만으로는 충분하지 않습니다. (기초가 없는 집은) 다른 것보다 훨씬 보기 좋을 수 있습니다. … 집에서 가장 중요한 것은 기초입니다. 이것이 성경에서 자주 강조되는 진리입니다. 기초는 눈에 보이지 않기 때문에 별로 중요하지 않아 보이지만, 그 무엇보다도 가장 중요합니다. 기초가 부실하다면 모든 것이 잘못되기 마련입니다.

Studies in the Sermon on the Mount II, 299-300

9일 : 세상의 길

　세상은 팔복 중 첫 번째 복(마 5:3)을 좋아하지 않습니다. 그것을 경멸합니다. 당신은 이 구절에서 말하는 것보다 세상의 정신과 견해에 정반대되는 것을 보지 못할 겁니다. 세상은 정말로 자기를 의지하고, 자신을 확신하고, 자기를 표현하는 신념을 중시합니다! 세상의 문학을 보십시오. 당신이 이 세상에서 성공하기 원한다면 세상은 이렇게 말합니다. '너 자신을 믿어라.' 오늘날 이 사상이 사람들의 인생을 좌지우지합니다. … 예를 들면, 현대에서 훌륭한 상술의 본질은 무엇입니까? 신뢰와 확신이라고 합니다. 고객에게 깊은 인상을 주고 싶다면 당신은 이 방식대로 해야만 합니다. 세상의 모든 영역에서 동일한 사상이 실행되고 있습니다. 직장에서 성공하고 싶다면 당신이 성공한 사람이라는 인상을 주어서 당신의 실체보다 훨씬 더 출세했음을 암시하는 것이 중요합니다. 사람들은 이렇게 말합니다. '…하는 사람이야.' … 자기 신뢰, 확신, 자기 의지입니다. 사람들은 이러한 근본적인 신념에 따라 그 나라에 들어갈 수 있다고 생각합니다. 치명적인 가설은 법률로만 완전한 사회를 만들 수 있다는 것입니다. …

　우리는 이제 본문에서 그것과 철저하고 절대적으로 대비되는 것을 만나게 됩니다. … 당신은 찰스 웨슬리의 찬송가 가사를 기억할 것입니다.

> 저는 온통 불의하며
> 더러움과 죄로 가득 차 있습니다 …

　수년 전 한 사람이 이 구절을 비웃으며 물었습니다. '승진이나 직장을 구하는 사람이 고용주에게 가서 어떻게 그렇게 말합니까? 웃기는 소리입니다.' … 계시된 말씀을 얼마나 오해하고 있는지를 보십시오. 만일 사람이 하나님의 존전에서 철저하게 심령이 가난한 것 이외에 다른 것으로 구원을 받는다고 느낀다면, 당신이 하나님을 궁극적으로 대면하고 있지 않다는 것을 뜻할 뿐입니다.

Studies in the Sermon on the Mount I, 44-45

10일 : 세상의 사물에 사로잡힘

예수님은 세상의 물건이 우리를 지배하고 사로잡는 것에 대해 경고하십니다. … 예수님은 "네 보물 있는 그곳에는 네 마음도 있느니라"(마 6:21)고 말씀하십니다. 마음입니다! 예수님은 마태복음 6장 24절에서도 마음에 관해 말씀하십니다. "한 사람이 두 주인을 섬기지 못할 것이니." 우리는 '섬기다'라는 낱말에 주목해야 합니다. 예수님은 이러한 사물들이 우리에게 지배권을 행사하는 끔찍한 통제를 우리에게 강력하게 알려 주기 위해서 이런 낱말을 사용하십니다. 생각을 멈추는 순간 사람들의 압제, 세상의 폭정을 알아차릴 수 있습니까? … 우리 모두는 이에 연루되어 있습니다. 우리 모두는 세상의 지독한 권세에 사로잡혀 있어서 우리가 그것을 인식하지 못한다면 그것이 우리를 지배할 것입니다.

그러나 그 권세는 강력할 뿐만 아니라 미묘합니다. 그것은 대부분의 사람들의 인생을 실제로 조종합니다. 사람들이 세상에서 성공하고 잘 살게 되었을 때 그 사람들의 인생에서 일어나는 변화, 아주 미묘한 변화를 보신 적이 있습니까? 진정으로 영적인 사람들에게는 일어나지 않습니다. 하지만 그렇지 않다면, 그것은 아주 다양하게 일어납니다. 이상주의가 청년들과는 밀접하게 연관되지만, 중년이나 노년과는 왜 상관이 없을까요? 왜 사람들은 나이가 들수록 냉소주의자가 됩니까? 인생에 대한 숭고한 생각은 왜 사라져 갑니까? 우리 모두가 '세상의 보물'의 희생자가 되었기 때문입니다. 당신이 사람들의 인생을 지켜본다면 그 안에서 이를 볼 수 있을 겁니다. 전기들을 읽어 보십시오. 수많은 젊은이들은 밝은 비전을 가지고 출발하지만, 대학생이 되었을 때 세상의 관념에 영향을 받습니다. … 그는 여전히 좋은 사람입니다. 게다가 공정하고 지혜롭습니다. 하지만 그는 더 이상 처음 인생을 출발했을 때 그 사람이 아닙니다. 무언가를 잃어버렸습니다. 그렇습니다. 이는 이미 익숙한 현상입니다. '소년이 자라갈 때 감옥의 그늘이 드리우기 시작한다.' 이에 대해서 전혀 모르시겠습니까? 그것은 거기에 있습니다. 그것은 감옥에 있습니다. 우리가 그것을 인식하지 않는다면 그것이 우리를 꽁꽁 묶어 버립니다.

Studies in the Sermon on the Mount II, 91-92

11일 : 그리스도의 보혈로 구원을 받습니다

바울은 에베소서 2장 13-16절에서 에베소 교회의 성도들이 그들의 선행, 선한 생활, 모든 행실, 국적, 신앙 이전에 했던 모든 일이 아무런 쓸모없으며, 그리스도인이 되었고 주 예수 그리스도의 행위, 특별히 십자가에서 흘리신 보혈로 교회 안에서 연합되었음을 깨달은 자들이라고 말합니다. … 이것이 이 사람들이 하나가 되었던 방법입니다. … 이들은 '그리스도의 보혈'을 대가로 치르고 하나님 나라에 들어갔으며 가족이 되었습니다. 이것을 믿지 않는다면 어느 누구도 가족이 될 수 없으며 이 연합에 참여할 수 없습니다.

사도 바울은 계속해서 이 때문에 다음과 같이 기도한다고 말합니다. "이는 그로 말미암아 우리 둘이 한 성령 안에서 아버지께 나아감을 얻게 하려 하심이라"(엡 2:18). … 히브리서 10장 19절도 동일한 것을 가르칩니다. … 우리가 아버지께 나아가는 것은 그리스도의 피를 의지함으로, 그분이 우리와 우리 죄를 위해 피를 흘리셨으며, 하나님이 "죄를 알지도 못하신 이를 우리를 대신하여 죄로 삼으신"(고후 5:21) 것을 믿을 때만 이루어집니다.

사도 바울은 에베소서 2장을 다음과 같이 말하면서 끝을 맺습니다. '계속해서 하나가 되라고 권면을 받는 사람들은 이 모든 결과로서 이제 동일한 시민이며, 하나님의 권속이며, 사도들과 선지자들의 터 위에 세우심을 입었습니다.' 이것이 사도들과 선지자들의 가르침이며 교리가 의미하는 것입니다. 그들은 이 터 위에 있기 때문에 '하나님의 거주지'가 되었습니다.

The Basis of Christian Unity, 22-23

12일 : 우리의 모든 것을 요구합니다

하나님과 재물은 우리의 모든 것을 요구합니다. 세상적인 것들은 우리가 보았던 것처럼 모든 것을 요구합니다. 그들이 얼마나 전 인격을 사로잡으며 우리의 삶 모든 곳에 영향을 끼치는지요! 그들은 우리의 온전한 헌신을 요구하며, 우리가 전적으로 그들만을 위해서 살기를 원합니다. 그렇습니다. 그러나 하나님도 마찬가지입니다. … 반드시 물질적인 의미에서가 아니라 다른 의미에서 하나님은 '가서 네가 가진 모든 것을 팔라. 그리고 와서 나를 따르라', '나보다 부모를 더 사랑하는 자나, 나보다 자녀를 더 사랑하는 자는 내게 합당하지 않다'라고 우리에게 말씀하십니다. 이는 우리의 모든 것을 요구하는 것입니다. … 이는 양자택일을 요구합니다. 타협은 불가능합니다. "너희가 하나님과 재물을 겸하여 섬기지 못하느니라"(마 6:24).

이는 너무 미묘해서 대부분의 사람들은 이를 놓칩니다. … 우리 중 일부는 우리가 '무신론적 물질주의'로 부른 것에 격렬하게 반대합니다. 그러나 … 성경이 모든 물질주의가 무신론적이라는 말한다는 것을 아십시오. … 그래서 물질주의적인 관점이 우리를 지배한다면 우리는 뭐라고 말하든지 간에 믿음이 없습니다. 종교적인 언어를 사용하는 무신론자들이 많습니다. … 그 사람은 스스로 하나님에 관해 말하고 있기 때문에 믿음이 있다고 생각하며, 하나님을 믿으며, 때때로 예배를 드리러 간다고 말합니다. 그러나 그는 세상적인 일을 위해서 살고 있습니다. 그 사람의 어둠이 얼마나 큰지요! … 열왕기상 17장 24-41절을 세심하게 살펴보십시오. … 앗수르는 정복하고, 자기 백성들을 그 지역으로 이주시켰습니다. 이 앗수르 사람들은 물론 여호와를 섬기지 않았습니다. 사자들이 나타나서 그들을 죽였습니다. 그때 그들은 '이런 일은 우리가 이 특정 지역의 신을 섬기지 않아서 발생한 거야. …'라고 말했습니다. 그래서 그들은 한 제사장을 찾아서 이스라엘 종교를 가르쳤습니다. … 그러나 성경은 이들에 대해서 이렇게 말합니다. "이 여러 민족이 여호와를 경외하고 또 그 아로새긴 우상을 섬기니"(왕하 17:41). … 당신은 누구를 섬기십니까? 하나님입니까? 재물입니까? 이것이 문제입니다.

Studies in the Sermon on the Mount II, 94-95

13일 : 역사는 하나님의 나라와 밀접한 관계가 있습니다

세속사의 해답은 하나님의 나라입니다. 구약성경에 언급되는 다른 나라들의 이야기는 이스라엘의 운명과 관계가 있을 때만 의미가 있습니다. 그리고 오늘날의 역사는 궁극적으로 기독교 교회의 역사와 관계가 있을 때만 의미가 있습니다. 세상에서 정말로 중요한 것은 하나님의 나라입니다. 인간의 타락 이후로 인류 역사 초기부터 하나님은 세상에 새로운 나라를 세우기 위해서 일하셨습니다. 그것은 그분의 나라입니다. 하나님은 백성들을 세상에서 그 나라로 오도록 부르십니다. 세상에서 일어나는 모든 일은 이와 관련이 있습니다. … 다른 사건들은 이 사건과 관련될 때만 의미가 있습니다. 오늘날 벌어지는 문제들은 이러한 관점에서 이해되어야 합니다. …

그러므로 세상에서 깜짝 놀랄 만한 일이 일어났을 때 걸려 넘어지지 마십시오. 오히려 이렇게 우리 자신에게 물어보십시오. '이 사건은 하나님의 나라와 어떤 관계가 있는가?' 또는 개인적으로 당신에게 이상한 일이 일어나면 불평하지 마시고, 이렇게 생각하십시오. '하나님께서 이 일을 통해서 내게 가르쳐 주시려는 교훈은 무엇인가? … 어디서 잘못을 했는가? 하나님께서 이런 일이 내게 일어나도록 하신 이유는 무엇인가?' 당신이 그것을 바라볼 때만 그 사건들은 의미가 있습니다. 당황하거나 하나님의 사랑이나 정의를 의심할 필요가 없습니다. 하나님께서 우리의 기도를 즉시 응답하시지 않는다면 우리는 심령이 가난한 그리스도인이 되어야 합니다. 하나님은 때때로 이기심이나 우리 삶에서 없어야만 하는 것을 처리하시기 위해서 응답을 미루십니다. 하나님은 우리를 염려하시며, 하나님 나라에 적합하도록 우리를 고치려고 하십니다. 그러므로 우리는 하나님의 위대하고 영원하며 영광스러운 목적의 시각에서 모든 사건을 판단해야 합니다.

From Fear to Faith, 23-24

14일 : 인간의 유일한 소망인 복음

인류가 그토록 오랫동안 참된 신앙과 도덕을 와전시키는 어리석은 죄를 저질렀다는 것이 얼마나 끔찍한지요! 사람들이 올바른 자리와 상황에 놓인다면 완전히 변화됩니다. 도덕이 실패하는 것과 정확하게 동일한 방식으로 그리스도의 복음은 성공합니다. 그리스도의 복음은 하나님으로 시작하며, 하나님의 거룩한 이름을 영화롭게 하기 위해 존재합니다. 복음은 사람을 그리스도의 보혈을 통해서 하나님과 화해하게 해서 하나님과 올바른 관계를 맺도록 회복시킵니다. 복음은 사람이 사람의 행동이나 환경보다 더 중요하며, 사람이 고쳐지면 행동이나 환경도 고쳐진다고 말합니다. 복음은 하나님의 놀라운 사랑에 대해서 하나님께 감사를 드리도록 하기 위해서 가장 높은 관점을 사람에게 주심으로 그리고 선한 삶을 살고 싶어 하는 열정과 갈망으로 충만하게 함으로 전인, 몸, 영혼, 지성, 욕망, 의지를 채워 줍니다. 그리고 복음은 죄와 실패의 결과로 초래된 수치와 고통의 심연 속에서 사람에게 권능을 주며, 그리스도께서 그와 그의 죄를 위해 죽으셨으며, 하나님이 그를 용서하셨다는 사실을 사람에게 확신시켜 주어 그를 회복시킵니다. 복음은 사람에게 죄와 유혹을 이기고, 사람이 마땅히 살아야 한다고 믿는 삶을 살 수 있는 능력을 약속함으로 새 생명과 새 출발 지점으로 부릅니다.

복음, 오직 복음에만 인간과 세상을 위한 유일한 소망이 있습니다. 이외에 모든 것을 시도했지만 실패하고 말았습니다. 불경건은 가장 크고 주요한 죄입니다. 그것이 우리가 겪는 다른 모든 어려움의 원인입니다. 인간은 하나님께 돌아가서 그분과 함께 시작해야 합니다. 바라건대 하나님이여 찬양받으소서. 인간을 위해 행하신 것은 '예수 그리스도와 십자가에 달리신 그분' 안에서 여전히 활짝 열려 있습니다.

The Plight of Man and the Power of God, 40

15일 : 영혼의 난시를 경계하십시오

　사람들은 종종 "염려하지 말라"(마 6:34)는 표현을 오해합니다. … 많은 사람들이 1611년에 흠정역(영어 성경 KJV를 가리킨다 - 역자 주)이 나온 이후로 "염려하지 말라"(take no thought)의 실제 의미가 바뀌었다고 생각하는 실수를 저질렀습니다. 당신이 전문가들에게 문의하면 그들은 '생각하는 것'(taking thought)이 그 당시에 '염려하는 것' 또는 '걱정하는 것'이라는 의미로 사용되었다는 사실을 보여 주는 셰익스피어의 글을 들이댈 것입니다. 그러기에 그것은 당신의 삶, 곧 먹을 것이나 마실 것을 '걱정하지 말라' 또는 '근심하지 말라' 혹은 당신이 좋아한다면 '염려하지 말라'로 번역되어야 합니다. … 우리 주님이 사용하신 실제 단어는 매우 흥미롭습니다. 그것은 우리를 나누는 것, 분리하는 것 또는 어지럽히는 것을 가리키는 데 사용되는 낱말이며, 신약성경에서 자주 나옵니다. … 당신은 누가복음 12장 29절에서 이 낱말을 볼 수 있습니다. … "근심하지도 말라." 이는 부분이나 구획으로 나누어진 마음을 말하며, 전체로서 기능을 하지 못하는 것을 뜻합니다. 그러므로 가장 잘 나타내는 표현은 '일편단심이 아니다'라는 것입니다. 그것은 이중적인 비전이어서 동시에 두 방향을 바라보는 것입니다. 그래서 실제로는 아무것도 보지 못합니다.

　마르다와 마리아 이야기는 이 용어의 의미를 잘 나타냅니다(눅 10:38-42). 우리 주님은 마르다를 꾸짖으시며, "네가 많은 일로 염려하고 근심하나"라고 말씀하셨습니다. 불쌍한 마르다는 마음이 흐트러졌습니다. 이것이 이 표현의 실제 의미입니다. 마르다는 실제로 자신이 어느 자리에 있는지, 자신이 원하는 것이 무엇인지 몰랐습니다. 반대로 마리아는 한 가지 목적, 단 하나의 목표를 갖고 있었습니다. 마리아는 여러 가지 일로 마음이 산란하지 않았습니다. 그러므로 우리 주님은 염려로, 세상일에 대한 근심으로, 하나님을 바라보지 않고 세상일만을 바라봄으로 인생의 주요 목표가 흐트러지는 위험에 대해서 경고하십니다.

Studies in the Sermon on the Mount II, 110

16일 : 놀라운 평강, 하나님 사랑의 선물

"모든 지각에 뛰어난 하나님의 평강"(빌 4:7)에 대해서 무엇을 말할 수 있습니까? 당신은 이 평강을 이해할 수도, 상상할 수도, 어떤 의미에서 심지어 믿을 수도 없습니다. 하지만 그 평강은 일어나며, 당신은 그것을 경험하며, 누립니다. 그것은 그리스도 예수 안에 있는 하나님의 평강입니다. 바울은 그 평강으로 무엇을 의도하고 있습니까? 바울은 이 하나님의 평강이 주 예수 그리스도를 우리에게 제시하고 그분을 상기시킴으로 역사한다고 우리에게 말하고 있습니다. 로마서의 논증 용어로 표현하면 다음과 같습니다. "우리가 원수 되었을 때에 그의 아들의 죽으심으로 말미암아 하나님과 화목하게 되었은즉 화목하게 된 자로서는 더욱 그의 살아나심으로 말미암아 구원을 받을 것이니라"(롬 5:10; 롬 8:28, 32를 보십시오). "내가 확신하노니 사망이나 생명이나 천사들이나 권세자들이나 현재 일이나 장래 일이나 능력이나 높음이나 깊음이나 다른 어떤 피조물이라도 우리를 우리 주 그리스도 예수 안에 있는 하나님의 사랑에서 끊을 수 없으리라"(롬 8:38-39). 만일 하나님이 아들을 십자가에서 죽게 하심으로 우리를 위해 놀라운 일을 행하셨다면 그분은 이제 우리를 저버리실 수 없으며, 중도에서 우리를 떠나실 수 없으십니다. 그래서 모든 지각에 뛰어난 하나님의 평강이 그리스도 예수를 통해서나 그리스도 예수 안에서 우리의 마음과 생각을 지킵니다. 하나님은 이런 방식으로 염려에서 우리의 평강과 자유를 보증해 주십니다.

Spiritual Depression, 270-271

17일 : 다른 사람보다 더 의로운 삶을 살아야 합니다

    은혜를 크게 강조하며 설교했으나 바울처럼 자주 오해를 받은 사람도 없습니다. 당신은 일부 사람들이 로마에서 그리고 다른 지역에서 했던 추론을 기억합니다. 그들은 말했습니다. "바울, 이 사람의 관점에서 보면 은혜가 풍부하기 위해서 악을 행해야 합니다. 왜냐하면 바울의 가르침은 분명히 이 결론 이외의 다른 결론에는 이를 수 없기 때문입니다. 바울은 이렇게 말했습니다. '죄가 더한 곳에 은혜가 더욱 넘쳤나니'(롬 5:20). 은혜가 점점 더 넘치도록 죄를 범합시다." 바울은 '하나님께서 금하신다'고 말합니다. 그는 변함없이 이것을 말했습니다. 우리가 은혜 아래에 있기 때문에 율법과 전혀 관계가 없으며 율법을 잊어버릴 수 있다고 말하는 것은 성경의 가르침이 아닙니다. … 율법이 우리를 정죄한다는 의미에서 우리는 율법 아래에 있지 않습니다. 율법은 더 이상 우리를 향해 심판을 선언하거나 정죄하지 못합니다. 그렇습니다. 그러나 우리는 율법을 지키며 살기로 되어 있습니다. 아니 율법을 뛰어넘어 살지 않으면 안 됩니다. 사도 바울은 율법 아래에 있는 사람으로서가 아니라 그리스도의 자유인으로서 살아야 한다고 말합니다. 그리스도께서는 율법을 지키셨습니다. 그분은 율법을 따라 사셨습니다. 산상설교가 강조하듯이 우리의 의는 서기관과 바리새인의 의보다 나아야 합니다. 예수님은 율법을 폐기하러 오시지 않았습니다. 율법의 일점일획조차도 성취되고 완전해져야 합니다.

Studies in the Sermon on the Mount I, 12

18일 : 예수 그리스도의 권위

    복음서들은 명확하고 계획적인 목표를 가지고 쓰였습니다. 복음서들은 단순히 기록이나 사실의 수집물이 아닙니다. … 복음서들은 주 예수 그리스도를 주님으로서, 최종적인 권위자로서 소개합니다.

    세례 요한의 메시지도 마찬가지였습니다. 그는 요단 강에서 설교하고 세례를 베푼 후에도 그 입장을 고수했습니다. 사람들은 말합니다. '이 사람은 분명히 그리스도임이 틀림없어. 우리는 전에 이 같은 설교를 들어본 적이 없어. … 이 사람은 우리가 기다렸던 메시아가 맞아.' 그러나 세례 요한은 그들에게 말합니다. '나는 그리스도가 아닙니다.' … (눅 3:16-17) '나는 선구자이며 전령입니다. 그분이 권위자이십니다. 그분은 아직 오시지 않았습니다.' 이 복음서들이 얼마나 세심하게 반복적으로 이를 주장하는지요!

    또한 이외에 다른 것도 있습니다. … 그것은 우리 주님이 세례를 받으실 때 일어났던 일에 관한 보고입니다. 예수님은 거기서 세례 요한이 베푸는 세례를 받으셨습니다. … 그때 … 성령이 비둘기처럼 그분 위에 임재하셨습니다. 더 중요한 것은 그때 들린 음성입니다. … "이는 내 사랑하는 아들이요 내 기뻐하는 자라"(마 3:17). … 변화산상에서도 비슷한 말이 들립니다. 그러나 거기에서는 가장 의미심장하고 중요한 말이 덧붙여집니다. "너희는 그의 말을 들으라"(마 17:5). … "이분의 말씀을 들어야 합니다. 당신은 말씀을 기다리고 있습니다. 당신의 질문에 대한 대답을 기다리고 있습니다. 당신이 겪는 문제의 해결책을 구하고 있습니다. 당신은 철학가들에게 자문을 구합니다. 당신은 듣고 묻습니다. '우리는 어디서 삶의 최종적인 진리를 얻을 수 있습니까?'" 여기에 하늘로부터, 하나님으로부터 온 해답이 있습니다. "그의 말을 들으라." 그분에게 주의를 기울이십시오. 최종적인 말씀, 궁극적인 권위, 우리가 복종해야 하고 귀를 기울여야 하는 분으로서 그분을 붙드십시오.

Authority, 16-17

19일 : "그들로 너희 착한 행실을 보고 하늘에 계신 너희 아버지께 영광을 돌리게 하라"

그리스도인의 삶은 균형과 평정의 문제입니다. 그것은 자기모순의 느낌을 주는 삶입니다. … 산상설교를 읽다 보면 이와 같은 경우를 만나게 됩니다. "너희 빛이 사람 앞에 비치게 하여 그들로 너희 착한 행실을 보고 하늘에 계신 너희 아버지께 영광을 돌리게 하라"(마 5:16). "사람에게 보이려고 그들 앞에서 너희 의를 행하지 않도록 주의하라 그리지 아니하면 하늘에 계신 너희 아버지께 상을 받지 못하느니라"(마 6:1). 이를 읽은 사람들은 이렇게 말합니다. '내가 무엇을 해야 합니까? 이 모든 일을 은밀히 한다면 … 사람들이 내가 이 일을 했는지 어떻게 알며, 나를 비추는 이 빛을 어떻게 볼 수 있습니까?'

그러나 물론 이는 피상적인 대조일 뿐입니다. … 우리는 이 두 가지를 동시에 하도록 부름을 받습니다. 그리스도인은 사람들이 자신의 삶을 지켜보고 있다는 것을 의식하면서 살아서 하나님께 영광을 돌려야 합니다. 그리스도인은 동시에 자신이 관심을 끌기 위해서 일을 하지 않도록 해야 합니다. 그리스도인들은 사람들에게 보이는 것을 바라지 말아야 하며, 남의 이목을 끌지 않아야 합니다. 그러나 이 균형감은 더할 나위 없이 좋으면서도 무너지기 쉽습니다. 그래서 우리는 이 극단이나 저 극단으로 가기 쉽습니다. … 그러나 우리는 여기서 양 극단을 피해야 합니다. 이는 매우 미묘하며, 민감한 삶입니다. 그러나 만일 올바른 방식과 성령의 인도하에 접근해 간다면 이 균형은 유지될 수 있습니다. … 잊지 맙시다. 그리스도인은 동시에 자신의 이목을 끌면서도 끌지 않아야 합니다.

Studies in the Sermon on the Mount II, 12-13

20일 : 당신 자신을 무엇이 되게 합니까?

자기를 드러내게 하는 현대의 가르침에 대항하는 경우는 드뭅니다. … 이는 우리 안에 있는 이 자아의 최후의 운명을 무시합니다. … 그것은 단지 지상적이고 인간의 관점에서 그렇습니다. … 그러나 더 높은 관점이며, 보다 더 중요한 관점이 있습니다. 그것은 전적으로 무시합니다. 우리 주님은 말씀하셨습니다. "네 백체 중 하나가 없어지고 온몸이 지옥에 던져지지 않는 것이 유익하니라"(마 5:29). … 순수하게 인간의 측면에서 … 자기표현에 대한 이 말씀은 참된 자아를 완전히 타락시키고 있습니다. 그러나 우리에 대한 하나님의 관점이 있습니다. 그것은 우리가 하나님의 손에 사로잡혀 있으며, 그분이 영원한 심판자이실 때 훨씬 더 큰 결과를 초래합니다. 자아에 대한 그분의 중요한 관점은 성경에 매우 명확하게 나타납니다. … 하나님은 사람에게 자신과 같은 본성을 주셨습니다. 하나님은 자신의 형상을 따라 인간을 창조하셨습니다. 그분은 사람에게 생기를 불어넣어 생령이 되게 하셨습니다. 그 영은 우리에게 주신 하나님의 선물입니다. 그 영은 하나님이 우리에게 맡기시고 지키시는 보물입니다. 이는 하나님이 우리에게 드러내라고 요구하시며, 나타내기를 바라시는 자아입니다. 인생과 시간의 마지막 때에 그분은 우리의 성과를 시험하실 것입니다. 심판의 기준은 모세에게 주어진 도덕법, 예언자들의 가르침, 산상설교, 그리고 무엇보다 그분을 믿는 우리의 지식과 우리의 주님이시며 구원자이신 예수 그리스도에 의해 살게 된 삶에 얼마나 가까이 다가갔는가 하는 것입니다. 참된 자기표현은 그분 안에서 단번에 계시되었습니다. 그러므로 여기서 우리는 이런 질문을 만나게 됩니다. '당신은 그 자아에 대해서 어떻게 생각합니까? 당신은 그 자아를 어떻게 표현하십니까?' 생명이냐 죽음이냐, 천국이냐 지옥이냐, 그 결과는 영원합니다.

Truth Unchanged, Unchanging, 28-30

21일 : 깨어날 때 여전히 당신과 함께 계십니다

우리는 항상 하나님의 존전 앞에 있습니다. 언제나 그분의 시야에 있습니다. 하나님은 우리의 모든 행동, 심지어 우리의 모든 생각을 알고 계십니다. … 그분은 어디에나 계시며 … 모든 것을 보십니다. 하나님은 당신의 마음을 아십니다. 다른 사람은 모를지라도 말입니다. 당신은 다른 사람을 속일 수 있으며, 사심이 없다고 다른 사람을 설득할 수 있습니다. 그러나 하나님은 당신의 마음을 아십니다. … 아침에 일어날 때 우리는 자신이 하나님의 존전 앞에 있음을 떠올려야 합니다. 우리는 하루를 시작하기 전에 우리 자신에게 이렇게 말하는 것이 좋습니다. "온종일 내가 행하고, 말하고, 시도하고, 생각하고, 상상하는 모든 것이 하나님의 시선 아래에서 이루어질 것입니다. 하나님은 나와 함께 계실 것입니다. 하나님은 모든 것을 보십니다. 모든 것을 아십니다. 내가 행하거나 시도하는 것 중에서 어느 것 하나도 하나님께서 모르시는 것이 없습니다. '당신의 하나님이 나를 보십니다.'" 우리가 항상 이 일을 했다면 우리의 삶은 크게 변할 것입니다. … 경건 시간과 관련된 책들은 모두 이것을 이야기합니다. … 우리가 항상 하나님의 존전 앞에 있다는 사실은 가장 근본적인 것이며, 가장 중요한 것입니다. 하나님은 모든 것을 보시고 아십니다. 우리는 그분의 시야에서 결코 벗어날 수 없습니다(시 139편을 보십시오). … 이를 기억한다면 위선은 없어지고, 자기 아첨과 다른 사람보다 자신이 우월하다고 생각해서 짓는 모든 죄는 즉시 사라질 것입니다. …

우리가 이 모든 것을 연습한다면 크게 변화될 것입니다. 부흥이 즉시 일어날 것을 확신합니다. 교회 생활과 개인 생활에 어떤 차이를 만들어 냅니까? 가식과 허풍과 우리 안에 있는 무가치한 모든 것에 대해 생각해 보십시오. 하나님께서 모든 것을 보시고 알고 계시며 그 모든 것을 기록하고 계신다는 사실을 실감한다면 … 참되게 그것을 깨달음으로 시작하는 사람은 그리스도와 그의 십자가에 급히 가서 성령으로 충만해지게 해달라고 간청하는 것을 보게 될 것입니다.

Studies in the Sermon on the Mount II, 15-16

22일 : 뒤에 있는 것을 잊어버리고 부름의 상을 위하여 달라갑니다

당신이 과거에 많은 시간을 낭비했다는 사실을 진정으로 탄식한다면 지금 해야 할 일은 그것을 만회하는 것입니다. 이것이 상식이지 않습니까? 완전히 낙담에 빠진 사람은 이렇게 말합니다. '내가 낭비했던 시간을 채울 수만 있다면!' 나는 이 사람에게 이렇게 말합니다. '당신은 그 잃어버린 시간을 만회하고 있습니까? 당신은 왜 되돌릴 수 없는 과거에 대해서 내게 이야기하느라 힘을 낭비하고 있습니까? 왜 당신의 힘을 현재에 쏟아붓지 않습니까?' 나는 열정을 다해 말합니다. 왜냐하면 이 상황을 매우 엄격하게 다루어야만 하며, 그런 사람을 동정하는 것은 정말로 하기 싫은 일이기 때문입니다. 만일 이런 상황에 처해 있다면 상식선에서 당신 자신을 단련시키고 시험해 보십시오. 당신은 어리석은 자처럼 행동하고 있으며, 비이성적이며, 시간과 힘을 낭비하고 있습니다. 당신은 자신이 말하고 있는 것을 믿지 않습니다. 낭비한 과거 시간을 안타까워한다면, 현재에 만회하십시오. 지금 이 순간을 살아가는 데 최선을 다하십시오. 이것이 바울의 말입니다. "맨 나중에 만삭되지 못하여 난 자 같은 내게도 보이셨느니라"(고전 15:8). 그는 실제로 이렇게 말합니다. "나는 많은 시간을 낭비했습니다. 다른 사람들이 나보다 앞서 갔습니다. 그러나 그는 계속하면서 이렇게 덧붙입니다. '내가 모든 사도보다 더 많이 수고하였으나 내가 한 것이 아니요 오직 나와 함께하신 하나님의 은혜로라'(고전 15:10)."

Spiritual Depression, 83-84

23일 : 그리스도인의 삶의 훈련

우리가 '그리스도인의 삶의 훈련'이 있다는 것을 깨닫는 것이 매우 중요합니다. 다음과 같이 말하는 것으로 충분하지 않습니다. … '어떤 일이 일어나든지 우리는 '주님만을 바라보아야' 합니다. 그러면 모든 것이 잘 될 것입니다.' … 이는 비성경적입니다. 이것이 우리가 해야만 하는 유일한 일이라면, 수많은 성경 구절들이 불필요할 것입니다. … 서신서는 결코 쓰일 필요가 없었습니다. 그러나 성령의 영감을 받은 사람들이 … 서신서를 썼습니다. 서신서들은 … 그리스도인들의 삶에 훈련이 필수적이라고 합니다.

오늘날 일부 그리스도인의 삶에서 가장 슬픈 특징 중 하나는 그들이 신앙의 훈련을 잃어버렸다는 사실입니다. 슬프도다! 이는 복음주의적인 사람들에게도 마찬가지입니다. … 무엇보다도 먼저 로마 가톨릭의 가르침에 반대하는 반응이었습니다. 로마 가톨릭은 수많은 훈련 체계를 만들었고 이 주제에 대한 안내서와 설명서를 갖고 있습니다. 이러한 가르침을 전했던 위대한 학자들은 로마 가톨릭 사람들이었습니다. 예를 들면, 클레르보의 성 베르나르 또는 페늘롱입니다. 페늘롱의 유명한 책 「남성과 여성에게 보내는 편지」는 당시에 매우 인기가 있었습니다. 개신교 교인들은 이 모든 것에 반발했습니다. 그것은 어느 정도 옳았습니다. 그러나 오용 때문에 그리스도인의 삶에서 훈련이 필요 없다고 추론하는 것은 잘못입니다.

사실 개신교 역사의 특징은 그러한 훈련의 필요성을 실현해 가는 것이었습니다. … 왜 웨슬리 형제들과 휫필드와 같은 사람들이 메소디스트 (Methodist, 오늘날 감리교인을 가리키는 용어로 규율을 매우 중시하여 '메소디스트', 즉 형식주의자라는 별명이 붙었다 - 역자 주)로 불렸습니까? 그들의 삶이 매우 규칙적이었기 때문에 그렇게 불렸습니다. 그들은 모임 방법을 갖고 있었기 때문에 메소디스트였습니다. … 바로 이 용어 메소디스트는 … 그들이 훈련을 신뢰했고, 삶에서 훈련받는 것이 중요하고 세상에서 살아가는 동안에 만나게 되는 여러 가지 환경과 상황에서 자신을 다루고 관장하는 방법을 아는 것이 중요하게 여겼다는 사실을 강조합니다.

Faith on Trial, 23-24

24일 : 복음을 진지하게 받아들이십시오

은혜론에 대한 우리의 입장이 주 예수 그리스도의 명백한 가르침을 진지하게 받아들이지 않는 것과 같은 것이라고 말하면 틀린 말이 됩니까? 모든 것이 은혜로 말미암으며, 그리스도인이 되기 위해서 그리스도의 모범을 따를 필요가 없다고 강조한 나머지 우리는 그리스도의 가르침을 무시하며, 우리는 은혜 아래에 있기 때문에 그것과 아무런 관계가 없다고 말하는 입장에서 서게 됩니다. 우리가 주님이며 구원자이신 예수 그리스도를 얼마나 진지하게 받아들이는지요. 이 질문에 집중하는 가장 좋은 방법은 산상설교를 대면하는 것입니다. 산상설교에 대한 우리의 견해는 무엇입니까? 다음 질문의 대답을 종이에 써봅시다.

산상설교는 우리에게 어떤 의미가 있는가?
산상설교는 우리 삶에서 어떤 관계가 있으며, 우리의 사고와 관점에서 어떤 위치에 있습니까?
마태복음의 세 장(마 5-7장)에 걸쳐 중요한 위치를 차지하고 있는 이 비범한 설교는 우리와 어떤 관계가 있습니까?

나는 당신의 대답이 매우 흥미롭고 놀랄 만할 것이라고 생각합니다. 오, 그렇습니다. 우리는 은혜와 용서에 관한 교리를 모두 알고 있으며, 그리스도를 바라보고 있습니다. 그러나 우리가 권위가 있다고 주장하는 이 성경책에 산상설교가 들어 있습니다. 산상설교는 우리의 계획과 어떤 관계가 있습니까?

Studies in the Sermon on the Mount I, 12-13

25일 : 순수한 복음!

　그리스도인의 삶은 아주 넓은 길이 아닙니다. 그것은 당신이 살아갈수록 점점 더 좁아집니다. 그 문 자체, 이 삶에 들어가는 바로 그 길은 좁습니다. … 그리스도인이 된다는 것이 무엇보다 비그리스도인이 된다는 것과 거의 다르지 않다거나 당신이 기독교를 좁은 길이 아니라 매력적이고 놀랍고 흥분되는 것으로 생각한다거나 떼를 지어 들어간다는 인상을 주고 있습니다. 이는 우리 주님의 뜻과 일치하지 않습니다. 예수 그리스도의 복음은 너무 순전해서 그런 방식으로 사람들을 초대하지 않습니다. 복음은 그리스도인의 삶이 매우 쉽다고, 그 후에 발견하기 어렵게 될 것이라고 말하지 않습니다. 예수 그리스도의 복음은 공개적으로 그리고 단호하게 좁은 문, 까다로운 문이라고 선포합니다.

　우리는 그리스도인의 삶을 시작하기 전에 그 길을 따라가려면 버려두어야 일들이 있다는 소리를 듣게 됩니다. 여지가 없습니다. 왜냐하면 우리는 까다롭고 좁은 길을 통과함으로 시작해야만 하기 때문입니다. 나는 그것을 회전식 개찰구로 생각합니다. 한 사람이 한 번 통과하고 나면 더 이상 통과할 수 없는 회전식 개찰구와 같습니다. 그것은 매우 좁아서 당신이 가지고 지나갈 수 없는 것들이 있습니다. 초기부터 매우 배타적이며, 잊어버려야 할 것을 알기 위해서 산상설교를 살펴보는 것은 매우 중요합니다.

　우리가 잊어야 할 것 중에서 첫 번째는 '세상적인 것'이라고 불리는 것입니다. 우리는 대중, 세상의 길을 뒤에 남겨두어야 합니다. … 그리스도인의 삶의 길은 인기가 없습니다. … 당신은 그리스도인의 삶 속으로 대중을 끌어들일 수 없습니다. 그것은 필연적으로 단절을 내포합니다.

Studies in the Sermon on the Mount II, 220-221

26일 : 내 영혼을 소성시키소서

    자기를 드러내는 자유에 관해 이야기하기 전에 우리는 하나님께서 모든 사람에게 간절히 바라시는 참된 자아를 가지고 있는지 아닌지를 먼저 알아야만 합니다. 참된 자아가 없다면, 우리는 그것을 드러낼 수 없으며, 하나님께 그것을 돌려드릴 수 없으며, 무서운 심판의 날에 그것을 해명해야 할 것입니다. 그러므로 모든 사람이 직면하게 되는 절박한 한 가지 질문이 있습니다. '당신의 자아는 어떻게 되었습니까? 당신은 영혼을 가지고 있습니까? 참된 자아를 가지고 있습니까? 비전과 하나님의 능력이 당신의 영혼에 있습니까? 당신의 영혼은 살아 있습니까?' … 사람은 자신의 참된 자아를 소성시킬 수 없습니다. 하나님을 찾을 수 없습니다. 자신의 영혼을 잃어버릴 수는 있지만, 다시 찾을 수는 없습니다. 자기 영혼을 죽이고 파괴할 수는 있지만, 새롭게 창조할 수는 없습니다. … 그러나 … "인자가 온 것은 잃어버린 자를 찾아 구원하려 함이니라"(눅 19:10). 하나님의 아들이신 나사렛 예수님은 구원하기 위해서 세상에 오셔서 사시고 죽으시고 다시 살아나셨습니다. 그분은 우리가 죄 때문에 마땅히 져야 할 형벌과 하나님의 형상을 망가뜨리고 훼손한 것에 대한 형벌을 담당하셨습니다. 그러나 이외에도 예수님은 우리의 영혼을 소성시키십니다. 그분은 우리에게 새 본성을 주시며, 심지어 자신이 드러내신 것처럼 우리가 이 새롭고 참된 자아를 드러낼 수 있는 권능을 채워 주십니다. 이는 하늘에 계신 아버지께서 기뻐하시는 하나님의 아들이며 영원한 생명의 상속자이심을 드러냅니다.

    그러므로 성경은 죄의 쾌락을 포기하고 예수 그리스도 안에서 참된 자아를 찾도록 우리를 부릅니다. 성경은 이 참된 자아의 최고와 최선의 유익을 위해서 우리 자신을 부인하고, 손이나 발을 자르고, 눈을 뽑고, 필요한 것이라면 무엇이든지 하도록 초대합니다. 왜냐하면 성경은 "네 백체 중 하나가 없어지고 온 몸이 지옥에 던져지지 않는 것이 유익하니라"(마 5:30)라고 말하기 때문입니다.

Truth Unchanged, Unchanging, 30-31

27일 : 어린양의 생명책

　당신이 하고 있는 것을 결코 다른 사람들에게 알리지 마십시오. … 그것을 당신 자신에게조차 말하지 마십시오. … 우리 주님께서 당신이 자신 앞에서 나팔을 불지 않아야 하고, 세상에 알리지 않아야만 한다고 계속해서 말씀하시는 것을 주목하십시오. 당신은 심지어 당신 자신에게도 알리지 마십시오. … 당신은 은밀히 행한 것을 작은 수첩에조차 기록하지 마십시오. '내가 그것을 했어요. 물론 내가 했다는 것을 아무에게도 말하지 않았어요.' … 사실 우리 주님은 이렇게 말씀하셨습니다. '이런 공책들을 전혀 보관하지 말라. 영적 장부를 소유하지 말라. 이런 의미의 일기도 쓰지 말라. 그 일에 관해서는 완전히 잊어버려라. …'

　이 모든 일의 결말은 무엇입니까? 그것은 영광스럽습니다. 이것이 우리 주님께서 행하신 방법입니다. 주님은 '너는 계좌를 갖지 않아야 한다. 하나님께서 갖고 계신다. 그분은 모든 것을 보시고 모두 기록하신다. 너는 그분이 하실 일을 아느냐? 너에게 보상해 주실 것이다'라고 말씀하십니다. … 만일 우리가 그 일에 관해 까맣게 잊어버리고 그분을 기쁘시게 하기 위해 일을 한다면 하나님께서 계좌를 갖고 계신다는 것을 알게 될 것입니다. 하나님은 우리가 행한 것을 단 하나도 잊지 않으실 것입니다. 우리가 행한 아주 작은 일조차도 기억하실 것입니다. 주님께서 마태복음 25장에서 하신 말씀을 기억합니까? "내가 주릴 때에 너희가 먹을 것을 주었고 … 옥에 갇혔을 때에 와서 보았느니라"(마 25:35-36). 그때 그들은 '우리가 언제 이 일을 했습니까? 우리가 이런 일을 했는지 몰랐습니다'라고 말할 것입니다. 주님은 '이 책 안에 있다'고 말씀하실 것입니다. 그분은 책을 갖고 계십니다. 우리는 그분에게 계좌를 맡겨야 합니다. 그분은 말씀하십니다. "그래, 너희가 이 모든 일을 은밀히 행했다. 그러나 내가 공개적으로 너희에게 보상할 것이다. 너희가 이 세상에서 살고 있는 동안에 공개적으로 보상하지 않을 수도 있다. 하지만 심판의 날에 숨김없이 보상할 것이다. … 이 위대한 책이 공개되는 날에 … 내가 '잘하였도다 착하고 충성된 종아 … 네 주인의 즐거움에 참여할지어다'(마 25:23)라고 말할 것이다."

Studies in the Sermon on the Mount II, 19-20

28일 : "거칠 것을 형제 앞에 두지 아니하도록 주의하라"(롬 14:13)

시편 기자는 자신을 온통 뒤흔들며 그토록 심하게 유혹했던 어려움에 대해 여전히 이해할 수 없다고 말합니다(시 73:15). … 그래서 그는 그 문제를 해결하려는 모든 노력을 중지한 채 자신에게 말합니다. '나는 당분간 이 문제를 그냥 내버려 두어야만 해. 이제 이 문제와 관해서 아무런 말도 안 할 거야. 왜냐하면 내 생각을 드러내면 하나님의 백성들에게 실수를 하게 된다는 것을 알기 때문이야. 나는 그 일을 할 수 없어. 내가 확신하는 것만 주장하고, 현재 이해하지 못한 다른 문제는 그대로 내버려 둘 거야.' …

시편 기자의 방법이 얼마나 단순하고, 한 단계 한 단계가 얼마나 중요한지요. … 우리의 말은 본질적으로 항상 긍정적이어야만 합니다. 내 말은, 우리가 의심하는 것과 확신하지 못하는 것을 굳이 말할 필요는 없다는 말입니다. … 수년 전 한 어린 학생이 내게 찾아왔습니다. 그는 기독교 신앙을 설립 이념으로 둔 대학교를 다니는 학생이었으며, 믿음을 갖고 있었습니다. 그 대학의 한 교수님은 자신이 불신자인 것을 자랑스러워하는 사람이었는데, 그는 이 학생에게 긍정적으로 말한 적이 없으며, 강의실은 물론 사석에서도 학생의 입장을 조롱했으며, 그의 신념과 신앙을 비웃었습니다. 이로 인해 그 학생은 슬프고 불행한 처지에 빠져 버렸습니다. 이 어린 학생의 신앙에 반대되는 말을 하고 훼손함으로 그의 신앙을 파괴하고 빼앗으려는 그 교수의 행동은 최악이었습니다. 물론 이는 악의에 찬 의도적인 공격이었습니다. 그러나 비록 의식하지 못할지라도 우리도 같은 죄를 범할 수 있습니다. 온갖 의심과 불확실한 것으로 공격을 당할지라도 우리는 의심하는 것이나 확신하지 못하는 것을 전하지 말아야 합니다. … 만일 도움이 되는 말을 할 수 없는 상황이라면 아무 말도 하지 말아야 합니다. 이것이 시편 기자가 했던 일이었습니다.

Faith on Trial, 27-28

29일 : 성격은 그리스도인의 실제 삶에서 큰 차이를 만듭니다

나는 영적 침체를 일으키는 원인으로 주저하지 않고 맨 먼저 성격을 꼽을 것입니다. 다양한 유형의 사람들이 있습니다. … 어떤 사람은 다음과 같이 말하고 싶어 할지도 모릅니다. '기독교에 관해 말할 때 당신의 기질이나 유형을 소개하지 말아야 합니다. 기독교는 틀림없이 그 모든 것을 없앱니까?' 이것은 매우 중요한 반론입니다. 우리는 반드시 대답해야만 합니다. … 성격, 심리학, 기질은 구원의 문제에서 아무런 영향도 미치지 못합니다. 고맙게도 이것이 그리스도인으로서 우리의 가장 근본적인 입장입니다. 우리의 성격이 어떠한지는 중요하지 않습니다. 우리 모두는 우리의 주님이시며 구원자이신 예수 그리스도, 곧 하나님의 아들 안에서 그리고 하나님의 아들을 통해서 하나님의 동일한 역사로 구원을 받습니다. … 당신의 배경이 어떤지는 중요하지 않습니다. 이 세상에서 주어진 성격이 어떠하든지 그것은 문제가 되지 않습니다. 그 모든 것은 구원을 받는 데 아무런 영향을 끼치지 못합니다. … 교회사가 우리가 상상할 수 있는 모든 유형의 성격이 있음을 입증하고 있고, 오늘날에도 여전히 살아 계신 하나님의 교회에서 발견되고 있다는 사실에 영광을 돌립니다. 하지만 나는 성격이 우리의 근본적인 구원의 문제에 아무런 영향을 끼치지 못한다는 문제를 역설하면서도, 성격이 그리스도인의 삶의 실제 경험에서 큰 차이를 만들어 낸다고 강조하고 싶습니다. 우리 자신을 알아야 하는 것만큼 중요한 것도 없습니다. … 비록 그리스도인이라 할지라도 우리 모두는 다릅니다. 그리고 우리가 만나게 될 문제는 대부분 성격이나 유형의 차이로 결정됩니다. 물론 우리는 동일한 구원을 소유하고 공통된 중요한 필요를 갖고 있듯이 똑같이 싸우고 있습니다. 그러나 곤경이 나타나는 현상은 경우마다, 사람마다 다릅니다. 이런 조건을 다룰 때 모든 그리스도인이 모든 면에서 동일하다는 가정에 따라 행동하는 것은 정말로 무익합니다. 그들은 같지도 않으며, 심지어 동일하도록 작정되지도 않았습니다.

Spiritual Depression, 14-15

30일 : 하나님 나라의 삶

　산상설교가 현대 그리스도인과 아무런 관계가 없다고 말하는 것처럼 위험한 것도 없습니다. … 산상설교는 모든 그리스도인을 위해 쓰인 것입니다. 산상설교는 하나님의 나라의 삶을 완벽하게 보여 줍니다. … 그것이 마태가 복음서 앞부분에 기록한 이유입니다. 마태가 특별히 유대인을 위해서 복음서를 기록했다는 것은 공인된 주장입니다. 그것이 마태가 의도한 것이었습니다. 그렇기 때문에 온통 하늘나라를 강조합니다. 마태가 무엇을 강조했습니까? 유대인들은 하나님 나라에 대한 물질적인 거짓 관념을 갖고 있었습니다. 그들은 메시아가 정치적 해방을 가져다줄 것이라고 생각했습니다. 로마 제국의 속박과 멍에에서 구원할 사람을 기다렸습니다. 그들은 항상 외적인 측면, 곧 역학적이고 군사적이며 물질적인 측면의 하나님 나라를 생각했습니다. 그래서 마태는 복음서 맨 앞부분에 하나님 나라에 관한 참된 가르침을 놓았습니다. 왜냐하면 산상설교의 큰 목적이 하나님 나라의 본질을 영적인 것으로 설명해 주는 것이기 때문입니다. 하나님의 나라는 기본적으로 '당신 안에' 있는 무엇입니다. 그것은 마음과 생각과 관점을 지배하고 다스리는 것입니다. 그 나라는 강력한 군사력을 만들어 내는 것이 아니라 '심령이 가난해지는' 것입니다. 다시 말해서 우리는 산상설교에서 '이렇게 살라. 그러면 그리스도인이 될 것이다'라는 소리가 아니라 오히려 '그리스도인이기 때문에 이렇게 살라'는 음성을 듣게 됩니다. 이것은 그리스도인들이 살아가야 하는 방법이며, 그리스도인이 살도록 의도된 방식입니다.

Studies in the Sermon on the Mount I, 16-17

31일 : 하나님과의 관계를 회복하십시오

인간과 삶의 문제가 해결되기 전에 우리는 무엇보다 먼저 문제의 참된 본질을 알아야만 합니다. … 우리는 공정하게 생각하고 철저하게 조사하고 분석할 준비가 되어 있어야만 합니다. 이는 우리의 마음속까지 엄밀하게 탐구하며, 우리의 행동은 물론 동기를 조사할 것입니다. 그러한 조사와 분석은 어디에서 찾을 수 있습니까? … 그것은 오직 성경에서만 발견됩니다. … 성경은 인간의 곤경이 죄를 짓고 하나님께 대적했기 때문이라고 말합니다. 인간은 행복한 상태에서 창조되었습니다. 그 행복은 하나님과의 관계와 하나님의 법과 뜻에 대한 순종에 달려 있었습니다. 그러나 인간은 하나님의 뜻에 반항함으로 하나님의 법을 어겼습니다. … 행복은 건강에서 옵니다. 이러한 연계는 영적이고 도덕적인 영역에서도 마찬가지입니다. 인간은 병에 걸렸습니다. 죄라고 불리는 이 질병은 인간의 존재를 황폐하게 만들었습니다. 인간은 자신의 부패를 인정하지 않고, 행복과 평화를 찾으려고 … 갖가지 수단에 매달립니다. 그러나 여지없이 실패하고 맙니다. 왜냐하면 인간 자신과 환경은 물론 하나님과의 관계에 문제가 있기 때문입니다. 인간은 자신이 필요로 하고 갈망하는 것을 주실 수 있는 분에게 대적하여 싸우고 있습니다. 하나님은 "악인에게는 평강이 없다"(사 57:21)고 말씀하셨습니다. 그러므로 인간은 하나님과 싸우고, 그분께 저항하며 불순종함으로 자신이 간절히 바라는 상을 상실하고 있습니다. 인간은 무엇을 하든지 간에 하나님께 순종하는 관계가 회복되기 전까지 건강과 행복을 결코 알지 못할 것입니다. 인간은 자신의 재물과 소유를 늘릴 수 있습니다. 교육 시설을 완비할 수 있습니다. 온 세상의 재물과 지식을 얻을 수 있습니다. 하지만 그럴지라도 하나님과 맺은 관계가 올바르지 않는 한 인간은 아무런 유익을 얻지 못할 것입니다.

Truth Unchanged, Unchanging, 49-50

Martyn Lloyd-Jones

February 2

"너희가 각각 마음으로부터 형제를 용서하지 아니하면 나의 하늘 아버지께서도 너희에게 이와 같이 하시리라"(마 18:35)

The greatest message

2월 February

1일 : 보라, 내가 만물을 새롭게 하노라

예수님은 산상설교에서 기도를 가르치셨습니다. "또 너희는 기도할 때에 외식하는 자와 같이 하지 말라 그들은 사람에게 보이려고 회당과 큰 거리 어귀에 서서 기도하기를 좋아하느니라 내가 진실로 너희에게 이르노니 그들은 자기 상을 이미 받았느니라 너는 기도할 때에 네 골방에 들어가 문을 닫고 은밀한 중에 계신 네 아버지께 기도하라 은밀한 중에 보시는 네 아버지께서 갚으시리라 또 기도할 때에 이방인과 같이 중언부언하지 말라 그들은 말을 많이 하여야 들으실 줄 생각하느니라 그러므로 그들을 본받지 말라 구하기 전에 너희에게 있어야 할 것을 하나님 너희 아버지께서 아시느니라"(마 6:5-8). 이 말씀을 읽고도 우리의 전적인 죄성, 우리의 무력함과 절망을 느끼지 못한다면, 구원의 문제에서 하나님의 은혜 그리고 용서와 거듭남과 새로운 본성의 필요성을 깨닫지 못한다면 우리를 깨닫게 할 것은 더 이상 아무것도 없습니다. 이 본문은 거듭남이 절대적으로 필요하다는 신약성경의 교리를 강력하게 변증합니다. 왜냐하면 죄는 성향의 문제이며, 매우 심원하고 중요한 우리의 한 부분이어서 우리를 하나님의 존전 앞으로 끌어가기 때문입니다. 그러나 이생과 세상, 죽음과 무덤의 범주를 뛰어넘는 이 주장을 따르며, 영원한 하나님의 존전에서 영원히 당신 자신에 대해 곰곰이 생각해 보십시오. 거듭남은 가장 기본적인 본질적 요소가 아닙니까? 경건과 신앙생활의 행실에 관한 이러한 교훈에는 신약성경의 중생 교리와 그리스도 예수 안에서 새사람의 본질에 대한 모든 내용이 포함되어 있습니다. 우리는 심지어 그것을 넘어서 계속 나아가며, 비록 거듭났다 할지라도 여전히 이런 교훈들이 필요하다고 말할 수 있습니다. 이는 비그리스도인이 아니라 그리스도인을 향한 우리 주님의 가르침입니다. 또한 거듭난 사람들을 향한 주님의 경고입니다. 그리스도인들은 심지어 기도하거나 헌신할 때 바리새인의 위선을 범하고 있지는 않는지 조심해야만 합니다.

Studies in the Sermon on the Mount II, 23

2일 : 당신은 죄의 심각함을 고려하지 않았습니다 (안셀름)

성경은 죄를 단순히 인간 발달 과정의 한 부분으로 설명해서는 안 된다고 말합니다. 왜냐하면 죄는 인간 밖에 있는 무엇이며, 인간과는 별도로 존재할 수 있으며 존재했던 그 무엇이기 때문입니다. 죄는 외부에서 인간의 본성에 들어간 것입니다. 그러므로 죄를 전적으로 인간의 관점으로 설명하는 것은 결코 적절하지도 충분하지도 않습니다. 이는 실제 경험이 이 사실을 어떻게 보여 주는지를 살펴보면 좀더 쉽게 설명할 수 있을 것입니다. 우리는 우리 자신을 제외하고 우리에게 역사하고 영향을 끼치는 권세(힘), 우리와 갈등하고 싸우는 권세, 우리가 극복하고 추방해야 하는 권세를 알고 있습니다. 물론 이는 우리 주님의 시험당하심에서 가장 잘 드러납니다. 어떤 유혹도 그분 안에서 또는 그분의 본성에서 일어날 수도 일어나지도 않았습니다. 왜냐하면 그분은 완전하셨기 때문입니다. 그 유혹, 곧 죄를 짓도록 유인하는 것은 전적으로 외부에서 옵니다.

그러나 죄가 독립적으로 존재하는 권세라고 말하는 것만으로는 충분하지 않습니다. 죄는 강력하며 소름끼치는 권세입니다. 그것은 악마적인 속성을 갖고 있으며, 끔찍한 불치병과 같습니다. 그것은 분명한 영적 실체이며, 적극적인 자세이며, 활동적이고 강력합니다. 게다가 죄는 인간이 자기 삶에 들어오도록 허락해서 깊고도 치명적인 영향을 끼치는 권세입니다. 죄는 가볍거나 상대적으로 사소한 것이 아닙니다. 흔적으로 남아 있는 유물이 아닙니다. 단지 인간과 그 본성의 일부분에만 영향을 끼치지 않습니다. 그것은 인간 본성의 깊은 곳에 자리 잡아서 우리의 일부분이 되어 인간 전 존재, 즉 지성, 욕구, 의지에 영향을 끼칩니다. 죄는 그토록 끔찍한 문제여서 오직 하나님만이 그리스도 안에서 그 문제를 해결할 수 있습니다.

The Plight of Man and the Power of God, 46-47

3일 : 우리는 서로에게 속한 지체입니다

우리는 서로의 관계를 잊지 말아야만 합니다. 하나님의 길에서 자신에 관해 발견한 것이 아니라 다른 사람과의 관계에 대한 회상이 시편 기자를 짓누르고 있었습니다. 내 생각에 그것은 놀랍습니다. 이 사람을 억누르고 있었습니다. … 사도 바울은 로마서 14장에서 이를 충격적으로 표현합니다. "우리 중에 누구든지 자기를 위하여 사는 자가 없고 자기를 위하여 죽는 자도 없도다"(롬 14:7). 그는 계속해서 부연 설명함으로 연약한 형제의 문제를 검토합니다. 바울은 고린도전서 8장과 10장에서도 그 문제를 다루었습니다. 그는 놀라운 표현으로 이렇게 말합니다. "내가 말한 양심은 너희의 것이 아니요"(고전 10:29). 그러므로 강한 그리스도인은 자신의 관점에서 결정하지 않아야 합니다. 그리스도께서 연약한 형제를 위해서 죽으셨는데 우리는 어떻게 해야 합니까? 당신은 연약한 형제의 양심을 상하게 해서는 안 됩니다. 자기를 위해 사는 자는 없습니다. 우리 모두는 함께 연결되어 있습니다. 만일 당신이 자신을 위해서 자신을 제어할 수 없다면 연약한 형제를 위해서 당신 자신을 제어해야만 합니다. 유혹을 받을 때, 마귀가 당신이 혼자가 아니라는 것을 망각하게 만들 때, 마귀가 이것이 당신 혼자만 염려하는 그 무엇이라는 암시를 줄 때 그 결과를 생각해 보십시오, 다른 사람을 기억하십시오, 그리스도를, 하나님을 기억하십시오. 만일 당신과 내가 넘어진다면, 우리만 넘어지는 것이 아니라 교회 전체가 우리와 함께 넘어지는 것입니다. 시편 기자는 자신의 삶이 다른 사람들과 함께 묶여 있다는 것을 깨달았습니다. 그러기에 당신 자신에게 말하십시오. '나는 다른 사람들이 모두 연루될 것이라는 사실을 알고 있어. 우리는 하나님 나라의 자녀들이야. 특별히 한 몸이신 그리스도의 각 지체들이야. 우리는 따로 떨어져서 행동할 수 없어.' 그래서 당신이 잘못된 일을 하려고 할 때 그 어떤 것도 당신을 제어하지 못한다면, 그 어떤 것도 당신을 붙잡지 못한다면 이 사실을 기억하십시오, 당신의 가족과 당신이 속한 모임의 사람들을 기억하십시오. 당신의 이마에 쓰인 그분의 이름을 기억하십시오. 그것이 당신을 붙잡게 하십시오.

Faith on Trial, 28-29

4일 : 당신 자신을 아십시오!

　우리 모두는 자신을 살펴야 한다는 것에 동의합니다. 내성적인 것과 병적인 것이 나쁘다는 것 또한 인정합니다. 그렇다면 자기 자신을 살피는 것과 내성적인 것의 차이는 무엇입니까? 자신을 살펴보는 것 외에는 아무것도 하지 않는다면, 자기반성이 우리 삶에서 주된 목적이 된다면 자기반성에서 내성적인 것으로 선을 넘었다고 말하고 싶습니다. 우리는 주기적으로 우리 자신을 살펴야 합니다. 하지만 언제나 우리 자신을 살핀다고, 우리의 영혼을 접시에 올려놓고 분석한다면 그것이 바로 내성적인 것입니다. 만일 우리 자신과 우리의 문제와 어려움에 대해서 다른 사람과 항상 이야기하고 있다면, 얼굴을 찌푸리게 하는 그런 것들을 가지고 다른 사람들에게 '나, 큰 어려움에 빠졌어'라고 말한다면 그것은 아마도 항상 우리 자신에게 몰입하는 것이라 할 수 있을 겁니다. 이것이 내성적인 것이며, 결국 병적인 상태에 이르게 합니다.

　여기에 우리의 출발점이 있습니다. 우리는 자신을 알고 있습니까? 자신이 직면하고 있는 위험을 알고 있습니까? 성경은 이에 대한 가르침으로 가득 차 있습니다. 성경은 우리의 강점과 약점에 대해서 조심하라고 경고합니다. 모세를 생각해 봅시다. 모세는 세상 중에서 가장 온유한 사람이었습니다. 그러나 그가 저지른 큰 실수는 바로 이 성품 때문이었습니다. 그는 자기 의지를 주장했습니다. 화를 냈습니다. 우리는 자신의 강점을, 약점을 잘 지켜봐야 합니다. … 내가 천성적으로 내성적이라면 나는 항상 그 성격에 대해 조심하고, 무의식적으로 병적인 것에 빠져들지 않도록 스스로 주의해야 합니다. 외향적인 사람도 동일한 방법으로 자신을 알고 본성 특유의 유혹에 빠지지 않도록 주의해야만 합니다. 일부 사람들은 본성과 자신의 유형때문에 다른 사람들보다 쉽게 영적인 침체에 빠집니다. 우리도 예레미야, 세례 요한, 바울, 루터, 수많은 사람들과 같은 부류에 속할 수 있습니다. 그 같은 사람이 많습니다. 그렇습니다. … 그러나 당신은 이 특별한 유형의 시련에 다르게 빠져들지 않고서는 그 부류에 속할 수 없습니다.

Spiritual Depression, 17-18

5일 : 용서의 법

어떤 사람들은 이렇게 말합니다. … "주님이 '당신이 사람들의 죄를 용서하지 않는다면, 당신의 아버지께서도 당신의 죄를 용서하지 않을 것이다'라고 말씀하시지 않았습니까? 이것은 율법이 아닙니까? 여기 어디에 은혜가 있습니까? 용서하지 않는다면 용서를 받지 못할 것이라고 말하는 것은 은혜가 아닙니다." 그들은 산상설교가 우리에게 적용되지 않는다는 것을 증명하려는 것처럼 보입니다. 그러나 그렇게 말한다면 복음에서 기독교 전체를 빼버리는 것이 되고 말 것입니다. 우리 주님이 마태복음 18장에 기록된 주인에게 죄를 지은 청지기 비유에서 동일한 내용을 말씀하셨다는 것을 기억하십시오. 이 사람은 주인에게 가서 용서를 구했습니다. 주인은 그를 용서했습니다. 하지만 그 사람은 자신에게 빚을 진 동료를 용서하지 않았습니다. 그러자 그 주인은 용서를 철회하고 그를 처벌했습니다. 우리 주님은 이에 대해 "너희가 각각 마음으로부터 형제를 용서하지 아니하면 나의 하늘 아버지께서도 너희에게 이와 같이 하시리라"(마 18:35)고 말씀하셨습니다. 이는 정확하게 동일한 가르침입니다. 그러나 이것이 내가 용서했기 때문에 용서를 받는다고 가르치는 것일까요? 아닙니다. 이 가르침은 내가 용서하지 않으면 용서를 받지 못한다는 것입니다. 우리는 이 가르침을 신중하게 받아들여야 합니다. … 자기 자신이 하나님 앞에서 죄를 범한 악한 죄인임을 아는 사람은 하나님께서 대가 없이 자신을 용서하셨다는 사실을 알고 있습니다. 진정으로 그 사실을 보고 알고 믿는 사람은 다른 사람의 죄를 용서하지 않을 수 없습니다. 그래서 다른 사람을 용서하지 않는 사람은 자신의 용서를 모릅니다. 내 마음이 하나님의 존전에서 깨질 때 나는 용서하기를 거부할 수 없습니다. 그러므로 나는 비록 다른 사람을 용서하지 않을지라도 그리스도께서 자신의 죄를 용서하셨다고 경망스럽게 상상하는 사람에게 말합니다. "친구여, 내세에서 깨어났을 때 '내게서 떠나라. 내가 도무지 너를 알지 못한다'라는 말씀을 듣지 않을까 주의하십시오." … 진정으로 용서받고 그것을 아는 사람은 용서합니다. 이것이 산상설교에서 말하는 의미입니다.

Studies in the Sermon on the Mount I, 17

6일 : 믿음의 특성

믿음의 본질은 무엇입니까? … 믿음은 분명히 단순한 느낌이 아닙니다. 믿음이 단지 느낌의 문제라면 일이 잘못되거나 느낌이 변할 때 믿음도 사라질 것입니다. 그러나 믿음은 단지 느낌만의 문제가 아닙니다. 믿음은 전인, 곧 마음과 지성과 이해력을 포함합니다. 우리가 살펴보겠지만, 믿음은 진리에 대한 반응입니다. …

믿음은 자동적으로 … 마술적으로 … 행동하는 그 무엇이 아닙니다. 많은 사람들은 믿음이 자동 온도조절장치와 같은 것으로 생각합니다. 당신은 난방장치와 연결되어 있습니다. 자동 온도조절장치를 일정 수준으로 설정하면 … 그것은 자동적으로 작동합니다. … 믿음이 이와 같이 작동하는 것처럼 보는 사람들이 있습니다. 그들은 자신들에게 일어나는 일을 중요하게 여기지 않습니다. 그 믿음이 작동해서 모든 것이 잘 될 것이기 때문입니다. 그러나 믿음은 마술적으로나 자동적으로 작동하는 그 무엇이 아닙니다. 만약 그렇다면 갈릴리 바다에서 폭풍이 일었을 때 제자들(눅 8:22-25)은 곤경에 빠지지 않았을 것입니다. 믿음이 작동되어서 사나운 물결은 잠잠하게 되고 모든 것이 잘 되었을 것입니다. 그러나 믿음은 그렇지 않습니다.

믿음은 무엇입니까? 그것을 적극적으로 살펴봅시다. 여기서 가르치고 있는 원리는 믿음이 활동성이라는 것입니다. 그것은 행해지는 그 무엇입니다. 그것은 그 자체로 작동하지 않습니다. 당신과 내가 작동시켜야 합니다. … 이것이 주님께서 제자들이 말씀하신 것입니다. 그분은 "너희 믿음이 어디 있느냐?"(눅 8:25)고 말씀하셨습니다. 이는 '왜 너희는 믿음을 갖고 이 상황에 적용하지 않느냐?'라는 뜻입니다. … 믿음은 공포를 거절하는 것입니다. … 그것이 너무 세속적이어서 영적인 것이 아닌 것처럼 보입니까? 이것이 바로 믿음의 본질입니다.

Spiritual Depression, 142-143

7일 : 어디로 가고 있습니까?

우리는 불에 관해서 진지하게 말할 수 있습니다. … '불은 선한 종이지만 나쁜 주인입니다.' 통제를 받는 동안은 불보다 더 귀중한 것도 없습니다. … 그러나 불이 통제를 받지 않고 스스로 주인이 되어 버리면, 파멸과 혼란을 가져다줍니다. 우리는 이 예화를 혈통이 좋고, 건강하고 활기 찬 말에 사용할 수도 있습니다. 말에 안장이 잘 얹혀 있고 고삐를 잘 잡고 있는 한 그런 말을 타면 무엇보다 즐거움을 줍니다. 그러나 말이 사납게 날뛸 때 그 말에 올라타면 매우 위태롭고 심각한 사고로 이어집니다. 이는 성실과 같습니다. 안장에 있는 지식, 통제를 받는 지식과 진리를 고려해 볼 때 성실보다 더 중요하고 좋은 것은 없습니다. 그러나 통제를 성실 그 자체에 넘겨준다면 가망 없는 타락으로 이끌 수도 있고 재앙을 당하게 할 수도 있습니다. 이것이 회심하기 이전의 바울에게 일어났던 일입니다. … 지식과 올바른 방향을 고려해 볼 때 성실처럼 본질적인 것도 없습니다. 그러나 배가 올바른 방향을 가르쳐 주는 나침반보다 증기 엔진에만 의존한다면 오직 한 가지 결과만 있을 뿐입니다. 즉 파선뿐입니다. 오늘날 많은 사람들이 진리와 실재에 대한 탐구에 열을 올리고 있습니다. … 그러나 우리는 하나님의 이름으로 그들에게 묻습니다. '어디로 가고 있습니까? 지식을 갖고 있습니까? 당신의 나침반은 작동합니까? 북극성에 시선을 고정하고 있습니까? 방위를 잡고 올바른 방향을 잡아야 할 때라고 생각하지 않습니까? 언제 어느 때라도 당신이 만나게 될 중대한 위험들을 감지하고 있습니까? … 잠깐 멈추십시오. 권세만 의지하는 위험을 분명히 파악하십시오. 가장 중요한 지식과 진리, 정보와 방향을 깨달으십시오.'

Truth Unchanged, Unchanging, 62-64

8일 : 죄와 소음과 분주함을 떠나 경외함으로 세미한 내면의 소리를 기다립니다

　내가 하나님께 가까이 가고 있음을 확신하기 위해서 나는 어떤 것을 배제해야 합니다. 나는 골방에 들어가야 합니다(마 6:6). 이는 무엇을 의미합니까?
　… 이 원리는 우리가 공적으로 기도하든 사적으로 기도하든 배제해야 하는 어떤 것이 있다는 것을 의미합니다. 배제해야 할 것이 몇 가지 있습니다. 다른 사람을 배제하고 잊어야 합니다. 그러고 나서 당신 자신을 배제하고 잊어야 합니다. 이것이 골방에 들어가는 것이 의미하는 바입니다. 당신은 바쁜 거리에서 혼자 걷거나 집에서 이 방에서 저 방으로 갈 때 그 골방에 들어갈 수 있습니다. 당신은 하나님과 교제할 때 골방에 들어갑니다. 당신이 하는 일을 아무도 모릅니다. 그러나 그것이 실제로 공적인 기도 행위라 할지라도 동일한 일이 일어날 수 있습니다. … 나는 설교할 때 어떤 의미에서 청중을 잊어버리려고 합니다. 나는 청중들에게 기도하거나 설교하지 않습니다. 그들에게 말하지 않습니다. 나는 하나님께 말합니다. 하나님께 기도를 드립니다. 그래서 나는 사람들을 배제하고 잊어야 합니다. 주님은 우리에게 이것을 행하라고 말씀하십니다. 내가 온통 자아로 가득 차 있고 내 자신만 생각하며 기도하면서 내 자신을 자랑한다면 골방에 들어가 문을 잠근다고 해도 아무런 소용이 없습니다. 마찬가지로 나는 거리의 구석에 서 있을 수 있습니다. 아닙니다. 다른 사람은 물론 내 자신을 배제해야 합니다. 내 마음을 오직 하나님에게만 전적으로 공개해야 합니다. 시편 기자는 이렇게 말합니다. "일심으로 주의 이름을 경외하게 하소서 주 나의 하나님이여 내가 전심으로 주를 찬송하리이다"(시 86:11-12). 이것이 기도 문제의 본질입니다. 기도할 때 하나님께 말씀드리고 있음을 일부러 상기해야만 합니다. 그러므로 다른 사람과 자아를 배제하고 못 들어오게 잠가야만 합니다.

Studies in the Sermon on the Mount II, 29-30

9일 : 여호와를 경외하는 것이 지혜의 근본입니다

하나님의 진노 교리에 대해 반대하는 주장은 다소 실용적인 방식으로 제시되었습니다. 오래된 유형의 설교, 즉 하나님은 죄에 대해 진노하신다는 설교는 사람들을 교회에서 몰아냈습니다. 반면에 하나님의 사랑을 강조하면 사람들에게 호소력이 있습니다. 이 주장은 사실과 정반대입니다. 하나님의 심판과 진노 사상이 사라지면서 교회가 비어 가고 있습니다. 오늘날 사람들은 하나님의 사랑이 모든 것을 덮어 줄 것이며, 하나님의 사랑이 결국 바로잡아 주실 것이기 때문에 무엇을 하든지 거의 문제가 되지 않는다고 생각합니다. 교회가 사람들의 입맛에 맞추어 설교할수록 예배에 참석하는 사람들은 점점 더 줄어들 것입니다.

그러나 여전히 좀더 심각하고 불길한 것은 하나님을 믿는 신앙도 쇠퇴한다는 사실입니다. 사람들은 하나님이 온 세상의 주인이심을 믿지 않습니다. 영원한 재판장이 되신 하나님 앞에서 우리 자신의 모든 것을 설명해야 한다는 것을 믿지 않습니다. 하나님께서 모든 사람에게 차별 없이 상냥하게 대해 주실 것이라고 생각합니다. 그래서 사람들은 그분을 믿지 않고, 자신의 삶을 그분과 연관시키지 않습니다.

하나님의 사랑을 지속적으로 강조하면 사람들이 하나님을 믿을 것이라고 하는 주장은 사실이 아닙니다. 반면에 하나님의 진노와 정의와 공의를 설교하면 사람들이 하나님께 적대감을 갖게 될 것이라는 것 또한 사실이 아닙니다. '하나님을 경외하는 것'의 의미를 알 때만 사람들은 지속적으로 하나님을 믿습니다.

The Plight of Man and the Power of God, 64

10일 : 멈추십시오!

　당신과 나는 이 악한 세상에서 나오도록 하나님의 부르심을 받았습니다. 하나님은 자신의 유일하신 아들이 갈보리 언덕에서 흘린 보혈을 대가로 지불하시고 우리를 사셨습니다. 우리는 용서받고 천국에 가게 될 뿐만 아니라 모든 죄와 불법에서 구원을 받았습니다. 그분은 "우리를 깨끗하게 하사 선한 일을 열심히 하는 자기 백성이 되게"(딛 2:14) 하십니다. … 당신을 당황하게 하거나 뒤흔드는 일이 벌어질 때마다 이 빛에 비추어 보십시오. … 우리가 영혼의 적들에게 대항하는 수준이 어느 정도이든 문제가 되지 않습니다. 우리가 서 있는 한 그 수준이 얼마나 낮은지는 중요하지 않습니다. … 시편 기자(시 73편)는 매우 낮은 수준이었습니다. 그는 단순히 한 가지 원리에 입각해 있었습니다. '내가 그렇게 한다면 나는 이 사람들을 해롭게 할 것이다.' … 나는 그 수준이 얼마나 낮은지는 신경 쓰지 않습니다. 당신을 붙들어 줄 무언가를 발견하고 그것을 사용할 수 있다면 … 그것을 사용해서 서십시오. … 당신의 발이 미끄러지고 있을 때 당신에게 필요한 것은 설 수 있다는 것 하나뿐입니다. 미끄러져 내려가는 것을 멈추십시오. 잠시 발을 굳게 붙드십시오. 그렇게 하는 데 도움이 되는 것이라면 무엇이든지 취하십시오. 그것을 딛고 머무십시오. 우리는 영적 등산을 하고 있습니다. 산등성이는 유리처럼 미끄럽습니다. 당신은 끔찍한 계곡으로 미끄러져서 자신을 가누지 못할 수 있습니다. 그러므로 작은 가지라 할지라도 보이는 것이 있으면 그것을 움켜쥐고 작은 구멍이나 돌출 부분, 당신을 지탱해 주고 멈출 수 있게 하는 것에 발을 디디십시오. 미끄러져 내려가는 것을 멈추어야만 다시 올라갈 수 있습니다.
　시편 기자는 작은 발판을 발견하고 발을 딛었기 때문에 미끄러지는 것을 멈출 수 있었습니다. 그는 그 순간에 다시 올라가기 시작하여 결국 하나님을 아는 지식에 다시 한 번 즐거워하며 자신을 당황하게 만들었던 문제를 이해할 수 있게 되었습니다.

Faith on Trial, 30-31

11일 : 신체 조건, 영적 침체의 한 원인이 됩니다

　영적 침체의 한 가지 원인은 신체 조건입니다. 놀랍습니까? 어떤 사람이 그리스도인인 한, 몸의 조건은 아무런 문제가 되지 않는다는 견해를 주장합니까? 아닙니다. 당신은 곧 환상을 깨게 될 것입니다. 신체 조건은 영적 침체에서 한 부분을 담당합니다. … 영적 침체를 증가시키는 신체적 질병이 있습니다. 토머스 칼라일이 그 예입니다. 또한 런던에서 거의 40년 동안 설교했던 위대한 설교가인 찰스 스펄전도 그 예입니다. 이 위대한 사람도 영적 침체를 겪었습니다. 스펄전의 경우 그것은 고통을 겪고, 결국 죽음에 이르게 했던 통풍이었습니다. … 많은 사람들이 이런 문제를 가지고 내게 찾아왔습니다. 그들이 겪었던 어려움의 원인은 주로 신체적인 것,… 피로, 과로, 질병들이었습니다. 당신은 영적인 것을 신체적인 것과 분리시킬 수 없습니다. 왜냐하면 우리는 몸과 마음과 영혼으로 이루어져 있기 때문입니다. 위대하고 신실한 그리스도인들은 다른 어느 때보다도 신체적으로 연약했을 때 영적인 침체의 공격을 당하기 쉽습니다. 성경에서 이에 관한 많은 예들을 찾을 수 있습니다.

　이 시점에서 한 가지 경고를 하고 싶습니다. 우리는 마귀의 존재를 망각하지 말아야 합니다. 마귀가 근본적으로 신체적인 것을 영적인 것으로서 여기도록 허용해서는 안 됩니다. 그러나 우리는 모든 면에서 이것을 구분하면서 조심해야만 합니다. 당신이 신체적인 조건에 압도당한다면 영적인 면에서 죄를 짓기 때문입니다. 그러나 만일 신체적인 조건이 영적인 조건에 어느 정도 책임이 있고, 그것을 참작한다면 당신은 영적인 조건을 좀더 잘 다룰 수 있을 것입니다.

Spiritual Depression, 18-19

12일 : 당신은 여기서 진격 명령을 발견할 것입니다

왜 산상설교를 연구합니까? 왜 산상설교대로 살려고 노력합니까? … 주 예수 그리스도께서 우리가 산상설교대로 살 수 있도록 하기 위해서 죽으셨습니다. … 그분은 나를 위해서 이것이 가능하게 하셨습니다.

산상설교를 연구하는 두 번째 이유는 산상설교가 거듭남과 성령과 그분의 사역이 절대적으로 필요함을 가장 잘 보여 주기 때문입니다. … 팔복은 나를 바닥에 꿇어 엎드리게 합니다. 팔복은 나의 철저한 무력함을 보여 줍니다. 거듭남이 아니라면 파멸입니다. 팔복을 읽고 연구하십시오. 당신 자신을 팔복에 비추어 보십시오. 팔복은 당신이 거듭남과 성령의 은혜로운 역사의 필요성을 알게 합니다. …

또 다른 이유는 이것입니다. 이 산상설교대로 살고 실천할수록 복을 체험하게 될 것입니다. 산상설교를 실천하는 사람에게 약속된 복을 바라보십시오. 성결에 관한 교훈의 문제점은 산상설교를 떠나서 성화를 체험하라고 요구한다는 점입니다. 이는 성경이 말하는 방법이 아닙니다. 삶 속에서 권능을 얻으며 복을 받기 원한다면 산상설교로 곧바로 가십시오. 산상설교대로 살고 실천하며, 산상설교에 몰두하십시오. 그렇게 한다면 약속된 복을 받을 것입니다. "의에 주리고 목마른 자는 복이 있나니 그들이 배부를 것임이요"(마 5:6). 만일 배부르기 원한다면 신비적인 복을 구하지 마십시오. 산상설교와 그 의미와 요구에 맞닥뜨리십시오. 당신의 필요를 발견하십시오. 그러면 얻을 것입니다. 이것이 복을 받는 지름길입니다.

Studies in the Sermon on the Mount I, 18

13일 : "나를 따르라"

어느 날 예수님은 길을 가시다가 세관에서 업무를 보고 있는 마태에게 말씀하십니다. '나를 따르라.' 마태는 일어나서 모든 것을 남겨두고 예수님을 따라갔습니다. 예수님은 세베대의 아들들에게 가서 동일하게 말씀하셨습니다. 그들도 배와 그물과 아버지와 모든 것을 남겨두고 떠났습니다. 사람들에게 '나를 따르라' 명령하실 때 전체주의 방식으로 말하기를 주저하지 않는 분이 여기에 계십니다. 사람들은 그분을 따랐습니다. 이것이 복음의 역사입니다. 복음 전도입니다. 이것이 교회가 탄생한 방법입니다. 하나님의 역사가 이루어지는 방법입니다.

그러나 예수님은 그것을 뛰어넘으셨습니다! 예수님은 주저하지 않고 자신이 죄를 용서하는 권세가 있다고 말씀하십니다. 그분은 이 권세를 주장하심으로 큰 곤경에 빠지셨습니다. 사람들은 "오직 하나님 한 분 외에는 누가 능히 죄를 사하겠느냐"(막 2:7)라고 말했습니다. 그러나 예수님은 죄를 용서하십니다. 자신이 권세와 권능을 갖고 있다고 주장하십니다. 그분은 그것을 증명하시기 위해서 자신이 죄를 용서하는 권세를 갖고 계시는 표적으로서 중풍병자에게 "일어나 네 상을 가지고 집으로 가라"(막 2:11)라고 말씀하십니다. … 우리 복음서를 가지고 설교하면서 종종 이 본문을 비유로 바꾸어서 메시지를 누그러뜨려서 부드럽게 전합니다. 그러나 요점을 놓치고 있습니다. 우리는 주 예수 그리스도를 설교하고 그분의 권세를 역설해야 합니다. … 왜 사람들이 기독교를 받아들이기를 원하십니까? … 기독교는 이것 아니면 저것이기 때문입니다. 기독교는 당신에게 행복을 약속합니다. 평안과 기쁨을 줍니다. … 이는 거짓 복음 전도입니다. 우리가 전해야 할 내용은 단 한 가지, 궁극적인 권세자이신 주 예수 그리스도입니다. … 신흥종교는 당신에게 '결과'를 줄 수 있습니다. 기독교 과학은 당신에게 이 일을 하고 밤에 편안하게 잘 것이며, 걱정하지 않게 될 것이며, 좀더 건강함을 느끼게 될 것이라고 말할 수 있습니다. … 우리는 그렇게 하지 말아야 합니다. 그분을 선포해서 사람들이 그분을 만나게 해야 합니다.

Authority, 20-21

14일 : 우리의 눈에 옳습니까 하나님의 눈에 옳습니까?

사람들은 하나님의 말씀을 무시합니다. 복음과 그 빛과 지식을 숙고하기를 거부합니다. 하나님의 집과 이와 관련된 모든 교훈을 멀리합니다. 필요한 것이라곤 거짓이 없고, 유치장에 20실링을 내고, 자선을 베풀며, 친근하고 붙임성이 있으면 된다고 주장합니다. 이들은 자신의 열심과 사상을 신뢰하며, 하나님께서 요구하시는 것에 관해 배우기를 거부합니다. 우리는 바울이 모든 것을 행함으로 자기 의를 세우는 동시대 사람들에게 말했던 것을 그들에게 전해야 합니다. 우리는 그들의 성실성과 정직에 대해 묻지 않습니다. … 그러나 중대한 질문은 이것입니다. '모든 것의 가치는 무엇인가?' 그것은 하나님의 방법이 아닙니다. 그것은 하나님의 의의 사상이 아니라 자기 의의 사상입니다. 지혜의 본질은, 우리가 모든 일을 행하거나 하나님을 기쁘시게 하기 위해 일을 하기 전에 그것이 하나님께서 말씀하시는 것인지를 아는 것입니다. 우리는 먼저 그분의 의의 사상, 그분의 요구를 배워야만 합니다. 그러나 오늘날 사람들은 옛날의 유대인들처럼 하나님의 말씀을 제외한 나머지에서 명령을 받아들입니다. 그들은 현대 작가의 글에 매달리며, 하나님의 아들이신 나사렛 예수님의 가르침보다는 자신의 생각을 따라 살아갑니다. 그들을 내버려 두십시오. … 그들이 자기의 의를 세우고 예수 그리스도의 복음을 거절하게 하십시오. 그들이 "사람 중에 높임을 받는 그것은 하나님 앞에 미움을 받는 것이니라"(눅 16:15)는 사실을 깨달을 날이 분명히 올 것입니다. 그러므로 우리가 반드시 해야 할 중대한 질문은 이것입니다. '우리가 실제로 누구를 기쁘게 합니까? 우리 자신입니까 하나님입니까? 그분의 길을 따랐습니까? 우리의 뜻을 굴복시켜서 그분께 온전히 맡긴다고 말할 수 있습니까?'

Truth Unchanged, Unchanging, 66-68

15일 : 하나님의 임재 연습

··· 우리가 하나님의 존전 앞에 있다는 것을 알아야 합니다. 이는 무슨 말입니까? 하나님이 누구인지 그리고 하나님이 어떤 분이신지를 깨닫는 것입니다. 말하기 전에 항상 이렇게 해야 합니다. 우리는 자신에게 이렇게 말해야 합니다. "나는 권능과 힘과 위엄을 갖고 계시며, 전능하시고 절대자이시며 영원하고 위대하며, 소멸하는 불이며, '빛이며 어둠이 전혀 없으신' 완전하고 절대적이며 거룩한 하나님을 알현하는 방으로 들어가고 있다. 이것이 내가 하고 있는 것이다." ··· 그러나 무엇보다도 우리 주님은 이것 외에 그분이 우리 아버지이심을 알아야 한다고 주장하십니다. ··· 오, 우리가 이것을 깨달을 수만 있다면! ··· 우리는 기도할 때마다 어린아이가 아버지에게 가는 것과 같습니다! 그분은 우리의 모든 것을 아십니다. 우리가 아뢰기 전에 그분은 우리에게 필요한 것을 아십니다. ··· 그분은 우리가 복 받기 원하는 것 이상으로 우리에게 복 주시기를 간절히 원하십니다. 그분은 우리를 바라보고 계십니다. 우리를 위한 계획을 갖고 계시며, 우리를 향한 큰 뜻을 품고 계십니다. 경외심을 가지고 말하는데, 이는 우리의 사상과 상상력을 초월합니다. ··· 하나님은 우리를 돌보십니다. 그분은 우리의 머리카락까지 세셔서 아십니다. 그분은 자신을 떠나서는 우리에게 아무것도 이루어지지 않는다고 말씀하셨습니다.

그래서 우리는 바울이 에베소서 3장에서 영광스럽게 표현한 말씀을 기억해야 합니다. 그분은 "우리가 구하거나 생각하는 모든 것에 더 넘치도록 능히 하실 이"십니다(엡 3:20). 그리스도께서는 이것이 기도에 대한 참된 이해라고 말씀하십니다. 당신은 가서 기도문이 들어 있는 바퀴를 돌리지 마십시오. 묵주를 세지 마십시오. 당신은 '나는 몇 시간을 기도하면서 보내야만 해. 결정했으니까 지켜야만 해'라고 말하지 마십시오. ··· 우리는 기도에 대한 이러한 수학적인 이해를 제거해야만 합니다. 우리는 무엇보다도 하나님이 누구신지, 어떤 분이신지, 그분과 우리의 관계가 어떤지를 깨달아 인식해야 합니다.

Studies in the Sermon on the Mount II, 30-31

16일 : 젊은 시절에 멍에를 메는 것이 좋습니다

현대인은 하나님에 대한 두려움으로 선한 삶을 살도록 강요당하는 것은 거부하지만, 호소에는 응답할 것이라고 주장합니다. … 하지만 사람들이 하나님의 진노 가운데 믿지 않고 율법과 의의 개념을 버려서 사람들의 도덕 기준들은 점차적으로 악화되고 행위가 방종해지는 것을 보면 이는 왜곡된 주장입니다. …

사람들이 하나님을 마땅히 응답해야 할 분이며, 그분의 시선에서 살고 있다는 것을 인정하지 않음으로써 인생의 모든 영역에서 훈련과 질서가 점차적으로 사라지기 시작했습니다. 순종하지 않는 사람은 자기 아이들이 자신에게 순종해야 한다는 사실에 신경 쓰지 않습니다. 그 결과 불행하게도 가정 교육은 무시되었고, 아이들은 더 이상 부모를 존경하지 않습니다. 부모들이 마땅히 존경받아야만 하는데도 말입니다. 심지어 이런 아이들은 가정의 폭군이 되었습니다. 옛날에 단호하고 엄격하며 힘든 훈련을 받으며 자랐던 사람들은 부모를 존경하고 존중합니다. … 하나님을 향한 인간의 의무감이 사라지고, 하나님께서 사회 질서를 포함해서 인생 전체를 정하셨다는 사실을 믿지 않음으로써 가족, 가정, 결혼, 부모 됨과 일반적인 의미에서 법과 질서의 개념도 점점 더 흔들렸으며, 사람들은 자신이 곧 법이라고 여겼습니다. 국가들이 자국 밖에 자국을 초월하는 법, 구속력과 권세를 갖고 있으며, 고통과 형벌로 이끌 단절을 깨는 법이 있음을 인식하고 인정할 준비가 되어 있지 않는 한, 국제 평화와 화합에 어떤 실제적인 희망이 있습니까?

The Plight of Man and the Power of God, 65-66

17일 : 하나님의 사랑을 받는 사람만 압니다

    불신자들에게 예수 그리스도는 태어나서 말구유에 누었고, 다른 사람들처럼 먹고 마시며 살았으며, 목수로 일했던 사람에 불과했습니다. 그러고 나서 예수님은 철저하게 연약하게 십자가에 달려 죽었습니다. 불신자들은 말합니다. '이런 사실이 있는데, 나보고 그가 하나님의 아들임을 믿으라고 말하는가? 말도 안 돼.' … 그들은 이성적인 차원에서만 생각합니다. … 이는 이성적인 사고입니다. 그들에게 거듭남의 교리를 말하면 그들은 말합니다. '물론 그런 일은 일어나지 않아. 기적과 같은 그런 일은 일어날 수 없어. … 당신이 기적들에 대해 말한다면 자연법을 어기고 있는 거야.' 매튜 아놀드가 '기적은 일어날 수 없다. 그러므로 기적은 일어나지 않았다'라고 말했듯이 말입니다. 이는 이성적인 사고입니다.

    … 그리스도인이 되기 전에 사람은 그와 같이 생각하는 것을 멈추어야 합니다. 사람은 새로운 유형의 사고를 해야만 합니다. 영적으로 생각해야 합니다. … 그리스도인이 될 때 우리가 다른 방식으로 생각하고 있다는 것을 알게 됩니다. 우리는 다른 차원에 있습니다. … 이적은 더 이상 문제가 되지 않습니다. 거듭남은 더 이상 문제가 아닙니다. 속죄의 교리도 더 이상 문제가 되지 않습니다. 우리는 새로운 지식을 갖고 있습니다. 영적으로 생각합니다. 니고데모는 예수님을 찾아와서 말했습니다. '선생님, 제가 당신의 이적을 지켜봤습니다. 당신은 하나님께서 보내신 선생님이심이 분명합니다. 왜냐하면 하나님이 함께하시는 사람이 아니고서는 그 어느 누구도 당신이 행하신 일을 행할 수 없습니다.' 그리고 니고데모는 이렇게 덧붙여 말합니다. '그 일을 어떻게 하실 수 있었는지 말씀해 주십시오 ….' 그러나 우리 주님이 니고데모를 바라보시며 말씀하셨던 것은 바로 이것입니다. '니고데모야, 그 일이 네게 일어나기 전에 네가 이 일을 이해할 수 있다고 생각한다면 너는 결코 그리스도인이 되지 못할 것이다. … 너는 너의 육신적인 이해로 영적인 일을 이해하려고 애쓰고 있지만 이해할 수 없다. 비록 네가 이스라엘의 선생일지라도 거듭나야만 한다. … 너는 영적인 이 새로운 유형의 사고방식의 본질을 깨달아야 한다.'

Faith on Trial, 35-36

18일 : "우리는 그 계책을 알지 못하는 바가 아니로라"(고후 2:11)

    영적 침체의 마지막 단계로 가장 결정적인 원인은 마귀입니다. 마귀는 우리 영혼의 대적자입니다. 그는 우리의 기질과 신체 조건을 이용할 수 있습니다. 그는 우리를 간섭해서 우리의 기질이 보존되어야 할 곳에 보존하지 않고 우리를 조종하고 지배하려 합니다. 마귀가 영적인 침체를 만들어 내는 방법에는 한계가 없습니다. 우리는 항상 마귀를 염두에 두어야 합니다. 마귀의 한 가지 목적은 하나님의 백성을 낙담시키며, 세상 사람에게 가서 '여기에 하나님의 백성들이 있어. 너희도 그렇게 되고 싶니?'라고 말하는 것입니다. 우리 영혼의 대적자이며 하나님의 대적자의 모든 전략은 분명히 우리를 낙담시키고, 시편 기자(시 42편)가 불행한 시기를 지내면서 바라봤던 것처럼 우리도 그렇게 바라보게 만드는 것입니다.

    모든 영적 침체의 궁극적인 원인은 불신앙입니다. 영적 침체의 주된 원인이 불신앙이 아니라면 마귀조차도 아무것도 할 수 없었을 것입니다. 우리가 마귀 앞에서 넘어지고, 그의 공격에 쓰러지는 것은 하나님의 말씀을 청종하기보다 마귀의 말에 귀를 기울였기 때문입니다. 이것이 시편 기자가 독백을 한 이유입니다. "너는 하나님께 소망을 두라 그가 나타나 도우심으로 말미암아 내가 여전히 찬송하리로다"(시 42:5). 시편 기자는 하나님을 상기합니다. 왜 그렇습니까? 그가 낙담에 빠졌고 하나님을 잊어버려서 하나님과 하나님의 권능 그리고 하나님과의 관계에 대한 믿음을 잃어버렸기 때문입니다. 우리는 최종적이고 궁극적인 원인이 바로 철저한 불신앙이라고 말할 수 있습니다.

Spiritual Depression, 19-20

19일 : 구속받은 자를 본다면 당신의 구속자를 믿을 것이다 (니체)

한때 인도에는 암베드카르 박사라는 훌륭한 법무장관이 있었습니다. 그는 자신이 불가촉천민이었고, 불가촉천민의 지도자였습니다. 내가 설교하고 있었을 때 그는 불교의 가르침에 관심을 가지고 있었고, 실론 섬에서 진행된 27개국 세계불교연맹 발족 대회에 참석했습니다. … 그는 그 대회에서 말했습니다. '저는 이 나라 백성들이 관심을 기울이는 불교가 어느 정도 역동적인지를 알아보기 위해서 왔습니다.' 그 불가촉천민의 지도자는 불교를 시험하고 있었습니다. 그는 말했습니다. '… 불교에는 내 동료 불가촉천민에게 줄 것이 있습니까?' … 그러나 이 유능하고 학식이 많은 사람의 비극은 그가 이미 미국과 영국에서 기독교를 연구하면서 많은 시간을 보냈다는 것입니다. 그가 불교로 돌아서고 있었던 것은 기독교에서 살아 있는 것, 역동적인 것을 발견하지 못했기 때문입니다. … 이는 당신과 내게 던져진 도전입니다. 우리는 불교가 해답이 아니라는 것을 압니다. 우리는 하나님의 아들이 세상에 오셨으며 성령을 우리에게 보내 주시고, 사람들 속에 내주하시며 그 자신과 같은 생명을 누리며 살 수 있게 하는 그분의 절대적인 능력을 믿는다고 주장합니다. …

우리 모두가 산상설교대로 산다면 사람들은 기독교 복음에 역동성이 있으며, 기독교가 살아 있음을 알 것입니다. 사람들은 그 외에 다른 것을 바라보지 않을 것입니다. 그들은 '여기에 그것이 있다'고 말할 것입니다. … 사람들이 이 산상설교를 진지하게 받아들이고 산상설교의 빛을 대면하게 될 때 진정한 부흥이 늘 일어납니다. 세상이 참된 그리스도인을 본다면 세상은 정죄받았다고 느끼지 않고, 우리에게 빠져들며 매혹됩니다.

Studies in the Sermon on the Mount I, 19-20

20일 : 하나님은 큰일을 위해서 성도를 시험하십니다

하나님은 어떤 사람에게 큰 과업을 수행하게 하실 때 일반적으로 그 사람을 단련시키십니다. 이것이 성경의 법칙입니다. 이 법칙은 교회사와 성도들의 삶 속에서 확증되고 예증되었습니다. 당신이 어떤 사람의 전기를 선택하든, 하나님께 쓰임을 받은 어떤 사람의 생애를 이야기하든 상관없습니다. 당신은 그 사람에게 시험과 시련의 엄중한 시기가 있었다는 것을 발견할 것입니다. … 그 사람은 큰 과업을 앞두었기 때문에 이러한 시련을 겪어야만 합니다. 요셉을 보십시오. … 당신은 이런 참담한 삶을 상상할 수 있습니까? 모든 사람이 그에게 대적하는 것처럼 보입니다. … 그러나 하나님은 그를 위해 예비하신 높은 지위를 위해서 그를 준비시키고 계셨습니다. 이는 성경의 모든 위대한 인물의 경우에도 마찬가지입니다. 다윗과 같은 사람이 겪은 고난을 보십시오. … 사도 바울도 예외가 아닙니다(고후 11-12장).

하나님은 때때로 큰 시련에 대비해서 보다 작은 시련을 주심으로 준비시키십니다. 나는 그 시련에서 영광스럽게 빛나는 하나님의 사랑을 봅니다. 삶에는 닥쳐오는 큰 시련이 있습니다. 평탄한 인생 진로에서 갑자기 큰 시련에 빠지는 것은 정말로 두려운 일입니다. 그래서 하나님은 때때로 애정과 사랑으로 큰 시련에 대비하도록 우리에게 작은 시련을 주셔서 준비시키십니다. '필요하다면'(벧전 1:6), 하나님이 아버지로서 우리를 바라보시면서 이것이 그 순간에 우리에게 필요하다고 확증하신다면 말입니다. 그래서 우리는 하나님께서 우리에게 가장 좋은 것과 필요한 것을 보시고 알고 계신다는 대원칙에서 출발합니다. 우리는 보지 못하지만 하나님은 보십니다. 하늘 아버지이신 우리 하나님은 필요를 보시고 우리의 유익을 위해서 정해진 적절한 시련을 작정하십니다.

Spiritual Depression, 225-226

21일 : 그곳은 높아서 당신은 거기에 도달할 수 없습니다

바울은 당시 유대인들에게 율법을 준 모세가 "율법으로 말미암는 의를 행하는 사람은 그 의로 살리라"(롬 10:5)고 말했음을 상기시켰습니다. 이는 다음과 같이 번역될 수도 있습니다. '그것[의]을 행할 수 있는 사람은 그것[의]으로 말미암아 살리라.' 하나님은 사실 이렇게 말씀하셨습니다. '만일 그 모든 것을 지킨다면, 너는 내 계명을 따를 것이다. 이것이 내가 명령한 것이며, 나를 즐겁게 하는 유일한 방법이다.' 그 방법은 무엇입니까? 그것을 보십시오. 그것을 깊게 생각해 보십시오. … 우리가 해야만 하는 것을 숙고해 보십시오. 사람이 과거에 저지른 죄와 악행을 속죄할 수 있습니까? 자신의 허물을 도말할 수 있습니까? 자기 양심을 예민하게 해서 기억을 깨끗하게 할 수 있습니까? 현재의 자신을 진정으로 만족시키는 삶을 살 수 있습니까? 유혹을 견뎌 낼 수 있습니까? … 자기의 모든 행동은 물론 생각과 욕망과 성향과 상상력을 조절할 수 있습니까? … 사람은 자신의 노력으로 자기가 가지고 있는 삶의 기준에 맞게 살아갈 수 있고 살아갑니까? 이제 하나님의 기준을 고려해 보십시오. 이스라엘 백성에게 주어진 율법, 십계명, 도덕법을 읽으십시오. 그것은 사도 바울이 참된 의미가 있다고 여겼지만 지킬 수 없었던 것입니다. 그 후에 산상설교와 하나님의 거룩함에 관한 우리 주님의 다양한 말씀을 읽어 보십시오. 이것이 우리가 해야만 하는 일입니다. … 어떤 사람이 그것을 할 수 있습니까? 사람이라면 누구나 할 수 있는 모든 선한 의도와 성실함과 열심이 그러한 고지에 오를 수 있는 충분한 힘을 제공할 수 있습니까? 이는 우리가 올라가야만 하는 산, 곧 하나님의 성산입니다. … 그러한 거룩함을 만들어 낼 수 있는 사람이 있습니까? 우리 삶의 작은 엔진에서 나오는 힘이 우리를 충분히 그 고지에 데려다 줄 수 있습니까? 사도 바울에게 물어보십시오. 어거스틴, 루터, 존 웨슬리에게 물어보십시오. 세상의 고귀한 영혼들에게 물어보십시오. … 그들은 이구동성으로 대답합니다. '우리 손의 수고는 결코 당신의 율법의 요구를 성취할 수 없습니다. …' 그들이 실패한다면 우리 중에 누가 성공할 수 있습니까? … 우리의 최선, 우리의 모든 것으로도 충분하지 않습니다.

Truth Unchanged, Unchanging, 68-70

22일 : 하나님은 복을 주시려고 기다리십니다

우리는 어린아이처럼 단순한 확신으로 기도해야 합니다. 어린아이 같은 믿음이 필요합니다. 하나님이 우리의 아버지이시라는 확신이 필요합니다. 그러므로 우리는 계속해서 간청해야만 한다는 생각을 배제해야만 합니다. 왜냐하면 그것은 복을 얻으려고 하는 반복이기 때문입니다. 하나님은 우리가 한 가지 일에 대해서 민감함과 염원과 갈망을 보여 주는 것을 좋아하십니다. 그분은 우리에게 '의에 주리고 목마르며' 그것을 구하라고 말씀하십니다. '기도하고 낙담하지 말라'고 말씀하십니다. '쉬지 말고 기도하라'고 말씀하십니다. 그렇습니다. 그러나 이것은 기계적인 반복을 의미하지 않습니다. 우리가 많은 말을 해야만 하나님이 들으신다는 의미가 아닙니다. … 이는 기도할 때 하나님이 우리 아버지이시며, 그분이 나에게 복 주시기를 기뻐하시며, 내가 받는 것 이상으로 주실 준비가 되어 있으시며, 나의 행복에 항상 관심을 기울이고 계심을 내가 안다는 뜻입니다. 하나님을, 그리스도 안에서 나에게 가장 좋은 것을 사 주시며 그리스도 예수 안에서 자신의 충만함으로 내게 복을 주려고 기다리시는 아버지로 보아야 합니다.

그러므로 … 아뢰기 전에 하나님께서 아신다는 것을 확신하고 우리의 간구를 하나님께 아뢰어야만 합니다. … 그러나 우리는 의심하는 마음으로 나아와서는 안 됩니다. 하나님께서 우리가 받으려는 것 이상으로 주실 준비가 되어 있음을 알아야 합니다. … 오, 하나님의 자녀를 위해서 하나님의 오른손에 쌓여 있는 복이여! 왕노릇하게 되어 있는데도 가난뱅이로 있다면 얼마나 부끄럽습니까? 이 문제와 관련해서 하나님에 대해 그토록 무가치하고 잘못된 생각을 자주 품는다면 얼마나 부끄럽습니까? 이는 모두 두려움 때문입니다. 우리가 어린아이와 같은 단순함, 믿음, 신뢰, 하나님을 아버지로 아는 지식이 부족하기 때문입니다. 이것을 갖고 있다면 하나님의 복이 우리에게 쏟아지기 시작할 것이며, 무디처럼 하나님의 복이 우리 몸이 감당할 수 있는 것 이상임을 느끼고 '하나님 그만 멈추소서'라고 외치게 될 것입니다. 하나님은 우리가 구하거나 생각할 수 있는 것 이상으로 더 넘치게 하실 수 있습니다. 이것을 믿읍시다. 그리고 단순한 신뢰로 하나님께 나아갑시다.

Studies in the Sermon on the Mount II, 31-32

23일 : 하나님의 방식대로 생각하십시오

　　나는 곤혹감에 빠진 그리스도인들의 이야기를 종종 듣습니다. 그들이 자기 문제를 진술할 때 나는 그들의 골칫거리가 이성적인(즉 인간적인) 사고의 차원으로 되돌아갔기 때문임을 알게 되었습니다. 예를 들어 당신에게 이해하지 못하는 일이 일어나 하나님께 불평을 터뜨리는 순간에 당신은 이미 이성적인 차원으로 되돌아갔다고 말할 수 있다. 자기에게 일어난 일이 불공평하다고 불평할 때 당신은 하나님을 자신의 이해 수준으로 끌어내리고 있습니다. … 그리스도인의 삶에서 일어나는 모든 일은 영적인 각도에서 보아야만 합니다. 그리스도인의 삶 전체가 영적입니다. 그러므로 우리의 신변에서 일어나는 모든 일, 모든 국면, 모든 단계, 모든 이해관계, 모든 전개는 영적으로 숙고되어야만 합니다. … 우리는 영적인 방법으로 생각하고, 다른 방식의 사고에서 벗어나야 합니다. … 이것이 시편 기자의 문제였습니다(시 73편). '하나님은 왜 이런 일들을 허용하시는가? 왜 경건하지 않은 자들이 번성하게 하시는가?' … 이것이 그 문제였습니다. 시편 기자는 이를 하나님의 방식으로 이해하려고 애썼습니다. … 이에 대한 한 가지 해답이 있는데, 그것은 이사야 55장 8절입니다. "이는 내 생각이 너희의 생각과 다르며 내 길은 너희의 길과 다름이니라 여호와의 말씀이니라." … 하나님은 우리에게 말씀하십니다. '너희가 나와 내 방법을 숙고할 때 너희가 늘 해왔던 낮은 수준으로 생각하지 말아야 한다.' … 우리는 항상 여기서 잘못을 저지르지 않습니까? 우리는 이런 문제에서 지속적으로 자연인들처럼 생각합니다. 우리는 구원의 문제가 영적인 사고를 필요로 한다는 것을 알게 됩니다. 하지만 우리에게 일어나는 문제에서 또 다시 이성적인 사고로 생각하는 경향이 있습니다. 그러므로 우리가 하나님의 방식을 이해하지 못한다 하더라도 놀라지 말아야 합니다. 왜냐하면 하나님의 방식은 우리의 방식과 전혀 다르기 때문입니다. 이 두 관점의 차이는 하늘과 땅의 차이만큼 큽니다.

Faith on Trial, 36-37

24일 : 칭의의 중요성

　사람들은 항상 같은 질문을 던집니다. '왜 나는 그 단계에 이를 수 없는가? 왜 나는 그와 같이 될 수 없는가?' 그들은 그리스인들의 생활방식에 관한 가르침을 담고 있는 책을 읽고, 모임이나 회의에 참석하면서 항상 그들이 발견하지 못한 그 무엇을 추구합니다. 그들은 의기소침해하며, 그들의 영혼은 낙담하며, 불안해합니다.
　그들이 기독교 신앙의 가장 기본적이고 근본적인 원리들을 명확하게 알고 있다고 확신하는 것은 매우 중요합니다. … 나는 그들이 그리스도인이 아니라고 말하지 않지만 불행한 그리스도인이라고 부르고 싶습니다. 왜냐하면 그들이 구원의 방식을 이해하지 못했기 때문입니다. 이러한 이유로 그들의 신앙과 노력은 다소 쓸모없게 되었습니다. 그들은 종종 성화의 문제에 집중합니다. 하지만 그것은 그들에게 도움이 되지 않습니다. 왜냐하면 그들은 칭의를 이해하지 못했기 때문입니다. … 그러한 사람들이 그리스도인인지 아닌지를 규명하는 것은 매우 흥미로운 신학적 관점입니다. 나는 그들이 그리스도인이라고 말하고 싶습니다. 이의 전형적인 예는 존 웨슬리입니다. 나는 웨슬리가 1738년까지 그리스도인이 아니었다고 말하기가 어렵습니다. 그러나 1738년까지 오직 믿음으로만 칭의를 얻어 구원을 얻는 방식을 이해하지 못했다고 생각합니다. 그는 어떤 의미에서 성경의 모든 가르침에 동의하지만, 그것을 이해하거나 온전히 깨닫지 못했습니다. … 웨슬리는 모라비아 형제들을 만나면서 그것을 깨달았습니다. 특별히 웨슬리는 페터 뵐러를 만나 대화를 나누면서 이 중대한 교리를 이해하게 되었습니다. … 그리스도인의 삶 속에서 일을 행함으로, 즉 옥스퍼드에서 죄수들에게 설교하고, 대학교에서 교제를 나누는 것을 포기하고, 조지아의 이교들에게 복음을 전하기 위해서 대서양을 횡단하는 위험을 감수함으로 행복을 찾으려는 한 사람이 있었습니다. 그는 주어진 방법으로 삶을 살아감으로 행복을 찾으려 애쓰고 있었습니다.

Spiritual Depression, 25-26

25일 : 전체 그림을 그리고 나서 각 부분을 보십시오

산상설교를 상세하게 다루기 전에 전체를 살펴보는 것이 중요하다고 믿는 이유는 '나무를 보다가 숲을 놓치는' 위험에 빠질 수 있기 때문입니다. 우리 모두는 어떤 특정한 말씀에 천착해서 다른 것을 희생시키면서 그것에 집중합니다. 나는 이 산상설교의 어떤 부분도 전체의 시각에서 보지 않고서는 이해할 수 없음을 깨달을 때 그런 경향을 고칠 수 있다고 생각합니다. 일부 좋은 친구들이 내게 이미 이렇게 말한 적이 있습니다. "당신이 '너에게 구하는 것을 그에게 주라'는 말씀의 의미를 정확하게 알려 주면 나도 관심을 기울이겠소." 이는 산상설교에 대한 거짓된 자세를 드러내는 것입니다. 그들은 특정 진술로 건너뛰었습니다. 여기에는 큰 위험이 있습니다. 비유컨대 산상설교는 웅장한 교향곡과 같습니다. 전체는 부분의 집합보다 훨씬 큽니다. 우리는 이 전체 시각을 잃지 말아야 합니다. 만일 우리가 산상설교를 전체로서 이해하고 파악하지 못한다면 특정 명령들 중 어느 하나도 제대로 이해할 수 없다고 주저없이 말할 수 있습니다. 만일 팔복을 믿고 받아들이며 그것에 따라 살지 않는다면 산상설교의 특정 명령에 대면하는 것은 무의미하고 쓸모없으며 무익하다는 말입니다.

Studies in the Sermon on the Mount I, 22

26일 : 오직 예수님의 이름으로만

베드로와 요한은 기도 시간에 성전에 올라가서 성전 미문에 앉아 있는 앉은뱅이를 보았습니다. … 당신은 그들이 앉은뱅이에게 했던 일을 기억합니다. "나사렛 예수 그리스도의 이름으로 일어나 걸으라"(행 3:6). 앉은뱅이는 일어났으며, 사람들은 와서 심히 놀라워했습니다. 그들은 사도들을 칭송하기 시작했습니다. 그러나 베드로는 이렇게 말했습니다. '우리를 주목하지 말라. 우리의 말이나 능력으로 앉은뱅이를 걷게 만든 것이 아니다. 그분의 이름을 통해서 그분의 이름이 여러분 앞에서 이 사람을 온전하게 만들었다'(행 3:1-16). 제자들이 유대교 당국자들 앞에 소환되어서 다시는 그 이름을 전파하지 말라는 말을 들었을 때 제자들은 한 가지 대답만 했다. "다른 이로써는 구원을 받을 수 없나니 천하 사람 중에 구원을 받을 만한 다른 이름을 우리에게 주신 일이 없음이라"(행 4:12). 이는 유일한 이름입니다. 이는 '두 번째 이름이 없다'고 번역되어야 합니다. 예수 그리스도는 여러 이름들 중에서 하나가 아닙니다. 그분은 여러 권세자들 중 한 권세자가 아닙니다. 그분은 혼자 서 계십니다. 신약성경에서 그분은 유일한 권세자이십니다.

그래서 이런 사상은 사도행전 전체에서도 지속됩니다. 베드로는 고넬료와 그의 가족에게 설교하면서 또다시 "만유의 주 되신 예수 그리스도"(행 10:36)라고 말합니다. 동일한 선언이 사도 바울의 사역에서도 나옵니다. 그는 폭력을 사용할 정도로 반대하며 박해를 하고 그리스도인들을 체포하러 가는 다메섹 도상에서 자신이 그토록 경멸하고 미워했던 그 예수님이 영광의 주님이라는 것을 발견하게 됩니다. 그래서 그는 소리치며 묻는다. "주여, 내가 무엇을 하기를 원하시나이까?"

Authority, 26-27

27일 : 자신이 아니라 하나님을 신뢰하십시오

사도 바울은 자신의 열심과 성실과 노력을 신뢰하는 것이었음을 알았습니다. 그는 애쓰고 땀 흘리고 금식하는 모든 노력에 관해서 잘 알았습니다. 그러나 그는 또한 절망감을 알았습니다. 그는 만족을 찾지 못한 실패를 알았습니다. 그리고 나서 그는 복음을 알게 됨으로 누리게 된 영광스러운 해방을 체험했습니다. 그러나 옛날 방식으로 여전히 불가능한 것을 행하려고 애쓰는 그의 동포들이 있었습니다. … 그는 외쳤습니다. '얼마나 안타깝고 비참한지요. 그들은 열심을 갖고 있고 성실하지만, 그것은 아무런 소용이 없습니다. 그들은 자신을 의롭게 하려고 애쓰지만, 결코 의롭게 될 수 없습니다. 그들은 실패하면서도 그들이 바라는 모든 것과 그 이상을 줄 수 있는 지식을 의도적으로 거부하고 있습니다.' 그 모든 힘과 노력은 철저하게 낭비하는 것에 불과합니다. 그들은 실패했을 뿐만 아니라 성공하게 되기를 철저하게 거부했습니다. 그들은 예수 그리스도를 믿고 구원을 받는 것보다 자신들과 자신들의 열심과 노력을 더 신뢰했으며, 결국 실패하고 말았습니다. 그들은 스스로 일을 하고 싶어 해서 순전한 선물인 영원한 구원에 대한 하나님의 제안을 거부했습니다. … 그들은 그저 나사렛 예수님이 하나님의 아들이라는 사실, 그분이 그들의 죄를 용서하기 위해서 죽으셨으며 그들을 의롭게 하기 위해서 무덤에서 부활하셨음을 믿기만 하면 되었습니다. 그러면 그들은 하나님의 시각에서 의롭게 된 자신을 발견하고 자신들의 죄를 용서받았을 것입니다. 그들은 하나님과 더불어 의로워지기를 원한다고 말했습니다. 하지만 그들은 하나님과 더불어 의롭게 되는 유일한 방법을 의도적으로 거부했습니다.

Truth Unchanged, Unchanging, 70-72

28일 : 기도는 인간 영혼의 가장 고귀한 행위입니다

사람이 하나님께 아뢸 때 절정에 달합니다. 기도는 인간 영혼의 가장 고귀한 행위입니다. 동시에 기도는 사람의 참된 영적 조건을 결정하는 시금석입니다. 기도 생활만큼이나 그리스도인에 관한 진리를 분명히 말해 주는 것도 없습니다. 우리가 그리스도인의 삶 가운데 행하는 모든 것은 기도보다 쉽습니다. 구제하는 것은 그리 어렵지 않습니다. … 당신은 비그리스도인에 대해서 자선의 마음을 품을 수 있습니다. … 이는 자기 훈련 문제, 곧 어떤 것을 삼가하고 특별한 의무와 과업을 떠맡는 것에도 적용됩니다. 하나님은 기도하는 것보다 강단에서 설교하는 것이 훨씬 더 쉽다는 것을 아십니다. 기도는 말할 나위 없이 궁극적인 시금석입니다. 왜냐하면 하나님께 아뢰는 것보다 다른 사람에게 말하는 것이 훨씬 쉽기 때문입니다. 그러므로 사람은 은밀히 자신을 시험할 때, 혼자서 하나님과 함께 있을 때 자신의 영적 생활의 실제 상태를 발견하게 됩니다. … 다른 사람 앞에 있을 때보다 혼자 있을 때 하나님께 덜 말하게 된다는 것이 무엇인지 모두 알고 있지 않습니까? 그렇게 되어서는 안 됩니다. 하지만 자주 그럽니다. 그래서 우리가 다른 사람과의 활동 영역과 외적인 관계를 떠나서 혼자서 하나님과 함께 있을 때 영적인 의미에서 우리가 어디에 서 있는지를 진정으로 알게 된다는 것입니다. 기도는 단지 영혼의 가장 고귀한 행위일 뿐만 아니라 우리의 참된 영적 상태를 알려 주는 궁극적인 시금석입니다.

Studies in the Sermon on the Mount II, 46

29일 : 하나님의 집에서 생각하십시오 1

하나님의 집이 얼마나 아름다운지요! 당신은 그 집에 들어가는 것만으로 구원을 발견하게 될 것입니다. 나는 하나님의 집 때문에 여러 번 감사를 드렸습니다. 나는 하나님께서 자기 백성들이 함께 모여서 예배하라고 명하신 것에 대해서 감사드립니다. 하나님의 집은 나를 '영혼의 볼거리와 홍역'에서 수없이 구원해 주었습니다. 단지 그 문으로 들어가는 것만으로도 말입니다. 그 일이 어떻게 일어납니까? 하나님의 집에 있다는 바로 그 사실만으로도 우리에게 무언가를 말해 줍니다. 그것이 어떻게 이루어집니까? 그것을 계획하고 세우신 분이 바로 하나님이십니다. 그것을 깨닫는 것만으로도 즉시 우리를 보다 건강한 상태로 이끌어 줍니다. 그 후에 우리는 역사를 되돌아보며 진리를 상기하게 됩니다. '나는 지금 이 끔찍한 문제에 직면해 있습니다. 하지만 기독교 교회는 오랜 세월 동안 존재해 왔습니다(나는 이미 전혀 다른 방식으로 생각하기 시작하고 있습니다). 하나님의 집의 역사는 주님의 시대에까지 거슬러 올라갑니다. 하나님의 집은 무엇을 위해서 존재합니까?, 그것의 의미는 무엇입니까? 치유는 시작되었습니다.

우리가 하나님의 집에 갔을 때 놀랍게도 우리보다 앞서서 다른 사람들이 와 있었습니다. 우리는 그 일에 당황했습니다. 왜냐하면 우리는 개인적인 비참함과 당혹감 속에서 신앙이 빈껍데기에 불과하며, 그것을 지속할 가치가 없다는 결론에 이르렀기 때문입니다. 하지만 지속하는 것이 가치가 있다고 생각하는 사람들이 있습니다. 그래서 우리는 기분이 좋아져서 이렇게 말합니다. '아마 내가 잘못되었을 수도 있어. 이 모든 사람은 그 신앙 안에 무언가 있다고 생각하잖아. 그들이 옳을 수도 있어.' 이렇게 치유 과정이 진행됩니다. 치유가 지속되고 있습니다.

Faith on Trial, 39

Martyn Lloyd-Jones

March 3

"사람에게 보이려고 그들 앞에서 너희 의를 행하지 않도록 주의하라 그리하지 아니하면 하늘에 계신 너희 아버지께 상을 받지 못하느니라"(마 6:1)

The greatest message

3월 March

1일 : 하나님의 집에서 생각하십시오 2

우리는 한 단계 더 나아갑니다. 회중을 둘러보고, 우리가 아는 사람이 우리보다 훨씬 더 어려운 처지에 빠져 있는 것을 발견하게 됩니다. 우리는 우리 문제가 세상에서 가장 힘든 문제이며, 다른 어느 누구도 우리가 당한 고통을 겪은 적이 없다고 생각했습니다. 그 후에 가난한 여인을 봅니다. 아마도 그녀는 독자가 죽거나 살해당한 과부인 듯합니다. 그러나 그녀는 여전히 거기에 있습니다. 이는 우리의 문제를 새로운 관점으로 바라보게 합니다. 위대한 사도 바울은 이 일에 대해서 말했습니다. "사람이 감당할 시험밖에는 너희가 당한 것이 없나니"(고전 10:13). 마귀는 시험하면서 우리를 얻으려고 설득합니다. '이전에는 어느 누구도 이런 시련을 겪은 적이 없어. 아무도 너와 같은 문제를 당한 적이 없어. 어느 누구도 이처럼 취급받은 적이 없어.' … 우리는 고난 중에 다른 사람도 고난을 당하고 있다고 소리를 들으면 위로를 받습니다. … 혼자만이 이런 고난을 당하는 것이 아님을 깨닫게 되면 그 일을 올바른 시각으로 바라보는 데 도움을 얻습니다. '나는 고통을 당하는 사람들 중 한 사람이야. 이는 하나님의 백성들에게 일어나는 일일 뿐이야.' 하나님의 집은 바로 이 모든 것을 상기하게 합니다.

그런데 하나님의 집은 우리가 좀더 거슬러 올라가도록 합니다. 우리는 전 교회를 연구하기 시작합니다. 수년 전에 읽은 것, 곧 일부 성도의 삶에서 일어난 일을 생각해 냅니다. 교회 생활을 돋보이게 했던 위대한 성도들도 우리의 작은 어려움을 아무것도 아닌 것으로 만들어 버리는 시련과 괴로움과 고난을 겪었다는 것을 이해하기 시작합니다. 하나님의 성소인 하나님의 집은 이 모든 것을 떠올리게 합니다. 그리고 즉시 우리는 산을 오르기 시작하며, 계속해서 올라갑니다. 이제 우리의 문제를 올바른 자리에 놓습니다. 주님의 성소인 하나님의 집은 이 모든 교훈을 우리에게 가르쳐 줍니다. … 나는 목회를 하면서 하나님의 집에 정규적으로 참석하지 않는 사람들이 어려움과 당혹스러움으로 가장 큰 고난을 당하게 된다는 것을 알게 되었습니다. 하나님의 집의 분위기에는 무언가가 있습니다.

Faith on Trial, 39-40

2일 : 산상설교는 제자, 곧 신자들에게 주어진 말씀입니다

산상설교에는 일종의 논리적 연결이 있습니다. 그뿐 아니라 분명히 영적인 순서와 연결이 있습니다. 우리 주님은 이 말씀들을 아무렇게나 말한 것이 아닙니다. 전체적으로 짜임새가 있습니다. 어떤 기본 원리가 깔려 있으며, 그것을 바탕으로 다른 원리들이 따라 나옵니다. 그러므로 나는 온전하게 만족하고 내 마음속에 어떤 사람이 그리스도인임을 확신하기 전까지 산상설교의 특정 명령에 대해서 그 사람과 논의하지 않겠습니다. 먼저 그리스도인이 아닌 사람에게 산상설교대로 살라고 하거나 산상설교의 명령을 실천하도록 노력하라고 요구하는 것은 잘못입니다. 거듭나지 않은 사람에게 그리스도인의 행실을 기대하는 것은 이단입니다. 행위와 윤리와 도덕 측면에서 복음의 호소는 항상 그 명령을 듣는 사람이 그리스도인이라는 전제를 두고 있습니다.

이것은 서신에서도 분명하며, 여기서도 명백합니다. 당신이 선호하는 서신서를 펼쳐보십시오. 서신의 세부 내용이 모두 같다는 것을 발견하게 될 것입니다. 항상 제일 먼저 교리가 나오고, 다음에 교리에서 추론이 나옵니다. 큰 원리들이 깔려 있으며, 세부 설명이 그 서신을 받은 그리스도인들에게 주어집니다. 이것 때문에 또는 그것을 믿기 때문에 그들은 어떤 일을 하도록 권면을 받습니다. 우리는 신약성경의 모든 서신들이 비그리스도인이 아니라 그리스도인들을 위해 쓰였다는 사실을 잊어버리는 경향이 있습니다. 모든 서신에서 윤리 측면의 호소는 항상 신자들, 그리스도 예수 안에서 새 사람이 된 사람들에게 주어졌습니다. 이 산상설교도 마찬가지입니다.

Studies in the Sermon on the Mount I, 23-24

3일 : 하나님은 왜 하십니까, 또 왜 하지 않으십니까? 1

하박국 선지자가 자신을 괴롭혔던 주요 문제에 적용했던 방법대로 따라가 봅시다.

첫째로 하나님은 영원하십니다. 하박국 선지자는 자신의 곤경을 토로한 후에 선언합니다. "주께서는 만세 전부터 계시지 아니하시니이까"(합 1:12). 하박국은 명제를 세웁니다. 그는 잠시 동안 당면한 문제를 잊고, 자신이 하나님에 대해서 무엇을 확신하고 있는지 자문합니다. … 그는 성공으로 의기양양해진 갈대아 사람들이 자신들이 섬기는 신 덕분에 권세를 행사할 수 있었다고 생각한다고 말했습니다(합 1:11). … 하박국은 생각합니다. '그들의 신은 무엇인가? 그들이 만든 것이 아닌가?'(참고. 사 46장) … 영원한 하나님은 사람들이 섬기는 신들과 같지 않습니다. … 그분은 영원부터 영원까지 계시는 하나님이십니다. … 그분은 역사 이전부터 계셨으며, 역사를 창조하셨습니다. 그분의 보좌는 세상 위에 있으며, 시간을 초월합니다. 둘째로, 하나님은 자존하십니다. "나는 스스로 있는 자이니라"(출 3:14)라는 이름은 '나는 절대자이며, 자존자이다'라는 의미입니다. 하나님은 세상에서 일어나는 어떤 일에도 구속받지 않습니다. … 그분은 세상에 의존하지 않을 뿐만 아니라 원치 않았다면 세상을 창조하지 않으셨을 것입니다. 삼위일체의 중대한 진리는 영원히 자존하는 생명이 삼위 하나님, 곧 아버지와 아들과 성령 안에 거하신다는 사실입니다. 여기서 우리는 또다시 놀라운 확신을 갖게 됩니다. … 문제는 서서히 사라지기 시작합니다.

셋째로, 하나님은 거룩하십니다. … 하나님은 온전히, 절대적으로 의로우시며 거룩하신 분, 곧 '소멸하는 불'이십니다. "하나님은 빛이시라 그에게는 어둠이 조금도 없으시다는 것이니라"(요일 1:5). 성경을 이와 같이 생각할 때 다음과 같이 질문할 수 있습니다. '주님이 이 세상에 계시는 동안 불의한 일을 행하실 수 있었을까?' 그런 일은 상상도 할 수 없습니다.

넷째로, 하나님은 전능하십니다. … 무에서 온 세상을 창조하신 그 하나님이 "빛이 있으라"고 말씀하시자 빛이 있었으며, 절대적인 능력을 지니셨습니다. 그분은 무한한 힘을 갖고 계십니다. 그분은 '반석'이십니다.

From Fear to Faith, 28-30

4일 : 하나님은 왜 하십니까, 또 왜 하지 않으십니까? 2

여섯째로, 하나님은 신실하십니다. … 하나님은 언약의 하나님이십니다. 그분은 구속당하지 않으며, 절대적이며, 영원하며, 전능하며, 의로우며, 거룩하심에도 불구하고 인간과 언약을 맺기 위해서 자신을 낮추셨습니다. … 이 언약으로 말미암아 이스라엘은 하나님을 향해서 '나의 하나님이여, 나의 거룩하신 분이시여'라고 부를 수 있었습니다. 하박국은 하나님께서 '나는 그들의 하나님이 되고, 그들은 나의 백성이 되리라'고 말씀하셨던 것을 기억합니다. 이스라엘에서 신앙심이 깊은 사람들, 예언자들, 영적인 이해를 갖고 있는 사람들은 이 사실을 다른 어느 것보다 중요하게 여겼습니다. 그들은 하나님의 영원한 속성들을 믿으면서도 그 하나님이 저 멀리 하늘에 계시며 자신들의 필요에 관심을 두지 않을 수도 있다는 생각 때문에 그 믿음이 냉랭해지기도 했습니다. 그러나 그들이 하나님과 이어질 수 있었던 것은 그분이 신실하시며 언약을 지키시는 하나님이셨다는 이해 때문이었습니다. 하나님은 말씀을 주셨으며, 그것을 결코 어긴 적이 없습니다. … 갈대아 군대가 어떤 짓을 하든지 간에 이스라엘을 전멸시킬 수 없었습니다. 왜냐하면 하나님이 이스라엘에게 결코 어기지 않는 확실한 약속을 하셨기 때문입니다.

… 하박국은 이와 같은 추론으로 갈대아 사람의 문제에 대한 해답을 얻습니다. '하나님은 이스라엘을 위해서 갈대아 사람들을 일으키신 것이 분명해. 나는 이를 절대적으로 확신할 수 있어. 갈대아 사람들이 자기 멋대로 행한 것도 아니고, 하나님께서 그들을 저지할 수 없었던 것도 아니야. 내 명제에서 볼 때 이런 일들은 불가능해. 하나님은 자신의 목적을 위해 그들을 사용하시는 거야. … 그리고 지금 그 목적을 실행하고 있어. 그 목적을 온전히 이해할 수 없지만, 전멸당하지 않을 것이라는 사실은 확신해. … 매우 적은 수일지라도 살아남아 포로로 끌려가게 될 거야. 하지만 남은 자들은 살아남게 될 거야. 왜냐하면 전능하신 분이 여전히 하나님이시며 언약 목적 안에서 무언가를 하시기 위해서 갈대아 사람들을 사용하고 계시기 때문이야. … 하나님은 패배당한 것이 아니야. … 그분은 이를 행하시고 계시며, 자신의 숭고한 이유와 목적을 위해서 그것을 행하시는 거야.'

From Fear to Faith, 31-32

5일 : 참된 신앙

참된 그리스도인의 특징은 무엇입니까? … 그것은 그가 '하늘에 계신 내 아버지의 뜻을 행한다'는 것입니다. …

해답의 첫 대목은 그것이 무엇을 의미하지 않는지를 명확하게 하는 것입니다. … 분명히 그것은 '행위로 말미암은 칭의'를 의미하지 않습니다. … 팔복 중에서 첫 번째 복은 "심령이 가난한 자는 복이 있나니"(마 5:3)입니다. 우리는 지금부터 죽을 때까지 노력할 수 있습니다. 하지만 우리 자신을 '심령이 가난한' 상태로 만들 수 없을 것입니다. 우리는 자신을 결코 팔복에 맞게 만들 수 없습니다. …

그것은 죄가 없는 완전을 가르치는 것이 아닙니다. 수많은 사람들은 산상설교의 마지막 부분에서 이러한 서술을 읽고서, 그것이 하나님 나라에 들어가도록 허용되거나 들어갈 수 있는 사람만이 산상설교를 읽고서 언제 어디에서나 행한다고 뜻이라고 말합니다. 이것 또한 불가능합니다. 만일 이것이 그 뜻이라면 세상에서 단 한 사람도 그리스도인이 되지 못했으며, 될 수 없을 것임을 확신할 수 있습니다.

그렇다면 그것은 무엇입니까? 그것은 다름 아니라 야고보가 자신의 서신에서 요약했던 말씀, 곧 "행함이 없는 믿음은 죽은 것이니라"(약 2:26)입니다. 이것이 믿음에 대한 정확한 정의입니다. 행함이 없는 믿음은 믿음이 아닙니다. 신앙생활은 결코 쉬운 생활이 아닙니다. 신앙은 항상 실천적입니다. 신앙과 지적인 동의의 차이는 이것입니다. 지적인 동의는 단순히 '주여, 주여'라고 말하지만, 그분의 뜻을 행하지 않습니다. 다시 말해서 내가 주 예수 그리스도를 '주여, 주여'라고 부르지만, 내가 그분을 주님으로서 여기지 않고 기꺼이 그분의 노예가 되지 않는다면 그것은 아무런 의미가 없습니다. 내가 그분께 순종하지 않는다면 '주여, 주여'는 아무런 의미가 없습니다. 행함이 없는 믿음은 죽은 것입니다.

Studies in the Sermon on the Mount II, 308-310

6일 : 성경의 권위

성경의 권위는 변호할 문제가 아니라 주장해야 할 주제입니다. … 나는 찰스 스펄전이 이와 관련해서 말했던 것을 기억합니다. '당신이 공격받을 때 사자를 변호할 필요가 없습니다. 당신이 해야 할 일은 문을 열고 사자를 내쫓는 것입니다.' … 성경의 진리와 권위를 세우는 것은 성경 말씀을 설교하고 강해하는 것입니다. 나는 이것이 지난 두 세기 동안보다 오늘날 더더욱 분명한 사실이라고 믿습니다. … 오늘날처럼 성경을 제외하고 전 세계의 상황을 설명할 수 있는 것은 없습니다. 세상과, 그 세상의 본질과 특성에 대해 질문해 보십시오. 우리는 오늘날 우주 배후에 위대한 설계자가 있어야만 한다고 주장하는 학자들을 알고 있습니다. … 성경은 항상 이를 주장해 왔습니다. 오랜 시간이 지나서야 마침내 일부 사람들이 그것을 인정하기 시작합니다.

그러나 세상의 상태와 상황을 고려하면 이 점은 여전히 명백합니다. 오늘날 학문과 문화와 지식의 진보에도 불구하고 보통 사람을 바라볼 때 … 당신은 무엇을 말하고 싶습니까? 현대에 두 번에 걸친 세계대전이 우리에게 닥쳤을 때 성경에서 그것에 대한 적절한 설명을 찾아볼 수 있습니다. 그것은 성경에서 말하는 죄의 교리입니다. 그것 외에는 그 어떤 것으로도 설명되지 않습니다. … 오직 이 가르침에 비추어 볼 때에만 역사의 전 과정을 이해할 수 있습니다. 이제 비평가들이 이것을 말하기 시작하는 것은 매우 흥미롭고 중요합니다. 그들은 과거에 이것을 부정했습니다. … 그들은 죄에 대해 말하는 것을 싫어했습니다. '인간은 발달하고 진보하고 있었습니다. 인간은 점점 더 나아지고 있었습니다.' 그러나 이제 그들은 성경이 가르치는 진리를 인정하지 않을 수 없었으며, 성경의 진리로 되돌아오고 있습니다.

Authority, 41-42

7일 : 유일한 구원의 길

현대인은 자신의 성실과 노력에 의지해서 구원을 받으려 하지 않습니까? 예수 그리스도와 속죄하시는 그분의 죽음과 영광스러운 부활에 관한 복음을 여전히 거부하는 이유는 무엇입니까? 어리석음과 공허함에 대해 다시 생각해 보십시오. 우리의 과업과 우리에게 요구되는 것을 다시 묵상하십시오. 사람이 노력으로 구원을 얻는 것은 불가능합니다. 하나님의 존전에 있다는 것을 생각해 보십시오. 그것이 의미하는 바를 어느 정도 안다면 당신은 토머스 비니의 말에 동의하지 않을 수 없을 것입니다.

> 영원한 빛! 영원한 빛!
> 당신의 살피시는 빛 안에 거할 때
> 영혼이 얼마나 순수해지는지요!
> 움츠리지 않고, 잔잔한 기쁨으로
> 당신을 바라보며 살 수 있게 하소서!
> 내가 태어난 곳은 어둡고
> 내 마음은 희미합니다.
> 영광의 하나님이 나타나시기 전에
> 벌거벗은 내 영혼이 그 창조되지 않은 빛을
> 어찌 견딜 수 있으리요!

사람이 어떻게 완전한 순전함에 다다를 수 있겠습니까? 우리의 온갖 열심과 성실로 어떻게 거기에 다다를 수 있습니까? 한 가지 길이 세 번째 연에서 나타납니다.

> 사람이 그 숭고한 곳에 다다르는
> 한 가지 길은
> 제물과 제사, 성경의 역사,
> 하나님의 보혜사이나니.

하나님의 아들은 우리와 우리 죄를 위해 죽으셨습니다. 그분은 자신의 의로 우리에게 옷 입히시고, 하나님 앞에서 영원히 흠 없게 하십니다. 우리는 무익한 노력으로 우리 자신을 피폐하게 만들 필요가 없습니다. 영웅적인 행동들도 필요 없습니다. … 우리의 모든 것으로는 충분하지 않습니다. 그러나 그분은 모든 것을 충족하십니다.

Truth Unchanged, Unchanging, 72-73

8일 : 기도하는 법을 가르쳐 주소서

지금까지 세상에 알려진 신앙심이 깊은 사람들의 특징은 그들이 개인적으로 기도에 많은 시간을 보냈을 뿐만 아니라 그것을 즐거워했다는 점입니다. … 신앙이 좋을수록 하나님과 대화를 나누는 데 더 많은 시간을 보냅니다. 그러므로 기도는 생명과 관련된 매우 중요한 문제입니다. …

이는 수세기에 걸쳐서 하나님의 백성들이 체험한 것입니다. 우리는 복음서에서 세례 요한이 자기 제자들에게 기도하라고 가르쳤던 것을 보게 됩니다. 제자들은 가르침이 필요하다고 느껴서 요한에게 물었습니다. … 그러자 요한은 기도하는 방법을 제자들에게 가르쳤습니다. 우리 주님의 제자들도 정확하게 동일한 것이 필요함을 느꼈습니다. … '주님, 우리에게 기도하는 법을 가르쳐 주소서.' 의심의 여지없이 그들의 마음에 그러한 갈망이 일었습니다. 왜냐하면 그들이 자연적이고, 본능적이며, 우선적인 어려움을 의식했기 때문입니다. 그러나 제자들이 주님의 기도 생활을 지켜보면서 그 갈망이 크게 증가했음에 틀림없습니다. 제자들은 주님이 '새벽 미명에' 일어나서 산에 오르사 기도하면서 밤을 지새는 것을 보았습니다. 그들은 틀림없이 스스로에게 물었을 것입니다. '주님은 무엇을 기도하시는 거지? 무엇을 하시는 거지?' 제자들은 생각했을 것입니다. '나는 몇 분만 기도하면 할 말이 없는데, 주님이 계속 기도할 수 있게 하는 것은 무엇이지? 이렇게 쉽게 내맡기며 기도하게 하는 것은 무엇일까?' 그들은 말했습니다. '주님, 우리에게 기도하는 법을 가르쳐 주옵소서.' 이런 의미입니다. … '주님이 하나님을 아시는 것처럼 우리도 그분을 알고 싶습니다. 우리에게 기도하는 법을 가르쳐 주옵소서.' 당신은 이것을 느낀 적이 있습니까? 당신의 기도 생활에 만족하지 못한 적이 있습니까? 참으로 기도하는 것이 무엇인지 좀더 알고 싶다고 느낀 적이 있습니까? 그렇다면 그것은 고무적인 징조입니다.

Studies in the Sermon on the Mount II, 47

9일 : 복음, 하나님의 진노를 피하는 길

하나님이 죄를 미워하시고 혐오하신다는 것을 알 때만 그분의 사랑을 볼 수 있으며, 복음의 경이로움과 영광을 인식하게 됩니다. 죄에 대한 하나님의 진노의 분량이 죄인을 용서하시고 죄악에도 불구하고 죄인을 사랑하시기 위해 예비하는 사랑의 분량입니다. 지난 세기 동안 하나님의 사랑과 관련된 모든 말과 글에도 불구하고 하나님의 사랑에 대한 진정한 감사의 증거는 훨씬 줄어들었으며, 그것을 위해서 모든 것을 포기하려는 준비가 되어 있지 않습니다. 사랑의 개념은 너무 감상적이어서 모호하고 일반적인 자선과 별로 다르지 않게 되었습니다. 하나님의 사랑은 거룩한 사랑입니다. 하나님의 사랑은 죄를 용납하거나 타협하는 것으로 표현되지 않습니다. 하나님의 사랑은 죄를 다루지만, 죄인이 저지른 죄로 파멸되는 것이 아니라 죄와 그 결과에서 구원을 얻도록 하는 방식으로 역사합니다. …

그러나 '하나님의 진노'에 관한 가르침에 반대할 실제적인 근거는 전혀 없습니다. 왜냐하면 피할 길이 활짝 열려 있기 때문입니다. 어떤 사람도 하나님의 진노 아래 머무를 필요가 없습니다. 분명히 이는 진노의 문제를 해결해 줍니다. 피할 길이 없다면 그 상황은 매우 달랐을 것입니다. 그러나 구원의 제안을 의도적으로 거부하는 사람에게는 무슨 일이 일어납니까? 그 거부의 결과로 고통을 당하는 것에서 어떻게 구원할 수 있습니까? 이 때문에 바울과 다른 사도들과 그 이후의 위대한 설교자들은 긴급하게 복음을 전했습니다. 이것이 복음이 좋은 소식인 이유입니다. 하나님의 진노는 이미 계시되었습니다. 하지만 그 진노를 피할 길도 그리스도의 복음에 계시되어 있습니다.

The Plight of Man and the Power of God, 72-73

10일 : 넘어져야만 일어날 수 있습니다

우리가 그리스도의 구원을 누리기를 바라기 전에 명확하게 해야만 하는 단순한 원리들이 있습니다. 첫째는 죄에 대한 확신입니다. 우리의 죄성에 관해 분명히 해야만 합니다. 여기서 나는 사도 바울의 방법을 따르며, 가공의 반대를 설정합니다. 나는 이렇게 말하는 사람을 상상합니다. '죄에 대해 설교하려고 합니까? 죄의 확신에 대해 설교하려고 합니까? 당신은 설교하는 목적이 우리를 행복하게 만드는 것이라고 말하지만, 만일 죄의 확신에 대해 설교하는 거라면 그것은 분명히 우리를 더 불행하게 만들 것입니다. 당신은 의도적으로 우리를 비참하고 초라하게 만들려고 하십니까?' 이에 대한 단순한 대답이 여기에 있습니다. 그렇습니다! 이것이 로마서 1-4장에서 위대한 사도가 가르치는 교훈입니다. 그것은 역설적으로 들릴 수 있습니다. 용어는 중요하지 않습니다. 하지만 의문의 여지없이 그것은 법칙입니다. 거기에는 예외가 없습니다. 당신은 기독교의 참된 기쁨을 알기 전에 비참하게 되는 것은 당연합니다. 비참한 그리스도인의 실제적인 문제는 그가 죄의 확신 때문에 비참해져 본 적이 없다는 것입니다. 그는 기쁨의 본질적인 예비 행위를 건너뛰었으며, 당연히 생각할 권리가 없는 것을 당연하게 생각하고 있습니다.

성경 말씀을 생각해 보십시오. 당신은 아기 예수님을 손에 안고 서 있는 시므온을 기억합니까? 시므온은 그때 매우 심오한 말을 했습니다. "보라 이는 이스라엘 중 많은 사람을 패하거나 흥하게 하며 비방을 받는 표적이 되기 위하여 세움을 받았고"(눅 2:34). 먼저 넘어지는 일이 없이는 일어나는 일도 없습니다. 이는 절대적인 법칙입니다. 그러나 안타깝게도 오늘날 많은 사람들이 이 일을 망각하고 있습니다. 그러나 성경은 그 순서를 말하고 있으며, 만일 우리가 그리스도의 구원의 복을 얻으려 한다면 그 순서를 지켜야만 합니다. 궁극적으로 사람을 그리스도에게로 이끌어 주고 오직 그리스도만을 의지하게 하는 것은 죄에 대한 진정한 확신뿐입니다.

Spiritual Depression, 27-28

11일 : 그리스도인은 항상 하나님의 존전에 있습니다

마태복음 6장 전체는 하나님의 존전에서 살아갈 때 하나님께 능동적으로 복종하며 하나님만을 전적으로 의지하는 그리스도인에 대해 말합니다. … 예를 들어 첫 절을 봅시다. "사람에게 보이려고 그들 앞에서 너희 의를 행하지 않도록 주의하라 그리하지 아니하면 하늘에 계신 너희 아버지께 상을 받지 못하느니라"(마 6:1). 6장은 처음부터 끝까지 이런 식으로 말합니다. … "그러므로 염려하여 이르기를 무엇을 먹을까 무엇을 마실까 무엇을 입을까 하지 말라 이는 다 이방인들이 구하는 것이라 너희 하늘 아버지께서 이 모든 것이 너희에게 있어야 할 줄을 아시느니라 그런즉 너희는 먼저 그의 나라와 그의 의를 구하라 그리하면 이 모든 것을 너희에게 더하시리라"(마 6:31-33). 여기서는 그리스도인을 자신이 항상 하나님의 존전에 있다는 것을 아는 사람으로서 묘사합니다. 그래서 다른 사람에게 어떤 인상을 주는지가 아니라 하나님과의 관계에 관심을 기울입니다. 그러므로 그는 기도할 때 다른 사람이 무엇을 생각하고 있는지, 그들이 자신의 기도를 칭찬하는지 비난하는지에 전혀 관심을 갖지 않습니다. 그는 자신이 하나님의 존전에 있다는 것을 알고 하나님께 기도합니다. 또한 그는 자선(의)을 베풀 때 그의 마음에 내내 염두에 두는 것은 하나님입니다. 게다가 그는 삶의 문제들, 곧 음식과 의복 문제와 외부 사건에 반응할 때 그는 아버지와의 관계에 비추어서 그 모든 것을 바라봅니다. 이것이 그리스도인의 생활과 관련된 매우 중요한 원리입니다.

그 후에 마태복음 7장은 그리스도인을 항상 하나님의 심판 아래에 있으며 하나님을 경외하는 자로서 다루고 있습니다. "비판을 받지 아니하려거든 비판하지 말라"(마 7:1). "좁은 문으로 들어가라"(마 7:13). "거짓 선지자들을 삼가라"(마 7:15). "나더러 주여 주여 하는 자마다 다 천국에 들어갈 것이 아니요 다만 하늘에 계신 내 아버지의 뜻대로 행하는 자라야 들어가리라"(마 7:21). 게다가 그 그리스도인은 시험당하게 될 집을 짓는 사람에 비유됩니다.

Studies in the Sermon on the Mount I, 25-26

12일 : 무력할 때 진리를 이해하게 됩니다

진리의 이해가 인간의 능력, 즉 인간의 이성, 인간의 지각, 인간의 지적 직관, 과학적 방법이 요구하는 모든 것에 달려 있다면, 철학자들의 논리를 따라갈 수 있는 주요 인물들만 진리를 이해할 수 있을 것입니다. … 그러나 그 수가 얼마나 적은지요! 엄청난 다수는 진리의 이해, 즉 그들이 안고 있는 절박한 문제의 해결책에 대한 어떤 소망도 가질 수 없을 것입니다.

그러나 당신이 그리스도의 방법을 따르면 모두를 위한 소망이 있습니다. 왜 그렇습니까? 모든 것이 부적절하며, 불충분하며, 실패하기 때문입니다. 여기서 그것은 인간의 능력이 아니라 인간의 무력함에 달려 있습니다. … 그것은 이해하거나 찾아내는 내 능력이 아니라 하나님께서 주시는 능력에 달려 있습니다. 그분은 모두에게 주실 수 있습니다. 그러므로 거기에 모든 사람을 위한 기회와 소망이 있습니다. … 세상이 지혜로 하나님을 알지 못했을 때, 모든 철학자들이 더 이상 나아가지 못했을 때 미지의 하나님께서 자신의 아들을 세상에 보내셨습니다. 하나님께서 자신의 아들의 인격 속에서 세상에 오셨습니다. 그렇습니다. 그곳이 '위'이든, '저곳'이든, '심연'에서든지 외부에서 오셨습니다. 왜냐하면 그분은 어디에나 계시기 때문입니다. … 여기에 우리에게 계시되고, 우리에게 온 진리가 있습니다(요 1:18; 14:9). … 기독교 교회의 위대한 이야기는 수많은 사람들, 즉 한때는 무지와 죄와 방탕과 부정으로 소망이 없었으나 이 메시지를 단순하게 믿어서 하나님이 자신들의 아버지이며 자신들이 용서를 받았다는 것을 알게 됨으로 완전히 갱신되고 변화되고 새로운 피조물이 된 사람들의 이야기입니다. 그들은 새 생명, 새 방향, 새 갈망, 새 힘을 갖고 있으며, 이 세상에서 승리의 삶을 살 수 있는 자격을 부여받아서 과거의 모습으로 알고 있던 사람들을 놀라게 합니다.

이것이 그리스도의 방법이다. 이는 과학적인 방법과 정반대입니다. 이것은 하나님의 방법입니다. 하나님 덕분에 이것이 실제로 일어납니다.

The Approach to Truth: Scientific and Religious, 25-27

13일 : 반석인 성경 말씀

모든 가르침과 진리와 교리는 성경에 비추어서 검사를 받아야만 합니다. 여기에 하나님 자신의 계시가 있습니다. 구약성경에서는 부분적으로 주어졌으나 점진적으로 명확해지고 최종을 향해 점점 고조되다가 '때가 차매' 마침내 아들 하나님 안에서 완전하고 절대적이며 최종적인 계시가 이루어졌습니다. 아들 하나님은 자신의 뜻과 가르침을 사도들에게 설명하고 계시하시고, 유일한 권위를 수여하시며, 필요한 능력과 힘을 채워 주시고, 교회와 하나님의 백성의 행복에 없어서는 안 될 교훈을 주십니다. 우리는 이 유일무이한 권위 위에만 세울 수 있습니다.

오늘날 우리의 선택은 초대 교회의 첫 그리스도인들의 선택처럼 실제로 단순합니다. 우리는 이 권위를 받아들이거나 '현대의 지식', 즉 현대 과학, 인간 이해, 인간의 능력을 받아들입니다. …

우리에게는 진정한 선택이란 없습니다. 한편으로 인간의 능력과 이해를 신뢰할 때 모든 것이 유동적이고 변하며, 불확실하고 불안정하며, 자칫하면 와해됩니다. 다른 한편으로는 '성경의 철옹성 같은 반석'뿐만 아니라 세상의 빛, 하나님의 말씀, 진리 그 자체가 있습니다. …

교회의 주님은 선포하셨습니다. "천지는 없어질지언정 내 말은 없어지지 아니하리라"(마 24:35). 이는 시간 안에 거하는 말씀이며 죽음 가운데 거하는 말씀이며, 영원히 우리가 대면할 말씀입니다.

Authority, 60-61

14일 : 그리스도 안에 있는 모든 사람의 일치

일치 그 자체는 성경으로 말미암아 영적인 죽음에서 소생되고 그리스도 예수 안에서 새 생명을 얻는 모든 사람 사이에서 피할 수 없는 일입니다. … 그것은 성령과 그분을 통해서만 이루어지는 일치입니다. 인간은 이것을 이룰 수 없습니다. 이 일치의 본질 때문에, 그것이 영적인 일치이기 때문에 그것은 성령의 역사로서만 이루어질 수 있습니다. 사도는 이 경이로운 사실 속에서 한때 유대인과 이방인으로 나뉘었던 사람들이 그리스도 예수 안에서 하나가 되었음을 기뻐합니다. 그들은 동일한 생명을 나눌 뿐만 아니라 자신들의 교리에 대해 동의합니다. 그들은 동일한 것을 믿으며, 동일한 인격, 즉 예수 그리스도를 신뢰합니다. 그들은 그분이 동일한 방식으로 그들 모두를 구원하셨음을 압니다. 분할했던 중간 벽이 사라졌습니다. 유대인들은 자신들이 유대인이며 율법을 받았다는 이유로 더 이상 자랑하지 못합니다. 반면에 이방인들은 무지하며 하나님의 백성 됨이라는 유일무이한 지위를 누리지 못했습니다. 이 모든 차이는 없어졌습니다. 그들은 잃어버린 유산과 신분, 철저한 절망과 무력함에서 하나가 되었습니다. 그들은 자신의 보혈로서 그들을 사신 주 예수 그리스도, 하나님의 아들 안에서 공통된 신뢰 가운데 하나가 됩니다. 그래서 그들은 하나님의 성령의 역사로 이루어진 이 일치를 근면함으로 유지하고, 보존하며, 지키라는 권면에 귀를 기울입니다.

The Basis of Christian Unity, 25

15일 : 내가 아는 유일한 것은 내가 보는 것입니다

… 오늘날에도 교회 밖에 그리고 그리스도 밖에 많은 사람들이 있습니다. 왜냐하면 그들은 복음 자체를 이해할 때까지 복음이 그들의 삶 속에서 역사하지 않도록 결정된 것처럼 보이기 때문입니다. … 그들은 지성을 상실하고 싶지 않으며, 이해하지 못하는 것에 수동적으로 복종하고 싶지 않다고 말합니다. 복종에 대한 두려움은 참되고 좋은 것입니다. … 복음은 우리의 무지를 좋게 생각하지 않습니다. 참으로 복음은 우리가 하나님이 수여하신 지성과 힘을 사용해야만 한다고 가르칩니다. … 그러나 사람들은 오류를 범하며, 부당하고 불합리한 방식으로 행동합니다. 예를 들어봅시다. 우리는 분명히 태양 그 자체보다는 빛과 열에 대해서 더 많이 알고 있지 않습니까? 다시 말해서 우리는 태양의 기능과 작용에 대해서는 많이 이해하고 있는 반면에 태양 그 자체의 본질적인 특성과 구성은 미지의 상태로 남아 있습니다. 또 전기를 예로 들어봅시다. 우리는 전기 그 자체의 성질보다는 그 사용법에 대해서 더 많이 알고 있습니다. 비록 전기 그 자체를 이해하지 못한다 할지라도 전기가 가져다주는 혜택의 가치에 대해서는 모르는 것이 없습니다. … 지금까지 발견된 여러 가지 법칙이 있습니다. … 우리는 전기 그 자체의 본질적인 성질에 대해서 모르고서도 이러한 법칙을 많이 알고 있습니다. 예를 들면, 이러한 지식 때문에 전류가 흐르는 선에 손을 대지 않습니다. … 종교적이고 신학적인 영역에서도 마찬가지입니다. 경건함의 신비는 신비로 남아 있으며, 여전히 신비로 남아 있을 것입니다. … 그러나 무엇보다 이 본질적인 솔직함과 단순성이 특징인 복음의 효과와 결과와 작용과 관련해서는 사실 그렇지 않습니다. 복음은 세상에 알려진 가장 위대한 철학자들을 당혹하게 만들었으며, 여전히 당혹하게 하고 있지만, 다른 한편 어린아이를 구원합니다.

Truth Unchanged, Unchanging, 75-77

16일 : 기도의 모범

주의 기도는 확실히 기도의 모범입니다. 우리 주님이 그 기도를 소개하는 방법은 주의 기도가 원리상 모든 것을 포함하고 있음을 나타냅니다. 말하자면 당신은 주의 기도에 덧붙일 수 없습니다. 아무것도 뺄 수 없습니다. 물론 우리가 기도할 때 주의 기도를 반복하거나 멈추는 것이라는 의미가 아닙니다. 우리 주님도 그렇게 하지 않으셨습니다. … 그분은 기도하면서 밤을 지새셨습니다. 또한 새벽 미명에 일어나셔서 몇 시간씩 기도하셨습니다. 당신은 늘 성도들이 몇 시간씩 기도했다는 것을 그들의 삶에서 찾아볼 수 있을 것입니다. 존 웨슬리는 매일 적어도 네 시간 정도 기도하지 않는 그리스도인을 형편없다고 생각한다고 말하곤 했습니다. …

주의 기도는 실제로 모든 원리들을 포함하고 있습니다. … 우리가 가지고 있는 주의 기도는 일종의 뼈대입니다. … 모든 원리는 여기에 있습니다. 당신은 그 원리에 덧붙일 수 없습니다. 당신은 성도들이 해왔던 기도 중에서 가장 긴 기도를 보고 그것이 이 원리들로 정리될 수 있음을 알게 될 것입니다. … 주님의 대제사장 기도(요 17장)를 보십시오. 만일 주님의 대제사장 기도를 분석하면 당신은 그것이 주의 기도의 원리들로 정리될 수 있다는 것을 알게 될 것입니다.

주의 기도는 모든 것을 포함합니다. 우리 모두는 이 원리들을 취해서 이용하고 확대하여 그 원리를 바탕으로 간구해야 합니다. … 나는 당신이 성경 전체에서 주의 기도보다 더 놀라운 것은 없다는 성 어거스틴과 마틴 루터와 수많은 다른 성도들의 말에 동의할 것이라고 생각합니다. 간결함, 즉 모든 것을 요약하고 줄여서 단 몇 문장으로 만든 그 방법은 말씀하신 이가 다름 아닌 바로 하나님의 아들 그 자신이라는 사실을 분명하게 선언하고 있습니다.

Studies in the Sermon on the Mount II, 48-49

17일 : 십자가의 스캔들

대중들에게 복음이 전파된 때가 있었습니다. … 그때 사람들은 복음의 진리를 인정했지만 그대로 살지는 않았습니다. 그들은 더 나아가서 복음의 엄격하고 윤리적이며 도덕적인 명령을 반대했습니다. 그러나 그때조차도 그들은 복음에 찬사를 보냈으며, 자신들의 죄와 약점에 대해 변명하는 정도였습니다. 그 시대에 복음은 가장 고귀하고 좋은 삶의 방식을 나타내는 것 정도로 인식되고 있었습니다. … 당시 복음의 위상은 그랬습니다. 그러나 지금은 더 이상 그렇지 못합니다. … 복음에 대한 일반적인 자세는 완전히 바뀌었습니다. … 오늘날 복음은 적극적인 공격과 반대에 부딪히고 있습니다. 실제로 우리는 그 이상을 경험하고 있습니다. 복음은 조롱당하고 퇴출당하고 있습니다. 오늘날 복음은 교육을 받지 못하고 불합리한 사람들만 받아들이고 믿을 수 있는 것이라고 말합니다. 복음은 민간신앙과 미신의 범주로 취급되고 있습니다. … 그들의 주장에 따르면 이 모든 것은 지식의 진보, 과학적 발견의 결과, 인간의 본성과 인간의 이상 행동에 대한 심리학의 이해로 증명될 수 있습니다. 비록 일부 사람들은 반대할지라도, 사람들은 복음의 도덕적인 가르침 측면을 받아들이고 찬사를 보내지만, 복음의 핵심 주장에 대해서는 경멸하고 빈정대면서 거부합니다. … 현대인들은 지식과 교육으로 훈련될 수 있는 인간의 역량과 힘을 최대한 발휘하면 구원을 발견할 수 있다고 말합니다. 인간은 스스로 구원해야만 하고, 스스로 구원할 수 있다는 것입니다. … 만일 어떤 사람이 위험을 무릅쓰고 복음이 인류의 유일한 소망이라고 말한다면 그는 정신이상이나 바보 취급을 받을 것입니다.

그럼에도 불구하고 오래전에 바울이 그랬듯이 오늘날 우리도 그 복음을 강력히 전합니다. … 우리는 주저없이 그리스도의 복음을 믿는 것이 인간의 유일한 소망이라고 말합니다.

The Plight of Man and the Power of God, 76-79

18일 : 사탄의 걸작품

마귀가 혼란을 일으키는 부분이 바로 여기입니다. 마귀는 사람들이 성화와 거룩과 여러 가지 다른 것에 관심을 기울여야 한다고 혼란을 일으킵니다. 하지만 그들은 의로워져야만 의로울 수 있습니다. 이것이 우리가 이 위대한 교리, 즉 칭의로 시작해야만 하는 이유입니다. 이 혼란은 오래된 골칫거리입니다. 어떤 의미에서 이것은 사탄의 걸작품입니다. 사탄은 이 시점에서 우리를 혼란스럽게 해서 심지어 우리에게 의롭다고 격려할 것입니다. 오늘날 사탄이 그렇게 하고 있다는 것은, 교회의 보통 사람들이 이 기본적인 진리에 관해 전적으로 잘못되고 있을지라도 선한 행위를 하기 때문에 스스로 그리스도인이라고 생각하도록 하는 사실에서 분명하게 나타납니다. … 이것이 우리 주님이 바리새인에게 지속적으로 말하신 것이며, 사도 바울이 유대인들과 벌였던 주요 논쟁이었습니다. 이것이 율법의 전체 문제에 대한 전적인 잘못이었으며, 주요 문제는 그것에 대한 올바른 견해를 보여 주는 것이었습니다. 유대인들은 사람들이 율법을 지킴으로 스스로를 구원하도록 하나님께서 율법을 만드셨다고 믿었습니다. 그들은 사람이 해야 할 일이라곤 오직 율법을 지키는 것이라고 말했습니다. … 만일 당신이 율법을 따라 산다면 하나님은 당신을 받으시고 당신은 하나님 보시기에 기쁘시게 할 것입니다. 그리고 유대인들은 자신들이 그것을 할 수 있다고 믿었습니다. 왜냐하면 그들은 율법을 전혀 이해하지 못했기 때문입니다. 그들은 율법을 자기들 나름대로 해석해서 율법을 자신들이 도달할 수 있는 그 무엇으로 만들었습니다. 그래서 그들은 모든 것이 잘 되었다고 생각했습니다. 이것이 복음서와 성경의 다른 부분에서 나타나는 바리새인들의 모습입니다. … 이는 여전히 많은 사람들이 안고 있는 문제의 본질입니다. 실제로 평안을 소유하고 그리스도인의 삶을 누리기를 소망하기 전에 명확하게 해두어야만 하는 것이 있다는 사실을 깨달아야만 합니다.

Spiritual Depression, 26-27

19일 : 주님의 종을 보십시오

　그리스도인은 필연적으로 하나님의 율법을 지키는 일에 관심을 기울여야만 하는 사람입니다. … 우리는 '율법 아래에' 있지 않지만, 여전히 율법을 지켜야 합니다. 사도 바울은 로마서에서 '율법의 의'는 '우리 안에서 성취되어야' 한다고 말합니다. … 그러므로 그리스도인은 항상 하나님의 율법을 지키며 살아가는 데 관심을 기울이는 사람입니다. 그리스도인은 여기서 율법이 어떻게 성취되어야 하는지를 상기해야만 합니다.

　그리스도인에 관한 가장 본질적이고 분명한 일들 중 하나는 그가 하나님의 존전에 있음을 항상 인식하며 살아가는 사람이라는 사실입니다. 이 세상은 이런 방식으로 살아가지 않습니다. 이것이 그리스도인과 비그리스도인의 큰 차이점입니다. … 말하자면, 그리스도인은 자유롭게 행하는 사람이 아닙니다. 그는 하나님의 자녀입니다. 그래서 그는 모든 일을 하나님이 보시기에 좋은 관점에서 행합니다. 이것이 그리스도인이 필연적으로 이 세상에서 자신에게 일어나는 모든 일을 다른 사람들과 다르게 바라보아야 하는 이유입니다. … 그리스도인은 먹을 것과 마실 것과 잘 곳과 입을 것을 염려하지 않습니다. 이것이 중요하지 않다고 말하는 것이 아닙니다. 이것이 그리스도인의 주요 관심사가 아니며, 그리스도인이 그것을 위해 살지 않는다는 말입니다. 그리스도인은 이 세상과 세상일에 대해 별 관심을 두지 않습니다. 왜 그렇습니까? 그리스도인은 다른 나라와 다른 길에 속해 있기 때문입니다. 그는 세상 밖으로 나가지 않습니다. 이것이 가톨릭의 수도원 제도의 과오입니다. 산상설교는 당신에게 그리스도인의 삶을 살기 위해서 인생사를 떠나서 살라고 말하지 않습니다. 그러나 산상설교는 당신의 태도가 비그리스도인의 태도와 완전히 달라야 한다고 말합니다. 왜냐하면 당신은 하나님과 관계를 맺고 있으며, 하나님께 전적으로 의지하기 때문입니다.

Studies in the Sermon on the Mount I, 26-27

20일 : "힘으로 되지 아니하며 능력으로 되지 아니하고 오직 나의 영으로 되느니라"

우리는 종종 "이는 힘으로 되지 아니하며 능력으로 되지 아니하고 오직 나의 영으로 되느니라"(슥 4:6)는 말씀을 인용하지만, 실제로는 '강력한 돈'과 '언론의 힘'과 광고의 힘을 의지합니다. 우리의 영향력이 우리가 앞당길 수 있는 기술과 프로그램에 달려 있다고 생각하는 것 같습니다. 그리고 그것이 수가 많아지고, 거대해지고, 대규모가 되면 효과적이라고 입증할 것이라고 생각하는 것 같습니다! 우리는 하나님께서 전 역사에 걸쳐서 '남은 자'를 통해 교회 안에서 자신의 대부분의 행위를 행하셨다는 사실을 망각하고 있는 것으로 보입니다. 예를 들어, 우리는 기드온의 위대한 이야기와 하나님께서 그들을 사용하기 전에 왜 3만 2천 명을 3백 명으로 줄이라고 하셨는지를 잊어버리고 있습니다. 우리는 대규모라는 개념에 마음을 빼앗겼습니다. 만일 세상 앞에서 실제로 큰 것을 계획하면, 세상을 흔들고 강력한 신앙 각성을 일으킬 것이라고 확신합니다. 이는 권위의 현대 개념으로 보입니다.

그 모든 것은 교회가 거듭 실패했던 옛 과오에 지나지 않습니다. 역사에 관한 헤겔의 금언, 곧 '역사는, 역사가 우리에게 아무것도 가르쳐 주지 않는다는 것을 가르쳐 준다'가 세상은 물론 교회에 대해서도 사실입니다. 우리는 동일한 과오를 이와 같은 방법으로 계속해서 반복하도록 되어 있고, 우리 조상들이 저질렀던 것처럼 동일한 함정에 빠지도록 되어 있는 것 같다는 생각이 듭니다. … 성경은 하나님의 방법이 항상 성령과 그분의 권위와 힘을 통해서 이루어진다고 확실하고 명백하게 가르칩니다.

Authority, 70-71

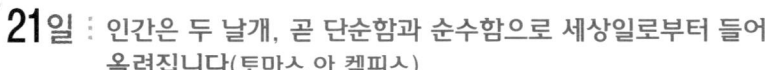

21일 : 인간은 두 날개, 곧 단순함과 순수함으로 세상일로부터 들어 올려집니다(토마스 아 켐피스)

　일반적으로 삶이 점점 더 복잡해져서 종교도 동일하게 영향을 받는 경향이 있습니다. 오늘날 세속 사회에서 삶은 혼란스럽고 복잡합니다. 사람은 각 방면으로 불어난 조직과 다양한 기계를 보고 있습니다. 소란과 사무, 회의와 집회가 하루의 일정입니다. 세상사가 이렇게 복잡한 적이 없었습니다. … 단순한 진리는 무시되고 있으며, 사람들은 자신들의 문제를 조사하는 회의를 하는 데 많은 시간을 쓰고 있습니다. 동일한 경향이 종교계에서도 보이고 있습니다. 만일 사람의 일이 그토록 어렵고 복잡하다면 하나님의 일이 더 복잡하다는 것은 지극히 당연하게 여겨집니다. 왜냐하면 하나님의 일이 훨씬 더 크기 때문입니다. 이에서 의식과 예전이 늘어나고 조직과 활동이 증가하는 경향이 생깁니다. … 논쟁은 오늘날 인생의 거대한 문제들이 옛 복음 전도 방식으로 복음을 선포했던 사람들이 제안한 단순한 방식으로 해결될 수 있다고 주장하는 것은 터무니없다는 것입니다. …

　사실 우리가 하나님에게서 멀리 떨어지면서 인생은 더 복잡하고 뒤엉켜 버렸습니다. 우리는 성경에서뿐만 아니라 그 이후의 역사에서 이것을 보게 됩니다. 개신교의 종교개혁은 일반적으로 종교만이 아니라 인생 전체와 생활을 단순하게 만들었습니다. … 참된 종교 생활은 단순합니다. … 모든 영역에서 본질적인 단순함과 질서만큼이나 하나님의 사역의 특징을 나타내는 것은 없습니다. 당신이 원하는 곳을 보십시오. 당신은 하나님께서 단순한 계획에 역사하시는 것을 보게 됩니다. 하나님이 해마다 계절을 어떻게 반복하시는지 보십시오. 봄, 여름, 가을, 겨울이 반복됩니다. 꽃을 살펴보십시오. … 당신은 자연의 기본 패턴이 항상 단순하다는 것을 알게 될 것입니다. 단순함이 하나님의 방법입니다. 인간의 구원과 삶의 질서와 같은 중대한 주제에서 하나님이 자신의 방법을 끼어넣어서 뒤엉키고 복잡하게 되었다고 생각하는 것이 합리적입니까?

Truth Unchanged, Unchanging, 78-80

22일 : 기도하는 법 1

… 올바른 접근방법이 매우 중요하다는 것을 상기하게 됩니다. 왜냐하면 이것이 성공적인 기도 이해의 열쇠이기 때문입니다. 사람들은 종종 말합니다. '네가 알다시피 내가 기도하고 또 기도했는데, 아무 일도 일어나지 않았어. 나는 평안을 찾은 것 같지 않아. 기도로서는 만족을 얻지 못한 것 같아.' 그들이 겪는 어려움의 대부분은 그들의 기도 접근방법이 잘못되었기 때문입니다. … 우리는 기도하면서 자기중심적인 경향이 있어서 하나님 앞에 무릎을 꿇었을 때 우리 자신과 우리 걱정거리와 난처한 일만 생각합니다. 우리는 즉시 그것을 아뢰기 시작합니다. 물론 아무 일도 일어나지 않습니다. … 이는 하나님께 나아가는 방법이 아닙니다. 우리는 기도로 아뢰기 전에 잠잠히 멈추어야만 합니다.

로마 가톨릭이든 개신교든 역사에서 영적 생활의 위대한 스승들은 기도의 첫 단계가 '회상'이라는 것에 동의합니다. 말하자면 모든 사람은 하나님께 기도하기 시작할 때 손을 입에 가져다 대야 합니다. 이것은 욥이 안고 있던 문제였습니다. … 욥은 하나님이 자신을 다정하게 대하지 않는다고 느꼈습니다. 그래서 그는 자신의 느낌을 거리낌 없이 표현했습니다. … 그러나 하나님께서 가까이서 욥을 대하셨을 때, 하나님께서 자신을 욥에게 계시하시고 드러내셨을 때 욥은 어떻게 했습니까? … 욥은 "손으로 내 입을 가릴 뿐이로소이다"(욥 40:4)라고 말했습니다. 당신에게 이상하게 보일지 모르지만, 당신은 아무것도 말하지 않음으로 기도를 시작해야 합니다. 당신은 막 하려고 하는 것을 회상해야 합니다.

나는 이것이 어렵다는 것을 압니다. 우리는 사람일 뿐입니다. 그래서 우리는 절박한 입장, 걱정거리, 불안, 고뇌, 마음의 번민으로 짓눌립니다. … 마음에 이런 것들로 가득 차면 어린아이처럼 즉시 아뢰기 시작합니다. 그러나 만일 하나님과 접촉하고 싶다면, 당신에 대한 하나님의 영원한 팔을 느끼고 싶다면 잠시 동안 손을 입에 가져다 대십시오. 회상하십시오! 잠시 멈추고서 당신이 하려고 하는 것을 상기하십시오.

Studies in the Sermon on the Mount II, 51-52

23일 : 기도하는 법 2

　참된 기도의 본질이 "우리 아버지여"(마 6:9)라는 두 마디에서 발견된다는 것을 아십니까? … 여러분의 상태가 어떠하든 마음속으로 '나의 아버지'라고 말할 수 있다면 어떤 의미에서 당신의 기도는 이미 응답을 받았습니다. …
　기도하는 것이 유익하다고 믿는 사람들이 있습니다. 왜냐하면 기도가 항상 우리에게 도움이 되기 때문입니다. 그들은 다양한 심리적 이유들을 제시합니다. 물론 그것은 성경이 말하는 기도가 아닙니다. 기도는 우리 자신을 잊어버리고 하나님의 임재를 인식하면서 하나님께 아뢰는 것을 의미합니다. 또한 우리의 기도가 간략하고 요점만 아뢰어야 하고, 특별한 요청만 해야 한다고 생각하는 사람들도 있습니다. 이것은 성경이 가르치는 기도가 아닙니다. 성경에 기록된 위대한 기도를 예로 들어봅시다. … 위대한 기도들 중에 단순히 하나님께 간청을 알리고 끝내는 '사무적인 방식'의 기도는 하나도 없습니다. 성경에 기록된 모든 기도는 하나님의 임재를 기원하는 말로 시작합니다. … 다니엘서 9장에서 놀랍고 위대한 예를 볼 수 있습니다. 거기서 매우 난처한 상황에 처해 있는 다니엘은 하나님께 기도합니다. 그러나 그는 즉시 간청하지 않고 하나님을 찬양함으로 기도를 시작합니다. 곤경에 처한 예레미야도 동일하게 행합니다. … 그는 이 한 가지 문제로 하나님의 존전에 뛰어들지 않습니다. 그는 하나님을 경배함으로 시작합니다. 당신은 기록된 모든 기도에서 이것을 발견할 것입니다. 실제로 당신은 심지어 요한복음 17장에 기록된 우리 주님의 대제사장 기도에서도 그것을 발견할 것입니다. 또한 당신은 바울이 빌립보서에서 어떻게 기도했는지를 기억할 것입니다. 바울은 "아무것도 염려하지 말고 다만 모든 일에 기도와 간구로, 너희 구할 것을 감사함으로 하나님께 아뢰라"(빌 4:6)고 말했습니다. 이것이 순서입니다. 우리는 항상 하나님의 임재를 구하는 말로 시작해야 합니다.

Studies in the Sermon on the Mount II, 52-53

24일 : 내 죄를 위해 죽으신 그리스도

　죄에 대한 확신의 결핍은 특별히 신앙적으로 또는 기독교 방식으로 양육을 받은 모든 사람의 문제입니다. 그들이 안고 있는 주요 문제점은 죄에 대한 잘못된 생각입니다. 나는 매우 신앙적인 가정에서 자라났으며, 항상 예배에 참석했으며, 왕성하게 교회 생활을 했던 한 여인을 기억합니다. 그녀는 세상에서 그리고 술 취함과 같은 그런 여러 가지 악한 생활에서 급작스럽게 개종한 사람들이 많은 교회를 다녔습니다. 나는 그녀가 말한 내용을 똑똑히 기억합니다. '목사님이 아시다시피, 저는 제가 양육받았던 방식으로 자라지 않았으면 하고 바랐습니다. 저는 그들이 체험했던 놀라운 경험을 하는 그런 삶을 살고 싶었습니다.' 무슨 말입니까? 그녀의 말은 자신을 죄인으로 보지 않고 있다는 뜻입니다. 왜 그렇습니까? 많은 이유가 있습니다. 그런 사람은 죄를 행동으로, 즉 범죄 행위로서 생각합니다. 그것뿐만 아니라 죄를 특정한 행위로만 생각합니다. 그래서 그들은 특정한 죄를 짓지 않았기 때문에 자신들은 결코 죄인이 아니라고 생각하는 경향이 있습니다. 실제로 그들은 종종 이것을 매우 분명하게 말합니다. '나는 내 자신을 결코 죄인으로 생각하지 않아요. 하지만 물론 내 인생이 처음부터 보호를 받고 있기 때문에 그것은 그리 놀라운 일이 아니에요. 나는 이런 것으로 결코 유혹을 받아 본 적이 없어요. 그러므로 내가 죄인이라고 느끼지 않은 것은 당연해요.' 우리는 여기서 이 그릇된 생각의 본질을 보게 됩니다. 그들은 죄를 행동, 특별한 행동으로 그리고 다른 사람과 그들의 경험을 비교해서 생각합니다. 이런 이유로 그들은 실제로 죄를 확신한 적이 없습니다. 이 때문에 그들은 주 예수 그리스도가 절대적으로 필요하다고 본 적도 없습니다. 그들은 그리스도께서 우리의 죄를 위해서 죽으셨다는 설교를 들었으며, 그것을 믿는다고 말합니다. 하지만 그들은 결코 자신에게 그것이 절대적으로 필요함을 깨닫지 못했습니다.

Spiritual Depression, 28-29

25일 : 좁은 문으로 들어가십시오

  그리스도인은 하나님을 두려워함으로 행하는 사람입니다. 이는 비겁한 두려움이 아닙니다. 왜냐하면 "온전한 사랑이 두려움을 내쫓"기 때문입니다(요일 4:18). 그리스도인은 히브리서의 표현대로 "경건함과 두려움으로"(히 12:28) 하나님께 나아갈 뿐만 아니라 이와 같이 삶을 살아갑니다. 그리스도인은 세상에서 유일하게 항상 심판을 의식하면서 살아갑니다. 이는 그렇게 해야 합니다. 왜냐하면 주님이 그렇게 하라고 말씀하셨기 때문입니다. 주님은 그리스도인에게 그가 세우는 집이 심판을 받을 것이며, 삶을 시험받는 때가 온다고 말씀하십니다. 그분은 그리스도인에게 '주여, 주여'라고 말하지 말라고, 교회 안에서의 활동으로 모든 것을 충족시켰다고 생각하지 말라고 말씀하십니다. 왜냐하면 심판이 다가오고 있으며, 마음을 감찰하시는 분이 심판하시기 때문입니다. … 신약성경에 나오는 사람들은 하나님을 두려워하는 가운데 살았습니다. 그들은 모두 "이는 우리가 다 반드시 그리스도의 심판대 앞에 나타나게 되어 각각 선악 간에 그 몸으로 행한 것을 따라 받으려 함이라"(고후 5:10)고 말하는 사도 바울의 가르침을 받아들였습니다. 이는 그리스도인들에게 주어진 말씀입니다. 그러나 현대 그리스도인은 이처럼 행하지 않습니다. 심판과 아무런 관계가 없을 것이라고 말합니다. 그러나 '우리는 하나님의 심판대 앞에 서야만 합니다', '그러므로 주님의 두려우심을 알아야 합니다'라는 교훈은 산상설교의 가르침이며 사도 바울의 가르침입니다. 심판은 다가오고 있으며, '하나님의 집에서 시작'될 것입니다. 우리가 한 주장 때문에 심판은 하나님의 집에서 시작되어야 합니다. 그것은 산상설교의 마지막에서 우리에게 강한 인상을 줍니다. 우리는 하나님 앞에 서야 하며 그분께 심판받아야 한다는 것을 알고서 육신이나 우리 자신을 부인하는 삶을 살아야 합니다. 이것이 '좁은 문'이며, '협소한 길'입니다. 이 길이 생명으로 인도합니다.

Studies in the Sermon on the Mount I, 27-28

26일 : 성령으로 거듭남

니고데모는 이스라엘의 선생입니다. 그러나 그는 여기서 자신보다 더 많이 알고 있는 '어떤 사람'(즉 주님)을 만나게 됩니다. 그러나 그는 생각합니다. … '내가 이미 도달한 단계보다 더 진보된 단계야.' … 그는 그 찰나에 이렇게 말합니다. '내가 추가로 무엇이 더 필요하지?' 우리 주님은 니고데모에게 말씀하십니다. '… 너는 모든 것을 잘못 알고 있다. … 너는 물과 성령으로 거듭나는 것이 필요하다. … 너는 성령의 조명과 권세가 필요하다. 너는 스스로 이 일을 할 수 없다. …'

사도행전에서도 동일한 것을 보게 됩니다. 유럽 대륙의 첫 번째 기독교 개종자는 루디아라는 여인이었습니다. … 그녀는 어떻게 개종되었습니까? 사도 바울의 인격에 빠졌습니까? … 성경은 그렇게 말하지 않습니다. 사도행전 16장 14절은 "주께서 그 마음을 열어 바울의 말을 따르게 하신지라"고 말합니다. 능력이 있었던 바울조차도 한 영혼을 구원할 수 없었습니다. 성령만이 마음을 열어 진리를 받아들일 수 있게 하실 수 있습니다. … 고린도전서 12장 3절을 보십시오. 만일 더 많은 것이 필요하다면, 에베소서 2장을 보십시오. 당신은 거기서 '죄와 허물로 죽은' 사람, '진노의 자녀인' 사람, '공중의 권세를 잡은 자, 불순종의 아들들 가운데 역사하는 영'을 따르며, 육과 몸의 노예는 물론 마음의 정욕의 노예인 사람에게 유일한 소망이 있음을 알게 될 것입니다. 그들에게는 단 하나의 소망만 있습니다. "그가 … 너희를 살리셨도다"(엡 2:1). "우리는 그가 만드신 바라"(엡 2:10). 성령의 역사와 권위와 권세 없이는 단 한 사람도 우리 주님이며 구원자이신 예수 그리스도를 믿지 못할 것입니다.

Authority, 74-76

27일 : 경건하게 살고자 하는 사람은 박해를 당합니다

시편 기자 시대의 사람들은 오늘날 우리가 갖고 있는 것과 같은 하나님의 말씀(성경)을 갖고 있는 것은 아니었습니다. 하나님의 말씀은 성소에만 있지 않았습니다. 어디에서나 그것을 이용할 수 있었습니다. 가정에서든 교회에서든 성경을 보십시오. 장소는 문제가 되지 않습니다. 그러면 성경은 즉시 당신이 영적으로 생각하도록 할 것입니다. … 하나님께서 우리에게 이 말씀을 주신 이유 중 하나는 우리가 생각하고 있는 이 문제를 다루는 데 도움을 주기 위함입니다. … 시편 73편과 같은 시편과 그 이야기를 보십시오. 시편 기자가 겪는 것을 읽는 것만으로도 당신을 바로잡아 줍니다. 성경의 모든 역사가 마찬가지입니다. … 성경과 그것의 가르침과 교리를 읽으십시오. 그러면 당신은 인간을 향한 하나님의 은혜로운 목적을 떠올리게 됩니다. …

성경은 경건한 자가 당하는 고난의 문제에 대한 명백한 가르침을 담고 있습니다. 바울은 일이 잘못되어 주눅 들고 투덜거리려고 하는 디모데에게 편지를 써서 이렇게 말합니다. "무릇 그리스도 예수 안에서 경건하게 살고자 하는 자는 박해를 받으리라"(딤후 3:12). 또한 사도 바울은 초대 교회 교인들에게 하나님 나라에 들어가려면 '많은 환난'을 겪어야 할 것이라고 말했습니다. 바울이 초대 교회 교인들에게 준 가르침을 이해한다면 우리는 우리에게 일어나는 일들에 대해 놀라지 않을 것입니다. 그런 일에 놀라기는커녕 그것들을 기대하는 단계에 이르게 됩니다. 또한 '만일 어려움을 당하지 않으면 내게 무슨 잘못이 있는 것은 아닌가? 왜 나의 모든 일이 잘 풀리지?'라고 느끼게 됩니다. 다시 말해서 성경의 전반적인 분위기는 영적입니다. 성경을 읽을수록 우리는 이성적인 차원에서 벗어나 영적인 차원에서 일을 바라보는 높은 단계로 올라가게 될 것입니다.

Faith on Trial, 40-41

28일 : 온전한 사랑은 두려움을 몰아냅니다

존 웨슬리가 죄의 확신에 이르게 된 것을 기억합니까? 모라비아 형제들이 대서양 한가운데서 폭풍을 만나자 취했던 행동을 보았을 때 웨슬리는 죄에 대한 확신을 깨닫게 시작했습니다. 존 웨슬리는 폭풍으로 말미암아 죽을지도 모른다는 두려움에 사로잡혔습니다. 하지만 모라비아 형제들은 그렇지 않았습니다. 그들은 폭풍 한가운데서도 행복한 것처럼 보였습니다. 마치 태양이 밝게 빛날 때처럼 말입니다. 존 웨슬리는 죽음을 두려워하고 있으며, 모라비아 형제들이 하나님을 알고 있는 것처럼 자신이 하나님을 알지 못한다는 것을 깨달았습니다. 다시 말해서 존 웨슬리는 무언가 필요하다는 것을 느꼈으며, 그것은 죄의 확신이 시작되는 것이었습니다. … 당신 자신을 다른 사람과 비교하는 것은 자신이 죄인이라는 사실을 아는 방법이 아닙니다. 죄인임을 아는 방법은 하나님의 법을 직접 대면하는 것입니다. … 하나님의 법이 무엇인지 알고 싶습니까? 여기에 있습니다. "네 마음을 다하고 목숨을 다하고 뜻을 다하고 힘을 다하여 주 너의 하나님을 사랑하라 하신 것이요 …"(막 12:30-31). 술 취하는 것과 같은 것은 모두 잊어버리십시오. 당신이 오늘날 신문에서 읽는 사람에 관한 모든 이야기를 잊어버리십시오. 여기에 당신과 나에 대한 시금석이 있습니다. '당신은 전 존재로 하나님을 사랑하십니까? 그렇지 않다면 당신은 죄인입니다.' 이것이 시금석입니다. "모든 사람이 죄를 범하였으매 하나님의 영광에 이르지 못하더니"(롬 3:23). 하나님은 우리를 지으셨습니다. 하나님은 자신을 위해서 우리를 지으셨습니다. 하나님은 자신의 영광을 위해서 우리를 창조하셨습니다. 우리가 전적으로 그분을 위해서 살도록 하셨습니다. 인간은 하나님의 대리인이 되어서 그분과 교제하며 살아야만 했습니다. 그는 우주의 주인이 되어 하나님께 영광을 돌려야만 했습니다. 소요리문답은 이렇게 표현합니다. '사람의 제일의 목적은 하나님을 영화롭게 하며 그분을 즐거워하는 것이다.' 만일 당신이 그렇게 하지 않는다면 느끼고 있든지 않든지 당신은 가장 극악한 죄인입니다.

Spiritual Depression, 30

29일 : 하나님을 두려워하는 사람

그리스도인에게 '하나님을 두려워하는' 사람이라는 호칭이 적용되던 시대가 있었습니다. 나는 당신이 그러한 호칭을 바꿀 수 있다고 생각하지 않습니다. … 이는 비겁한 두려움이 아니며, '형벌이 있는 두려움'을 의미하지 않습니다. 하지만 그것은 참된 그리스도인을 나타내는 훌륭한 표현입니다. 마태복음 7장에서 강력하게 상기하게 하듯이 그리스도인은 필연적으로 하나님을 두려워하며 사는 사람입니다. 우리는 복된 주님 자신이 하나님을 두려워하는 삶을 사셨다고 말할 수 있습니다. … 그래서 현대 그리스도인들은 자신들이 겪은 체험을 감격스럽게 증언하고 밝게 빛낼 수는 있어도 그들이 하나님을 두려워하는 사람들임을 보여 주지 못하며, 다만 옷차림과 외모에서 그리고 활기가 넘치고 쉽게 확신하는 데서 세상 사람이라는 인상을 줍니다. …

여기에 우리가 살아야 하는 삶이 있습니다. 나는, 만일 오늘날 교회의 모든 그리스도인들이 산상설교대로 살고 있다면 우리가 기도하고 간절히 바라는 위대한 부흥이 이미 시작되었을 것이라고 거듭 주장합니다. 놀랍고 믿기 어려운 일이 일어날 것입니다. 세상은 충격을 받을 것이며, 사람들은 우리 주님이시며 구원자이신 예수 그리스도에게 매료되어서 그분에게로 나오게 될 것입니다.

하나님께서 이 산상설교를 깊이 생각하는 은혜를 주시고, 우리 자신이 심판 아래에 있으며, 이 세상과 이생에서 세워진 집이 하나님의 마지막 시험과 한때 죽임을 당하신 하나님의 어린양의 엄밀한 조사를 받게 될 것을 기억하게 하소서.

Studies in the Sermon on the Mount I, 30-31

30일 : "다 이루었다"

　성경을 믿지 않는 사람들은 우리 주님이 갈보리의 십자가에서 행하신 것을 온전히 이해하지 못한 것 같습니다. 그들은 주님의 대속적인 희생의 죽음을 믿지만, 그것이 함축하고 있는 의미를 깨닫지 못합니다. … 그들은 구원받은 것을 충분히 압니다. … 하지만 그들은 침체 상태에 빠져 있습니다. 왜냐하면 그들은 그것이 의미하는 바를 온전히 깨닫지 못하기 때문입니다. 그들은 천사가 처음에 요셉에게 전했던 말씀, 곧 그분이 "자기 백성을 그들의 죄에서 구원할 자이심이라"(마 1:21)는 말씀을 잊어버립니다. 천사는, 그분이 당신이 범한 이 한 가지 죄만 제외하고 나머지 모든 죄에서 구원하실 것이라고 말하지 않았습니다. 그렇습니다! "그가 자기 백성을 그들의 죄에서 구원할 자이심이라." … 거기에는 자격도, 제한도 없습니다. 사도 바울의 말을 들어보십시오. "하나님이 죄를 알지도 못하신 이를 우리를 대신하여 죄로 삼으신 것은 우리로 하여금 그 안에서 하나님의 의가 되게 하려 하심이라"(고후 5:21). 모든 것, 즉 모든 죄가 포함됩니다. 제한이 없습니다. 아무것도 남아 있지 않습니다. 하나님의 백성의 모든 죄가 거기에 있습니다. 실로 그분이 십자가에서 친히 말씀하시지 않았습니까? "다 이루었다"(요 19:30). 완전히 다 이루어졌습니다. … 과거에 저질렀던 모든 죄뿐만 아니라 범할 수 있는 모든 죄가 거기서 처리되었다는 의미에서 모든 것을 끝냈다는 말입니다. 그것은 단번에 드린 희생 제물입니다. 그분은 다시 십자가로 돌아가지 않을 것입니다. 모든 죄는 거기서 최종적으로 완벽하게 처리되었습니다. 모든 것이 말입니다. 처리되지 않은 채 남아 있는 것은 하나도 없습니다. "다 이루었다." 떡과 포도주를 받을 때 서로에게 상기시키고 선포할 것은 그 일이 완전하게 이루어졌다는 것입니다. 해결되지 않은 채 남아 있는 것은 하나도 없습니다. 특별한 죄와 관련된 자격은 없습니다. 그분을 믿는 사람의 모든 죄는 처리되었으며, 하나님은 짙은 구름과 같은 죄를 모두 도말하셨습니다. 당신이 범할 수 있는 모든 죄도 거기서 처리되어서, 당신이 하나님께 나아갈 때 당신을 깨끗하게 하실 것은 그분의 아들 '예수 그리스도의 피'입니다.

Spiritual Depression, 73-74

31일 : 복음, 우리의 유일한 소망

우리는 인간을 위한 유일한 소망이 그리스도의 복음을 믿는 것이라고 말합니다. 과학과 학문과 문화에 대한 모든 논의를 충분히 알고 있기 때문입니다. 이 전쟁이 끝나면(이 설교는 1942년에 쓰였다) 지난 전쟁이 끝났을 때와 동일한 방식으로 세상은 복음이 전하는 말에는 신경 쓰지 않고 새로운 세상에 대한 계획과 구상을 확신에 차서 발표할 것이라는 사실을 알고 있기 때문입니다. 우리는 왜 그렇게 말합니까? 사도 바울이 예증한 것(롬 1:16)과 동일한 이유 때문입니다. … 바울은 복음을 자랑합니다. 왜냐하면 복음은 '하나님의 구원의 길'이기 때문입니다. … 동시에 우리는 복음이 유일무이한 권위를 갖고 있다는 것을 압니다. 인생과 인생의 문제와 관련된 다른 모든 사상들은 인간이 만들어 낸 것이기 때문입니다. 최고의 사상이라도 그것은 추론과 가설의 영역에 불과합니다. … 위대한 지성과 가장 심오한 사상가들도 … 인생의 궁극적인 문제는 신비 속에 숨겨져 있다고 인정하고 마칩니다. 다른 사상의 학파들이 수없이 많다는 바로 그 사실은 불확실성과 무력함을 잘 증언하고 있습니다. … 그러나 모든 학파들이 얼마나 부적절한지를 입증하는 또 다른 사실이 있습니다. 그것은 끊임없이 수많은 종교들이 생겨났다는 것입니다. … 우리는 아덴을 다루고 있는 사도행전 17장에서 이를 잘 볼 수 있습니다. 로마와 다른 큰 도시들도 마찬가지입니다. … 바울은 본질적으로 다른 것을 제안하고 전했습니다. 그는 다른 체계들에 대해서 알았습니다. 그러나 바울은 문제를 해결하지 못하는 그 체계들의 한계와 무능력도 알았습니다. 그는 사람과 그들의 체계를 자랑할 수 없었습니다. 그가 한 체계에 대해서 자랑하려면 그것은 권위를 갖고 있어야만 합니다. 그것은 반드시 확실성을 갖고 있어야 합니다. 바울이 전한 복음은 추론이 아니었습니다. 복음은 하나님 자신의 계시였습니다(갈 1:11-12). 그 메시지를 부끄러워할 이유가 없었습니다. 그것은 오늘날에도 마찬가지입니다.

The Plight of Man and the Power of God, 79-81

Martyn Lloyd-Jones

April 4

"그런즉 자랑할 데가 어디냐 있을 수가 없느니라 무슨 법으로냐 행위로냐 아니라 오직 믿음의 법으로니라" (롬 3:27)

The greatest message

4월 April

1일 : 대속물에 대한 바울의 담대한 증언

참된 그리스도인은 그리스도 안에서 하나님의 구원의 길을 깨닫습니다. 이는 위대한 복음입니다. 바울은 로마의 교인들에게 '내가 전하는 것, 곧 이 의는 그분의 의이신 예수 그리스도 안에서 하나님에게서 나온다'고 말합니다. 바울은 무엇에 관해서 말하고 있습니까? … '그리스도에 대한 당신의 견해는 무엇입니까? 그분은 왜 세상에 오셨습니까? 하나님은 그리스도 안에서 무엇을 이루셨습니까? 그분은 단지 교사, 모범입니까?' … 아닙니다. 이는 예수 그리스도 안에서 나타난 하나님의 의입니다. 그리스도와 단절된 상태에서는 모든 것이 실패할 수밖에 없다는 것을 깨닫지 못한다면 당신은 그리스도인이 아니며, 당신이 불행하다는 것은 그리 놀랄 만한 일이 아닙니다. '예수 그리스도 안에 있는 하나님의 의'는 그리스도께서 율법을 온전히 이루어서 사람들이 죄 사함을 받을 수 있도록 하나님께서 그를 세상에 보내셨다는 뜻입니다. 여기에 하나님께 온전하게 순종하신 분이 있습니다. 여기에 인간의 본성을 취하셔서 인간으로서 하나님께 온전한 경의와 충성과 순종을 나타내신, 육신을 입으신 하나님이 계십니다. 그분은 실패함이 없이 하나님의 법을 완전하게 지키셨습니다. 그것뿐만 아니라 … 사람은 하나님과 화해하기 전에 … 사람의 이 죄는 반드시 제거되어야만 합니다. 하나님은 죄를 징벌하시며 그 죄의 형벌은 죽음이라고, 하나님의 존전에서 추방됨이라고 말씀하셨습니다. … 하나님은 그분을 대속물로서 세우셨습니다. … 이는 하나님께서 그분에게 우리 죄를 짊어지게 하셨다는 뜻입니다. 우리의 죄는 그분에게 부과되었으며, 하나님은 그 죄를 처리하셨고 거기서 죄를 벌하셨습니다. 그러므로 … 그분은 당연히 우리를 용서하실 수 있습니다. … 이것이 바울이 담대하게 전하는 것입니다. 하지만 하나님은 의로우시고 거룩하시며 영원하시기 때문에 사람의 죄를 징벌하지 않고서는 그것을 용서할 수 없습니다. 하나님은 죄를 징벌하실 것이라고 말씀하셨습니다. 그래서 그분은 죄를 징벌하셔야만 합니다. 그분이 죄를 징벌하셨기에 그분의 이름이 송축받아야 합니다. 그러므로 하나님은 공의로우시며 예수님을 믿는 자들을 의롭다 하시는 분이십니다.

Spiritual Depression, 32-33

2일 : 내 아버지는 아십니다

우리 주님은 "하늘에 계신 우리 아버지여"라고 말합니다. 바울은 '우리 주 예수 그리스도의 하나님이며 아버지'라고 말합니다. … 우리가 하나님께 기도하면서 그분을 우리 아버지로 부를 때 우리가 그분의 위엄과 위대함과 전능함을 떠올리며 … 그분이 당신의 모든 것을 아심을 기억하는 것은 매우 중요합니다. 성경은 말합니다. "지으신 것이 하나도 그 앞에 나타나지 않음이 없고 우리의 결산을 받으실 이의 눈앞에 만물이 벌거벗은 것같이 드러나느니라"(히 4:13). … 다윗이 시편 51편을 썼을 때 그가 마음의 고뇌 속에서 "주께서는 중심이 진실함을 원하시오니"(시 51:6)라고 쓴 것은 결코 놀랄 만한 일이 아닙니다. 만일 하나님의 복을 받기 원한다면 당신은 절대 정직해야 하며, 하나님이 모든 것을 아시며, 그분 앞에 숨길 수 있는 것이 하나도 없음을 인식해야 합니다. … 전도서를 쓴 현자가 말한 대로, 하나님께 기도할 때 우리가 '그분이 하늘에 계시며 우리는 땅에 있다'는 것을 기억하는 것이 중요합니다. 그러고 나서 하나님의 거룩함과 공의와 철저하고 절대적인 의를 기억하십시오. … 하나님께 나아갈 때마다 우리는 "경건함과 두려움으로" 하나님께 나아가야 합니다. 왜냐하면 "우리 하나님은 소멸하는 불"이시기 때문입니다(히 12:28-29).

그리스도께서는 이것이 기도하는 방법이라고 말씀하십니다. … 이 두 가지 진리를 절대로 분리하지 마십시오. 당신이 전능하시며, 영원하며, 영원히 복된 거룩하신 하나님께 나아가고 있음을 기억하십시오. 하지만 또한 그 하나님이 그리스도 안에서 당신의 아버지가 되시며 그분이 전지하시다는 의미에서 당신에 관한 모든 것을 알고 계시며, 아버지가 자기 자녀에 관해 모든 것을 안다는 의미에서 당신의 모든 것을 아신다는 것을 기억하십시오. … 이 두 가지를 함께 기억하십시오. 하나님은 전능하심 가운데 거룩한 사랑으로 당신을 바라보시며, 당신의 모든 필요를 아십니다. … 하나님은 당신의 복과 행복과 기쁨과 번영을 간절히 원하십니다. 그 후에 이것, 즉 그분이 '우리가 구하고 생각하는 모든 것 이상으로 더욱 넘치게 행하실 수 있는' 분이심을 기억하십시오. 하나님의 전능한 능력에는 제한이 없습니다.

Studies in the Sermon on the Mount II, 55-56

3일 : 우리는 이처럼 살 수 있습니다 (올리브 슈라이너)

… 모든 그리스도인은 이와 같이 되어야 합니다. 팔복을 읽어 보십시오. 그러면 당신은 모든 그리스도인이 되어야만 하는 것, 즉 그리스도인의 본분을 보게 될 것입니다. 이는 일부 예외적인 그리스도인들에 대한 설명이 아닙니다. 우리 주님은 여기서 이 세상에서 어떤 뛰어난 인물들이 되고, 될 수 있는 것을 묘사하고 있다고 말씀하시지 않습니다. 이는 모든 그리스도인 한 사람한 사람에 대한 설명입니다. …

치명적으로 위험한 경향은 그리스도인들을 두 그룹으로 나누는 것, 즉 성직자와 평신도, 비범한 그리스도인과 평범한 그리스도인, 그리스도인 생활의 소명을 받은 사람과 세속 일에 종사하는 사람으로 구별하는 것입니다. 이런 경향은 철저하고 완전하게 비성경적일 뿐만 아니라 궁극적으로 참된 경건을 파괴하며, 여러 가지 방법으로 우리 주 예수 그리스도의 복음을 부정하는 것입니다. 성경에는 그러한 구별이 없습니다. 직무상의 구별, 곧 사도, 예언자, 교사, 목사, 복음 전도자 등의 구별만 있습니다. 그러나 팔복은 직무를 설명하지 않습니다. 팔복은 성품(인물)에 대한 묘사입니다. 성품의 기준과 우리의 본분에서 한 그리스도인과 또 다른 그리스도인 사이에는 아무런 차이가 없습니다. …

신약성경 서신서의 서문을 보십시오. 그러면 당신은 고린도서에서처럼 모든 신자들이 "성도로 부르심을 입어"라고 표현되는 것을 볼 수 있을 것입니다. 만일 당신이 그 용어를 사용하기 원한다면 모든 그리스도인이 성도의 반열에 들어간 것이지, 일부 그리스도인만 그런 것이 아님을 알아야 합니다. 높은 차원의 그리스도인의 생활은 오직 선택된 소수에게만 해당되며, 나머지는 단조로운 평지 차원의 생활을 하게 되어 있다는 생각은 산상설교, 특히 팔복을 전적으로 부정하는 것입니다. … 그러므로 이 거짓된 관념을 단번에 영원히 제거하십시오. 이는 이 세상의 허드슨 테일러, 조지 뮬러, 휫필드, 웨슬리에 대한 설명이 아닙니다. 모든 그리스도인에 대한 서술입니다. 우리 모두는 이 패턴을 따르며 그 기준에 오르기로 되어 있습니다.

Studies in the Sermon on the Mount I, 33-34

4일 : 오직 그리스도만을 바라봅니다

하나님은 그리스도의 이러한 의, 그리스도께서 모든 면에서 존중하셨던 율법을 대면한 이 완전한 의를 열납하셨습니다. 그리스도께서는 율법에 순종하셔서 지키셨으며, 율법의 죗값을 짊어지셨습니다. 율법은 온전히 충족되었습니다. 바울은 이것을 하나님의 구원의 길이라고 말합니다. 하나님은 그리스도의 의를 우리에게 주셨습니다. 만일 우리가 필요를 느끼고 하나님께 나아가 고백하면 하나님은 자신의 아들의 의를 우리에게 주실 것입니다. 하나님은 그리스도의 의를 그분을 믿는 우리에게 전가하시고, 우리를 의롭다 여기시며, 우리가 그분 안에서 의롭게 되었다고 선언하십니다. 이것이 구원의 도리, 즉 그리스도인의 구원의 도리, 믿음으로 의롭게 되는 구원의 도리입니다. 그래서 그 구원이 이르게 됩니다. 나는 주 예수 그리스도를 제외하곤 아무것도 그리고 그 어느 누구도 보고 믿고 바라보지 않습니다. 나는 바울이 설명하는 방식을 좋아합니다. "그런즉 자랑할 데가 어디냐 있을 수가 없느니라 무슨 법으로냐 행위로냐 아니라 오직 믿음의 법으로니라"(롬 3:27). 바울은 말합니다. '너희 어리석은 유대인들아! 너희는 하나님의 계시를 받고, 자신이 하나님의 백성이라고 자랑한다. 너희는 자랑하기를 그쳐야만 한다. 너희는 이 전통을 가지고 있으며, 너희 조상의 자손이라는 사실에 매달리지 않아야 한다. 자랑할 것이 없다. 너희는 절대적으로 주 예수 그리스도와 그분의 완전한 사역을 의지해야 한다. 유대인들은 이런 점에서 이방인보다 나을 것이 없다.' … 우리는 어떤 면에서든 우리 자신이 아니라 그리스도, 오직 그리스도만을 바라봅니다.

Spiritual Depression, 33

5일 : 중심을 회복하십시오

　복음이 인생에 관해 말하는 것을 살펴봅시다. 첫 번째 원리는 인생의 문제에 직접 대면해서 시험받아야 할 한 가지, 즉 눈, 중심, 영혼이 있다는 것입니다. … 몸의 등불은 눈이며, 유일하게 시험받아야 할 것은 눈입니다. 왜냐하면 눈이 순수하면 온몸이 빛으로 가득 찰 것이기 때문입니다. 그러나 눈이 악하면 온몸이 어둠으로 가득 찰 것입니다. … 우리 주님은 엄숙한 경고를 덧붙이십니다. "그러므로 네 속에 있는 빛이 어둡지 아니한가 보라"(눅 11:35). … 접근방식에서 복음이 얼마나 직접적인지요! … 복음은 즉시 마음의 문제로 향합니다.

　이 단도직입적인 단순성은 우리 주님이 위의 말씀을 하신 후에 일어난 사건에서 완전하게 드러납니다. 예수님은 어떤 바리새인의 식사 초대를 받아 바리새인의 집에 가시자마자, 앉으셔서 식사를 하셨습니다. 바리새인은 그리스도께서 식사 전에 먼저 씻지 않으심을 지켜보면서 놀라워했습니다. … 우리 주님은 바리새인과 그들의 행동 방식과 관점에 대해 단호하게 비난하셨습니다. 그들은 컵과 접시의 바깥을 조심스럽게 깨끗이 하지만 정작 더 중요한 안쪽은 신경을 쓰지 않았습니다. … 그들은 규칙과 규정을 지켰습니다. … 그들은 세부 사항에서는 전문가였습니다. … 그들은 율법의 주변적인 요소는 잘 알았습니다. 하지만 하나님을 영화롭게 해야 하는 율법의 목적은 무시했습니다. … 이는 복음이 인간의 문제를 진단하는 방법을 보여 주는 전형적인 예입니다. 복음은 오직 한 가지, 즉 영혼에만 관심을 기울입니다. 바리새인이 대부분 그랬던 것처럼 사람이 여러 면에서 옳을지라도 만일 그 사람이 중심에서, 눈에서, 영혼에서 잘못된다면 모든 것이 아무런 소용이 없습니다. 중요한 것은 눈입니다. 복음은 다만 한 가지만 시험할 뿐입니다.

Truth Unchanged, Unchanging, 82-84

6일 : 모든 사람이 하나님을 찬미하게 하소서!

우리 모두는 온 세상이, 우리를 떠나거나 저버리지 않으실 항존하시는 분이신 하나님을 알 수 있도록 하는 불타는 열정을 가져야 합니다. … 시편 기자는 시편 34편에서 모든 사람에게 주님을 '광대하게 하는 일'에 참여하라고 권면합니다(시 34:3). 얼마나 이상한 생각입니까! … 얼핏 보기에 그것은 터무니없어 보입니다. 하나님은 영원하시며 자존하시는 분이시며, 모든 성품에서 절대적이며 완전하십니다. 연약한 인간이 그러한 분을 어떻게 찬미할 수 있을까요? 우리가 어떻게 하나님을 크게, 더 크게 할 수 있습니까?(이는 광대하다는 뜻입니다) … 그러나 만일 시편 기자가 사용하는 방법을 인식한다면 그가 말하는 의미를 정확하게 알게 될 것입니다. 그는 우리가 하나님의 광대하심에 실제로 무언가를 더할 수 있다고 말하는 것이 아닙니다. 왜냐하면 그것은 불가능하기 때문입니다. 그러나 그가 하나님의 이 광대하심이 사람들 사이에서 더 크게 보이도록 하는 것에 관심을 기울이고 있다는 말입니다. 그러므로 우리는 이 세상에서 하나님의 이름을 광대하게 할 수 있습니다. 우리는 말로, 삶으로 하나님과 그분의 영광스러운 속성의 위대하심과 영광을 반영하는 자로서 그렇게 할 수 있습니다.

이것이 주의 기도에서 말하는 간청의 의미입니다(마 6:9). 이는 온 세상이 숭배, 경외, 찬미, 예배, 경의, 감사 가운데 하나님 앞에 경배하기를 바라는 불타는 갈망을 의미합니다. 이것이 우리가 바라는 최고의 갈망입니까? 이것이 하나님께 기도할 때마다 우리 마음속에서 맨 처음에 떠오르는 것입니까? … 당신이 하나님께 나아올 때 우리 주님은, 비록 당신이 절망적인 상황과 처지에 놓여 있을지라도 그것이 여러분의 생각과 마음속에서 큰 관심사이어야 한다고 말씀하십니다. 심지어 그때조차도 우리 주님은 잠시 멈추고 이것을 회상하고 인식하면서 당신의 가장 큰 갈망이, 이 놀라우신 하나님을 경배하고, 예배하며 사람들 사이에서 광대하게 하시는 것이야 한다고 말씀하십니다. "이름이 거룩히 여김을 받으시오며"(마 6:9).

Studies in the Sermon on the Mount II, 61

7일 : 기도의 횃불

　나는 모든 문제에 대해 보편적으로 대답하는 그리스도인들을 많이 알고 있습니다. 그들은 문제가 무엇인지는 개의치 않고 그저 '그것에 대해 기도합시다 …'라고 말합니다. 그것은 얼마나 뻔하며 피상적이고 거짓된 충고입니까! 나는 설교 단상에서 그것을 강조하여 말합니다. 당신은 '사람들에게 안고 있는 문제를 놓고 기도하라고 말하는 것이 잘못인가?'라고 물을 수도 있습니다. 그것은 결코 잘못이 아닙니다. 하지만 때때로 매우 쓸데없는 말입니다. … 시편 73편의 이 불쌍한 시편 기자는 하나님에 대해 생각하다가 혼란에 빠져서 하나님께 기도할 수 없어 고통스러워합니다. 만일 마음과 생각 속에서 우리와 관련된 하나님의 방식에 대해서 혼란스럽다면 어떻게 기도할 수 있겠습니까? 기도할 수 없습니다. 기도하기 전에 영적으로 생각해야만 합니다. 마치 언제나 즉시 달려들 수 있는 그 무엇인 것처럼 기도에 관해서 뻔질나게 말하는 것보다 더 어리석은 것은 없습니다. … 세상에서 가장 위대한 기도의 사람 중 한 사람을 소개하겠습니다. … 조지 뮬러입니다. 그는 목회자들에게 강연하면서 자신이 수년 동안 매일 아침 제일 먼저 한 것이 기도라고 말했습니다. 그런데 그는 이것이 최선의 방식이 아님을 오래전에 발견했습니다. 그는 영적으로 참되게 기도하기 위해서 자신이 성령 안에 있어야 하며, 그래서 먼저 준비해야 한다는 것을 깨달았습니다. 그는 그것이 아주 도움이 된다는 것을 알았습니다. 그는 기도하기 전에 항상 성경의 한 부분이나 묵상집을 읽으라고 목회자들에게 강력하게 권면합니다. 다시 말해서 그는 하나님께 기도하기 전에 자신과 자신의 영을 바르게 하는 것이 필요하다는 것을 발견했습니다. … 우리는 기도할 시간을 가져야 합니다. 우리는 하나님의 임재를 인식한 후에야 비로소 그분께 기도해야 합니다. … 그래서 하나님의 집, 하나님의 말씀, 하나님께 기도드림, 하나님과 교제하는 단계들을 따라야 합니다.

Faith on Trial, 41-42

8일 : 나아질 때까지 기다린다면 결코 거기에 이르지 못할 것입니다

그리스도, 오직 그리스도만 바라보아야만 하는 것을 믿는지 믿지 않는지를 알기 위해 당신 자신을 시험해 보는 매우 단순한 방법이 있습니다. 우리는 자신이 한 말로 자신을 배신합니다. … 나는 때때로 사람들과 함께 이 점을 다루었습니다. 나는 믿음으로 말미암아 의롭게 되는 방법을 설명하고 그것이 어떻게 그리스도 안에서 이루어지며, 하나님께서 그리스도의 의를 우리에게 전가하신다고 사람들에게 말했습니다. 이 모든 것을 사람들에게 설명하면서 물었습니다. '당신은 그것에 대해서 만족하십니까? 그것을 믿습니까?' 그러자 그들은 말합니다. '예, 그렇습니다.' 그때 나는 '그럼 당신이 그리스도인이라고 고백할 준비가 되었습니까?'라고 말하자 그들은 주저합니다. 나는 그들이 이해하지 못했다는 것을 알아차립니다. 그래서 다시 내가 '무엇이 문제입니까? 왜 주저합니까?'라고 묻자, 그들은 '제 자신이 충분히 선하다고 느끼지 못합니다'라고 말합니다. 나는 어떤 의미에서 내 시간을 낭비하고 있었습니다. 그들은 여전히 그들 자신의 기준으로 생각하고 있습니다. 그들은 자신이 그리스도인이 되기에 충분할 정도로, 즉 그리스도께서 자신을 받아주실 정도로 선해야 한다고 생각합니다. 그들은 그렇게 되어야 합니다. '나는 충분히 선하지 않습니다.' 이는 겸손하게 들립니다. 하지만 … 그것은 믿음을 부정하는 말입니다. 당신은 자신이 겸손하다고 생각합니다. 하지만 충분히 선하지 않을 것입니다. 어느 누구도 충분히 선하지 못합니다. 기독교 구원의 본질은 하나님께서 충분히 선하시며 나는 그분 안에 있다고 고백하는 것입니다.

당신이 계속해서 자신에 대해 생각하고 '아, 그래요. 나도 그러고 싶지만 나는 충분히 선하지 않아요. 나는 죄인, 큰 죄인이에요'라고 말하는 한 당신은 하나님을 부정하고 있는 것이며, 당신은 결코 행복하지 못할 것입니다. … 나는 매주 설교 강단에서 이것을 말합니다. 왜냐하면 그것이 주님의 기쁨을 사람들에게 앗아간다고 생각하기 때문입니다.

Spiritual Depression, 33-34

9일 : 팔복, 놀라운 조화

… 모든 그리스도인은 팔복(마 5:3-12)의 모든 특징을 드러내야만 합니다. 팔복은 모든 그리스도인을 위한 것일 뿐만 아니라 필연적으로 그리스도인은 팔복의 모든 특징을 드러내야만 합니다. … 일부 사람은 '심령이 가난'해야 하며, 일부는 '애통해야' 하고, 일부는 '온유해야' 하며, 일부는 '화평하게 하는 자'가 되어야 한다고 말하는 것은 옳지 않습니다. 아닙니다. 모든 그리스도인이 그러한 사람이 되어야 하며, 동시에 그러한 특성을 드러내야 합니다. 일부 그리스도인에게서 일부 특성이 다른 특성보다 더 나타난다고 말하는 것은 사실입니다. 그러나 그렇기 때문에 일부 특성만 나타나도 된다는 것은 아닙니다. 우리 안에는 여전히 불완전성이 남아 있기 때문입니다. 그리스도인들이 마침내 완전하게 될 때 이 모든 특성을 온전하게 드러낼 것입니다. 그러나 여기 이 세상에서는 다양하게 보입니다. 이러한 특성의 상세한 묘사가 그렇기 때문에 팔복을 하나씩 분석하는 순간에 각 복이 다른 복을 필요로 함을 분명하게 알게 됩니다. 예를 들어, 이런 의미에서 '애통함'이 없이는 '심령이 가난해질' 수 없습니다. '의에 주리고 목마르지' 않고서는 애통할 수 없습니다. '온유하고' '화평하게 하는 자'가 되지 않고서는 그것을 할 수 없습니다. 어떤 의미에서 이러한 팔복의 각 복은 다른 복이 필요합니다. 불가피하게 동시에 다른 복을 드러내 보이지 않고서 이러한 은혜들 중에 하나를 드러내고 그 은혜를 선포하는 복을 누리는 것은 불가능합니다. 팔복은 하나의 완전한 전체이며, 그것을 나눌 수 없습니다. 그래서 팔복 중 하나가 다른 사람보다 어떤 사람에게 더 잘 드러날 수 있지만, 팔복 모두가 그에게 있습니다. 팔복의 상대적인 비율은 다양할 수 있지만, 그들 모두가 존재하며, 동시에 나타나게 되어 있습니다.

Studies in the Sermon on the Mount I, 34

10일 : 하나님만을 기다리십시오

하박국 선지자는 하나님의 권능에 대한 첫 번째 의문에 대해서 긍정적인 응답을 받았습니다. 그러나 하나님의 거룩함에 대한 문제는 매우 어렵습니다. 그가 완전무결함을 언급하고 자기 문제를 이러한 상황으로 끌어들이면 여전히 명확한 해답이 없습니다. 경험상으로도 그와 같습니다. 당신은 동일한 방법을 다른 경우에도 적용할 수 있습니다. 하지만 즉각적인 응답은 없습니다. 그런 경우에 사람은 무엇을 합니까? 성급하게 결론을 내리고 '나는 그것을 이해하지 못하기 때문에 하나님이 의로우신지 의문스러워'라고 말하지 마십시오. 아닙니다! … 우리 자신과 다른 사람에게 '왜 이렇지? 이상하지 않아?'라고 물어볼 때 실수를 합니다. 우리는 하박국 선지자가 행했던 대로 행해야 합니다. 즉 문제를 하나님께 가지고 가서 그분께 맡기십시오.

그리스도인은 일주일 또는 몇 달 또는 몇 년 동안 계속 이러한 입장을 취할 수도 있습니다. 종종 그렇습니다. 하지만 하나님께 맡기십시오! 이는 하나님의 아들이 세상에 계실 때 취했던 자세였습니다. … 하나님의 아들은 아버지께서 자신을 유대인들은 물론 로마인의 손에서 구원하실 수 있다는 것을 알았습니다. … 그러나 만일 그분이 죄를 짊어져야만 하고 죄가 그분의 몸에서 징벌을 받아야만 한다면 반드시 아버지에게서 분리되어야만 하며, … 하나님의 아들이 지상 생활에서 가장 난처한 상황에 직면했다는 것을 의미했습니다. … 그분은 무엇을 하셨습니까? 정확하게 하박국 선지자가 한 것을 했습니다. 그분은 이렇게 기도하셨습니다. "내 아버지여 만일 할 만하시거든 이 잔을 내게서 지나가게 하옵소서 그러나 나의 원대로 마시옵고 아버지의 원대로 하옵소서"(마 26:39). 그분은 사실상 이렇게 말씀하셨습니다. '저는 그것을 이해하지 못합니다. 하지만 그것이 당신의 길이라면 저는 그 길을 갈 것입니다.' 그분은 자신이 이해하지 못한 문제를 하나님께 내놓고 맡기셨습니다. … 그리고 하나님의 뜻이 언제나 옳으며, 거룩한 하나님께서 잘못된 것을 명령하지 않을 것이라고 확신했습니다.

From Fear to Faith, 34-35

11일 : 하나님 나라를 위한 기도

우리 주님의 기도 중에서 두 번째 간구는 "나라가 임하옵시며"(마 6:10)입니다. … 이러한 간구에는 논리적인 순서가 있습니다. 이 간구들은 불가피한 신적 필연성으로 서로 이어져 있습니다. 우리는 하나님의 이름이 사람들 사이에서 거룩히 여김을 받으시기를 요청함으로 시작했습니다. 하지만 … 우리는 이처럼 그분의 이름이 거룩히 여김을 받지 못하고 있다는 것을 상기하게 됩니다. 그 즉시 의문이 생깁니다. '모든 사람이 왜 그 거룩한 이름 앞에서 절하지 않는가?' … 죄, 다른 나라, … 곧 어둠의 나라가 있기 때문입니다. 그리고 즉각적으로 인간의 곤경을 떠올리게 됩니다. 그리스도인으로서 우리는 하나님의 이름이 영화롭게 되기를 바랍니다. 하지만 그것으로 시작하는 순간 우리는 반대 세력이 있다는 것을 깨닫습니다. … 거기에는 '이 세상의 신'인 또 다른 존재가 있습니다. 어둠의 나라가 있습니다. … 그것은 하나님과 그분의 영광과 명예에 대적합니다. 그러나 하나님은 … 이 세상에서 하나님의 나라를 세워 가십니다. … 그분은 다시 자신의 권리를 주장하시며, 이 세상과 그 모든 나라를 자신의 영광스러운 나라로 바꾸십니다. … 구약성경 전체에 걸쳐서 하나님 나라의 도래에 대한 약속과 예언이 나옵니다. … 그리고 물론 … 우리 주님 자신이 세상에 계셨을 때 이 문제는 사람들의 마음의 중심에 자리 잡았습니다. 세례 요한은 "회개하라 천국이 가까이 왔느니라"(마 3:2)고 선포했습니다. 그는 사람들을 불러서 하나님의 나라를 대비하게 했습니다. 우리 주님도 동일한 메시지를 선포하셨습니다. … 역사적인 시점에 주님은 제자들에게 하나님의 나라가 점점 더 그리고 신속하게 도래하도록 기도하라고 가르치셨습니다. 그러나 이 기도는 종말이 도래할 때까지 모든 시대의 그리스도인에게와 같이 우리에게도 동일하게 해당됩니다.

Studies in the Sermon on the Mount II, 62-63

12일 : 첫발을 내딛으십시오

아무것도, 그 어느 누구도 바라보지 말고 그리스도만 전적으로 바라보며 고백하십시오.

> 내 소망은 예수님의 피와 의 외에는
> 그 어디에도 두지 못합니다.
> 내가 가장 즐기던 것을 신뢰하지 않으며
> 온전히 예수님의 이름만 의지합니다.
> 나는 굳은 반석이신 그리스도 위에 서 있습니다.
> 다른 모든 기반은 가라앉는 모래입니다.

더 나아가서 거룩한 담대함으로 고백할 수 있도록 믿어야만 합니다.

> 율법과 하나님에 대한 공포는
> 나와는 아무런 관계가 없습니다.
> 나의 구세주의 순종과 피가
> 나의 모든 허물을 숨기십니다.

영적 침체에서 벗어나고 싶습니까? 당신이 제일 먼저 해야만 하는 일은 당신의 과거와 단번에 영원히 작별하는 것입니다. 당신의 과거가 그리스도 안에서 덮이며 도말되었다는 것을 깨달으십시오. 다시는 당신의 죄를 돌아보지 마십시오. 이렇게 말하십시오. '그것은 완전히 처리되었어. 그 죄는 그리스도의 보혈로 가려졌어.' 이것이 당신이 내딛어야 할 첫걸음입니다. 그렇게 하십시오. 그리고 당신 자신과 선에 관한 이 모든 이야기를 끝내십시오. 그리고 주 예수 그리스도를 바라보십시오. 그럴 때만 참된 행복과 기쁨이 당신에게 올 것입니다. 당신에게 필요한 것은 더 나은 삶을 살기로 결심하고, 금식하며 땀을 흘리며 기도하는 것이 아닙니다. 아닙니다. 당신은 그저 이렇게 고백하십시오.

> 나는 예수님만을 신뢰합니다.
> 그분은 나의 허물을 속죄하기 위해서 죽으셨습니다.

첫걸음을 내딛으십시오. 그러면 즉시 기쁨을 누리게 될 것이며, 전에는 알지 못했던 해방감을 느끼게 될 것입니다. '그러므로 우리는 사람이 율법의 행위 없이 믿음으로 의롭게 된다고 결론을 내립니다.' 절망에 빠진 죄인들을 이렇게 놀라운 방법으로 구원하시는 하나님의 이름을 송축합니다.

Spiritual Depression, 35

13일 : 미래를 저당잡히지 마십시오

예수님은 이렇게 물으십니다. … '너는 왜 미래를 염려하느냐?' "내일 일은 내일이 염려할 것이요 한 날의 괴로움은 그날로 족하니라"(마 6:34). 현재의 괴로움이 그토록 많다면 왜 미래를 맞닥뜨리러 나갑니까? 날마다 계속하는 것 자체만으로 충분합니다. 그것으로 만족하십시오. … 미래에 대한 염려는 철저하게 쓸데없으며 무익합니다. 그것은 아무것도 성취하지 못합니다. … 염려는 아무런 가치가 없습니다. 이는 당신이 미래를 대면할 때 명료하게 보입니다. 또한 염려는 순전히 기력 낭비입니다. 왜냐하면 얼마나 많이 염려하든지 당신은 아무것도 할 수 없기 때문입니다. 어떤 경우에서든 염려가 위협하는 재난은 상상에 불과합니다. 그것은 확실하지 않으며, 전혀 일어나지 않을 수 있습니다.

그러나 무엇보다도 주님은 이렇게 말씀하십니다. '너는 현재 염려함으로 미래를 저당잡히고 있는 것을 보지 못하느냐?' 실제로 미래에 대한 염려의 결과는 당신이 현재 제대로 일할 수 없게 만듭니다. 당신은 현재와 관련된 효율성을 떨어뜨리고 있습니다. … 염려는 이 세상에서 인생의 본질을 이해하지 못하기 때문에 생기는 것입니다. … 인간은 수고하며 시련과 괴로움에 직면해야만 합니다.

문제는 이것입니다. '시련과 괴로움에 어떻게 대처해야 하는가?' 우리 주님은, 정말로 중요한 것은 이 세상에 사는 동안 인생 전체에서 당신에게 일어날 것 같은 모든 일을 전체적으로 합산하면서 인생의 하루하루를 보내는 것이 아니라고 말씀하십니다. 그렇게 한다면 그것이 당신을 짓밟을 것입니다. 이것은 당신이 살아가야 할 길이 아닙니다. 당신은 이처럼 생각해야만 합니다. 말하자면, 인생에는 매일 할당된 분량의 문제와 어려움이 있다는 것입니다. 날마다 그날의 문제가 있습니다. 어떤 것은 날마다 변함없이 지속되며, 어떤 것은 변하기도 합니다. 그러나 중요한 것은 매일 그 자체를 자연스럽게 살아야만 한다는 것을 깨닫는 일입니다. … 오늘에 대한 할당량이 있습니다. 우리는 그것을 맞닥뜨리고 마주해야 합니다. 주님은 그렇게 하는 방법을 가르쳐 주셨습니다.

Studies in the Sermon on the Mount II, 149-150

14일 : 하나님의 말씀을 생각하십시오

지난 100년간의 저술과 설교와 가르침을 보십시오. 어떤 의미에서 인간의 능력과 노력은 그런 정도로 역량을 발휘한 적이 없습니다. 철학은 영광을 누렸으며, 인간은 인생과 우주의 수수께끼를 풀 수 있다고 주장했습니다. 인간은 자신과 자신의 능력과 이해에 대해서 이렇게 자부심을 가져본 적이 없습니다.

그러나 그 결과는 무엇입니까? 오늘날의 삶은 어떻습니까? 바울 시대의 세상과 우리가 사는 세상이 똑같지 않습니까? 이 얼마나 비극적인가요! 진보와 체계를 자랑했지만, 그것은 어떤 결과도 만들어 내지 못했습니다. 우리는 우리의 사고 능력에 대해 자부심을 가졌습니다.

하지만 그것은 유효한 결론에 이르도록 생각하는 기능입니다. 솔직하게 말해 봅시다. 우리가 바울 이전에 살다가 죽은 철학자들보다 인생과 삶의 문제의 해결책에 더 가까이 다가갔습니까? 현대 세계의 상태를 보면 그 해답을 알 수 있습니다. 우리의 지식은 단지 인생의 외연, 곧 오락 시설과 쾌락과 관련해서만 성장했습니다. 인생 그 자체는 여전히 수수께끼로 남아 있으며, 삶의 기술은 여전히 파악하기 어려운 것처럼 보입니다. 경쟁 체제는 여전히 실패하고 우리의 필요를 충족시키지 못합니다.

그러나 복음은 인간의 철학이 아닙니다. 복음은 인간의 생각이나 인간의 노력과 탐구의 결과가 아닙니다. 복음은 하나님께서 인생에 관해 어떻게 생각하시고 말씀하시는지를 보여 주는 계시입니다.

The Plight of Man and the Power of God, 81-82

15일 : 그리스도인의 성품은 은혜와 성령의 산물로 타고난 기질을 뛰어넘습니다

사람들은 말합니다. '나는 그리스도인이라고 자처하지 않는 사람을 알고 있습니다. 그는 예배당에 가지 않습니다. 성경을 읽지도, 기도하지도 않습니다. 그는 이런 것에 전혀 관심이 없다고 솔직하게 우리에게 말합니다. 그러나 당신이 알다시피 나는 예배당에 가고 기도하는 수많은 사람보다 그가 더 그리스도인답다고 생각합니다. 그는 항상 친절하며 예의 바릅니다. 거친 말을 하거나 불친절한 평가를 내비치지 않으며, 늘 선한 일을 행합니다.' … 이는 팔복을 명확하게 알지 못하는 데서 비롯되는 일종의 혼란입니다.

태어날 때부터 그렇게 훌륭한 그리스도인처럼 보이는 사람을 예로 들어 봅시다. 만일 그것이 팔복과 일치하는 조건이거나 상태라고 한다면 나는 이것이 부당하다고 생각합니다. 왜냐하면 그것은 선천적인 기질의 문제이기 때문입니다. … 우리 중에는 날 때부터 공격적인 사람도 있고, 매우 조용한 사람도 있습니다. 민감하고 불 같은 사람도 있고, 느린 사람도 있습니다. 거기서 우리 자신의 모습을 발견합니다. … 사람들은 저마다 외모가 다르듯이 기질도 다릅니다. 그 기질이 그 사람이 그리스도인인지 아닌지를 결정한다면 그것은 정말로 부당합니다.

그러나 감사하게도 그것은 기독교의 입장이 결코 아닙니다. 우리의 태생이나 천성이 어떠하든간에 우리 모두는 그리스도인으로 그와 같이 되도록 작정되어 있습니다. … 우리는 그와 같이 될 수 있습니다. 이것이 복음의 주요 영광입니다. 복음은 천성적으로 가장 교만한 사람도 심령이 가난한 사람으로 만들 수 있습니다. 이러한 경이롭고 영광스러운 실례들이 있습니다. 존 웨슬리는 본래 자부심이 강한 사람이었습니다. 그러나 웨슬리는 심령이 가난한 사람이 되었습니다. 그렇습니다. 우리는 타고난 기질이나 순전히 신체적이고 동물적인 것이나 그리스도인의 성품을 흉내 내는 것에는 관심이 없습니다. … 이것은 은혜의 결과이며 성령의 산물인 특성이며 기질이므로 모두에게 가능합니다. 이 특성과 기질은 모든 선천적 상태와 생래적 기질을 곧바로 뛰어넘습니다.

Studies in the Sermon on the Mount I, 35-36

16일 : 온 마음으로

　참된 종교는 일반적인 효과를 산출하기 위해 존재하지 않습니다. 성경은 인간과 관련된 하나님의 방법에 대한 계시입니다. 이것의 목적은 '이해'입니다. … 일시적으로 기분이 좋아지게 만들기 위해서 할 수 있는 것은 많습니다. 괴로움을 잠시 동안 잊어버리게 하는 방법도 많습니다. 어떤 사람은 영화관에 갑니다. 다른 사람은 술집을 운영하거나 집에 보관했던 위스키를 마십니다. 그 효과와 영향 때문에 사람들은 기분이 좀 더 좋아지고 행복해합니다. 그들의 문제는 별로 심각하게 보이지 않습니다. … 일시적으로 안도감을 주는 것도 많습니다. 하지만 문제는 이것입니다. '그것들이 우리 인간들의 괴로움을 근본적으로 해결해 주지 못합니다.'

　하나님의 집도 그런 거짓 위로를 줄 수 있습니다. 일부 사람들은 흥분 상태에 빠질 때까지 성가대에서 노래하고 특정 찬양을 부르는 것이 하나님의 집에서 해야 할 일인 것처럼 생각합니다. 사실 예배 전체가 '분위기를 조성할 목적'으로 가득 차 있습니다. 당신은 어떤 감정적인 감화를 받아 기분이 조금 더 좋아집니다. …

　성경의 메시지는 기본적으로 마음, 이해에 초점이 맞추어져 있다는 사실을 잊지 맙시다. 복음은 이것을 충족시킵니다. … 복음은 인생을 이해할 수 있게 해 줍니다. 나는 지식과 이해를 갖게 되며 알게 됩니다. 나는 내 안에 있는 소망의 근거를 제시할 수 있습니다. …

　감사하게도 이 시편 기자(시 73편)는 하나님의 성소에 들어갔을 때 한 가지 이유를 발견했습니다. 이는 시편 기자가 일시적인 안도감을 받았다는 것이 아닙니다. 잠시 동안 통증을 완화하기 위해서 맞는 진통제 주사도, 여전히 문제가 남아 있는 그런 조치여서 집으로 돌아가자 효과가 사라져서 이전 상태로 되돌아오는 그런 것이 아니었습니다. 그는 하나님의 성전에서 올바르게 생각하기 시작했기 때문에 집에 돌아갔을 때도 지속적으로 올바르게 생각합니다. 그래서 이 시편을 기록하게 됩니다!

Faith on Trial, 44-45

17일 : 위대한 기쁨의 기록!

　어떤 그리스도인이 비참한 상태에 처한다는 것은 슬프고도 애처롭습니다. … 기독교 교회가 현대 세계에서 주목을 받지 못하는 이유 중 하나는 많은 그리스도인이 비참한 상태에 있다는 것입니다. 만일 모든 그리스도인들이 신약성경이 말하는 직무를 감당한다면 교회가 담당하는 복음 전도에 아무런 문제가 없을 것입니다. … 극히 일부 사람만이 주 예수 그리스도를 통해서 하나님께 나아오는 것은 우리가 그리스도인으로서 일상생활과 처신과 증언하는 일에서 실패했기 때문입니다. 우리가 이 문제를 아주 절박하게 다루는 것은 지극히 당연합니다.

　… 이러한 상황에 처한 그리스도인들이 있습니다. 왜냐하면 그들은 믿음으로 말미암아 의롭게 된다는 가장 중요한 교리를 명확하게 이해하지 못했기 때문입니다. … 개신교 종교개혁은 초창기 교회 이후로 알지 못했던 평안과 행복과 기쁨을 교회 생활에 가져다주었습니다. 그 모든 것은 믿음으로 말미암아 의롭게 된다는 이 중심 교리를 재발견했기 때문에 가능했습니다. 마틴 루터는 이로 말미암아 기뻐하며 노래했으며, 다른 사람들이 이 위대한 진리를 알도록 이끄는 도구가 되었습니다. 이는 위대한 기쁨의 기록을 남겼습니다. 이 문제를 분명하게 이해하지 못하는 사람이 그리스도인이 아니라고 말하기는 주저하게 되지만, 이것을 이해하는 순간 그들이 비참한 그리스도인에서 벗어나 기뻐하는 그리스도인이 됩니다.

Spiritual Depression, 37

18일 : "이 세대를 본받지 마십시오"(롬 12:2)

팔복(마 5:3-12)은 그리스도인과 비그리스도인 사이의 본질적이고 철저한 차이를 명확하게 보여 줍니다. 신약성경은 그 차이를 기본적이며 근본적인 것으로 여깁니다. … 교회에 가장 필요한 것은 이 본질적인 차이에 대한 이해입니다. 그 차이가 흐려졌습니다. 세상이 교회 속으로 들어왔으며, 교회는 세속적으로 변했습니다. 그 구분선이 예전처럼 또렷하지 않습니다. 그 구별이 명확한 시대가 있었습니다. 그 시대는 교회사에서 항상 위대한 시기였습니다. 그러나 우리는 앞서 언급된 논쟁을 알고 있습니다. 우리는 교회 밖에 있는 사람들의 마음을 끄는 교회를 만들어야 한다는 말을 들었습니다. 이는 우리가 할 수 있는 한 그 사람들과 같이 되어야 한다는 말입니다. 1차 세계대전 때 인기가 있는 군목이 있었습니다. 그는 병사들에게 용기를 북돋아 주기 위해서 그들과 어울려 담배도 피고 이런저런 일을 했습니다. 일부 사람들은 이렇게 함으로써 전쟁이 끝났을 때 재향 군인들이 교회에 몰려올 것이라고 생각했습니다. 그러나 그런 일은 벌어지지 않았습니다. 그것은 결코 그런 방식으로 이루어지지 않습니다. 복음의 영광은 교회가 세상과 완전히 다를 때에만 변함없이 매력을 발산합니다. 그럴 때만 세상은 교회의 메시지를 듣게 됩니다. 비록 처음에는 교회의 메시지를 싫어하지만 말입니다. 이것이 부흥이 일어나는 방법입니다. 이는 개인에게도 마찬가지입니다. 할 수 있는 한 다른 사람처럼 되는 것은 우리가 바라는 것이 아닙니다. 가능한 한 우리는 그리스도인이 아닌 사람들과 달라야 합니다. 우리의 소원은 그리스도처럼 되는 것입니다. 그리스도처럼 될수록 점점 더 나아지며, 그리스도처럼 될수록 점점 더 그리스도인이 아닌 사람들과 다르게 될 것입니다.

Studies in the Sermon on the Mount I, 36-37

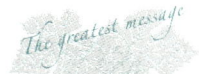

19일 : 유혹과 죄

우리는 시험당하는 것과 죄를 짓는 것을 구별하는 법을 배워야만 합니다. 당신은 마귀가 당신의 마음속에 집어넣은 생각을 조종할 수 없습니다. 마귀는 그런 생각을 마음속에 집어넣습니다. 바울은 "악한 자의 모든 불화살"(엡 6:16)에 대해서 말합니다. 이것이 시편 기자에게 일어났던 일입니다(시 73편). … 주 예수 그리스도께서도 시험을 받으셨습니다. 마귀는 그분의 마음에 생각들을 집어넣습니다. 하지만 그분은 죄를 짓지 않으셨습니다. 왜냐하면 그분이 그 생각들을 거부했기 때문입니다. 생각들이 당신의 마음에 올 것입니다. 생각들이 당신의 마음에 들어왔기 때문에 마귀는 당신이 죄를 지었다고 생각하도록 당신에게 압력을 가할 수 있습니다. 그러나 그것은 당신의 생각이 아닙니다. 마귀의 생각입니다. 마귀가 그것을 집어넣었습니다. 콘월 사람 빌리 브레이는 '까마귀가 당신의 머리 위로 날아가는 것을 막을 수는 없지만, 까마귀가 당신의 머리에 둥지를 트는 것은 막을 수 있다!'고 말했습니다. 그러므로 우리는 우리 마음속에 생각을 교묘하게 불어넣는 것은 막을 수 없습니다. 하지만 문제는 그것을 어떻게 처리하느냐 하는 것입니다. 우리는 우리 마음을 '지나가는' 생각에 대해서 말하고 있습니다. 그런 생각이 지나가기만 한다면 그것은 죄가 아닙니다. 그러나 만일 그것을 받아들이고 그것에 동의한다면 그것은 죄가 됩니다. 나는 이를 강조합니다. 왜냐하면 무가치한 생각이 들어왔기에 큰 고민에 빠진 사람들을 종종 만났기 때문입니다. 그러나 나는 그들에게 이렇게 말했습니다. "당신이 내게 말하고 있는 것에 주의를 기울여 보십시오. 당신은 그 생각이 당신에게 왔다고 말하고 있습니다. 그 말이 사실이라면 당신은 죄를 지은 것이 아닙니다. 당신은 '내가 그 생각을 품었다'고 말하지 않습니다. 당신은 그저 '그 생각이 왔다'고 말합니다. 맞습니다. 그 생각이 당신에게 왔습니다. 그 생각은 마귀에게서 왔습니다. 그 생각이 마귀에게서 왔다는 사실은 당신이 필연적으로 죄를 지었다는 의미가 아닙니다." 유혹 그 자체는 죄가 아닙니다.

Faith on Trial, 19

20일 : 우리의 모든 필요를 채우는 세 가지 간구

우리의 모든 필요는 세 가지 간구, 곧 "오늘 우리에게 일용할 양식을 주시옵고"(마 6:11), "우리가 우리에게 죄 지은 자를 사하여 준 것같이 우리 죄를 사하여 주시옵고"(마 6:12), "우리를 시험에 들게 하지 마시옵고 다만 악에서 구하시옵소서"(마 6:13)로 요약됩니다. 우리의 삶 전체는 이 세 가지 간구에서 드러납니다. 이는 주의 기도가 그토록 놀라운 이유입니다. 우리 주님은 이 작은 세 가지 범주로 신자의 삶 전체를 다루셨습니다. 우리의 신체적 필요, 정신적 필요, 물론 영적인 필요도 포함됩니다. 몸도, 혼도, 영도 소홀히 여겨지지 않습니다. 이는 전인, 곧 몸과 혼과 영입니다. 이 순간에 세상에서 이루어지고 있는 행위들, 곧 조직하고, 계획하고, 입법하는 것 그리고 다른 모든 것에 대해 생각해 보십시오. 이들 대부분은 다만 인간의 몸, 곧 세상에서 인간의 생존과 관련되어 있습니다. 이는 세상적 관점의 비극입니다. 왜냐하면 또 다른 영역, 곧 관계성의 영역이 있기 때문입니다. 그것은 혼, 즉 사람이 동료와 접촉하는 것이며, 서로 교제하는 수단이고, 사회생활과 사회 활동입니다. 이것이 전부입니다. 그리고 무엇보다 우리는 영적인 것을 갖고 있습니다. 그것은 사람을 하나님과 연결시키며, 티끌과 다른 존재임을 떠올리게 합니다. 롱펠로우가 말했듯이 '너는 흙이며, 흙으로 돌아간다'는 혼에 대해서 말한 것이 아니었습니다. 사람은 이런 방식으로 지어졌습니다. 사람은 그것을 피할 수 없습니다. 우리 주님은 그것을 위해 준비하셨습니다. 우리는 이 세 가지 간구의 포괄성으로 감명을 받지 않을 수 없습니다. 이는 우리가 상세하게 다루지 말아야 한다는 의미가 아닙니다. 우리는 상세하게 다루어야만 하며, 그렇게 하도록 배웁니다. 우리는 기도할 때 하나님께 우리 삶을 상세하게 아뢰도록 배웁니다. 그러나 우리는 여기서 큰 표제만 봅니다. 우리 주님은 우리에게 이 표제를 주셨으며, 우리는 세부 항목을 채웁니다. 하지만 우리의 모든 간구가 이 표제들 속에 속해야 한다는 것을 확신하는 것이 중요합니다.

Studies in the Sermon on the Mount II, 67-68

21일 : 그리스도인의 시금석

　사람들이 생각하는 시금석과 복음에서 찾는 시금석이 얼마나 다른지요! … 우리는 삶과 활동의 여러 부분과 다양한 국면에서 우리의 관심사에 몰두합니다. 사람들이 얼마나 많은 질문을 하는지요! 사람들이 조사하는 범주가 얼마나 넓으며, 실제로 중요한 문제에 대해서 얼마나 많은 견해차를 보이는지요! … 옛날의 바리새인과 같은 사람들은 외모에만 관심을 두었습니다. 그들의 유일한 시금석은 외적인 도덕성과 체면입니다. 다른 사람들의 가장 중요한 문제는 전쟁이나 평화 또는 알코올, 교육 또는 주택 공급 등입니다. 이런 문제에 대한 우리의 견해가 그 사람들을 만족시키는 한 그들은 우리를 그리스도인으로 인정합니다. 그들이 이런 견해를 전하고 선전할 각오를 하면서 불 같은 호전적인 정신을 말하지 않고 열심과 기력을 언급하는 것은 매우 드뭅니다. 다른 사람들은 그리스도인이 무엇보다 먼저 몇 가지 일반적인 철학 명제에 동의하는 사람이라고 생각합니다. … 이 얼마나 철저하게 복음을 모방한 것입니까! 얼마나 잘못된 방법입니까! … 복음에는 하나의 예비적인 시금석만 있습니다. 그것은 우리의 외적인 행실도, 우리의 선행도 아닙니다. 우리의 지성, 즉 특별히 긴급한 사회 문제에 대한 우리의 관점도 아닙니다. 우리의 재산이나 가난, 우리의 무지나 학식도 아닙니다. 그것은 단 한 가지입니다. '어떻게 하나님과 일치하는가? 우리의 전 존재, 우리의 모든 행위를 제외하고 우리 자신은 어떤가?' 실제로 중요한 것은 깊은 곳, 중심에 있는 사람 그 자신입니다. 행동보다 동기가 더 중요합니다. 보이는 것보다 보이지 않는 것이 더 중요합니다. … 정말로 중요한 것, 실제로 중요한 것 한 가지는 이것입니다. '우리가 혼자서 하나님과 대면할 때 어떻게 서 있는가?'

Truth Unchanged, Unchanging, 84-86

22일 : 작은 것까지 관심을 기울이시는 하나님

이것은 성경 전체에서 가장 놀라운 일들 중 하나가 아닙니까? 우주의 창조자이시며 유지자이신 하나님, 자신의 영원한 나라를 이루어 가시며, 종말에 그 나라로 인도하시는 하나님, 만국이 그분 앞에서 '저울의 작은 티끌'과 같은 하나님, 그러한 하나님이 당신과 나의 아주 작은 필요를 일용할 양식 문제에서 매우 미세한 부분에 이르기까지 고려할 준비가 되어 있다는 사실이 놀랍지 않습니까? 이것은 어디에서나 볼 수 있는 우리 주님의 가르침입니다. 주님은 아버지의 허락이 없이는 참새조차도 땅에 떨어지지 않으며, 우리가 참새보다 더 훨씬 더 소중하다고 말씀하십니다. … 그 전능하신 주님은 우리의 모든 부분에 관심이 있으십니다! … 영원한 보좌에 계신 그분은 우리 삶의 가장 작고 사소한 부분도 아십니다. … 이것이 하나님, 곧 "지극히 존귀하며 영원히 거하시며 거룩하다 이름하는 이"(사 57:15)의 방법입니다. 그럼에도 불구하고 이사야가 우리에게 말하듯이 그분은 "통회하고 마음이 겸손한 자"(사 57:15)와 함께 거하십니다. 이것이 구속의 이적이며, 주 예수 그리스도께서 이 땅에서 우리를 붙들고 계시며, 우리를 전능하신 하나님의 영광과 연결시키신 성육신의 의미입니다. 이것이 하나님의 나라와 일용할 양식입니다!

물론 우리는 절대적으로 필요한 것을 기도해야 합니다. 사치품이나 지나치게 풍족한 것을 위해서 기도하라고 하시지 않습니다. 또한 그런 것을 약속하지도 않으십니다. 그러나 우리가 풍족하게 누릴 것임을 약속하십니다. 하나님의 약속은 반드시 이루어집니다. 그러나 그 약속은 필수품에만 해당됩니다. 필수품에 대한 우리의 생각은 하나님의 생각과 늘 같은 것은 아닙니다. 하지만 필수품을 위해서 기도하라고 말씀하십니다.

Studies in the Sermon on the Mount II, 70-71

23일 : 참과 거짓

그리스도의 이름으로 마귀를 내쫓고 수많은 놀라운 일을 행한 사람들은 자신의 구원을 확신했습니다. 그들은 구원에 대해 전혀 의심하지 않았습니다. 자신들이 죄사함을 받았다고 믿었습니다. 그들은 평안하고 신앙의 위로를 누리는 것처럼 보입니다. 영적 권세를 소유하고 있는 것처럼 보이며, 보다 나은 생활을 살고 있었습니다. 그들은 '주여, 주여'라고 말하며, 주님과 함께 영원히 살고 싶어 했습니다. 그러나 주님은 그들에게 이렇게 말씀하셨습니다. "내가 너희를 도무지 알지 못하니 불법을 행하는 자들아 내게서 떠나가라"(마 7:23). 거짓으로 죄사함을 느끼는 것이 가능하다는 것을 알겠습니까? 당신 안에 거짓 평안이 있을 수 있다는 것을 아시겠습니까? … 당신은 거짓 평안, 거짓 위로, 거짓 인도를 소유할 수 있습니다. 자신에 대해서 두려워해야 할 것이 있음을 모르며, 그리스도에게로 이끄는 두려움을 모르는 사람은 아주 위험한 상황에 처해 있습니다.

마귀도 당신을 인도할 수 있습니다. 텔레파시와 온갖 종류의 신비 현상과 여러 가지 다른 힘들도 그렇게 할 수 있습니다. 그리스도인의 생활의 모든 것을 모방할 수 있는 권세들이 있습니다.

그러므로 우리 주님은 참과 거짓 사이의 유사성이 그러한 문제들을 내포하고 있으며, 그렇게 나타날 수 있다고 가르치셨습니다. 그럼에도 불구하고 우리 주님은 비록 그 두 사람 사이에서, 마태복음 7장 24-27절에 기록된 비유의 두 집 사이에서, 그리스도인의 고백 영역에서 유사성이 많을지라도 결정적인 차이점이 있다고 가르치셨습니다. 그 차이점은 표면적으로 볼 때 분명하지 않습니다. 하지만 그것을 찾으면 명백하며 혼동할 우려가 없습니다. … 그것을 질문 형식으로 요약하면 다음과 같습니다. '당신이 가장 바라는 것은 무엇입니까? 그리스도인의 생활과 구원의 혜택과 복을 얻으려고 애씁니까 아니면 점점 더 깊고 심오하게 갈망합니까? 육적인 욕망의 결과를 얻으려고 애씁니까 아니면 하나님을 간절히 알고 싶어 하며 주 예수 그리스도를 점점 더 닮아 가고 싶어 합니까? 의에 주리고 갈급해합니까?'

Studies in the Sermon on the Mount II, 303-304

24일 : 용서의 정신

… 당신과 내가 용서함을 받았다는 증거는 우리가 다른 사람을 용서한다는 것입니다. 만일 우리의 죄를 하나님께 용서받고도 우리가 다른 사람을 용서하지 않는다면 우리는 잘못을 저지르는 것입니다. 우리는 결코 용서받은 적이 없습니다. 그리스도께서 흘리신 보혈 안에서 그리고 보혈을 통해서만 자신이 용서받았다는 것을 아는 사람은 다른 사람을 용서해야만 합니다. 그는 용서하지 않을 수 없습니다. 만일 그리스도를 우리 구세주로서 알고 있다면 우리 마음은 깨지고, 완악해질 수 없습니다. 또한 우리는 용서를 거부할 수 없습니다. 어떤 사람을 용서하기를 거부하고 있다면 나는 당신이 결코 용서를 받은 적이 없다고 생각합니다. … 내가 하나님 앞에서 자신을 살펴보고, 나의 복된 주님이 나를 위해 이루신 것을 인식할 때마다 나는 누구든 무엇이든 용서할 준비가 되어 있습니다. … 하나님께 이렇게 기도합니다. '오 하나님, 당신이 제게 하신 것 때문에 제가 다른 사람을 용서한 것처럼 나를 용서하옵소서. 그저 제가 구하는 것은, 제가 하는 일이 모두 불완전하기 때문에 동일한 정도가 아니라 동일한 방식으로 저를 용서해 주옵소서. 이를테면 주님이 저를 용서해 주신 것과 동일한 방식으로 제가 다른 사람을 용서하고 있습니다. 주 예수 그리스도의 십자가가 제 마음에서 행한 것 때문에 제가 그들을 용서한 것같이 저를 용서해 주옵소서.'

이 간구는 속죄로, 하나님의 은혜로 가득 차 있습니다. 주님이 반복해서 용서하신다는 사실로 말미암아 이것이 얼마나 중요한지를 알게 됩니다. … "너희가 사람의 잘못을 용서하면 너희 하늘 아버지께서도 너희 잘못을 용서하시려니와 너희가 사람의 잘못을 용서하지 아니하면 너희 아버지께서도 너희 잘못을 용서하지 아니하시리라"(마 6:14-15). 이는 절대적이고 불가피한 것입니다. 참된 용서는 사람의 마음을 깨뜨리며, 그는 용서해야만 합니다. 그래서 용서를 위한 이 기도를 드릴 때 우리는 이런 방식으로 우리 자신을 시험하게 됩니다. 만일 우리 마음에 용서가 없다는 것을 알게 되면 그 기도는 진짜가 아니며, 참되지 않으며, 쓸모가 없습니다. 하나님께서 우리 자신에 대해 정직하도록 은혜를 주시기를 바랍니다.

Studies in the Sermon on the Mount II, 75-76

25일 : 인생 전체를 바라보십시오

　　인간을 경제적 단위로 보는 발상은 일종의 기만입니다. … 그들은 한 가지 측면만을 바라봅니다. … 모든 이론의 문제를 한쪽, 한 측면만 바라보고 있다는 것입니다. 그래서 그들의 해결책은 부분적이며 불완전합니다. 그들은 인생 그 자체를 망각하고 있습니다. … '호레이시오, 하늘과 땅에는 당신의 철학이 꿈꾸는 것보다 더 많은 것들이 있어.' … 셰익스피어는 그것을 이렇게 표현했습니다. 나는 브라우닝이 그것을 더 잘 표현했다고 생각합니다. … 당신은 나이 든 감독과 기독교에 불만을 품고 있던 젊은 기자가 나눈 대화를 기억하십니까?(블로그램 감독의 변증) 젊은이는 인생을 쉽게 생각하려고 했습니다. 그는 자신이 과거에 배웠던 모든 것과 결별하고, 스스로 사물을 생각하고 새로운 철학을 만들려고 했습니다. 나이 든 감독은 말했습니다. '자네가 알다시피 나도 한때는 젊었고, 동일한 일을 했다네. 내가 완벽하게 이해했고, 구성 요소들을 모두 모아서 완벽한 체계와 인생철학을 갖고 있다고 생각했었네. 그 어떤 것도 그것을 뒤집을 수 없다고 생각했네. 하지만 … 현대 말로 한다면, 우리가 인생 전체를 완전히 파악했다고 생각할 때, 우리 철학이 완전하다고 생각한 바로 그때,

　　　　단지 우리가 별 탈이 없을 때 석양이 지네.
　　　　꽃봉오리를 보며 펼친 공상, 어떤 사람의 죽음,
　　　　에우리피데스의 합창이 끝나고
　　　　이는 오십 가지 소망과 두려움으로 족하네. …
　　　　그 장엄한 우연.'

　　당신은 브라우닝이 말하는 것을 알고 있습니다. 우리는 합리적인 지성으로 인생 계획을 세우고 모든 것을 설명할 수 있다고 생각합니다. 우리는 만반의 준비를 했다고 생각합니다. 그러나 그렇게 했을 때 … 저녁노을, 말로 표현하기 어려운 방식으로 우리 존재의 깊은 곳까지 감동을 주는 영광스러운 황금빛 석양을 봅니다. … 추측할 수 없는 신비가 있습니다. … 우리의 모든 이해를 초월하는 그 무엇이 있습니다.

Faith on Trial, 47-48

26일 : 그리스도인과 비그리스도인

그리스도인과 비그리스도인은 그들이 동경하는 대상에서 완전히 다릅니다. 그리스도인은 '심령이 가난한' 사람을 동경하는 반면, 그리스 철학자들은 그런 사람을 경멸했습니다. 그리스 철학을 추종하는 모든 사람들도 지성적이든지 실천적이든지 똑같이 경멸합니다. … 세상은 자기 확신, 자기 표현, 삶의 지배를 믿고 있습니다. 그리스도인은 '심령이 가난함'을 믿습니다. 신문을 집어들고 세상이 동경하는 사람을 보십시오. 당신은 자연인과 세상 사람에게 호소하는 것보다 팔복에서 더 멀리 떨어진 어떤 것을 찾지 못할 것입니다. 세상 사람이 동경하는 것은 당신이 팔복에서 발견하는 것과 정반대입니다. …

그러므로 그리스도인은 그들이 구하는 것에서도 분명히 달라야만 합니다. "주리고 목마른 자는 복이 있나니"(마 5:6). 무엇에 주리고 목마른단 말입니까? 부귀, 돈, 지위, 신분, 명성입니까? 결코 아닙니다. '의'입니다. … 비그리스도인을 예로 들어봅시다. … 그 사람이 구하는 것, 실제로 그 사람이 원하는 것을 생각해 보십시오. 당신은 그가 바라는 것이 팔복과 다르다는 것을 알게 될 것입니다.

그러므로 그들은 행동에서도 전적으로 다릅니다. … 비그리스도인은 항상 일관됩니다. 그는 이 세상을 위해서 산다고 말합니다. '이것이 유일한 세상이며 이 세상에서 얻을 수 있는 모든 것을 가질 것'이라고 말합니다. 그리스도인은 이 세상을 다만 굉장하고 영원하며 영광스러운 그 무엇으로 들어가는 길로서 간주합니다. 그리스도인의 전망과 큰 뜻은 다릅니다. 그러므로 그리스도인은 다른 방법으로 살아야만 한다고 느낍니다. 세상 사람이 일관된 것처럼 그렇게 그리스도인도 일관되어야 합니다. 만일 일관되다면, 그는 다른 사람과 매우 다를 것입니다. 다르지 않을 수 없습니다(벧전 2:11-12를 보십시오). … 또 다른 본질적인 차이는 그들이 무엇을 할 수 있는지에 대한 신념입니다. 세상 사람은 자신의 능력에 대해 신뢰합니다. … 그리스도인은 자신의 한계를 인식하는 사람입니다.

Studies in the Sermon on the Mount I, 37-38

27일 : "내 눈이 항상 여호와를 바라보나이다"(시 25:15)

일단 문제를 하나님께 맡겼다면 우리는 그 문제에서 손을 떼야 합니다. 그 문제에서 돌아서서 우리의 시선을 하나님께 맞추어야 합니다.

이곳이 우리가 실패하는 부분이 아닙니까? 우리는 어려운 일을 만났을 때 예언자의 방법을 적용합니다. … (12월 20일 묵상을 보십시오) 그러나 만족을 찾지 못하고 무엇을 해야 할지 잘 알지 못합니다. … 성령의 인도하심을 구했음에도 불구하고 해결책을 얻지 못했다면 기도하면서 하나님께 맡기는 것 외에는 다른 방도가 없습니다. 그러나 자주 기도를 마치는 순간 우리는 다시 그 문제를 염려하기 시작합니다.

만일 그렇다면 당신은 기도를 드리지 않은 것과 마찬가지입니다. 만일 당신의 문제를 하나님께 맡겼다면 하나님께서 그 문제를 처리하시도록 내버려 두십시오. 당신은 더 이상 그 문제에 신경 쓸 권리가 없습니다. … 하나님께서 그 문제를 처리하시도록 내버려 두고 성루에 올라가십시오(합 2:1). … 우리는 의도적으로 우리 자신을 구해내야 합니다. 말하자면 그 문제에서 우리 자신을 끌어내야 합니다. … 그리고 문제가 아니라 하나님을 바라보십시오. … 하나님을 바라본다는 것은 그 문제를 스스로 처리하지 않고, 다른 사람에게 상의하지 않고, 다만 전적으로 하나님을 의지하고 하나님만을 기다린다는 뜻입니다. …

이는 영적 평안의 참된 기초입니다. 이는 바울이 빌립보 교회 교인들에게 "아무것도 염려하지 말고"(빌 4:6-7)라고 말한 의미입니다. … 당신은 영적인 불구자가 될 뿐만 아니라 신체적으로 쇠약하게 만드는 그 염려에 빠지지 말아야 합니다. "염려하지 말고 다만 모든 일에 기도와 간구로, 너희 구할 것을 감사함으로 하나님께 아뢰라"(빌 4:6). '모든 일'은 모든 것을 포함합니다. … 성루에 올라가서 계속해서 하나님을 바라보십시오. 다른 어떤 것도, 즉 무엇보다도 당신의 문제를 바라보지 마십시오.

From Fear to Faith, 37-39

28일 : 우리를 시험에 들게 하지 마시옵소서

"우리를 시험에 들게 하지 마시옵고 다만 악에서 구하시옵소서"(마 6:13). 이는 주의 기도에서 마지막 간구이며, 그 뜻은 이렇습니다. 우리는 사탄에게 유혹을 받기 쉬운 상황에 빠지지 않도록 기도합니다. 이는 하나님이 하셔야 할 일과 하시지 말아야 할 일을 지시하는 것이 아닙니다. 하나님은 자녀들을 시험하십니다. 우리는 하나님께서 해야만 하는 일이나 하지 말아야만 하는 것을 감히 그분께 말해서는 안 됩니다. … 그러나 그것이 우리가 하나님께 지시한다는 의미는 아니지만, 만일 하나님의 거룩한 뜻에 맞는다면, 우리가 쉽게 유혹에 넘어가고, 넘어지기 쉬운 처지에 빠지지 않도록 하나님께 요구할 수도 있다는 의미입니다. … 이는 주님이 지상 사역 마지막에 "시험에 들지 않게 깨어 기도하라"(마 26:41)고 말씀하셨을 때 의도했던 것입니다. 위험할 상황이 있게 마련입니다. 당신이 유혹에 빠지지 않도록 지켜 달라고 깨어 기도하십시오. 이것과 짝을 이루는 이 간구의 또 다른 측면이 있습니다. 그것은 악에서 구원받도록 기도하는 것입니다. … 우리는 모든 악에서 구원받아야 합니다. 이는 큰 요구이며, 포괄적인 간구입니다.

우리는 왜 악에서 지켜 달라고 기도해야 합니까? 큰 이유는 하나님과의 교제가 깨지지 않아야 한다는 것입니다. … 우리의 가장 큰 갈망은 하나님과 올바른 관계를 맺으며, 하나님을 알고, 중단 없이 하나님과 교제하고 교통해야겠다는 것입니다. 이것이 이 기도를 드리는 이유입니다. 어떤 것도 우리와 하늘에 계신 우리 아버지의 빛남과 광채와 영광 사이에 끼어들어서는 안 됩니다. "우리를 시험에 들게 하지 마시옵고 다만 악에서 구하시옵소서."

Studies in the Sermon on the Mount II, 76-77

29일 : 복된 확신!

성령만이 우리에게 흔들리지 않는 구원의 확신을 줄 수 있습니다. … 우리가 확신을 갖는 데는 세 가지 방법이 있습니다. … 첫째로, 하나님의 권위 있는 말씀인 성경을 있는 그대로 믿고 우리 자신에게 적용함으로 확신을 얻습니다. … 우리는 하나님의 말씀을 믿고 의뢰합니다. 우리는 그 이상의 무엇이 필요합니다. 그것은 확신의 두 번째 근거입니다. 요한1서는 영적 생활의 시금석을 제공합니다. (1) "우리는 형제를 사랑함으로 사망에서 옮겨 생명으로 들어간 줄을 알거니와"(요일 3:14). (2) 우리는 더 이상 주님의 계명이 가혹하다고 생각하지 않기 때문에 그 계명을 기뻐합니다. (3) 우리는 주 예수 그리스도를 믿습니다. (4) 우리 안에 역사하시는 성령을 알아차립니다. (5) '우리 자신을 살펴서 성령의 열매가 우리 가운데 드러나는지를 확인합니다. 이런 것들을 찾는다면 우리가 거듭났음을 확신할 수 있습니다.

그러나 더 나은 형태의 확신도 있습니다. 가장 확실한 것입니다. … "…성령이 친히 우리의 영과 더불어 우리가 하나님의 자녀인 것을 증언하시나니…"(롬 8:15-17). 이는 내가 성경이나 나 자신 안에 있는 증거에서 추론한 확신이 아닙니다. 이는 성령의 직접적인 증언입니다. … 이는 성령 자신만이 줄 수 있는 무엇입니다. 성령만이 하나님의 자녀 됨에 관한 증명서를 내게 주실 수 있는 최종적인 권위로 말씀하실 수 있습니다. 그 증명서는 그 크며, 삶 속의 다른 것에 관한 나의 확신입니다. 역사 속에서 성도들은 성령이 주 예수 그리스도의 실재와 임재 그리고 우리를 향한 그분의 사랑을 확신하게 했다고 선포합니다. 다른 어떤 사실보다도 그것을 더 확신했다고 선포합니다(고후 1:22; 엡 1:13-14를 보십시오).

Authority, 76-78

30일 : 뜨겁든지 차갑든지

벳새다의 맹인이었던 이 사람을 묘사하기가 쉽지 않습니다(막 8:24). 그가 맹인이라고 말할 수 없습니다. 그러면 어떻게 됩니까? 그가 맹인입니까 맹인이 아닙니까? 그가 맹인이면서 동시에 맹인이 아니라고 말하고 싶을 것입니다. 그는 이도저도 아닙니다.

이는 마침 내가 다루고 싶어 하는 바로 그 상황입니다. 나는 명확하지 않기 때문에 불안해하고 불행해하며 비참해하는 그러한 그리스도인들에 관심을 갖고 있습니다. 그들을 규정하기란 불가능합니다. 당신은 때때로 이런 유형의 사람에게 말을 걸며 '이 사람은 그리스도인이야'라고 생각합니다. 그러고 나서 그를 다시 만나는 동시에 의심하면서 말합니다. '만일 그가 그와 같은 것을 말하거나 행한다면 그는 분명히 그리스도인일 수 없어.' … 게다가 문제는 다른 사람들이 그들에 대해서 이같이 느낄 뿐만 아니라 그들도 자신에 대해서 이를 느낀다는 점입니다. … 그들은 불행합니다. 왜냐하면 그들이 자신에 대해서 명확하지 않기 때문입니다. 때때로 그들이 예배에 참여하면서 말할 것입니다. '그래 나는 그리스도인이야. 나는 이것을 믿어.' 그때 어떤 일이 일어나며 그들은 말합니다. '나는 그리스도인일 수 없어. 만일 그리스도인이라면 나는 그런 생각을 할 수 없어. 내가 하는 일은 내가 하고 싶은 일이 아니었어.' … 그들은 세상의 기쁨을 깨는 기독교에 관해 잘 알고 있는 것처럼 보입니다. 하지만 자신에 대해 행복해할 만큼 충분히 알지 못합니다. 그들은 '뜨겁지도 차갑지도' 않습니다. 그들은 보지만, 보지 못합니다. … 이는 비참한 상황입니다. 당신이 예상할 수 있듯이 나의 모든 메시지는 어느 누구도 그 안에 있어서도 그 안에 머물러서도 안 된다는 것입니다. 좀더 말씀드리면, 어느 누구도 그런 상황에 머무를 필요가 없습니다.

Spiritual Depression, 39-40

The greatest message

May 5

Martyn Lloyd-Jones

"다른 이로써는 구원을 받을 수 없나니 천하 사람 중에 구원을 받을 만할 다른 이름을 우리에게 주신 일이 없음이라"(행 4:12)

5월 May

1일 : 한 주님!

우리는 '한 주님'만 있다는 사실을 강조해야만 합니다. 이는 사도의 설교의 정수입니다. 베드로와 요한이 유대교 당국자들 앞에 소환되었을 때 베드로는 예수님이 주님임을 명확하고 담대하게 진술합니다. "다른 이로써는 구원을 받을 수 없나니 천하 사람 중에 구원을 받을 만한 다른 이름을 우리에게 주신 일이 없음이라"(행 4:12). 다른 주님은 없습니다. 제2의 주님은 없습니다! 당신은 그분 옆에 다른 사람을 놓을 수 없습니다. 그분은 전적으로 유일하십니다. 그분은 단순히 인간도, 교사도, 예언자도 아닙니다. 그분은 하나님의 아들입니다! 그분은 인간의 본성을 취하셨던 영광의 주님입니다! '한 주님이신 예수 그리스도'이시며, 다른 주님은 없습니다. 바울은 매우 인상적인 진술로 이를 묘사합니다. "비록 하늘에나 땅에나 신이라 불리는 자가 있어 … 그러나 우리에게는 한 하나님 곧 아버지가 계시니 만물이 그에게서 났고 우리도 그를 위하여 있고 또한 한 주 예수 그리스도께서 계시니 만물이 그로 말미암고 우리도 그로 말미암아 있느니라"(고전 8:5-6). 바울은 디모데전서 2장 5절에서 다시 한 번 동일한 진리를 선언합니다. "하나님은 한 분이시요 또 하나님과 사람 사이에 중보자도 한 분이시니 곧 사람이신 그리스도 예수라."

이는 기독교의 일치 문제에서 없어서는 안 되는 요소입니다. 일치는 '한 주님'만 계시며, 그분과 그분의 사역이 완전해서 어떤 도움도 필요 없음을 믿는 사람들의 연합입니다. 로마 가톨릭에서 동정녀 마리아에게 붙이는 '공동 구속자'는 없습니다. 조력자도 필요 없습니다. 그리스도인은 성인들의 공덕도 필요 없으며, 성인들에게 기도할 필요도 없습니다. 한 중재자만 있습니다. 그분만으로 충분합니다. 그분은 그 자체로 그리고 스스로 완전합니다. 그 무엇도 그분과 그분이 이루신 완전한 사역에 덧붙일 필요도 없습니다. … 우리는 유일하신 그분에게 시선을 향하고, 오직 그분만 바라봅니다. 그분은 처음이요 마지막이며, 알파와 오메가이시며, 시작과 끝이십니다. 그분은 만유이시며 만유 안에 계십니다. … '한 분이신 주님!'입니다.

The Basis of Christian Unity, 28-29

2일 : 그리스도인과 세상

우리 주님은 마태복음 6장 19절에서 이 세상 문제에 개입하시고, 세상의 관심사와 긴장감과 중압감을 느끼시는 아버지이신 하나님과 관계를 맺으며 이 세상에서 삶을 살아가는 그리스도인의 중요한 문제를 소개하십니다. 그것은 사실 성경에서 '세상'이라고 불리는 것의 모든 문제입니다. …

성경에서 '세상'은 무엇을 의미합니까? 세상은 물리적인 우주나 단순히 사람들의 집단을 의미하지 않습니다. 그것은 관점과 사고방식을 의미합니다. 그것은 사물을 바라보는 방법, 인생 전체를 바라보는 방법입니다. 그리스도인들이 다루어야 하는 가장 미묘한 문제들 중 하나는 세상과의 관계입니다. 우리 주님은 그리스도인이 되는 것이 쉽지 않다고 자주 강조하셨습니다. 주님 자신은 세상에 계셨을 때 마귀의 유혹을 받으셨습니다. 그분은 세상의 권세와 교묘함에 직면하셨습니다. 그리스도인도 정확하게 동일한 입장에 처해 있습니다. 그리스도인은 사적으로 혼자 있을 때 공격을 당합니다. 그리스도인이 세상으로 나아갔을 때 당하게 되는 다른 일도 있습니다. 당신은 우리 주님의 순서에 주목하십시오(마 6:17). 이 순서는 정말로 중요합니다! 당신은 방에서 은밀히 대비합니다. 당신은 기도하고, 다른 여러 가지 일, 곧 주목받지 못하는 금식, 자선, 선행을 행합니다. 그러나 당신은 이 세상에서 살아야 합니다. 세상은 당신을 쓰러뜨리려고 애쓰며, 당신의 영적 생활을 파괴하려고 전력을 다합니다. 그래서 당신은 방심하지 말아야 합니다. 이는 믿음의 싸움이며, 당신은 하나님의 전신갑주가 필요합니다. 왜냐하면 하나님의 전신갑주를 입지 않으면, 당신은 패배할 것이기 때문입니다. "우리의 씨름은 혈과 육을 상대하는 것이 아니요"(엡 6:12). 그것은 치열한 전투이며, 강력한 투쟁입니다.

Studies in the Sermon on the Mount II, 78-79

3일 : 예수님의 아름다움을 당신 안에서 보일 수 있습니까?

어떤 의미에서 침체된 그리스도인이란 모순이며, 그는 복음의 형편없는 추천장과 같습니다. 우리는 실용주의 시대에 살고 있습니다. 오늘날 사람들은 기본적으로 진리에 관심이 없으며, 다만 결과에 관심을 기울입니다. 그들은 한 가지 질문을 던집니다. '효과가 있습니까?' 사람들은 자신에게 도움이 될 수 있는 것을 광적으로 추구하며 찾아 헤맵니다. 우리는 하나님께서 부분적으로 자신의 백성을 통해서 하나님 나라를 확장하신다고 믿습니다. 우리는 하나님께서 교회사 속에서 매우 평범한 사람들의 단순한 기독교적 삶을 통해 가장 주목할 만한 일을 행하셨다는 사실을 알고 있습니다. 그러므로 무엇보다 중요한 것은 우리를 바라보는 다른 사람들에게 그리스도인이 된다는 것이 불행하고 슬프며 음울하다는 인상을 주고, 그리스도인이 즐거움을 경멸하며 힘든 나날을 보내는 사람이라는 인상을 주는 상황에서 벗어나는 것입니다. 많은 사람들이 그리스도인이 되고 싶지 않은 이유가 바로 이런 것들이라고 말합니다. … 그들은 이렇게 말합니다. '그리스도인을 보십시오. … 그들은 우리를 세상에 있는 사람들, 자신이 믿는 것으로 흥분된 사람들과 노골적으로 비교하기를 좋아합니다. … 그들은 축구 경기를 보면서 소리 지르며, 자기들이 본 영화에 관해 이야기하며, 흥분에 빠져 있으며, 모든 사람이 그것을 알아주기를 원합니다.' 하지만 그리스도인들은 너무 자주 끊임없이 침울한 상태에 빠져 있는 사람처럼 보이며, 불행한 모습을 하며, 자유도 없고, 기쁨도 모르는 것 같습니다. … 그러므로 우리가 반감을 사지 않고 환경이나 상황이 어떠하든지 간에 사람들이 우리를 지켜볼 때 그들이 매료되고 빨려들 그런 방식으로 하나님 나라와 우리가 믿는 그리스도의 영광을 위하여 그분과 그분의 뜻과 메시지와 권세를 드러내는 것은 지극히 당연합니다. 우리는 사람들이 이렇게 말할 정도로 살아야만 합니다. '나도 저 사람처럼 하나님을 섬기며 살아야겠다. … 저 사람처럼 이 세상을 살아가야겠다.'

Spiritual Depression, 11-12

4일 : 복음은 효과가 있습니다!

복음은 효과가 있습니다. 그것은 "구원을 주시는 하나님의 능력"(롬 1:16)입니다. 바울이 로마서를 쓰면서 '능력'이라는 낱말을 사용하는 것은 그리 놀랍지 않습니다. 그것은 그들에게 놀라운 낱말입니다. 그들은 '능력'으로 모든 것을 판단했습니다. … 아덴 사람에게는 지혜가 중요했듯이, 로마인에게는 능력이 중요했습니다. 그들은 효과가 없고 능력이 없다면 그 어떤 것도 신경 쓰지 않았습니다. … 바울은 이를 알았습니다. 그랬기 때문에 바울은 도전적인 발언을 했던 것입니다. 그들이 복음의 결과를 가지고 복음을 시험했습니까? 바울은 그들을 만날 준비가 되어 있습니다. 아니, 그들에게 도전할 준비가 되어 있습니다. 그들의 모든 학문과 문화와 수많은 종교가 무엇을 만들어 냈습니까? 만일 그들이 결과에 관심이 있다면 결과를 만들어 내게 합시다. … 만일 인생의 문제를 다룰 수 없다면 모든 철학의 가치와 요점은 무엇입니까? … 바울 자신도 한때 유대교의 율법과 그것을 철저하게 지킨 것을 자랑했습니다. 그러나 그는 자신이 자랑했던 모든 것이 외적인 것에 불과하다는 것을 알게 되었습니다. 율법의 실제적이고 내적인 영적 의미를 알았을 때 바울은 자신이 철저하게 실패했다는 것을 깨달았습니다. 그는 이 주제를 로마서 7장에서 다룹니다. 순전히 지적인 노선을 따르든지 도덕적 노력을 하고 몸부림을 치든지 신비적인 방법을 따라 고통스러운 수행을 하든지 인생의 문제를 해결하려는 인간의 모든 노력은 실패하고 말았습니다. 그러나 바울이 선포하는 복음은 효과가 있습니다! 복음은 바울의 삶 속에서 역사했습니다. 복음은 모든 것을 변화시키고 변모시켰습니다. 복음은 바울의 영혼에 평안과 안식을 가져다주었고 그의 인생에 승리를 안겨 주었습니다. 복음은 셀 수 없이 많은 사람들에게도 동일하게 역사했습니다. 어떻게 그랬습니까? … 복음만이 사람의 근본적인 문제와 필요에 직면하고 드러내며 실제로 다룹니다. … 복음만이 정확하게 진단하고, 복음만이 치료할 수 있습니다.

The Plight of Man and the Power of God, 84-85

5일 : 근본을 바라보십시오!

　　오늘날 사회의 전체 기초는 인간이 이런저런 점에서 바로잡기만 하면 그 결과는 궁극적으로 인간이 옳다는 가정입니다. 이는 복음의 사회적 적용이라는 현대 신념의 원리입니다. 종교적 근거가 우후죽순처럼 혼란스러운 무수한 사회의 기초입니다. 또한 인류의 악이 더 많은 지식과 가르침으로 치유될 수 있다는 신념의 배경입니다. 세상이 지난 백년만큼 스스로를 고치려고 애쓴 적이 없었습니다. … 그러나 지속적으로 문제가 야기하고 있다는 것은 의심의 여지가 없습니다. … 이런저런 특별한 죄를 제거하려는 연맹과 운동들, 다양한 가르침을 선전하는 단체들 … 인생을 행복하고 즐겁게 만드는 메커니즘이 그토록 정교해지고 완벽해진 적이 없습니다.
　　그러나 그 결과는 어떻습니까? … 그 모든 노력이 실패로 돌아간 것처럼 보입니다. 나름의 이유로 … 인간은 잊혀졌습니다. 인간은 여러 측면에서 고쳐질 수 있지만 여전히 비참하고 불행한 상태에 머물러 있습니다. 영리하고, 교양 있고, 예의 바르며, 인기 있으며, 온갖 장점은 물론 원하는 모든 것을 갖고 있음에도 불구하고 인생에서 철저하게 실패했다고 생각하고 비참한 상태에 처한 사람들의 모습들은 무엇입니까? 그들은 자기 자신을 제외하곤 어떤 사람이든 무엇이든 할 수 있습니다. 인간은 점점 영리해지고 있습니다. 모든 문제에 대해서 이상적인 견해를 가질 수 있습니다. 선행을 행할 수 있습니다. 그러나 문제는 여전히 남아 있습니다. 그 동기가 무엇입니까? 현대인들의 마음의 모습이 올바릅니까?

Truth Unchanged, Unchanging, 87-89

6일 : 주리고 목마름

'주리고 목마르다'는 것은 무슨 의미입니까? … 빈곤 의식, 깊은 궁핍 의식 … 절망적인 필요 의식, 심지어 고통스러울 정도로 큰 궁핍을 느끼는 의식을 의미합니다. 그것은 만족할 때까지 지속되는 그 무엇입니다. 그것은 일시적인 느낌, 잠깐의 욕망이 아닙니다. 당신은 호세아가 이스라엘에게 어떻게 말했는지, 즉 이스라엘이 항상 참회하는 자세를 취했다가 다시 죄에 빠졌다고 한 말을 기억할 것입니다. 호세아는 이스라엘의 의가 마치 '아침 구름', 즉 잠시 있다가 이내 사라지는 것과 같다고 말합니다. … '주림'과 '목마름', 이들은 일시적인 감정이 아닙니다. 굶주림은 만족할 때까지 계속되는 깊고 심오한 그 무엇입니다. 그것은 아픔과 통증을 수반합니다. 신체적인 굶주림과 목마름과 같습니다. 갈수록 점점 더 커지며 심지어 절망감을 안겨 줍니다. 고통과 고뇌를 동반합니다. …

주리고 목마르는 것은 어떤 상태를 원하는 사람처럼 되는 것입니다. 그는 쉬지 못하며, 가만히 있지를 못합니다. 꾸준히 일을 하며 애씁니다. 그는 그것에 관해 생각하며 꿈꿉니다. 그의 야망이 삶 전체를 조종하며 이끌어 갑니다. … 시편 기자는 이를 전형적인 문구로 요약합니다. "하나님이여 사슴이 시냇물을 찾기에 갈급함같이 내 영혼이 주를 찾기에 갈급하니이다"(시 42:1). 이를 굉장히 잘 표현한 유명한 다비의 말을 인용하면 다음과 같습니다. '주리는 것만으로는 충분하지 않다. 나는 나를 향한 그분의 마음이 무엇인지 알고 싶어 굶주려 죽을 지경이어야만 한다.' 그러고 나서 전체를 표현하는 진술이 나옵니다. 그는 말합니다. '탕자가 주렸을 때 가서 쥐엄 열매를 먹었다. 하지만 굶주렸을 때 아버지에게로 향했다.' 이것이 완전한 그림입니다. 실제로 주리고 목마르는 것은 절망에 빠지고, 굶주리고, 썰물처럼 생명이 빠져나가는 것을 느끼며, 절박하게 도움이 필요함을 깨닫는 것을 의미합니다.

Studies in the Sermon on the Mount I, 80-81

7일 : "어떤 길은 사람이 보기에 바르나 필경은 사망의 길이니라"
(잠 14:12)

종말의 중요성은 성경에서 항상 강조된 주제입니다. 우리 주님은 산상설교에서 그것을 가르치셨습니다. "좁은 문으로 들어가라 멸망으로 인도하는 문은 크고 그 길이 넓어 그리로 들어가는 자가 많고 생명으로 인도하는 문은 좁고 길이 협착하여 찾는 자가 적음이라"(마 7:13-14). … 넓은 길을 보십시오. 얼마나 멋지게 보입니까? 당신은 무리들과 더불어 그 길로 들어서서 다른 사람들이 하고 있는 일을 할 수 있습니다. 그들은 서로 웃으며, 농담을 주고받습니다. 그 문과 그 길은 넓고 광대합니다. 그 모든 것이 멋지게 보입니다. 그러나 다른 길은 비참해 보입니다. "문은 좁고." 한 번에 한 사람씩 겨우 지나갈 정도입니다. 개인적으로 결심하고, 자아와 싸우며, 십자가를 짊어져야 합니다. … 그래서 많은 사람들이 처음에만 한 번 보고 넓은 길로 갑니다. … 그들은 마지막을 쳐다보지 않습니다. …

전자의 종말은 파멸이며, 후자의 종말은 생명입니다. 오늘날 인생을 살아가면서 겪는 괴로움은 사람들이 처음만 쳐다보는 데서 비롯됩니다. 그들의 인생관은 영화 스타의 인생관이라 말할 수 있습니다. 그것은 언제나 매력이 있습니다. 그런 인생을 사는 사람은 모두 외관상으로 멋진 시간을 보냅니다. 슬프게도 수많은 젊은이들이 그것을 인생이라고 생각하게 하는 분위기에 빠져 있습니다. 그래서 그들은 그런 인생이 최고의 행복이라고 생각하며 살아갑니다. … 사람들은 외모에 매료됩니다. 그들은 피상적인 것만 바라봅니다. 그들은 단지 처음만 바라봅니다. 그러한 인생의 종말이 어떤지를 바라보지 않습니다. 그들은 궁극적으로 어떤 결과가 오는지 생각하지 않습니다. 그럼에도 불구하고 오늘날 사람들은 여전히 그렇게 살아갑니다. 성경은 언제나 이러한 인생의 결말은 '멸망'이라고 말합니다.

Faith on Trial, 50-51

8일 : 이것이 내 삶이었습니다. 그것이 정말 삶이었습니까?
(어거스틴)

나는 탁월하고 뛰어난 런던 외과 의사였던 사람을 기억합니다. 그는 자신을 아는 사람이라면 누구나 깜짝 놀라고 당황스러운 말을 했는데, 그것은 갑자기 자기가 가진 모든 것을 내려놓고 어떤 배의 의사가 되겠다고 하는 것이었습니다. 이런 선언을 하게 된 경위는 이렇습니다. 그는 자기 직업 분야에서 뛰어난 사람이었고, 자기 경력에 합당한 명예를 얻고자 하는 야망을 갖고 있었습니다. 그러나 그것에 대해 실망하고 나서 자신의 인생 전체에 대한 안목을 얻었습니다. 그는 자신이 현재 살고 있던 그런 삶에서는 만족을 얻을 수 없다는 결론을 내렸습니다. 그는 그 모든 것을 꿰뚫어 보았지만, 그리스도인이 된 것은 아니었습니다. 그리스도인이 되지 않은 채 모든 것을 포기하고 고립된 생활을 하며 그곳에서 평안과 행복을 찾는 유명한 사람들이 많습니다. 그것은 하나의 가능성입니다.

그러나 그들이 더 나아갈수록 산상설교에 기록된 탁월한 그리스도인의 생활을 볼 수 있습니다. 그들은 말합니다. '의문의 여지가 전혀 없습니다. 그리스도인의 삶이 바로 산상설교에서 말하는 그 삶입니다. 사람들이 산상설교의 가르침처럼만 살 수 있다면 말입니다!' 그들은 또한 성도의 삶을 읽고 성도들이 자신들을 놀래킬 만한 그 무엇을 가지고 있다는 것을 알게 될 것입니다. 한때 그들은 전혀 관심을 기울이지 않았지만, 이제는 산상설교에 묘사된 그 삶이 실제로 현재 이루어지고 있는 삶이라는 것을 깨닫게 됩니다. 즉 그들은 그리스도인의 삶을 고린도전서 13장에 묘사된 삶으로서 바라보며 이렇게 말합니다. '만일 우리 모두가 그런 삶을 산다면 세상은 낙원으로 변할 겁니다.' 그들은 이제 그 많은 것을 명확하게 깨닫습니다.

Spiritual Depression, 41

9일 : 우리가 대답해야 할 질문들

그리스도인이 본질적으로 비그리스도인과 어떻게 다른지 아십니까? 우리는 자신에게 이 중요한 질문들을 던져야 합니다. 우리는 이 나라, 하나님 나라에 속해 있습니까? 그리스도의 통치를 받습니까? 그리스도께서 우리의 왕이시며 주님이십니까? 날마다 삶 속에서 이러한 특성들을 드러내고 있습니까? 그런 삶을 사는 것이 우리의 큰 목표입니까? 우리가 이런 삶을 살아야만 한다는 것을 알고 있습니까? 참된 복을 누리고 있습니까? 행복합니까? 충족된 삶을 살고 있습니까? 평안을 누립니까? 팔복을 생각하면서 나는 당신에게 묻습니다. 우리 상태는 어떻습니까? 참으로 행복하고 복된 사람은 바로 그 사람뿐입니다. 이는 단순한 질문입니다. 팔복에 대한 즉각적인 반응이 어떤 사람인지를 보여 줍니다. 내가 팔복이 어렵고 가혹하다고 느낀다면, 팔복이 못마땅하고 싫어하는 삶의 유형과 특성을 보여 준다고 생각된다면 그리스도인이 아님을 의미합니다. 이와 같이 되고 싶지 않다면 나는 '죄와 허물로' 죽었음이 분명합니다. 나는 새 생명을 받았을 리가 없습니다. 그러나 만일 내 자신이 무가치하지만 팔복과 같은 삶을 살고 싶다면, 보잘것없을지라도 이를 소망하고 이루기를 원한다면, 분명히 내 안에는 새 생명이 있으며, 나는 하나님의 자녀이며, 하늘나라와 하나님의 사랑하는 아들 나라의 시민입니다. "사람이 자기를 살피고"(고전 11:28).

Studies in the Sermon on the Mount I, 41

10일 : 성령의 인도하심을 받을 때 말씀을 온전히 이해할 수 있습니다

성령만이 성경에 대한 참된 영적 이해, 교리에 대한 이해를 주실 수 있습니다. 요한은 이 점을 명확하게 설명합니다(요일 2:20). 요한은 '적그리스도들'을 다루고 있습니다. 적그리스도들은 교회 안에 있다가 교회를 떠난 사람들이었습니다. 왜냐하면 그들은 교회에 속하지 않았기 때문입니다. 그들은 자신들이 회심했으며, 인정을 받았다고 생각했습니다. 그러나 그들은 교회를 떠나고 말았습니다. 그들은 결코 참된 신자가 아니었습니다. … 어떻게 식별할 수 있을까요? 대부분 노예였던 이 무지한 첫 그리스도인들은 이 문제를 어떻게 구별했습니까? 요한은 말합니다. "너희는 거룩하신 자에게서 기름 부음을 받고 모든 것을 아느니라"(요일 2:20). 또한 요한1서 2장 27절에서도 이를 반복합니다. "너희는 주께 받은 바 기름 부음이 너희 안에 거하나니 아무도 너희를 가르칠 필요가 없고."

성령이 주신 기름 부음이 있는데, 이것이 우리가 이해할 수 있도록 해줍니다. 그래서 교회사에서 무지하고 다소 문맹에 가까운 사람들이 교회의 박사들보다 진리와 잘못된 생각을 식별할 수 있었습니다. 그들은 매우 단순해서 기름 부음을 전적으로 신뢰하며, 그로 말미암아 다름을 구별할 수 있었습니다. 300년 전 스코틀랜드에 살았던 신앙심 깊은 사무엘 러더포드는 어느 날 이렇게 말했습니다. '당신이 하나님께 바쳐지기를 원한다면 나는 당신에게 성화를 권합니다.' 궁극적으로 성경과 모든 신학을 이해하는 방법은 거룩해지는 것입니다. 그것은 성령의 권세 아래에 있어야만 하며, 성령의 인도하심을 받아야만 합니다.

Authority, 78-79

11일 : "네 보물 있는 그곳에는 네 마음도 있느니라"(마 6:21)

예수님은 "너희를 위하여 보물을 땅에 쌓아 두지 말라"(마 6:19)고 말씀하십니다. 무슨 말입니까? 먼저 우리는 이 말씀을 돈의 관점에서만 해석하지 말아야 합니다. 많은 사람들이 그렇게 해석하고 이를 오직 부자들에게만 해당된다고 생각했습니다. 그것은 어리석은 일입니다. 이는 모든 사람들에게 주신 말씀입니다. 예수님은 '너를 위하여 돈을 쌓아 두지 말라'가 아니라 '너를 위하여 보물을 쌓아 두지 말라'고 말씀하십니다. '보물'은 모든 것을 포괄하는 용어입니다. 그것은 돈을 포함하지만, 돈만은 아닙니다. 훨씬 더 중요한 것을 의미합니다. 예수님은 우리의 소유보다는 소유에 대한 우리의 자세를 염려하십니다. … 부나 그 자체에는 잘못된 것이 전혀 없습니다. 잘못된 것은 부에 대한 사람의 관계입니다. 오늘날 돈으로 무엇이든지 살 수 있다는 것도 마찬가지입니다.

좀더 나아가 봅시다. 이는 이 세상을 살아가는 사람이 인생을 대하는 자세의 문제입니다. 우리 주님은 오직 이 세상에 속한 것에서만 주로 만족을 얻는, 아니 전적인 만족을 얻는 사람들에 대해 이야기하고 있습니다. 예수님은 사람이 자신의 야망을, 관심을, 소망을 이 세상에만 두는 것을 경고하십니다. … 이는 단순히 돈의 소유보다 훨씬 더 큰 문제가 됩니다. 가난한 사람도 부자만큼이나 이 권면이 필요합니다. 사람은 누구나 이런저런 형태의 보물을 갖고 있습니다. 그것은 돈이 아닐 수 있습니다. 남편일 수도 있고, 아내나 자녀일 수 있습니다. … 어떤 사람에게는 집이 보물입니다. 자기 집을 자랑스럽게 여기고 집과 가정을 위해서 사는 것의 위험성이 여기서 다루어지고 있습니다. 무엇이든 간에 만일 그것이 당신에게 전부라면, 그것이 바로 당신의 보물이며, 당신은 그것을 위해서 살고 있습니다. 이것이 우리 주님께서 경고하시는 위험입니다.

Studies in the Sermon on the Mount II, 80-81

12일 : 하나님 없이는 성공할 수도 평안을 얻을 수도 없습니다

당신은 만물을 지으시고 유지하시며 통제하시는 하나님을 배제하고 인생과 세상에 대해 어떻게 계획을 세우십니까? 하나님은 세상을 만드셨을 뿐만 아니라 적극적으로 세상에 관심을 가지시고 지속적으로 세상사에 간섭하십니다. 하나님의 율법은 절대적이며, 결코 피할 수 없습니다. … 하나님은 하나님을 망각하고 대적하는 인생이 성공하거나 행복하지 못하도록 결정하시고 질서를 세우시고 조절하십니다. … 이것이 태초부터 내려온 인류의 전체 이야기이며 오늘날까지 지속되고 있습니다. 또한 종말이 올 때까지 지속될 것입니다. 인류는 인정하지 않습니다. 오히려 비웃습니다. 하나님 없이도 성공할 수 있다고 확신합니다. 그러나 그 결과는 어떻습니까? 계속된 실패입니다. 하나님은 훼방을 당하지 않습니다. 삶의 진실, 역사 이야기는 모든 불경과 불의에 대한 하나님의 진노를 선포합니다. 이것이 우리의 첫 번째 문제입니다. 우리는 하나님께 죄를 지었습니다. 우리는 하나님과의 관계에서 어긋나 있습니다. 하나님의 진노가 우리 위에 있습니다. 우리는 하나님께서 우리에게 복 주실 수 없도록 가로막았습니다. … 누구도 율법을 지킬 수 없습니다. … 소망이 없습니까? 해결할 수 있는 방법이 없습니까? 감사하게도 그리스도의 복음에 해답이 있습니다. … 하나님은 그리스도 안에서 우리 죄를 해결하셨습니다. 거룩함과 공의에 대한 요구가 충족되었습니다. … 하나님은 그리스도 안에서 우리를 영접할 준비를 하십니다. … 하나님은 그리스도 안에서 용서하시고 죄를 사해 주시며, 저주 대신에 복을 주십니다. 하나님 없이는 행복해질 수 없습니다. 왜냐하면 "내 하나님의 말씀에 악인에게는 평강이 없다 하셨느니라"(사 57:21)고 말씀하셨기 때문입니다. 인류가 그랬듯이 우리도 시도해 보았지만 성공할 수 없습니다. 첫 번째 단계는 하나님의 호의를 얻는 것이며, 이는 그리스도 안에서 영광스럽게도 가능해졌습니다. 참으로 이것이 우리에게 제공되었습니다.

The Plight of Man and the Power of God, 85-87

13일 : 성경 말씀을 따르라!

　일부 사람들은 성경의 가르침과 권위를 완전히 인정하지 않습니다. … 그들은 성경으로 돌아오지 않으며, 전적으로 성경을 따르지 않습니다. 우리가 작은 어린아이처럼 성경으로 돌아가고 성경을 액면 그대로 받아들이며, 성경이 말씀하는 바를 듣는다면 이러한 종류의 어려움은 발생하지 않을 것입니다. 이 사람들은 이것을 행하지 않을 것입니다. 그들이 하는 일이라곤 그저 자신들의 생각을 영적인 진리와 혼합하는 것입니다. 물론 그들은 자신의 생각이 성경에서 비롯된 것이라고 주장합니다. 하지만 그것은 결정적인 말입니다. 그들은 즉시 나아가서 그것을 수정합니다. 그들은 성경적인 생각을 용납하지만, 거기에는 옛 생활에서 가져오기를 바라는 다른 생각과 철학이 있습니다. 그들은 자연적인 생각과 영적인 생각을 혼합합니다. 그들은 산상설교와 고린도전서 13장의 말씀을 좋아한다고 말합니다. 그들은 그리스도를 구세주로 믿는다고 주장합니다. 하지만 여전히 그들은 이런 문제에서 너무 깊이 나아가서는 안 되며, 중도를 믿어야 한다고 주장합니다. 그러고 나서 그들은 성경을 수정하기 시작합니다. 모든 면, 곧 설교와 삶과 교리와 세계관에서 그것을 인정하지 않습니다. 그들은 '환경이 변했고, 삶도 성경이 말하던 시대와 같지 않다. 우리는 지금 20세기를 살고 있다'라고 말합니다. 그래서 그들은 성경 여기저기를 수정해서 태초부터 종말까지 지속되어 온 성경의 교리를 받아들이지 않고, 성경 말씀이 20세기에 어울리지 않는다고 말하면서 자신들의 생각에 꿰맞춥니다. 성경은 시대를 초월한 영원한 하나님의 말씀입니다. 그것은 하나님의 말씀이기 때문에 우리는 성경 말씀을 따라야 하며 자신이 원하는 대로 자신의 방법을 사용하시는 그분을 신뢰해야 합니다.

Spiritual Depression, 44-45

14일 : 하나님은 빈 그릇에 복을 주십니다 (토마스 아 켐피스)

심령이 가난하지 않은 사람은 하나님 나라에 들어갈 수 없습니다. 심령의 가난함은 그리스도인과 천국 시민의 근본적인 특징입니다. 다른 특징들은 어떤 의미에서 심령의 가난함의 결과입니다. … 다른 특징들은 충만함을 드러내는 것인 반면에서 심령의 가난함은 빈 상태를 의미합니다. 당신은 옛 포도주를 모두 비우기 전까지는 가죽 부대에 새 포도주를 채울 수 없습니다. … 복음에는 항상 두 가지 측면이 있습니다. 허무는 것과 세우는 것입니다. 시므온은 아기 예수님을 팔로 안았을 때 우리 주님과 구세주에 관해서 이렇게 말했습니다. "이는 이스라엘 중 많은 사람을 패하거나 흥하게 하며 비방을 받는 표적이 되기 위하여 세움을 받았고"(눅 2:34). 패하고 나서 흥합니다. 회심 이전에 유죄 판결이 있어야만 한다는 것이 복음의 본질적인 부분입니다. 그리스도의 복음은 해방하기에 앞서 정죄합니다. 이는 분명히 본질적인 요소입니다. 이것을 좀더 신학적이고 교리적인 형태로 설명하면, 믿음으로 말미암아 의롭게 된다는 교리를 산상설교보다 더 완벽하게 진술하는 것은 없다고 말할 수 있습니다. "심령이 가난한 자는 복이 있나니 천국이 그들의 것임이요"(마 5:3). 이것이 다른 모든 것의 기초입니다.

Studies in the Sermon on the Mount I, 42

15일 : "내 증인이 되리라"

언젠가 어떤 사람이 쓴 글에서 한 문구를 읽었던 기억이 납니다. 그것은 그 사람이 어떤 모임에서 두 연사에게서 들었던 말입니다. 그것은 종교 모임이 아니라 정치 모임이었습니다. 하지만 그 사람이 두 연사에 대해서 말했을 때 그것은 내게 성령의 확신으로 다가왔습니다. 그는 두 사람의 이야기를 들었을 때 두 사람 사이에 큰 차이점이 있다고 느꼈습니다. 첫 번째 사람은 훌륭한 대변자로서 말했으며, 두 번째 사람은 증인으로서 말했습니다. 나는 내 자신에게 물었습니다. '나는 어느 쪽 사람이지? 대변자인가 증인인가?' 당신은 그리스인이 되지 않고서 기독교의 대변자가 될 수 있습니다. 이런 것들을 경험하지 않고서도 지지하는 사람이 될 수 있습니다. … 당신은 모든 요지를 제시할 수 있습니다. … 굉장하게 들릴 수 있습니다. 하지만 당신은 시종일관 그것을 참되게 경험하는 영역 밖에 서 있을 수 있습니다. 당신은 실제로 알지 못하는 일, 만나보지 못한 사람에 대해서 말하고 있는 것일 수도 있습니다. 당신은 대변자, 특별히 아주 뛰어난 대변자입니다. 하지만 우리 주님이 사도들에게 한 말에 주목하십시오. "내 증인이 되리라"(행 1:8).

… 성령은 권세를 가지고 우리를 증인으로 만드십니다. … 부활 이후에 … 우리 주님은 3년 동안 함께 있었던 사람들에게 와서 말씀하셨습니다. "오직 성령이 너희에게 임하시면 너희가 권능을 받고 예루살렘과 온 유대와 사마리아와 땅 끝까지 이르러 내 증인이 되리라 하시니라"(행 1:8). … 이 사람들은 3년 동안 예수님과 동거동락했습니다. 그들은 주님을 상세하게 알았으며, 그분의 설교를 들었으며, 그분이 행하신 이적을 목격했습니다. 그들은 예수님이 무덤에 묻히는 것을 보았습니다. … 주님이 죽은 자들 가운데서 부활하신 것을 보았습니다. … (눅 24장을 보십시오). 만일 누군가 부활과 주님에 관한 모든 사람을 증언할 수 있었다면, 그들은 바로 이 제자들이었습니다. 그러나 우리 주님은 그들이 성령으로 세례를 받지 않고서는 증언할 수 없다고 말씀하셨습니다.

Authority, 82-83

16일 : 그리스도인은 천국을 바라보는 나그네입니다

　놓쳐서는 안 될 중요한 사실은 이 세상에서 우리는 나그네에 불과하다는 것입니다. 우리는 하나님의 시선 아래서, 하나님 쪽으로, 그리고 우리의 영원한 소망을 향하여 이 세상을 살아가고 있습니다. … 이는 히브리서 11장에서 가르치는 위대한 원리입니다. 위대한 신앙의 영웅들은 한 가지 목적만 갖고 있었습니다. 그들은 '보이지 않는 그분을 보는 것처럼' 살아가는 것입니다. 그들은 '이 세상에서 이방인과 나그네'였으며, '하나님이 지으시고 만드시는 기초 위에 세워진 성'을 향해서 나아갔다고 말했습니다. 그래서 하나님께서 아브라함을 부르셨을 때 그는 응답했습니다. 하나님은 애굽의 왕궁에서 전도유망한 모세와 같은 사람에게 향하셔서 그 모든 것을 버리고 40년 동안 비참한 목자가 되라고 명령하셨습니다. 그때 모세는 순종했습니다. … 그들 모두는 그렇게 했습니다. 아브라함은 어떻게 사랑하는 아들 이삭을 희생제물로 바칠 준비가 되어 있었을까요? 다른 모든 신앙의 영웅들은 어떻게 그들이 했던 그 일들을 행할 준비를 했을까요? 그것은 그들이 '더 좋은 나라, 즉 하늘'을 사모했기 때문이었습니다.

　… 만일 이 세상에서 나그네로서 자신을 바라보는 올바른 시각을 갖고 있다면 … 모든 것에 대한 참된 관점을 갖게 됩니다. 우리는 우리의 은사와 소유에 대한 올바른 관점을 갖게 될 것입니다. 우리는 자신을 결산해야만 하는 청지기로서만 생각하게 됩니다. 우리는 이러한 것들을 영원히 소유한 자가 아닙니다. … 세상적인 사람은 자신이 그 모든 것을 소유하고 있다고 생각합니다. 하지만 그리스도인은 이렇게 말합니다. '나는 이런 것들을 소유하지 않습니다. 단지 그것을 빌렸을 뿐입니다. … 나의 재물은 내 것이 아닙니다. 내 은사도 내 것이 아닙니다. 난 그저 관리자일 뿐입니다.' 이때 한 가지 의문을 제기하게 됩니다. '나는 이런 것들을 하나님의 영광을 위해 어떻게 사용할 수 있을까? … 나는 그분에게 내 청지기직에 대해서 결산해야 한다. … 그러므로 나는 이런 것들을 사용하는 방법에 대해 신중해야만 한다. 하나님을 즐겁게 하기 위해서 그분이 내게 하라고 말씀하신 모든 것을 해야만 한다.'

Studies in the Sermon on the Mount II, 84

17일 : 우리 주 예수 그리스도를 통해서만 하나님께 감사할 수 있습니다

　왜 사람은 계속해서 죄를 선택합니까? 이의 해답은 인간이 하나님께로부터 멀어져서 … 본성이 왜곡되고 죄악에 빠졌다는 것입니다. 인간의 전체 성향은 하나님으로부터 떠나 있습니다. … 인간은 하나님의 모든 생각과 그분이 명령하신 요구를 반대합니다. … 더 나아가 인간은 하나님이 금하신 것을 좋아하고 탐내며, 하나님이 살라고 부르시는 그런 삶을 혐오합니다. 이는 단순한 교리 진술이 아닙니다. 모두 사실입니다. … 그러나 그리스도인이 아닌 사람들은 누구나 이 사실을 피상적으로 대면해서 이와 관련된 그들의 제안들은 필연적으로 실패하고 맙니다. … 그들은 핵심적인 문제를 무시합니다. '사람들은 왜 항상 잘못된 것을 갈망합니까? … 인간의 본성 자체가 타락했습니다. 인간은 존재의 중심에서 어긋나 있습니다. 그러므로 모든 것이 어긋납니다. … 인간을 위해서 어떤 일을 해줄 수 있습니까? … 인간이 인생의 전체 성향을 바꿀 수 있습니까? 인간에게 새 옷을 주고, 새로운 환경의 새 집을 제공하고, 최상의 것과 기분을 고양시키는 것을 즐기게 하고, 교육하고, 지성을 훈련시키고, 가장 고급스러운 문화로 자주 향유하게 하게 함으로 영혼을 풍요롭게 하십시오. 그러나 그는 여전히 동일한 본질을 지닌 인간에 불과합니다. … 인간은 새로운 본성이 필요합니다. 그것을 어떻게 얻을 수 있을까요?' 한 가지 대답밖에 없습니다. 즉 하나님의 아들 예수 그리스도뿐입니다. 그분은 하늘에서 오셔서 완전한 인간의 본성을 입으셨습니다. 그분은 하나님이시며 인간입니다. 그분 안에서만 신성과 인성이 연합됩니다. 그분은 우리에게 자신의 본성을 주기 원하십니다. … 그분을 믿고 영접한 사람은 새로운 본성을 얻습니다. … 하나님을 싫어했던 사람들이 이제 그분을 사랑하며 그분에 대해 좀더 알기를 사모합니다. 그들의 가장 큰 갈망은 그분을 기쁘시게 하며, 그분을 공경하며 그분께 영광을 돌리는 것입니다. … 그 결과 이는 그들이 동료들과 새로운 관계를 맺게 합니다. 먼저 그들의 하나님이신 주님을 사랑하고, 이웃을 자신처럼 사랑하게 됩니다. … 새로운 사회는 우리가 새 사람이 될 때만 가능하며, 그리스도만이 새 사람을 만들 수 있습니다.

The Plight of Man and the Power of God, 87-89

18일 : 황혼

　세상에서 비그리스도인의 파산한 인생관처럼 그렇게 절망적인 것도 없습니다. … 찰스 다윈은 … 인생 말년에 인생의 한 면만 몰입한 결과 시와 음악을 즐길 힘과 자연 자체를 감상할 힘을 상실했다고 고백했습니다. 불쌍한 찰스 다윈 같으니! … 웰스의 말년도 마찬가지였습니다. 그는 지성과 인간의 이해력 외에 더 이상 필요하지 않다고 주장했으며, 기독교의 죄와 구원의 교리를 비웃었습니다. 그러나 그는 말년에 실패하여 어쩔 줄 모르게 되었다고 고백했습니다. 그의 마지막 책, 〈막다른 지경에 이른 지성〉은 불경건한 자의 비극적인 말년에 관한 성경의 가르침을 감명적으로 증언합니다. 옥스퍼드 단과대학의 학장이었던 마렛과 같은 합리주의자의 자서전에 나오는 한 문구를 살펴봅시다. … '그러나 내 전쟁은 내 인생의 긴 여름을 갑작스럽게 끝내 버렸다. 그래서 나는 쌀쌀한 가을과 좀더 추운 겨울을 내다보는 것 외에는 아무것도 할 수 없었다. 그러나 어떻게 해서든지 낙심하지 않으려고 애써야 했다.' 불경건한 자의 죽음은 끔찍스럽습니다. 그들의 전기를 읽어 보십시오. 그들의 빛나는 날들은 끝납니다. … 그들은 기대할 것이 아무것도 없습니다. 사이몬(Simon) 경처럼 과거의 성공과 승리를 되돌아보면서 위안을 삼는 것 외에는 할 일이 없습니다. …

　잠언은 "악인의 길은 어둠 같"지만(잠 4:19) "의인의 길은 돋는 햇살 같아서 크게 빛나 한낮의 광명에 이르거니와"(잠 4:18)라고 말합니다. 이 얼마나 놀라운 영광입니까! … 사도 바울의 말을 들어보십시오(딤후 4:6-8). … 존 웨슬리가 메소디스트들에 대해서 가장 자랑스럽게 했던 말 중 하나는 "우리 메소디스트들은 잘 죽는다"는 것이었습니다. … 성경은 어디서나 '훗날에 있을 끝(종말)'을 생각하라고 강하게 권면합니다. … 그분께 복종하고 그분과 그분의 권능을 의지하십시오. … 그 끝이 영광스러울 것입니다.

Faith on Trial, 51-53

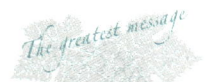

19일 : 그 예수님은 불완전한 채로 남겨 두지 않습니다

그러면 치료 방법은 무엇입니까? 올바른 길은 무엇입니까? 그것은 우리 주님의 질문에 솔직해지고 진솔하게 대답하는 것입니다. … 예수님은 벳새다의 맹인을 향해 물으셨습니다(막 8:22-26). "무엇이 보이느냐?" 맹인은 솔직하게 말했습니다. "사람들이 보이나이다 나무 같은 것들이 걸어가는 것을 보나이다." 이 사람이 구원을 받게 한 것은 그의 솔직함이었습니다. … 우리는 어디에 서 있습니까? 정확하게 무엇을 보고 있습니까? 사물을 명확하게 보았습니까? 행복합니까? 실제로 봅니까? 우리가 어디에 있는지 정확하게 알아야 합니다. 하나님을 압니까? 예수 그리스도를 압니까? 그분을 알 뿐만 아니라 구세주로서 믿습니까? '말로 표현할 수 없는 기쁨과 충만한 영광으로 즐거워'합니까? 이것이 신약성경이 말하는 그리스도인입니다. '보고 있습니까?' 솔직해지십시오. …

그런 다음에는 무엇을 해야 합니까? 예수님께 복종하는 것, 맹인이 했던 것처럼 철저하게 그분을 따르는 것입니다. 당신도 동일하게 할 수 있습니다. 하나님의 말씀에 다가가십시오. … '나는 어떤 대가를 치르더라도 진리를 원합니다'라고 말하십시오. … 명확하게 보게 하고, 완벽한 비전을 주시며 온전하게 만들어 주시는 그분과 더불어 기뻐하십시오. … 나는 그분이 자신의 복된 이름으로 그것을 행하실 것이라고 당신에게 약속합니다. 그분은 불완전한 채로 남겨 두지 않습니다. … 맹인은 치유되었으며, 회복되었으며, '모든 사람을 명확하게' 보게 되었습니다. 그리스도인의 입장은 분명합니다. 우리는 의심과 불안, 불확실성과 불행의 상태에 처해서는 안 됩니다. … 예수님은 우리가 분명하게 보고, 하나님을 명확하게 알도록 하기 위해서 오셨습니다. 그분은 영원한 생명을 주기 위해서 오셨습니다. "영생은 곧 유일하신 참하나님과 그가 보내신 자 예수 그리스도를 아는 것이니이다"(요 17:3). … 그분은 그것을 하겠다고 보증하셨으며, 그것을 하실 것입니다. 당신은 그 이상을 보든지 못 보든지 더 이상 확신이 없는 그리스도인이 되지 않을 것입니다. 당신은 이렇게 말할 수 있을 것입니다. '보입니다. 그분 안에서 내게 필요한 모든 것과 그 이상을 봅니다. 그리고 내가 그분께 속해 있다는 것을 압니다.'

Spiritual Depression, 47-48

20일 : 하나님께 돌아설 때까지 산상설교는 성취할 수 없습니다

그러므로 마태복음 5장 3절의 첫 번째 팔복은 우리가 우리 자신을 마주 대할 때뿐만 아니라 산상설교의 전체 메시지에 직면했을 때 우리 모두를 철저하게 살피는 시금석입니다. 당신이 보듯이, 이 복은 산상설교의 모든 개념을 당신과 내가 스스로 행하고 실천할 수 있다는 생각을 즉시 정죄합니다. 그것은 처음부터 이를 부정합니다. 산상설교를 새로운 율법으로 생각하거나 사람들에게 천국을 가져다주는 조건으로 생각하는 그러한 견해들을 철저하게 정죄합니다. 요즘은 그런 말을 거의 듣지 못하지만, 그런 견해는 여전히 남아 있으며, 20세기 초에는 매우 유행했습니다. 사람들은 '하나님 나라에 참여하는 것'에 관해 말하면서 항상 산상설교를 그 본문으로 이용했습니다. 그들은 산상설교를 적용될 수 있는 것으로 생각했습니다. '당신은 산상설교를 설교해야 하며, 사람들은 즉시 실천에 옮겨야 한다'고 말했습니다. 그러나 이 견해는 위험할 뿐만 아니라 '심령이 가난해지는 것'을 근본적인 명제로 여기는 산상설교 그 자체를 철저하게 부정하는 것입니다. 다시 말해서 산상설교는 우리에게 다가와서 말합니다. '당신이 헤아려야 하는 산, 당신이 등반해야 하는 산이 있습니다. 당신이 알아야 첫 번째 일은, 올라야만 한다는 말을 들은 산을 바라보면서 당신은 그것을 할 수 없으며, 그 일을 하는 것은 철저하게 불가능하며, 당신 자신의 힘으로 해보려고 하는 모든 시도는 그것을 이해하지 못했다는 분명한 증거라고 인정하는 것입니다.' 처음부터 산상설교를 즉시 실천에 옮겨야 하는 하나의 프로그램으로 여기는 견해를 정죄합니다.

Studies in the Sermon on the Mount I, 43

21일 : 하나님께 기도를 드린 후 응답을 기다려야만 합니다
(행 12:5-16)

… 우리는 응답을 기다려야 합니다. 하박국 선지자는 "나의 질문에 대하여 어떻게 대답하실는지 보리라"(합 2:1)고 말합니다. 파수꾼의 임무는 전방을 주시하여 적의 움직임을 지켜보는 것입니다. 하박국은 응답을 기다리고 있습니다. 우리는 종종 실패합니다. 왜냐하면 하나님께 기도하고 나서 잊어버리기 때문입니다. 하나님께 기도를 드린다면 우리는 기도에 대한 응답을 기다려야만 합니다. …

물론 하나님은 여러 가지 방법으로 응답하실 수 있습니다. 예를 들면, 당신이 말씀을 읽을 때 하나님께서 응답해 주실 것을 기대할 수 있습니다. 왜냐하면 그것이 하나님께서 응답하시는 가장 일반적인 방법이기 때문입니다. 당신이 성경을 읽고 있을 때 갑자기 낯설고 기이한 빛이 당신의 문제에 비추어집니다. …

또한 하나님은 때때로 우리의 심령에 직접적으로 응답하십니다. … 하나님은 내 안에서 말씀하심으로 내게 응답하십니다. … 그분은 명백한 방식으로 우리의 심령에 강한 감동을 주실 수 있습니다. … 때때로 하나님은 그렇게 응답하십니다.

또한 하나님은 섭리하신 대로 우리의 상황을 바로잡거나 날마다 우리 일상에서 일이 일어나게 함으로 하나님이 말씀하신 것이 명료하게 이해되도록 우리의 기도에 응답하십니다. 하나님은 문을 닫아둔 채로 어떤 일을 하라고 우리를 부르시지 않습니다. 그분이 지체시키기도 하지만, 우리에게 특별한 사역을 맡기실 때 하나님은 다른 문은 닫고 특별한 문을 열어 두십니다. 우리의 삶 전체는 그 목적에 맞추어져야 합니다. 이는 그리스도인들이 일반적으로 삶 속에서 경험하는 것입니다. … 하나님의 뜻은 확실합니다. 그것은 우리가 이러한 응답을 기다리며, 응답이 왔을 때 그것을 식별할 수 있도록 준비해야만 합니다. 나는 하나님께 내 문제를 맡기고 나면 응답을 기대합니다. 하나의 인도 지침을 다른 것과 비교해 볼 필요가 있습니다. 하나님이 시종일관 한결같은 방법으로 우리를 다루신다면 모든 것을 모아 집중함으로 응답을 기대할 수 있기 때문입니다.

From Fear to Faith, 39-40

22일 : 한 가지 부족한 점

    소위 젊은 부자 관원은 … 다른 측면에서는 옳았습니다. 그러나 우리 주님을 만났을 때 그는 자신의 삶의 깊은 중심에서 실제적으로 필요하고 부족한 것이 있다는 것을 깨닫게 되었습니다. 이것이 회심하기 전 마틴 루터의 경우가 아니었습니까? 마틴 루터는 금식을 하며 기도하고 땀을 흘리면서 많은 시간을 보냈습니다. 그는 자신의 삶의 영적 질서를 잡으려고 애쓰고 있었습니다. … 그러나 엄청난 노력에도 불구하고 그의 마음 중심은 여전히 비참하고 불행한 상태였습니다. 그러나 믿음으로 말미암아 의롭게 된다는 영광스러운 교리가 그에게 빛을 비춤으로써 명확하게 되자 루터의 마음 중심이 고쳐지고 우리가 알고 있는 사역을 감당한 강력한 종교 개혁자가 되었습니다. 존 웨슬리는 한 사람의 인생에서 그리스도 중심이 필요함을 보여 주는 또 다른 예입니다. 그보다 더 신실하고 정직한 사람은 없습니다. 그보다 더 자신의 진보를 위해 그러한 시간과 힘을 쏟아붓는 사람도 없습니다. 그는 감옥에 있는 죄수들에게 설교하기 위해서 옥스퍼드에서 박해를 당했습니다. 그는 자신을 바로 잡으려고는 온갖 노력을 하는 가운데 결국 대학 생활의 친목과 장래 가능성을 포기하고, 대서양을 건너서 조지아에 있는 노예들에게 설교했습니다. 그러나 그는 자기 인생의 여러 측면과 부분을 처리했음에도 불구하고 여전히 마음 중심이 불행하고 좌절 상태에 빠져 있음을 깨달았습니다. 그때 그는 런던 올더스게이트 거리에 있는 한 모임에서 자신의 마음이 얼마나 갑작스럽게 그리고 이상하게 뜨거워졌는지를 고백합니다. 존 웨슬리는 마침내 마음 중심에서 영적 질서를 바로잡았습니다. 그의 영혼은 예수 그리스도 안에서 찾아볼 수 있는 하나님에 대한 올바른 지식을 깨닫게 되었습니다. 그 눈은 바르게 되었으며, 존 웨슬리는 새 사람이 되었습니다.

Truth Unchanged, Unchanging, 89-90

23일 : 본향을 향해 나아가십시오

내가 살아가는 매일의 삶이 되돌아갈 수도 없고 다시 오지도 않는 또 다른 이정표에 불과하다는 것을 자신에게 말하고 있습니까? 나는 '본향을 향해 날마다 전진하면서' 이동용 장막을 치고 있습니다. 나는 나 자신이 아니라 하나님의 목적을 위해 여기에 거하는 그분의 자녀입니다. 내가 선택해서 세상에 온 것이 아닙니다. 내가 스스로 여기 세상에 있게 한 것이 아닙니다. 이 모든 것에는 한 가지 목적이 있습니다. 하나님은 이 세상에서 사는 위대한 특권을 우리에게 주셨습니다. 만일 하나님께서 내게 어떤 은사를 주셨다면, 어떤 면에서 그 은사들이 내 것일지라도 바울이 고린도전서 3장 마지막 부분에서 말했듯이 그 은사들이 하나님의 것임을 인식해야 합니다. 그러므로 하나님을 위해 돌보는 사람, 즉 관리인과 청지기의 특권을 지닌 존재로서 간주하며 나는 이런 것들에 매달리지 않습니다. 그것은 내 생활과 존재의 중심이 되지 못합니다. 나는 그것을 위해서 살거나 마음속에 항상 그것을 염두에 두지 않습니다. 나는 이런 것들에 열중하지 않습니다. 반대로 나는 그것들을 대충 부여잡습니다. 나는 그것에서 떨어진 복된 상태에 있습니다. 나는 그것에 지배를 받지 않습니다. 오히려 그것을 지배합니다. 나는 이 일을 행할 때 안전하게 거하며 나 자신을 위해 '하늘에 보물'을 안전하게 쌓습니다. …

주 예수 그리스도는 우리에게 우리 자신을 위해서 하늘에 보물을 쌓아 두라고 말씀하십니다. 성도들은 항상 그렇게 했습니다. 그들은 자신들에게 주어질 영광의 실재를 믿었습니다. 거기에 이르기를 소망했습니다. 그들이 갖고 있던 한 가지 소망은 영광의 실재를 완전하고 충만한 상태로 누리는 것이었습니다. 만일 우리가 그들의 전철을 따르며 동일한 영광을 누리기를 갈망한다면 우리 주님의 권면에 더욱더 귀를 기울여야만 합니다. "너희를 위하여 보물을 땅에 쌓아 두지 말라 … 오직 너희를 위하여 보물을 하늘에 쌓아 두라"(마 6:19-20).

Studies in the Sermon on the Mount II, 85

24일 : 하나님을 통한 강력한 권능

우리가 정통주의 신앙을 갖고 있지만 죽은 상태일 수 있다는 점을 인식합시다. 우리가 고도의 지식을 지니고 신학적일 수 있지만 쓸모없을 수도 있다는 사실을 깨달읍시다. 심지어 우리 자신의 힘과 능력으로 이 말씀을 선포하는 것이 결국 무의미하며 헛되다는 것을 이해합시다. '하나님을 통한 강력한 권능!' … 바울은 자신의 머리, 이성, 논리를 사용하고 그것에 의지할 수 있었습니다. 그러나 그는 그것을 사용하지도 의지하지도 않았습니다. … 권능과 권위와 표명은 '하나님에게' 속한 것이었습니다. … 고린도전서 4장 20절의 말씀에 귀를 기울여 보십시오. 바울은 이렇게 말합니다. "하나님의 나라는 말에 있지 아니하고 오직 능력에 있음이라." 이것은 성령의 권능입니다. 이것이 없다면 우리는 아무것도 할 수 없습니다. … 18세기 초에 정통주의 신앙의 사람들은 자신들의 입장이 무너지는 것을 목도했습니다. 그들은 '우리가 진리를 수호하기 위해서 무엇을 할 수 있는가?'라고 말했습니다. 그들은 소위 '보일의 강연'이라는 것을 시작하기로 결정했습니다. … 그들은 기독교 신앙을 변호할 목적으로 시작했습니다. 위대한 감독 버틀러는 자신의 책 〈유추〉를 썼습니다. 버틀러 감독은 기독교 신앙을 변호하려 했습니다. 페일리도 마찬가지 일을 했습니다.

그러나 그들은 그 상황을 호전시키지 못했습니다. 무엇이 그 상황을 바꾸었습니까? … 조지 휫필드가 목사 안수를 받을 때 임재했던 성령이었습니다. 1738년 5월 24일 올더스게이트에서 존 웨슬리의 마음이 '이상하게 뜨겁게 된' 것도 성령의 역사였습니다. 그것이 권능이었습니다! '하나님을 통한 강력한 권능!' 이것이 사도 바울을 거꾸러지게 하고 겸손하게 만들며 확신하게 했던 바로 그 권능입니다. … 사도 바울은 압도당했으며, 겸손해졌으며, 거꾸러졌습니다. … 동일한 일이 어거스틴에게도, 루터에게도, 칼빈에게도, 블레즈 파스칼에게 일어났습니다. 그것은 그들의 위대한 지식과 학문과 이해에도 일어났습니다. 그 일은 역사 속에서 오랫동안 그랬던 것처럼 바로 오늘밤에도 일어납니다.

The Weapons of our Warfare, 22-23

25일 : 예수 그리스도에 대한 사실들

하나님은 자연 안에 자신을 계시하셨습니다. 사도 바울은 로마서에서 자연에서 하나님을 보지 못했다고 변명할 수 없다고 주장합니다(롬 1:19-25). … 또한 하나님은 역사 안에서 자신을 계시하셨습니다. 더 나아가 하나님은 여러 가지 방법으로 구약성경의 족장들에게 자신을 계시하셨습니다. 하지만 우리는 복음주의 그리스도인으로서 주 예수 그리스도의 가장 중심적인 사실에서 시작합니다. 성경 전체는 주 예수 그리스도에 관해 증언하고 있습니다. 구약성경은 그분을 고대하고 있습니다. 구약성경은 어떤 사람이 올 것이라고 말합니다. 그 약속은 어느 순간에 매우 모호하고, 흐릿하며, 막연한 것처럼 보이지만, 어떤 순간에는 보다 명확하게 특별하게 보입니다. 그러나 상황은 그렇습니다. 하나님은 무언가를 행하실 것이며, 어떤 사람이 올 것입니다. 마침내 그 소리가 들리게 될 것입니다. 권위자가 말할 것입니다. 구약성경의 자세는, 학수고대하며 기다리는 것이었습니다. 그러나 물론 신약성경에 이르면 그분에 대해서 온전히 알게 될 것입니다.

설교와 가르침과 복음 전도의 문제에서 우리의 위대한 모범인 사도 바울이 고린도에 갔을 때 그는 "내가 너희 중에서 예수 그리스도와 그가 십자가에 못 박히신 것 외에는 아무것도 알지 아니하기로 작정"했습니다(고전 2:2). … 바울은 고린도 사람들과 가정에 관해 논쟁하느라 시간을 낭비하지 않기로 결심했습니다. 그는 예비적인 철학 논쟁으로 시작하지 않고 점차적으로 그 사람들을 진리로 이끌 작정이었습니다. 아닙니다! 그는 권위를 가지고 주 예수 그리스도를 선포함으로 시작합니다. … 우리도 이것으로 되돌아가야만 합니다. … 우리는 바울이 말하듯이 그리스도를 위해서 어리석은 자가 되어야만 합니다(고전 3:18). … 우리는 그분을 옹호하고 그분을 선포하며 그분으로 시작해야 합니다. 왜냐하면 그분은 궁극적이고 최종적인 권위자이시기 때문입니다. … 그분은 우리 입장의 중심에 계시며, 우리의 모든 사정을 그분께 의탁해야 합니다. … 실제로 신약성경 전체에서 가장 중요한 주장은 주 예수 그리스도의 절대적인 권위입니다.

Authority, 13-15

26일 : 근본으로 돌아가십시오

현대인의 인생 문제를 해결하는 것이 얼마나 복잡하고 어려운지요! 중심 원리가 올바르지 않을 때 얼마나 무익합니까? 만일 눈이 악하면 온몸이 어둠으로 뒤덮이며, 다른 부분을 밝게 만들려면 엄청난 노력이 필요합니다. 만일 우물에 독이 들어 있다면, 그 우물에서 흘러넘쳐 흐르는 물에도 항상 독이 들어 있습니다. 한 양동이의 물을 정화시키는 일이 얼마나 힘든지요! 야고보는 자신의 서신에서 이 관념을 잘 묘사합니다. "너희 중에 싸움이 어디로부터 다툼이 어디로부터 나느냐 너희 지체 중에서 싸우는 정욕으로부터 나는 것이 아니냐"(약 4:1). 또 우리 주님도 이렇게 말씀하십니다. "마음에서 나오는 것은 악한 생각과 살인과 간음과 음란과 도둑질과 거짓 증언과 비방이니"(마 15:19). 그러므로 해결해야만 하는 것은 여러 가지 드러나는 현상이 아니라 중심, 곧 갈등(재난)의 원인인 마음입니다. 좋은 나무가 좋은 열매를 맺든지 나쁜 나무가 나쁜 열매를 맺든지(마 7:15-20) 우리 주님이 우리를 조정하십니다. 치유는 중심에서 시작되어야 합니다. 그것은 사람이 하거나 사람이 알거나, 하나님과의 근본적인 중심 관계에서 사람 자신이 바로잡아야 하는 것이 아닙니다. 실력이 형편 없는 의사는 증세와 합병증만을 다루며, 질병은 무시합니다. 질병은 죄의 결과로서 인간 영혼의 타락하고 더럽혀진 상태입니다. 그의 영적인 눈은 흐려져서 앞뒤를 분간하지 못합니다. 하나님의 빛이 그 안에 들어갈 수 없습니다. 그 안에 있는 모든 어둠 때문입니다. 그것은 치료를 받아야 합니다. 복음은 얼마나 단순하고 직접적인지요!

Truth Unchanged, Unchanging, 90-91

27일 : 세상은 망가진 장난감에 불과해서 그 즐거움은 공허합니다
(길버트)

    우리 주님은 마태복음 6장 19절에서 세상의 보물이 오래가지 않는다고 말씀하십니다. 세상의 보물은 일시적이며 사라지며 덧없습니다. 나는 주변에서 모든 것이 변하고 부패하는 것을 봅니다. "… 좀과 동록이 해하며."

    얼마 옳은 말씀인지요. 모든 사물에는 우리가 좋아하든지 좋아하지 않든지 부패 요소가 있습니다. … 이런 것들은 결코 만족을 주지 못합니다. 이것에는 항상 잘못된 것이 있습니다. 그들은 항상 무언가가 부족합니다. 세상에는 완전히 만족하는 사람이 없습니다. 일부 사람들은 어떤 의미에서 자신들이 원하는 모든 것을 소유하고 있는 것처럼 보이지만 그들도 여전히 다른 것을 원합니다. …

    좀과 동록의 효과를 영적으로 바라보는 다른 방법이 있습니다. 이런 사물에는 부패 요소만 있는 것이 아닙니다. 우리는 항상 사물에 싫증을 내는 경향이 있습니다. … 그래서 우리는 항상 새로운 사물에 대해 이야기하고 그것을 찾아나섭니다. 패션은 변합니다. 잠시 동안 어떤 물건에 대해 열광하지만 얼마 지나지 않아 그것은 우리의 관심을 끌지 못합니다. … 그러므로 이런 사물에 관해 마지막으로 알아야 할 사실은 그것이 소멸되는 것을 피할 수 없다는 점입니다. 아름다운 꽃도 당신이 꺾는 순간부터 시들어 갑니다. 당신은 곧 그 꽃을 내버릴 것입니다. 이생과 이 세상의 모든 것이 마찬가지입니다. … 사물에는 결함이 생기기 마련이고 쓸모없게 됩니다. … 가장 완벽한 신체도 결국 무너지고 부러지며 죽어 버립니다. … 사물이 아무리 놀랍고 아름다우며 훌륭해도 결국 소멸됩니다. 인생의 실패 중에서 가장 슬픈 것은 아마도 선함과 아름다움과 진리를 숭배하게 한 철학자들의 실패입니다. 왜냐하면 어디에도 완벽한 선도, 순수한 아름다움도 없기 때문입니다. 최고의 진리에도 오류와 죄와 거짓 요소가 들어 있습니다. "좀과 동록이 해하며."

Studies in the Sermon on the Mount II, 88-89

28일 : 목자 없는 양

성경은 단순한 역사 기록이 아닙니다. 하지만 성경은 우리가 역사의 의미를 이해하는 데 도움을 줍니다. 그것은 어떤 원리들을 매우 분명하게 가르쳐 줍니다. 첫 번째 원리는 만물, 심지어 악한 세력도 하나님의 손 아래에 있다는 것입니다. … 하나님을 떠나서는 그 어떤 일도 일어나지 않습니다. "여호와께서 다스리시나니"(시 97:1). … 성경의 섭리 교리를 터득하는 것은 매우 중요합니다. 성경적 섭리 교리는 이렇게 정의될 수 있습니다. '창조주가 모든 피조물을 붙잡는 신적 힘의 지속적인 역사는 세상에서 일어나는 모든 일에서 작용하며, 만물이 정해진 목적을 따라 행하게 합니다.' … 우리는 이와 관련해서 하나님의 묵인하는 뜻을 기억해야 합니다. 그것은 우리의 이해를 뛰어넘습니다. 하지만 하나님께서 자신의 목적을 위해서 어떤 일이 일어나도록 허용하신다는 것을 배워야 합니다.

여기서 우리가 알아야 하는 또 다른 것은 악인의 전체 입장이 불확실하며 위험천만하다는 점입니다. 그들은 '미끄러지는 곳'에 있습니다. 그들 모두는 일시적입니다. … 나이가 들면 쇠약해지고, 죽으면 심판이 기다린다는 것은 확실합니다. 죄와 관련해서 가장 끔찍스러운 일은 죄가 사람의 눈을 멀게 해서 이를 깨닫지 못하게 한다는 점입니다. 그들은 자신들의 허영과 영광이 잠시에 불과하다는 것을 알지 못합니다.

시편 73편의 기자는 하나님의 성소에서 이를 분명하게 알게 되었습니다. 그래서 그는 경건하지 못한 자를 더 이상 부러워하지 않을 뿐만 아니라 그들의 실상을 깨닫고 나서 그들을 불쌍히 여기기 시작했습니다. 악인에 대한 시편 기자의 생각은 교정되었습니다. 이는 기독교 신앙의 고백을 시험하는 가장 좋은 시금석입니다. 우리는 악인이 눈멀어 보지 못하는 것에 대해서 불쌍히 여깁니까? 그들을 목자 없는 양으로 보면서 그들에 대해 안타까워한 적이 있습니까?

Faith on Trial, 55

29일 : 가장 위대한 드라마

　복음은 부분적이고 단편적인 그 무엇이 아닙니다. 복음은 삶과 역사와 세상 전체를 포용합니다. 복음은 창조와 최후 심판과 그 사이에 있는 모든 것에 관해 말하고 있습니다. 그것은 인생에 대한 완전하고 온전한 관점입니다. 그런데 수많은 사람들이 그리스도인으로 살아가면서 불행해합니다. 왜냐하면 그들은 이 같은 삶의 방식이 전인적인 삶을 제공하고, 그의 경험에서 생겨나는 모든 우발성을 포용한다는 사실을 깨닫지 못하기 때문입니다. 삶은 없고 다만 복음이 그것에 관해서 말하는 그 무엇을 갖고 있을 뿐입니다. 삶 전체는 복음의 영향 아래에 들어와야 합니다. 왜냐하면 복음은 모든 것을 포괄하고 있기 때문입니다. 복음이 우리 삶에서 모든 것을 통제하고 지배하기 때문입니다. … 많은 사람들은 자신들의 삶의 일부 측면에만 기독교를 적용하기 때문에 어려움에 빠지고 맙니다. 이는 불가피합니다. 이것이 우리가 먼저 알아야 할 일입니다. 우리는 복음의 위대함, 복음의 영원하고 광대한 범주를 깨달아야 합니다. 이 위대한 교리의 완전함에 머무르며, 그 풍부함을 누려야 합니다. 우리는 항상 복음 안에 갇혀 있지 않아야 합니다. 우리는 복음에서 출발해서 계속 나아가야 합니다. 복음이 역사하고 그것의 의미를 알 때 우리는 복음이 얼마나 강력하며, 복음이 어떻게 우리 인생 전체를 다스리는지를 깨닫게 될 것입니다.

Spiritual Depression, 55-56

30일 : 겸손, 성경의 최고 덕목

나는 성경이 가장 큰 덕목으로 여기는 겸손을 올바로 평가하지 않는 경향을 종종 보았습니다. 나는 한 위원회 소속 사람들이 어떤 후보에 대해서 이야기하는 것을 들은 적이 있습니다. '맞아요. 좋은 사람이에요. 그런데 개성이 부족해요.' 내 입장에서 보면 그 후보는 겸손한 것이었습니다. 자신과 자신의 개성을 이용하며, 개성을 드러내려고 애쓰는 것을 정당화하며, '개성을 인정받으라'는 끔찍한 문구처럼 그렇게 하려고 애쓰는 경향이 있습니다. 기독교 사역과 관련해서 점차적으로 사용되고 있는 광고들도 이러한 경향을 드러내고 있습니다. 당신은 하나님의 위대한 사역자들, 위대한 복음 전도자들과 다른 사람들의 활약을 담은 책을 읽으면, 그들이 어떻게 자신을 드러내지 않았는지를 보게 됩니다. 그러나 오늘날 우리는 이것과는 완전히 정반대를 경험하고 있습니다. …

이는 무엇을 의미합니까? 바울은 '우리 자신이 아니라 주 예수 그리스도를 전한다'고 말했습니다. 바울은 고린도에 갔을 때 '연약함과 두려움과 떨림 가운데' 갔다고 말합니다. 바울은 확신과 자신감을 가지고 편안한 마음으로 강단에 올라가지 않았으며, 자신의 개성에 대해 강한 인상을 남기지도 않았습니다. 오히려 사람들은 그에 대해 이렇게 말했습니다. '그의 외모는 보잘것없고, 그의 연설도 형편없다.' 우리가 성경의 진리와 패턴과 얼마나 멀리 유리되어 있는지요. 아! 교회가 세상과 세상의 방법이 교회의 관점과 생활에 얼마나 영향을 끼치고 지배하도록 허용하는지요. '심령이 가난해지는' 것은 과거에 인기가 있었고 항상 인기가 있어야 하지만, 오늘날 교회에서는 인기가 없습니다. 그리스도인들은 이 문제를 다시 생각해야 합니다. 벌어지는 일들을 곧이곧대로, 액면 그대로 받아들이지 맙시다. 무엇보다도 이 세상의 심리학에 사로잡히지 말아야 합니다. 우리가 이 악한 세상에 속한 모든 것과 다른 나라에 속해 있다는 사실을 처음부터 깨달아야 합니다.

Studies in the Sermon on the Mount I, 46-47

31일 : 하나님의 응답을 기다리십시오

　하나님께서 자신이 하신 말씀에 늘 신실하며, 하나님의 약속은 반드시 이루어진다는 것을 믿어야만 합니다. 그래서 내 자신과 나의 문제를 하나님께 맡길 때 하나님께서 분명히 응답하신다는 것을 믿고서 열심히 기다려야 합니다. 응답을 기다리지 않는 것은 하나님을 모욕하는 것입니다. 하나님께서 내 아버지이시며, 내 머리털의 수까지 알고 계시며, 하나님께서 나 자신보다도 내 안녕과 행복을 염려하시며, 하나님 자신의 위대하고 거룩한 이름에 대해서 나보다도 더 염려하신다는 사실을 믿는다면, 그분께 기도한 후에 응답을 기다리지 않는 것은 분명히 그분을 모욕하는 것입니다. … 믿음의 사람들은 기도만 한 것이 아니라 응답을 기대했습니다. 때때로 우리는 공포 속에서 기도를 드립니다. 그러나 공포스러운 일이 끝나고 나면 우리는 기도한 것을 까맣게 잊어버립니다. 응답을 기다리는 것은 우리 신앙의 시금석입니다. 하박국 선지자는 파수하는 곳, 곧 망대에 올라갔습니다. 그는 하나님의 행위를 이해할 수 없었지만, 그 문제를 하나님께 맡기고서 응답을 기다렸습니다. … 하박국의 방법을 채택해서 그가 행동했던 방식대로 행한다면 하나님께서 자신의 약속을 지키신다는 것은 영적인 영역에서 절대적인 법칙입니다. 하나님은 실제로 이렇게 말씀하셨습니다. '그래 하박국아, 네 기도를 들었다. 네가 당황하는 것도 이해한다. 내 응답은 이렇다. 내가 이스라엘을 징벌하기 위해서 세운 갈대아 사람들은 그 다음에 패망하게 될 것이다.' 갈대아 사람들의 막강한 힘은 오래가지 않을 것입니다. … 하나님은 하박국에게 예언을 매우 분명하게 기록하라고 하셨습니다. 그래서 그 예언을 읽는 사람은 누구나 즉시 이해하고 순종하며 다른 사람들에게 경고할 수 있도록 하라고 하셨습니다.

From Fear to Faith, 40-42

Martyn Lloyd-Jones

June 6

"내가 너희에게 이르는 말은 스스로 하는 것이 아니라 아버지께서 내 안에 계셔서 그의 일을 하시는 것이라"(요 14:10)

The greatest message

6월 June

1일 : 적이나 도둑이 망가뜨릴 수 없는 것들

"오직 너희를 위하여 보물을 하늘에 쌓아 두라 거기는 좀이나 동록이 해하지 못하며 도둑이 구멍을 뚫지도 못하고 도둑질도 못하느니라"(마 6:20). 이는 놀라운 영광으로 가득 찬 말씀입니다. … 하늘에 있는 것들은 소멸되지 않으며, 도둑이 뚫고 들어와 그것을 훔쳐 갈 수 없습니다. 왜 그렇습니까? 하나님이 우리를 위해서 그것을 보관하고 계시기 때문입니다. 우리에게서 그것을 강탈해 가거나 들어올 수 있는 적은 없습니다. 하나님이 보관인이시기 때문에 그것은 불가능합니다. 영적 즐거움은 상실하지 않습니다. 그것은 난공불락의 장소에 있기 때문입니다(롬 8:38-39). … 게다가 거기에는 불순한 것이 전혀 없습니다. 부패한 것은 그 안에 들어오지 못합니다. 거기에는 죄나 부패 요소가 없습니다. 그것은 영원한 생명과 영원한 빛의 영역입니다. … 하늘은 생명과 빛과 순결의 영역이며, 죽음에 속한 것은 아무것도 없습니다. 더럽거나 오염된 것은 그 어느 것도 거기에 들어갈 수 없습니다. 그것은 완벽합니다. 혼과 영의 보물이 그 영역에 속합니다. …

이는 상식에 대한 호소입니다. 이것이 사실임을 알지 못합니까? 이는 필연적으로 참되지 않습니까? 우리가 이 세상에 살면서 그 모든 것을 보지 못합니까? 조간신문을 펼쳐서 부고란을 보십시오. 일어난 모든 일을 보십시오. 우리는 이 모든 것을 알고 있습니다. 왜 그것을 실천하지 않으며 그것을 따라 살지 않습니까? 보물에 일어날 일을 알면서 보물을 땅에 쌓아 두려고 합니까? 하늘에 순결하고 즐거우며, 거룩하고 영원한 축복이 있다는 것을 알면서 왜 하늘에 보물을 쌓아 두지 않습니까?

Studies in the Sermon on the Mount II, 90-91

2일 : 기독교, 입장료는 무료이지만 연간 구독료는 개인의 전부입니다

… 우리는 종종 그 메시지의 위대함과 온전함을 깨닫지 못합니다. 또한 마찬가지로 인간 전체가 "너희에게 전하여 준 바 교훈의 본을 마음으로 순종하여"(롬 6:17)라는 메시지에 그리고 그 메시지에 의해서 함께 연결되어 있음을 깨닫지 못합니다. 인간은 지성이며, 마음이며, 의지입니다. … 하나님은 사람에게 지성과 마음과 의지를 주셨습니다. 복음의 가장 위대한 영광 중 하나는 이것입니다. 그것은 다름 아니라 복음이 전인을 사로잡았다는 것입니다. … 그런 일을 하는 것은 아무것도 없습니다. 이것이 생명과 죽음과 영원에 대한 완전한 견해, 완벽한 복음입니다. 그것은 전인을 포함하고도 남을 만큼 큽니다. 우리에게 많은 고통이 따르는 것은 그것을 깨닫지 못했기 때문입니다. 우리는 이 위대한 복음에 다만 부분적으로 응답할 뿐입니다. … 때때로 … 당신은 자신의 인격 중에서 일부분만, 즉 머리만, 마음만, 의지만 쓰는 사람을 보게 될 것입니다. 당신은 그들이 잘못되었다는 것에 공감할 것입니다. 그렇습니다. 하지만 문제를 명확하게 해봅시다. … 두 가지만 가지고 있는 것 역시 똑같이 잘못입니다. 의지는 없이 머리와 마음만 가지고 있거나, 마음은 없이 머리와 의지만 갖고 있거나, 머리 없이 마음과 의지만 갖고 있는 것 역시 잘못입니다. … 기독교의 입장은 삼중적입니다. 즉 세 개가 함께 있어야 하고, 셋이 동시에 있어야 하며, 셋이 영원히 있어야 합니다. 이와 같은 위대한 복음은 전인을 사로잡습니다. 만일 전인이 사로잡히지 않는다면, 당신이 서 있는 자리에 대해서 다시 한 번 생각해 보십시오. … 얼마나 위대한 복음입니까! 얼마나 영광스러운 메시지입니까! 그것은 인간의 지성을 완벽하게 충족시킬 수 있습니다. 인간의 마음을 전적으로 움직일 수 있습니다. 그것은 의지의 영역에서 전심전력을 다해 순종하게 할 수 있습니다. 이것이 복음입니다. 그리스도는 우리가 완전한 인간이 되도록 하기 위해서 죽으셨습니다. 그분은 우리의 일부분만 구원을 얻게 하거나 한쪽으로 균형을 잃은 그리스도인이 되게 하기 위함이 아니라 균형적인 완벽한 인격체가 되도록 하기 위해서 죽으셨습니다.

Spiritual Depression, 56, 60

3일 : 심령은 가난하지만 하나님의 은혜는 풍성합니다

… '심령이 가난하다'는 것은 무슨 의미입니까? … 이사야 선지자는 이렇게 말했습니다. "지극히 존귀하며 영원히 거하시며 거룩하다 이름하는 이가 이와 같이 말씀하시되 내가 높고 거룩한 곳에 있으며 또한 통회하고 마음이 겸손한 자와 함께 있나니 이는 겸손한 자의 영을 소생시키며 통회하는 자의 마음을 소생시키려 함이라"(사 57:15). 이것이 영의 특성입니다. 구약성경에서 이에 대한 수많이 많은 예를 찾아볼 수 있습니다. 예를 들면, 그것은 기드온과 같은 사람의 영입니다. 주님이 기드온에게 천사를 보내서 큰일에 대해 말씀하실 때 그는 이렇게 말했습니다. '아닙니다. 그것은 불가능합니다.' "보소서 나의 집은 므낫세 중에 극히 약하고 나는 내 아버지 집에서 가장 작은 자니이다"(삿 6:15). … 그는 자기가 말한 것을 실제로 믿으며, 위대해지거나 영예롭게 되는 생각을 피하며, 그것이 믿기 어렵다고 생각하는 그런 사람이었습니다. 그것은 모세의 영이었는데, 그는 자신이 주어진 과업을 감당할 수 없는 하찮은 존재라고 생각하며, 자신의 부족함과 부적절함을 의식하고 있었습니다. 당신은 다윗에게서도 그 영을 발견할 수 있습니다. 다윗은 이렇게 고백했습니다. "여호와여, 내가 누구이기에 주께서 제게로 오시나이까." 그는 그 일이 믿어지지 않았습니다. 그는 그것으로 깜짝 놀랐습니다. 당신은 이사야에게서도 동일한 표현을 보게 됩니다. 이사야는 환상을 보고 나서 "나는 입술이 부정한 사람이요"(사 6:5)라고 고백했습니다. 이것이 '심령이 가난해지는' 것입니다. 신약성경에서 그것을 살펴봅시다. 예를 들면, 베드로와 같은 사람에게서 완벽하게 그것을 볼 수 있습니다. 그는 선천적으로 공격적이며, 자기주장을 하며, 자신을 과신하는 사람이었습니다. 그는 현대인의 전형으로, 자신을 믿는 확신과 자신감으로 가득 차 있습니다. 그러나 그가 주님을 만났을 때 그가 했던 고백을 보십시오. "주여 나를 떠나소서 나는 죄인이로소이다"(눅 5:8). 베드로후서 3장 15-16절에서 사도 바울에게 존경을 표현하는 베드로를 보십시오. … 그러나 그는 여전히 담대한 사람이었습니다. 그는 겁을 집어먹고 자신감을 잃지 않았습니다. … 본질적인 개성은 그대로 남아 있습니다. 그러나 그는 동시에 '심령이 가난한 사람'입니다.

Studies in the Sermon on the Mount I, 49-50

4일 : 잠깐의 즐거움으로 영원히 수치를 당한다는 사실을 기억하십시오

　복음은 즐거움과 기쁨이 필요 없다고 말하지 않습니다. 사실 복음은 다른 것이 줄 수 있는 기쁨보다 훨씬 더 큰 기쁨을 이야기합니다. 그러나 이 한 가지 기준으로 시험하는 것으로는 만족스럽지 못합니다. 그것은 기쁨 또는 즐거움의 본질, 곧 그것이 좋은지, 사실인지, 아름다운지 등을 알고 싶어 합니다. … 오늘날 사람들은 사고 과정과 식별을 좋아하지 않습니다. 그들은 어린아이들처럼 자신들이 좋아하는 것을 하고 싶어 합니다. … 그러므로 그들은 훈련과 어려운 일에 맞닥뜨리는 것을 싫어합니다. 진리, 선함, 악, 아름다움의 문제에 직면함으로 불편해지는 것을 반대합니다. 그들은 자신들이 하고 싶어 하는 것을 행함으로 자기를 드러내는 의를 변호합니다. 그들은 다만 하나의 가치 기준만을 갖고 있는데, 그것은 즐거움이라는 가치입니다. … 그들은 그저 한 가지 시험만, 즉 '즐거운가?'라는 시험에만 만족합니다. … 이는 완전히 자포자기한 것이 아닙니까? 인간 본성의 참된 기준에 의해 판단을 받지 않겠습니까? … 만일 정욕과 쾌락에 대한 열망을 충족시키기만 간절히 바란다면 현대 사교계로 가십시오. 그러나 만일 당신 자신이 온전히 발전하며 표현되기를 원한다면 이 제안을 지옥의 제안으로 여기십시오. …

　그러나 실제적인 시험에 적용해 봅시다. 성경을 읽으십시오. … 이스라엘의 다윗 왕이 밧세바의 문제에서 쾌락이라는 하나의 시금석을 적용해서 결국 도둑과 살인자가 되었을 때 그가 최고의 상태에 있었습니까? 자신의 참된 자아를 표현했습니까? 성 어거스틴이 자아에 대해서 보다 진실 되게 표현한 것은 부도덕한 철학자였을 때였습니까? 아니면 그 후에 훈련을 받은 성도가 되었을 때였습니까? … 자신을 부인하고 … 복음의 가르침에 순종했던 모든 성도들과 순교자들을 생각해 보십시오! 그들을 역사상의 감각적인 자유 사상가들과 비교해 보십시오. … 자아를 진실 되게 표현하는 방법은 훈련과 질서, 사유와 기도입니다. … 그러면 당신은 표현할 가치가 있으며, 날마다 성장하는 자아를 갖게 될 것입니다.

Truth Unchanged, Unchanging, 25-28

5일 : 그리스도 안에서 누리는 새 생명

　그리스도인은 자신이 왜 그리스도인인지를 알아야 합니다. 그리스도인은 단순히 어떤 놀라운 일이 자신에게 일어났다고 말하는 사람이 아닙니다. … 그는 자신 안에 있는 소망의 이유를 제시할 수 있고, 제시할 준비가 되어 있습니다. 만일 그럴 수 없다면 자신의 입장을 확인하는 것이 좋습니다. 그리스도인은 왜 자신이 그리스도인이며, 어떤 존재이며, 어디에 서 있는지를 알아야 합니다. 그는 자신에게 주어진 교훈을 갖고 있고, 진리를 받았습니다. 이러한 형태의 '건전한 가르침'은 그의 마음에 떠오릅니다. 건전한 가르침이 머리에 떠오릅니다. 그것은 사람의 마음에서 시작되어야 합니다. 진리가 마음에 떠오르며, 성령의 조명하심으로 이해하게 됩니다. 그래서 그리스도인은 진리를 볼 때 그것을 사랑합니다. 진리는 그리스도인의 마음을 움직입니다. 그리스도인은 자신이 과거에 어떤 존재였는지, 과거에 어떤 삶을 살았는지를 알고 그것을 싫어합니다. 만일 죄의 종인 당신 자신에 대한 진리를 깨닫는다면 자신을 미워하게 될 것입니다. 그리고 그리스도의 사랑에 관한 영광스러운 진리를 알게 될 때 그것을 원하고, 갈망하게 될 것입니다. 그래서 마음이 개입됩니다. 진실로 진리를 안다는 것은 진리에 감동을 받고, 진리를 사랑한다는 의미입니다. 당신은 그렇게 되는 데 기여할 수 없습니다. 당신이 진리를 명확하게 안다면 그것을 느낄 수밖에 없습니다. 그러고 나면 이 단계, 즉 진리를 실천하고 진리대로 살고자 강하게 열망하게 될 것입니다.

　이것이 바울의 전체적인 논증입니다. 그는 당신이 계속해서 죄 안에 머무르는 것은 도저히 생각할 수 없다고 말합니다. 그리스도와의 연합을 깨닫는다면, 당신은 그리스도의 죽음을 가장하여 그분과 함께 부활했다고 말할 수 없습니다. '계속해서 죄 안에서 거할까요?'라고 말하면서 동시에 그리스도와 연합될 수 없으며, 그분과 하나가 될 수 없습니다. 이 위대한 진리가 이전에 내게 호소했던 죄를 계속해서 행하도록 자격을 줄까요? 상상도 할 수 없습니다. '그리스도와 함께 부활했다'는 것을 알고 믿는 사람은 필연적으로 그리스도와 함께 새 삶을 살아가고 싶어 할 것입니다.

Spiritual Depression, 61-62

6일 : 주님의 방법을 그대로 따르는 바울

바울은 큰 능력을 가지고 자연인으로서 그 능력을 온전히 인식하고 있었습니다. 그러나 당신은 바울의 서신을 읽으면서 바울이 말년까지 교만과 싸웠다는 것을 알게 될 것입니다. 이것이 바울이 '자랑'이라는 낱말을 계속해서 사용하는 이유입니다. 능력을 받은 사람은 누구나 이것을 의식합니다. 그 사람은 많은 일을 할 수 있다는 것을 압니다. 바울도 이를 알고 있었습니다. 바울은 빌립보서 3장에서 육신을 신뢰하는 것에 관해서 말했습니다. 그것이 경쟁의 문제라면 바울은 어느 누구도 두려워하지 않는다고 말했습니다. 그 후에 바울은 자신이 자랑할 수 있는 것들의 목록을 제시합니다. 그러나 다메섹 도상에서 부활하신 주님을 보고 나서 그 모든 것을 '배설물'로 여겼습니다. 굉장한 능력을 소유했던 이 사람은 '약하고 두렵고 떨림 가운데' 고린도에 나타났습니다. 이것이 바로 바울의 입장이었습니다. 바울은 복음 전도의 과업을 계속 수행할 때 '누가 이 일을 감당하기에 충분한가?'라고 묻습니다. '충분히 자격이 있다'고 느낄 수 있는 사람이 있다면 그것은 바울이었습니다. 그러나 바울은 그럴 자격이 없다고 여겼습니다. 왜냐하면 그는 '심령이 가난한 사람'이었기 때문입니다.

그러나 물론 우리 주님의 생애를 볼 때 이 모든 것을 보게 됩니다. 주님은 사람이셨고, '죄인인 육신의 모양'을 입으셨습니다. 하나님과 동등된 분이셨지만 자신의 하나님 됨의 특권을 버리셨습니다. 주님은 여전히 하나님이셨지만 지상에 있는 동안 인간으로서 살기로 결심하셨습니다. 그 결과가 이것입니다. '나는 내 스스로 아무것도 할 수 없다.' 이것이 신인이신 주님이 말씀하신 것입니다. '나는 내 스스로 아무것도 할 수 없다!' 또는 주님은 이렇게 말씀하셨습니다. "내가 너희에게 이르는 말은 스스로 하는 것이 아니라 아버지께서 내 안에 계셔서 그의 일을 하시는 것이라"(요 14:10). '나는 아무것도 할 수 없으며, 전적으로 하나님께 의지한다.' 바로 이것입니다. 주님의 기도 생활을 바라보십시오. 그분이 기도하시는 것과 기도하느라 보낸 시간을 보면 당신은 그분이 가난한 심령을 소유하고 계셨으며 하나님을 의존하셨음을 깨닫게 될 것입니다.

Studies in the Sermon on the Mount I, 50

7일 : 유다 지파의 사자

　죄는 외부에서 인간의 삶 속으로 들어오며, 심지어 하나님의 아들까지 공격했습니다. 내가 용서받은 것은 영광스러우며, 내가 새 본성을 입은 것은 놀랍고도 좋은 일입니다. 그러나 나는 여전히 나를 지배하고 넘어뜨리려고 애쓰는 이 끔찍한 힘에 직면해 있습니다. … 이 힘은 가장 강력하고 힘센 사람도 무너뜨렸습니다. 그것은 심지어 하나님과 겨루는 것도 마다하지 않습니다. 나는 어디에서나 이 힘의 미묘함과 기미에 맞닥뜨립니다. 내가 누구이기에 그런 적과 대면하겠습니까? 사람이 어떤 존재이기에 그러한 적대자와 최선을 다해 싸우겠습니까? … 인간은 대적할 수 없습니다. 왜냐하면 모든 인간이 실패했기 때문입니다. … 전혀 소망이 없습니까? 우리는 계속해서 헛되이 노력해야만 합니까? 아닙니다! 다윗은 나서서 골리앗을 격파했습니다. 요나단은 블레셋 족속을 추격해서 무찔렀습니다. 그 사람은 적에게 다시는 회복할 수 없는 치명적인 부상을 입혔습니다. …

　하나님의 아들이신 나사렛 예수님은 사탄을 정복하셨습니다. 그분은 극도의 유혹과 시험을 겪으셨지만 상처를 입지 않고 통과하셨을 뿐만 아니라 "세상 임금"을 쫓아내셨습니다(요 12:31). … 그분은 사망과 죽음과 인간과 인간에게 가장 해로운 모든 권세를 정복하셨습니다. 유다 지파의 사자(예수님)는 자기 자신을 위해서뿐만 아니라 우리를 위해서 승리하셨습니다. 그분은 자신의 권세를 우리에게 주시고, 자신의 권능으로 우리를 옷 입혀 주셨습니다. 우리는 더 이상 패배하지 않을 뿐만 아니라, 우리는 그분 안에서 우리를 대적해서 일어날 수 있는 모든 권세를 정복할 수 있습니다.

　이것이 세상의 문제입니다. … 이 문제는 복음 안에서 노출되며, 복음에 의해 해결됩니다. 그리스도는 모든 필요를 채우시고, 그분만이 그렇게 하십니다. 복음의 메시지는 그분과 그분이 행하신 일을 담고 있습니다. 이는 이론이 아닙니다. 복음은 효과가 있으며, 모든 세대의 그리스도인들의 삶이 입증하는 사실입니다. 예수님이 부끄럽습니까? 절대 그렇지 않습니다!

The Plight of Man and the Power of God, 89-91

8일 : 믿음의 싸움

신약 시대 사람들은 믿고 그리스도인이 되었습니다. 하지만 사도 바울과 베드로와 요한과 다른 사람들은 이들에게 편지를 써야만 했습니다. 왜냐하면 그들은 이런저런 면에서 곤경에 처해 있었기 때문입니다. 그들은 여러 가지 이유로 불행했으며, 그리스도인의 생활을 누리지 못했습니다. 일부 사람들은 구원받기 이전의 생활을 되돌아보고 싶어 하는 유혹에 빠졌으며, 다른 이들은 심각한 시험에 빠졌으며, 또 다른 이들은 잔혹한 박해를 당했습니다. 그래서 신약성경의 서신서들은 그리스도인들을 괴롭히는 불행한 상황이 있었음을 보여 줍니다. 이상한 유형의 위로임에도 불구하고 매우 실제적인 위로가 서신서에 나옵니다. 당신이 불행하거나 곤경에 처해 있다는 것이 그리스도인이 아니라는 표지는 결코 아닙니다. … 도리어 당신이 그리스도인으로서 살아가면서 어떤 어려움도 당한 적이 없다면 당신이 정말로 그리스도인인지 의심해 보아야 한다고 말하고 싶습니다. … 신약성경 전체와 교회사는 이것이 '믿음의 싸움'이라고 증언하고 있습니다. 그러므로 당신의 영혼에 아무런 고통도 일어나지 않는다면 좋은 표지와 거리가 멉니다. 오히려 그것은 근본적으로 잘못된 것이 있다는 심각한 표지입니다. 이렇게 말하는 합당한 근거가 있습니다. 왜냐하면 그리스도인이 되는 순간부터 우리는 마귀의 요주의 대상이 되기 때문입니다. 마귀는 우리 주님을 포위하고 공격했던 것처럼 주님의 모든 백성을 동일하게 포위하고 공격합니다. 야고보는 "너희가 여러 가지 시험을 당하거든 온전히 기쁘게 여기라"(약 1:2)고 말합니다. 이것이 당신의 신앙을 입증하는 방법입니다. … 어떤 의미에서 그것은 당신이 신앙을 갖고 있다는 증거입니다. 마귀가 힘써서 우리를 방해하고 넘어뜨리려 하는 이유는 우리가 그분에게 속해 있기 때문입니다. 감사하게도, 마귀는 우리의 구원을 앗아갈 수 없습니다. 하지만 마귀는 우리를 비참하게 만들 수 있습니다.

Spiritual Depression, 65-66

9일 : 하나님과 재물을 겸하여 섬기지 못합니다

어느 날 한 농부는 크게 기뻐하면서 집에 가서, 자신의 최고로 좋은 암소가 송아지 두 마리를 낳았는데 하나는 붉은색이고 다른 하나는 흰색이라는 소식을 아내와 가족들에게 전했습니다. 그리고 그는 말했습니다. '갑자기 이 송아지들 중 하나를 주님께 바쳐야겠다는 느낌과 충동을 느꼈소. 이 두 송아지를 잘 키워서 때가 되면 하나를 팔아서 그 돈을 저축하고, 다른 하나를 판 돈은 주님의 사역에 바칩시다.' 농부의 아내는 남편에게 어느 송아지를 주님께 바칠 것인지 물었습니다. 농부는 대답했습니다. '지금 그것을 생각할 필요는 없어요. 두 송아지를 동일한 방법으로 키우다가 때가 되면 내가 말한 대로 하면 돼요.' … 몇 달 후에 그 농부가 비참하고 불행한 표정으로 부엌에 들어섰습니다. 그의 아내가 무슨 일이 있냐고 물었을 때 농부는 말했습니다. '나쁜 소식이야. 주님의 송아지가 죽었소.' 아내가 말했습니다. '근데 어느 송아지를 주님의 송아지로 할지 결정하지 않았잖아요.' '그래요. 나는 항상 흰 송아지가 주님의 송아지라고 생각했어요. 그런데 흰 송아지가 죽은 거요. 주님의 송아지가 죽었어요.' 이 이야기를 들으면서 웃을 수 있습니다. 그러나 웃지 마십시오. 언제나 죽은 것은 주님의 송아지입니다. 가계 사정이 어려워지면, 우리는 제일 먼저 주님의 사역에 바치는 돈을 줄입니다. 제일 먼저 줄이는 것은 바로 헌금입니다. 어쩌면 '항상'은 아니라고 말할지도 모릅니다. 왜냐하면 그것은 부당해 보이기 때문입니다. 하지만 적지 않은 사람이 제일 먼저 헌금을 줄입니다. 우리가 좋아하는 일을 맨 나중에 줄입니다. … 이런 일들이 하나님과 우리 사이에 끼어드는 경향이 있습니다. 이에 대한 우리의 태도가 궁극적으로 하나님과의 관계를 결정합니다. 우리가 하나님을 믿으며, 그분을 '주여, 주여'라고 부른다는 단순한 사실 그 자체가 우리가 그분을 섬기며 그분의 절대적인 요구를 인정한다는 증거는 아닙니다.

Studies in the Sermon on the Mount II, 95-96

10일 : 하나님은 모든 것을 소유하고 계시며 다스리십니다

시편 기자는 묻습니다. "주께서 영원히 버리실까, 다시는 은혜를 베풀지 아니하실까, 그의 인자하심은 영원히 끝났는가, 그의 약속하심도 영구히 폐하였는가, 하나님이 그가 베푸실 은혜를 잊으셨는가"(시 77:7-9). … 가장 위대한 성도들 중 일부도 일이 잘못되었을 때 때때로 이런 질문들을 하고 싶은 유혹에 빠졌습니다. … '하나님은 돌보시는가? 돌보신다면 왜 이런 일들을 막지 않으시는가? 하나님은 그 일을 할 수 없으시는가?' 이렇게 하나님의 성품에 대한 의심은 그분의 능력에 대한 의심으로 이어집니다.

사람들이 얼마나 자주 이런 질문을 하는지요! 사람들이 지난 2차 세계대전 때 얼마나 자주 이런 질문을 던졌는지요! '하나님은 왜 히틀러와 같은 사람이 살려두시는가? 만일 그분이 하나님이시고 전능하시다면 왜 그를 치지 않으시는가?' …

이 사람, 시편 기자는 그런 질문으로 공격을 당했습니다. 이제 그는 해답을 찾습니다. 그는 즉시 하나님의 위대함과 권세를 기억함으로 자신의 생각을 바로잡습니다. "주께서 참으로 그들을 미끄러운 곳에 두시며"(시 73:18). 하나님의 지배를 받지 않는 것은 없습니다. … 이는 성경의 큰 주제 중 하나입니다. … 그분은 영원히 모든 권능과 속성을 갖고 계십니다. '태초에 하나님이 말씀하시니 그것이 그대로 되었습니다.' …

이는 근본 명제입니다. 성경 전체가 이를 말합니다. 세상에서 일어나는 모든 것을 어떻게 설명하든지 간에 하나님께서 그것을 멈추지 못하신다고 여겨서는 안 됩니다. … 하나님은 절대적입니다. 그분은 영존하시는 영원한 하나님이시며, 그분에게 세상에 있는 모든 것은 아무것도 아닙니다. 그분은 모든 것을 소유하고 계시며 다스리십니다. 모든 것을 지배하시며 만물은 그분의 손아래에 있습니다. '주님은 왕노릇하십니다.'

Faith on Trial, 56-57

11일 : 하나님은 이성을 올무에서 해방시킵니다

사탄은 하나님을 부인하는 것이 합리적이라고 믿도록 사람을 설득합니다. 그러나 … 실제로 일어나고 있는 것은 사탄이 그를 정욕과 욕망의 동물로 만들며, 그의 지성이 눈멀고 눈이 더 이상 성하지 않게 하는 것입니다. 모든 것 중에서 가장 중요한 기능이 왜곡되었습니다.

만일 당신이 그리스도인이 아니라면 당신의 지성을 믿지 마십시오. 당신이 자신의 지성을 믿는 것은 가장 위험합니다. 하지만 그리스도인이 될 때 당신의 지성의 중심이 잡히고 합리적인 존재가 됩니다. 사람이 그리스도인의 믿음을 눈물을 짜게 하는 것, 사람들을 중독시키는 마약, 순수하게 감정적이고 분별이 없는 것으로서 여기는 것은 어처구니없는 환상이 아닙니다. 사도 바울은 로마서 6장 17절에서 참된 신앙관을 정확하게 진술합니다. '여러분은 마음을 다해 자신을 구원했던 교훈에 순종했습니다.' 교리가 사람들에게 전파되었습니다. 그들은 그것을 보게 되었을 때 좋아했고, 믿었고, 실천에 옮겼습니다. 사람들은 먼저 지성으로 하나님의 진리를 받아들였습니다. 진리는 지성으로 받아들여져야만 합니다. 성령은 지성이 명확해지도록 하실 수 있습니다. 그것이 중생의 결과로 일어나는 회심입니다. 지성은 악과 어둠의 성향에서 구원받습니다. 진리를 바라보고 그 모든 것을 사랑하고 갈망합니다. 바로 이것입니다. 사람이 인생의 말년에 일평생 동안 자신의 전부가 잘못되었다는 사실을 아는 것은 가장 비극적인 일입니다.

Studies in the Sermon on the Mount II, 105-106

12일 : 문제는 죄가 아니라 하나님의 말씀을 믿지 않는 불신앙입니다

불행한 그리스도인의 문제는 그가 실제로 성경을 믿지 않는다는 것입니다. … 당신은 '내 문제는 내가 지었던 무서운 죄이다'라고 말합니다. 나는 하나님의 이름으로 그것이 당신의 문제가 아니라고 말씀드리고 싶습니다. 당신의 문제는 불신앙입니다. 당신은 하나님의 말씀을 믿지 않습니다. 요한1서 1장은 이렇게 말합니다. "만일 우리가 우리 죄를 자백하면 그는 미쁘시고 의로우사 우리 죄를 사하시며 우리를 모든 불의에서 깨끗하게 하실 것이요"(요일 1:9). 이는 절대적인 선언입니다. … 여기에는 제한이 없습니다. … 과거든 현재든 당신이 지은 죄가 무엇이든 간에, 죄의 분량이 얼마든지 간에 그것은 중요하지 않습니다. 만일 우리가 죄를 자백하면 하나님은 신실하셔서 우리 죄를 용서하시고 모든 불의에서 우리를 깨끗하게 하십니다. 당신이 이 말씀을 믿지 않고 계속해서 죄 가운데 거한다면 나는 당신이 하나님의 말씀을 받아들이지 않고, 하나님의 말씀을 따라 그분을 섬기지 않으며, 하나님이 그것이 당신의 실제적인 죄라고 당신에게 말씀하시는 것을 믿지 않는다고 말씀드릴 수 있습니다. … "하나님께서 깨끗하게 하신 것을 네가 속되다 하지 말라"(행 10:15). … 이것이 오랜 기간 동안 마귀로 인해 특별한 죄를 범함으로 침체 상태에 빠져 있는 사람에게 이 순간 말하고 싶은 것입니다. … 나는 그것이 어떤 죄이든 개의치 않습니다. … "그 아들 예수의 피가 우리를 모든 죄(와 모든 불의)에서 깨끗하게 하실 것이요"(요일 1:7). 하나님의 말씀을 믿으십시오. 나의 친구들이여, … 하나님의 말씀을 믿으십시오. 그분에게 용서의 메시지를 달라고 요청하지 마십시오. 그분은 이미 당신에게 용서의 말씀을 주셨습니다. 당신의 기도는 이 점에서 불신앙의 표현이 될 수도 있습니다. 그분과 그분의 말씀을 믿으십시오.

Spiritual Depression, 72-73

13일 : 주님을 계속 바라보십시오

심령이 가난합니까? 내가 하나님에 의해서 그리고 하나님의 존전에서 나 자신에 대해서 생각하는 것처럼 내 자신에 관해서 실제로 느낍니까? … 무엇을 말하며, 무엇에 대해 기도하며, 나 자신과 관련해서 무엇을 생각하기 좋아합니까? 우연한 일들, 책임이 없는 일들, 인위적이고 심판의 날에 하나님의 존전에 섰을 때 무로 간주될 이런 것들을 자랑하는 것이 얼마나 가여운지요! 이 불쌍한 자아여! 래베이터의 찬양은 이를 완벽하게 드러내고 있습니다. '이 불쌍한 자아는 점점 더 쇠하여지고', '오 예수 그리스도여, 내 안에서 흥하소서!'

그러므로 어떻게 '심령이 가난해'집니까? 대답은 당신이 자신을 바라보거나 자신을 위해서 어떤 일을 하려고 애쓰지 않는 것입니다. 이것이 수도원의 총체적인 과오였습니다. 그 불쌍한 사람들은 말했습니다. '나는 사회에서 벗어나야 한다. 내 육체를 괴롭히고 고충을 겪어야 한다. 나는 신체불구로 만들어야 한다.' 아닙니다. 안 됩니다. 그렇게 할수록 당신 자신을 의식하게 될 것이며, 심령이 덜 가난해질 것입니다. … 하나님을 바라보십시오. 그분에 관해서 성경을 읽고, 그분의 법을 읽고, 하나님께서 우리에게 기대하는 것을 살피고, 그분 앞에서 서서 묵상하십시오. 그것은 또한 주 예수 그리스도를 바라보며, 복음서에서 보듯이 그분을 생각하십시오. 이렇게 할수록 사도들의 반응을 이해할 수 있게 됩니다. 사도들은 그분과 그분이 행하신 것을 바라보면서 말했습니다. '주님, 우리에게 믿음을 더하소서. … 우리는 우리가 무언가를 가지고 있다고 생각했습니다. 왜냐하면 우리가 마귀를 내쫓고 당신의 말씀을 선포했기 때문입니다. 하지만 이제 우리가 아무것도 가지고 있지 않다는 것을 느낍니다. 우리에게 믿음을 더하소서.' … 주님을 바라보십시오. 그분을 계속 바라보십시오. 성도들을 바라보십시오. 성령으로 충만해져 있고 쓰임을 받는 사람들을 바라보십시오. 그러나 무엇보다 먼저 주님을 다시 바라보십시오.

Studies in the Sermon on the Mount I, 51-52

14일 : 예, 하나님은 선하십니다!

당신의 일들이 잘못될 수도 있습니다. … 어려움이 연속해서 일어날 수 있습니다. 당신은 그리스도인의 삶을 살고, 성경을 읽으며, 하나님을 위해 일하지만 어려움을 겪습니다. … 모든 일이 잘못되어 가는 것처럼 보입니다. … 한 가지 어려움이 끝나면 더 심한 어려움이 닥쳐옵니다. … 이 모든 일을 겪는 와중에 '하나님은 언제나 선하십니다'라고 말할 수 있습니까? … "모든 것이 합력하여 선을 이루느니라"(롬 8:28)고 주저 없이 말할 수 있습니까? 이것은 시험입니다. … 시편 기자는 '하나님은 이스라엘에게 언제나 선하십니다'라고 말하면서 "마음이 정결한 자에게"(시 73:1)라는 표현을 조심스럽게 덧붙입니다. … 만일 당신과 내가 하나님께 죄를 짓는다면, 하나님은 우리를 다루실 것입니다. 그것은 고통스러울 것입니다. 하지만 하나님께서 우리를 징계하실 때조차도 그분은 여전히 우리에게 선하십니다. 그분은 우리에게 선하시기 때문에 우리를 징계하십니다. …

때때로 나는 그리스도인의 처지의 본질과 성공적인 영적 삶의 비결이 이 두 가지를 깨닫는 것이라고 생각합니다. 이 두 가지는 시편 73편 1절에 나옵니다. … 나는 온전히, 절대적으로 하나님을 확신해야만 하며, 나 자신에 대해서는 그 어떤 확신도 가져서는 안 됩니다. 당신과 내가 '성령 안에서 하나님을 예배하며, 그리스도 예수 안에서 즐거워하며, 육신에 대해서 그 어떤 확신도 갖지 않는 한' 우리의 모든 일이 잘됩니다. 이것이 참된 그리스도인이 되는 것입니다. … 만일 나 자신에 대해 그런 관점을 취한다면 나는 항상 하나님을 바라보게 될 것입니다. 이런 입장에 서 있다면 결코 실패하지 않을 것입니다.

하나님께서 이러한 단순한 몇 가지 원리를 우리 자신에게 적용하는 은혜를 우리에게 허락해 주시기를 바랍니다. 나는 겟세마네 동산에 계신 하나님의 아들이신 그분을 봅니다. "아버지여 만일 할 만하시거든"(마 26:39)이라고 말씀하시는 그분의 음성을 듣습니다. … 난처한 일이 있습니다. … 하지만 그분은 자신을 낮추시고 … 하나님께 자신을 맡기시면서 이렇게 말씀하셨습니다. '당신의 길이 언제나 옳습니다. 당신은 항상 선하십니다. … 내 뜻대로 마옵시고 당신 뜻대로 하옵소서.'

Faith on Trial, 20-21

15일 : 두 가지 인생길

하박국 2장 4절은 이렇게 말합니다. "의인은 그의 믿음으로 말미암아 살리라." … 이 중요한 선언은 신약성경에서도 여러 번 인용되고 있습니다. 이 구절 전반부에 대한 학자들의 번역은 정확하게 일치하지 않습니다. '들어 올려진 그의 영혼은 그 안에서 올바르지 못하나니'(AV)라고 번역되기도 하고, 히브리서 10장 38절에 인용되었는데 그 구절은 하나님은 뒤로 물러나는(또는 스스로 물러나는) 사람의 영혼을 기뻐하지 않으신다고 말합니다. 여기에 언급된 진리는 이 세상에서 살아가는 인생에는 두 가지 자세만 가능하다는 것입니다. 즉 신앙의 자세와 불신앙의 자세입니다. 하나님을 믿는 신앙으로 우리의 삶을 바라보고 그 결과로 삶을 살아가든가, 하나님을 배제하고 거부한 채로 살아가든가 둘 중의 하나를 선택해야 합니다. 우리는 하나님을 믿는 신앙의 길에서 물러날 수도 있고, 하나님을 믿는 신앙으로 살아갈 수도 있습니다. 이 표현들은 그에 상응하는 삶의 길들을 보여 줍니다. 사람이 믿는다면 그 믿음대로 됩니다. … 의인은 믿음으로 말미암아 살 것입니다. 바꾸어 말하면 믿음으로 사는 사람은 의롭습니다. 다른 한편 '뒤로 물러나는' 사람은 불의합니다. 왜냐하면 그는 믿음으로 살지 않기 때문입니다. 여기에 인생의 중대한 갈림길이 있습니다. 우리 모두는 이편이든 저편이든 한쪽을 선택하지 않을 수 없습니다. 나의 정치적 또는 철학적 견해가 어떠하든지 간에 그 견해들은 하나의 공통분모를 가질 수밖에 없습니다. 그것은 나의 삶이 믿음에 바탕을 두고 있느냐 그렇지 않느냐 하는 것입니다. 믿음에 바탕을 두고 있지 않다면 내 견해가 어떠하든지, 정치적, 사회적, 경제적 이해 또는 다른 이해들로 지배를 받든지 간에 그것은 중요하지 않습니다. 중요한 것은 내가 하나님의 통치를 받아들이느냐 아니냐 하는 것입니다.

From Fear to Faith, 50

16일 : "애통하는 자는 복이 있나니"

　이 복은 그리스도인을 세상에 속한 사람과 전혀 다른 존재로서 구별합니다. … 세상이 피하고 싶어 하는 것 중 하나는 애통하는 것입니다. 세상의 모든 체제는 애통하는 것을 기피해야 할 대상으로 여기고 있습니다. 세상의 철학은 이것입니다. '근심거리를 잊어라. 걱정거리에서 등을 돌려라. 그것들을 피할 수 있다면 무엇이든지 하라.' … 사람들을 즐겁게 하는 삶의 모든 단체, 쾌락 마니아, 세력, 열광은 세상이 애통의 생각과 정신을 떠나기 위해서 추구하는 목표들입니다. 그러나 복음은 이렇게 말합니다. "애통하는 자는 복이 있나니"(마 5:4). 참으로 애통하는 자들만이 행복합니다!(눅 6:21을 보십시오)

　이 복은 세상에서 결코 찾아볼 수 없는 것입니다. … 이는 과거 한때와 신약성경에서는 그랬지만, 오늘날 교회에서는 분명하게 드러나지 않는 것입니다. … 그리스도인으로서 그리스도인이 아닌 사람들을 끌어들이려 한다면 우리는 일부러 밝고 즐거워하는 표정으로 감동을 주어야 한다는 생각이 널리 유포되고 있습니다. … 내부에서 나오는 것이 아니라 겉치레를 추구했습니다. …

　나는 오늘날 교회의 상태를 대변하는 최종 원인이 잘못된 죄의식과 잘못된 죄의 교리라고 말하지 않을 수 없습니다. 물론 그리스도인의 기쁨의 참된 본질을 제대로 이해하지 못하는 것도 또 다른 원인입니다. … 이런 것들이 함께 작용해서 필연적으로 피상적인 부류의 인간과 매우 부적절한 그리스도인의 삶을 만들어 냅니다. … 죄와 기쁨에 대한 교회의 개념이 잘못되고 부적절하다면 교회가 선교하는 데 실패하는 것은 지극히 자명합니다. … 회심하기 전에 필연적으로 먼저 정죄가 있어야만 합니다. 참된 죄의식이 먼저 있어야만 참된 구원의 기쁨을 얻을 수 있습니다. … 그래서 많은 사람들이 이 그리스도인의 기쁨을 찾느라 인생을 허비합니다. … 그들은 정죄를 떠나서 기쁨을 구합니다. 하지만 이는 불가능합니다. 결코 그 기쁨을 얻을 수 없습니다.

Studies in the Sermon on the Mount I, 53-56

17일 : 은혜가 넘치도록 풍성하였습니다

당신과 나는 과거 삶을 돌아보지 말아야 합니다. 우리는 하나님을 찬양하고 그리스도 예수 안에서 하나님의 은혜를 찬미하게 하는 것을 제외하곤 과거에 저지른 죄를 절대로 돌아보지 말아야 합니다. 나는 당신에게 그렇게 하라고 권면합니다. 당신이 과거를 쳐다보고 그것 때문에 침체에 빠진다면 … 당신은 바울이 했던 일을 해야만 합니다. 바울은 '나는 신성모독자였습니다'라고 말했습니다. 그 다음에 그가 '나는 복음의 선포자가 될 자격이 없습니다'라고 했습니까? 정반대로 말합니다. "나를 능하게 하신 그리스도 예수 우리 주께 내가 감사함은 나를 충성되이 여겨 내게 직분을 맡기심이니"(딤전 1:12). 바울은 과거와 자신의 죄를 돌아보면서 '나는 그리스도인이 되기에 적합하지 않아요. 끔찍한 일을 저질렀어요'라고 말하지 않습니다. 절대로 그렇게 하지 않았습니다. 그는 자신이 행한 것과 자신에게 영향을 끼친 것으로 말미암아 하나님을 찬양합니다. 그는 은혜 가운데 영광을 돌리며 말합니다. "우리 주의 은혜가 그리스도 예수 안에 있는 믿음과 사랑과 함께 넘치도록 풍성하였도다"(딤전 1:14).

이것이 당신이 과거를 회상하는 방법입니다. 그래서 만일 당신이 과거를 바라보고 침체된다면, 그것은 당신이 마귀의 말에 귀를 기울이고 있다는 의미입니다. 그러나 만일 당신이 과거를 회상하며 '불행하게도 이 세상의 신이 나를 눈멀게 하는 것이 사실이지만, 하나님의 은혜가 풍성함에 그분께 감사드립니다. 그분이 충만하게 임하시며, 그분의 사랑과 자비가 내게 임해서 모든 죄를 용서받았습니다. 나는 새 사람이 되었습니다'라고 말한다면 모든 일이 잘 된 것입니다. 이것이 과거를 회상하는 방법입니다. 만일 우리가 그렇게 회상하지 않고 우리가 비참한 처지에 놓이는 것이 마땅하다고 말한다면 거의 시험에 빠져 있는 것입니다. 왜 하나님 대신에 마귀를 믿습니까? 일어나서 당신 자신에 관한 진리, 즉 당신의 모든 과거는 지나갔고, 그리스도와 하나가 되었으며, 당신의 모든 죄는 단번에 영원히 지워졌다는 진리를 깨달으십시오. 하나님의 말씀을 의심하는 것이 죄임을 기억합시다. 하나님께서 처리하신 과거가 현재와 미래의 우리 기쁨과 유용함을 강탈해 가도록 허용하는 것이 죄라는 사실을 기억합시다.

Spiritual Depression, 75-76

18일 : "염려하지 말라"

마태복음 6장 25절에 나타난 우리 주님의 주장은 매우 심오하고 강력한 논증입니다. 우리는 이것을 얼마나 쉽게 망각합니까! 주님은 사실 '너희가 염려하고 걱정하는 너희 생명을 생각해 보라. 너희가 생명을 어떻게 얻었느냐? 생명이 어디서 오느냐?'라고 묻습니다. 물론 대답은 생명이 하나님의 선물이라는 것입니다. … 우리 주님이 사용하신 논증은 이것입니다. 만일 하나님이 너희에게 큰 선물인 생명을 선물로 주셨다면, 하나님이 자신과 자기 방법을 갑자기 부정하고 그 생명을 유지시키지 않을 것이라고 생각합니까? 하나님은 자기 방법대로 지속적으로 행하십니다. 하지만 여기서 중요한 사실은 내가 그것에 관해 염려할 필요가 없다는 것입니다. 물론 나는 쟁기질을 하고 씨를 뿌리고 추수하며 창고에 거두어들입니다. 나는 하나님께서 인간과 이 세상의 생명에게 행하도록 정하신 일을 행해야 합니다. 나는 직장에 가서 돈을 벌어야 합니다. 하지만 … 나는 갑자기 내 생명을 유지하기에 부족한 것처럼 염려하고 걱정하고 조바심을 낼 필요가 없습니다. 그런 일은 내게 일어나지 않을 것입니다. 그것은 불가능합니다. 만일 하나님이 내게 생명을 선물로 주셨다면 그분은 생명이 지속되도록 살피실 것입니다. 예수님은 이 일이 어떻게 이루어질지에 대해서 말씀하시지 않고 있습니다. 그분은 단지 그 일이 이루어질 것이라고 말씀하십니다.

성경에서 이 논증이 큰 흥미와 매우 중요한 문제로서 얼마나 자주 사용되었는지를 연구해 보도록 권면합니다. … 이는 성경에서 자주 등장하는 일반적인 논증, 즉 큰 것에서 작은 것에까지 사용되는 논증입니다. 우리는 그것을 지켜보고 적용해야만 합니다. 생명을 선물로 주신 분은 그 생명이 유지되고 지탱되도록 공급해 주십니다. … 이것이 정확히 하나님께서 공중의 새에게 하신 일입니다. 새들은 먹을거리를 찾아야 합니다. 하지만 새에게 먹을거리를 주신 분은 바로 하나님이십니다. 하나님은 새들을 위해서 먹을거리가 거기에 있도록 하십니다.

Studies in the Sermon on the Mount II, 113-114

19일 : 성령이 변화시킵니다

제자들은 오순절에 '성령의 권능'을 받았습니다. … 베드로는 그 즉시 담대함과 권위와 권능으로 설교를 시작했습니다. 3천 명이 개종했습니다. 사도행전 4장을 보면 유대교 당국자들은 베드로와 요한이 부활을 중언하고 이런 일들을 말한 그들의 담대함을 논의할 수 없었습니다. 그 담대함은 성령의 현시일 뿐입니다. 매우 불안해하고 염려했던 그 베드로(참으로 베드로는 그런 겁쟁이였습니다. 생명을 잃을까봐 두려워서 그는 친구이며 은인인 자신의 주님을 부정했습니다)가 담대하게 일어나서 온 세상과 지옥의 모든 마귀들에게 맞서며, 최근에 자신이 부인했던 그 예수님을 선포했습니다. … 이것은 무엇입니까? 이는 성령의 권세, 즉 비범한 방법으로 자신의 권위를 드러내시는 성령입니다.

우리는 이 사람들이 체포되었다가 풀려난 후에 함께 모여서 기도했다는 이야기를 읽게 됩니다(행 4:23-33). "빌기를 다하매 모인 곳이 진동하더니 무리가 다 성령이 충만하여 담대히 하나님의 말씀을 전하니라"(행 4:31). … 다시 사도행전 4장 33절은 "사도들이 큰 권능으로 주 예수의 부활을 증언하니 무리가 큰 은혜를 받아"라고 말합니다. 사도들의 권능의 비결은 무엇입니까? 그들이 학문적으로 부활이 가능하다고 주장할 수 있었습니까? 초자연적인 일을 학문과 조화시킬 수 있었습니까? 아닙니다! 이 사람들이 억제할 수 없는 살아 있는 증언을 하도록 바꾼 것은 바로 성령의 권세와 권능이었습니다. "무리가 큰 은혜를 받아"(행 4:33).

Authority, 83-84

20일 : 애통하는 자는 위로를 받습니다

'애통하는 것'은 … 매우 필연적입니다. 하나님과 그분의 거룩함을 대면하고 살아야만 하는 삶을 관조할 때 나는 철저한 무력함과 절망을 보게 됩니다. … 그러나 거기서 끝나지 않습니다. 자기 자신을 대면하는 사람은 … 필연적으로 자신의 죄에 대해 또한 애통해야 합니다. … 만일 나 자신 안에서 이런 것들을 슬퍼한다면 나는 진정으로 애통해합니다.

그러나 그리스도인은 거기서 끝나지 않습니다. 참된 그리스도인은 다른 사람들의 죄 때문에 애통해합니다. … 그리스도인은 전 세계가 건전하지 못하고 불행한 상태에 빠져 있는 것을 봅니다. 그리스도인은 그것이 죄 때문이라는 사실을 알고, 그것 때문에 애통해합니다.

이것이 우리 주님께서 애통해하셨던 이유입니다. … 그분은 삶 속에서 끼어 들어와 … 삶을 망쳐놓고 불행하게 만든, 죄라고 불리는 무시무시하고 추악하고 더러운 것을 보셨습니다. …

이것이 신약성경에서 말하는 영적인 의미의 애통함이 의미하는 바입니다. … 이는 우리 주님이 말씀하신 대로 '지금 비웃는' 세상의 영과 지성과 관점과 정반대입니다. … 세상은 비웃으며 말합니다. '이런 것들을 너무 깊이 생각하지 말라.' … 그리스도인의 자세는 본질적으로 다릅니다. …

그러나 우리 주님은 팔복에서 완벽한 선언을 하셨으며, 우리는 그것을 있는 그대로 받아들여야 합니다. 주님은 "애통하는 자는 복이 있나니 그들이 위로를 받을 것임이요"(마 5:4)라고 말씀하십니다. 그리스도는, 애통하는 사람은 정말로 행복하다고 말씀하십니다. 이는 역설입니다. 애통하는 사람은 어떤 면에서 행복합니까? … 자신의 죄악의 상태와 조건 때문에 진실로 애통하는 사람은 회개하려고 합니다. 그는 실제로 이미 회개하고 있습니다. … 만일 우리가 진실로 애통해한다면, 우리는 기뻐하며 행복해지며, 위로를 받게 될 것입니다. … 이는 그리스도인의 삶에 있는 놀라운 일입니다. 당신의 큰 슬픔은 기쁨으로 변합니다. 슬픔이 없이는 기쁨도 없습니다.

Studies in the Sermon on the Mount I, 58-60

21일 : 훈련의 필요성

시편 기자는 스스로에 대해 유감스럽게 생각합니다. 자신의 삶에는 잘못된 것이 없으며, 자신은 매우 선하다고 생각합니다. 그런데 그는 어려움을 당하고 있으며, 부당하게 취급되고 있습니다. 심지어 하나님조차도 자신에게 불공정한 것처럼 보입니다. 그는 성소 밖에 있을 때 자신에 대해서 이렇게 생각했습니다. 하지만 성소 안에 있을 때는 모든 것이 바뀌었습니다. "내가 이같이 우매 무지함으로 주 앞에 짐승이오나"(시 73:22). 얼마나 놀라운 변화입니까! 자신을 바라보는 관점이 얼마나 철저하게 달라졌습니까! 이는 그의 생각이 바르게 되고 참되게 영적으로 변한 결과입니다. …

시편 기자는 … 자신의 정직함과 성실함과 본질적으로 자신의 인격의 한 부분이었던 신실함을 드러내 보입니다. 뿐만 아니라 그는 영적 생활의 본질을 이해하고 있음을 드러내 보입니다. 이것이 제가 강조하기 원하는 것입니다.

우리는 시편 73편 21-22절에서 시편 기자가 회개하고 있는 모습을 볼 수 있습니다. 우리는 시편 기자가 자신에 관해서, 특별히 최근 자신이 행한 일들에 대해서 어떻게 말하는지를 보게 됩니다. 이는 정직한 자성의 고전적인 본보기입니다. 나는 당신에게 이것을 숙고해 보라고 권면합니다. 왜냐하면 그것은 그리스도인의 훈련에 대해서 중요한 내용을 담고 있기 때문입니다. 사람이 멈추고 자신을 바라보며 자신에 대해 말하는 상태인 회개는 소위 그리스도인 생활의 훈련의 가장 본질적이고 결정적인 요소 중 하나입니다. 이는 아무리 강조해도 지나치지 않습니다. 왜냐하면 오늘날 심각하게 소홀히 취급되는 것이 바로 이것이기 때문입니다. 우리는 오늘날 그리스도인 생활의 훈련에 대해서 얼마나 자주 듣습니까? 얼마나 자주 그것을 이야기합니까? 우리의 복음 전도 생활의 핵심에서 얼마나 자주 그것을 발견할 수 있습니까? 이것이 중심에 있었던 교회 시대가 있었습니다. 나는 교회가 오늘날 이와 같은 상태에 처하게 된 것은 바로 이러한 훈련을 경시했기 때문이라고 확신합니다. 참된 부흥과 각성이 무엇이든지 간에 훈련으로 되돌아가기 전까지는 어떤 기대도 할 수 없습니다.

Faith on Trial, 65-66

22일 : 과거에 대한 생각 때문에 현재에 무력해지지 마십시오

일부 사람들은 과거를 회상한 나머지 현재 생활에서 무력해집니다. … 그들이 왕국 밖에서 많은 시간을 보내고 최근에 왕국 안으로 들어오며 … 과거의 실패 때문에 현재에 괴로워하는 것은 시간과 에너지 낭비일 뿐입니다. … 과거를 되돌릴 수 없습니다. 당신은 과거를 어떻게 할 수 없습니다. … 세상의 지혜는 '우유를 엎지르고 울어봤자 소용없다'고 말합니다. 마귀에게 그것을 인용해 보십시오! 그리스도인이 왜 다른 사람들보다 어리석어야 합니까? … 우리는 우리의 힘으로 영향을 끼치거나 변화시킬 수 없는 것들에 관해 한치도 염려하지 말아야 합니다. 이것은 에너지 낭비일 뿐입니다. … 좀더 앞으로 나아가서 과거에 안주하는 것이 현재의 실패를 야기할 뿐이라는 것을 깨달으십시오. 당신이 주저앉아서 과거를 슬퍼하며, 당신이 하지 않은 일로 후회하고 있다면 당신 자신을 무력하게 하며 현재 아무 일도 하지 못하게 가로막고 있는 것입니다. … 과거 때문에 현재를 저당잡히는 것은 잘못입니다. 과거가 현재를 제동하게 하는 것은 잘못입니다. 죽은 과거가 그 죽은 자를 매장하게 하십시오. 상식선에서 판단할 때 과거에 속한 일이 현재를 실패하도록 하는 것보다 비난받을 만한 것은 없습니다. … 내가 묘사하고 있는 이 사람들은 현재 실패하고 있는 사람들입니다. 그들은 현재를 살고 그리스도인의 삶을 사는 것 대신에 주저앉아서 과거를 슬퍼하고 있습니다. 그들은 과거에 대해 슬퍼할 뿐 현재에 아무것도 하지 않고 있습니다. 이 얼마나 잘못된 일입니까!

Spiritual Depression, 80, 82-83

23일 : 생명의 수여자이신 하나님

몸은 하나님이 주신 선물입니다. 그러므로 우리는 매우 행복해할 수 있고 그분이 어떻게 해서라도 우리의 몸을 덮고 입힐 수 있는 수단들을 공급할 것이라는 사실을 마음속으로 확신할 수 있습니다. 여기서 우리는 하나님의 큰 원리들 중 하나를 깨닫게 됩니다. … 현 세대는 이것을 반드시 상기해야 합니다. … 우리는 이 세상에서 누리는 것들이 하나님의 선물이라는 사실을 망각합니다. … 우리는 하나님이 주신 생명 그 자체에 대해서 얼마나 자주 감사를 드립니까? 우리는 과학 지식으로 생명의 기원과 본질을 이해할 수 있다고 생각하는 경향이 있습니다. 그래서 우리는 이러한 일들을 자연법칙의 인과관계와 필연적인 변화로 생각합니다. … 그러나 생명은 어디에서 옵니까? 생명의 기원에 대한 현대 과학자들의 글을 읽어 보십시오. 그러면 당신은 그들이 생명을 설명하지 못한다는 것을 알게 될 것입니다. 과학자들은 무기물에서 유기물로 연결되는 간극을 메우지 못합니다. … 이 원리는 생명이 어디에서 온다고 말합니까? 생명의 기원은 무엇입니까? 생명이 무기물에서 시작해서 유기물이 되었다고 설명한다면 무기물은 어디에서 왔냐고 묻고 싶습니다. … 만족스러운 답은 단 한 가지뿐입니다. 그것은 '하나님이 생명의 수여자'라는 것입니다. … 우리에게 생명과 존재와 생존을 선물로 주신 분은 하나님이십니다. 이는 중대한 개념입니다. 우리는 단순히 진화의 과정으로 말미암아 배출되거나 내던져진 개개인이 아닙니다. 하나님은 한 사람 한 사람에게 관심을 기울이십니다. 만일 하나님이 의도하지 않으셨다면 우리는 결코 이 세상에 올 수 없었을 것입니다. 우리는 이 위대한 원리를 굳게 붙잡아야만 합니다. 우리의 삶 속에서 생명과 음식과 생존을 선물로 주심과 하나님이 우리에게 주신 몸의 불가사의와 경이로움에 대해 하나님께 감사를 드리지 않는 날이 하루라도 있어서는 안 됩니다. 이런 것들은 전적으로 그분의 선물입니다. 물론 그것을 깨닫지 못한다면 우리는 다른 곳에서도 실패하게 될 것입니다.

Studies in the Sermon on the Mount II, 114-115

24일 : 하나님 나라에 들어가 있다는 사실을 기뻐하십시오

하나님의 나라는 들어간 시기가 아니라 당신이 현재 하나님 나라 안에 있다는 사실이 중요합니다. … 좀더 일찍 하나님 나라에 들어오지 않은 사실을 슬퍼하고, 우리가 현재 누릴 수 있는 것들을 빼앗아 가도록 하는 것은 참으로 어리석은 일입니다. 그것은 마치 큰 전시회에 가서 긴 줄을 발견한 사람과 같습니다. 그는 꽤 늦게 왔습니다. 그는 전시회에 도착했지만 오랜 시간을 기다려야 합니다. 겨우 마지막에 가서야 입장할 수 있을 것입니다. 문으로 들어가야만 하는데도 단순히 문에 서서 '내가 먼저 들어갔어야 하는데 얼마나 부끄러운 일인가? 내가 보다 일찍 왔어야 하는데 얼마나 안타까운 일인가?'라고 말하고 있다면 당신은 그 사람에 대해서 어떻게 생각하시겠습니까? 당신은 웃을 것입니다. 당연합니다. 그러나 … 당신은 아마도 당신 자신을 보고 웃을 것입니다. 왜냐하면 그 일이 당신이 영적으로 하는 것과 정확하게 같기 때문입니다. '오 내가 너무 늦게 떠났구나!' 내 친구여, 그 그림들을 즐기십시오. 조각을 바라보십시오. 보물을 즐기십시오. 당신이 입장한 시간이 왜 중요합니까? 중요한 것은 당신이 지금 그 안에 있고, 전시회가 거기에 있으며, 모든 전시물이 당신 앞에 펼쳐져 있다는 것입니다. … 마태복음 20장으로 다시 돌아가 봅시다. 포도원에 마지막으로 들어간 사람들이 있었습니다. 그들은 십일 시(오후 5시)에 들어갔습니다. 그러나 그들은 포도원 안에 있었습니다. 이것을 생각해야 합니다. 그들은 선택되었습니다. 고용되었고 포도원 안으로 들어갔습니다. 중요한 것은 언제 들어갔느냐, 어떻게 들어갔느냐가 아니라 그 안에 들어가 있다는 것입니다. … 개종의 형태와 방식은 중요하지 않습니다. 중요한 것은 당신이 구원을 받았다는 사실입니다. 그러나 사람들은 주저앉아서 어떻게 들어갈지, 언제, 어떤 모양과 자세와 방식으로 들어갈지를 걱정합니다. 그 모든 것은 중요하지 않습니다. 중요한 것은 당신이 그 안에 들어가 있다는 사실입니다. 당신이 들어가 있다면 그것을 기뻐하십시오. 그리고 당신이 밖에 있었던 때를 모두 잊어버리십시오.

Spiritual Depression, 86-87

25일 : 하나님의 계획은 확실합니다

　우리에게 생명과 몸을 주셔서 살게 하시는 분은 하나님 그분이십니다. 만일 그분이 생명을 주셨다면 우리는 이런 추론을 끌어낼 수 있습니다. '우리와 관련된 그분의 목적은 성취될 것이다.' 하나님은 결코 자신이 시작하신 사역을 끝내지 않은 채 버려두지 않으십니다. … 그러므로 우리는 이것, 즉 하나님의 마음에는 모든 생명체에 대한 계획이 있으시다는 것으로 되돌아오게 됩니다. 우리는 이 세상에서의 삶을 우연으로 여기지 말아야 합니다. 그렇습니다. "낮이 열두 시간이 아니냐"(요 11:9). 그리스도께서는 어느 날 소스라치게 놀라 겁에 질린 제자들에게 말씀하셨습니다. 이제 우리는 그것을 우리 자신에게 말해야 합니다. 우리는 하나님께서 우리 삶에 대한 계획과 목적을 갖고 계심을 확신할 수 있습니다. 그리고 그것은 이루어질 것입니다. 그래서 우리는 우리의 생명과 유지와 지원을 염려하지 말아야 합니다. 우리는 바다나 비행기에서 폭풍에 휩싸여 있을지라도, 일이 잘못되어 가는 것처럼 보일지라도, 타고 있는 기차선로에서 지난주에 사고가 일어났다는 생각이 문득 떠오를지라도 걱정하지 말아야 합니다. 생명 그 자체와 몸이 하나님의 선물이라는 올바른 생각만 갖고 있다면 그러한 걱정은 사라질 것입니다. 생명과 몸은 하나님으로부터 왔으며, 하나님께서 주신 것입니다. … 그렇습니다. 하나님께서 그 일을 시작하신다면 그것을 계속 유지하십니다. 태초에 만물을 작정하신 하나님께서는 그 일들을 수행하십니다. 인류와 개개인에 대한 하나님의 계획은 확정되어 있으며 확실합니다.

Studies in the Sermon on the Mount II, 115-116

26일 : 예수님에게 시선을 맞추십시오

만일 주님을 바라보는 일에 우리의 시간을 조금만 더 투자했다면 우리는 우리 자신을 곧 잊어버렸을 것입니다. … 당신 자신을 바라보기를 멈추고 그분을 즐거워하십시오. 그리스도인과 비그리스도인의 차이가 무엇입니까? 바울은 고린도후서 3장에서 비그리스도인은 수건으로 눈을 가린 채 그리스도와 하나님을 바라보는 사람이어서 결국 볼 수 없다고 말합니다. 그리스도인은 어떤 사람입니까? 바울은 이를 고린도후서 3장 18절에서 묘사합니다. "우리가 다 수건을 벗은 얼굴로 거울을 보는 것같이 주의 영광을 보매 그와 같은 형상으로 변화하여 영광에서 영광에 이르니." 이것이 그리스도인입니다. 그리스도인은 자신의 시간을 그리스도를 바라보고 응시하는 일에 사용합니다. 그리스도인은 그분을 바라보아 즐거워짐으로써 자기 자신을 잊어버립니다. 만일 당신이 그리스도에게 좀더 관심을 기울인다면 자신에 대한 관심은 좀더 줄어들 것입니다. 그분을 바라보십시오. 수건을 벗은 얼굴로 그분을 응시하십시오. 그러고 나서 그분의 나라에서는 섬김의 기간이 아니라 그분을 향한 자세, 곧 그분을 기뻐하는 갈망이 중요하다는 것을 배우십시오. … 그분은 다른 사람들이 하는 것처럼 섬김의 수를 계산하지 않습니다. 그분은 마음에 관심이 있으십니다. 우리는 시간에 관심이 있고 시간을 재며, 우리가 행한 일을 계산합니다. 마치 마태복음 20장 1-16절의 포도원 품꾼 비유에서 처음으로 포도원에 들어간 일꾼처럼 우리는 모든 것을 마쳤다고 주장하며 우리가 일하면서 보낸 시간의 양을 자랑합니다. 우리는 처음에 포도원에 들어가는 무리들에 끼어 있지 않을 때 걱정합니다. 왜냐하면 우리는 일을 다 마치지도 못했고, 일하는 시간 전체를 쓰지 못했기 때문입니다. 우리 주님은 이런 방식으로 하는 우리의 사역에는 관심이 없습니다. 우리 주님이 관심을 기울이시는 것은 과부의 두 렙돈입니다. 돈의 양이 아니라 여인의 마음에 관심을 기울이십니다. … 이것이 바울이 고린도전서 15장 8-10절에서 말한 것입니다. "맨 나중에 만삭되지 못하여 난 자 같은 내게도 보이셨느니라"(8절). … 주님은 시간이 아니라 관계에 관심을 기울이십니다.

Spiritual Depression, 88-89

27일 : 하나님은 우리를 아시고 인도하십니다

역사 속에 등장했던 하나님의 백성들 신앙을 다시 상기해 보는 것이 가장 좋습니다. 예를 들면 필립 도드리지의 찬송에서 찾아볼 수 있는 신앙과 교훈입니다. 전형적인 실례는 그의 위대한 찬송시에서 볼 수 있습니다.

> 오 벧엘의 하나님이시여
> 당신의 손이 아직 당신의 백성을 먹이시나이다.
> 당신은 이 지친 순례 여정에서
> 우리 조상을 모두 인도하셨나이다.

이는 궁극적으로 하나님의 주권에 바탕을 둔 위대한 논증입니다. 그것은 하나님께서 우주의 통치자이시며, 우리 개개인이 그분께 알려지고 그분과 인격적인 관계를 맺고 있다는 논증입니다. 이것이 히브리서 11장에 나오는 위대한 신앙을 소유한 용사들이 갖고 있는 믿음이었습니다. 이 사람들은 이 신앙을 지속적으로 지켜 왔습니다. 그들은 이해하지 못할 때도 많았지만, 그들은 '하나님이 아시고 책임지신다'고 말했습니다. 그들은 그분이 자신들을 낳으시고, 자신들에 대한 계획을 갖고 계시고, 자신들을 남겨 두거나 버리지 않으신다는 확신을 갖고 있었습니다. 하나님은 이 세상에서 그들의 목적이 완성될 때까지 그 모든 여정을 붙들어 주시고 인도하실 것입니다. 하나님은 그들이 영원히 그분의 영광스러운 존전에서 보내게 될 하늘의 처소로 영접하실 것입니다. "목숨을 위하여 무엇을 먹을까 무엇을 마실까 몸을 위하여 무엇을 입을까 염려하지 말라 목숨이 음식보다 중하지 아니하며 몸이 의복보다 중하지 아니하냐"(마 6:25). 이것을 철저히 토론하고, 중요한 원리들로 시작해서 필연적인 추론을 도출해 내십시오. 당신이 그렇게 하는 순간에 염려와 근심과 걱정은 사라질 것입니다. 당신은 하늘 아버지의 자녀로서 평안과 고요함으로 당신의 영원한 집을 향하여 걸어갈 것입니다.

Studies in the Sermon on the Mount II, 116

28일 : 급할수록 돌아가십시오

시편 기자(시 73편)는 갑자기 시험을 받았습니다. 그는 무언가를 말하거나 … 어떤 일을 행하고자 하는 시험에 빠졌습니다. 그 시험은 매우 강해서 거의 균형을 잃고 넘어질 뻔했습니다. 그는 자신을 구원한 것이 무엇인지 우리에게 말하고 있습니다. "내가 말한다면." 그는 정말로 무언가를 말하려고 하고 있었습니다. "내가 만일 스스로 이르기를 내가 그들처럼 말하리라 하였더라면 나는 주의 아들들의 세대에 대하여 악행을 행하였으리이다"(시 73:15). 그는 무엇을 하고 있습니까? 그의 방법은 어떤 것입니까?

그가 행한 첫 번째 일은 스스로를 자제하는 것입니다. … 그는 혀 끝에서 막 나오려고 하는 말을 참았습니다. 그의 말은 혀 끝에 있었지만, 내뱉지 않았습니다. 시편 기자는 성급하게 혹은 충동적으로 말하지 않는 것이 중요하다는 것을 깨달았습니다. … 이것은 그리스도인이 아닌 사람에게도 매우 중요합니다. … 우리가 영적 훈련과 관련해서 해야만 하는 일들이 있는데, 이는 얼핏 보기에 특별히 기독교적인 것처럼 보이지 않습니다. 그러나 만일 그런 일들이 여러분에게 일어나면 그것을 사용하십시오.

영적인 면에서 항상 최정상에 서려고 애쓰는 사람들이 많이 있는데, 이들은 바로 그것 때문에 종종 골짜기로 굴러 떨어집니다. 그들은 이런 일반적인 방법들을 무시합니다. 시편 116편을 쓴 기자가 행했던 일을 행하기를 주저하지 않습니다. … 그는 매우 정직하게 고백합니다. "내가 놀라서 이르기를 모든 사람이 거짓말쟁이라 하였도다"(시 116:11). 그는 성급하게 그렇게 말했고, 그것은 실수였습니다. 시편 73편을 쓴 시편 기자는 거의 넘어질 뻔한 시점에서조차도 어떤 것을 성급하게 말하지 않는 것이 얼마나 중요한지를 알았습니다. 그리스도인이 성급하게 말하거나 어떤 일을 하는 것은 잘못입니다. … 야고보서 1장 19절을 보십시오. "내 사랑하는 형제들아 너희가 알지니 사람마다 듣기는 속히 하고 말하기는 더디 하며 성내기도 더디 하라." 만일 우리 모두가 이 특별한 원리를 따른다면 삶이 훨씬 더 조화롭지 않겠습니까? … 멈추고 생각하십시오. 만일 당신이 다른 어떤 일도 할 수 없거든 멈추십시오!

Faith on Trial, 24-25

29일 : 나중 된 자가 처음이 되었습니다

바울은 이렇게 말합니다. "맨 나중에 만삭되지 못하여 난 자 같은 내게도 보이셨느니라"(고전 15:8). … 그는 부활하신 주님을 사도들 중에서 마지막으로 목격한 사람이었습니다. … 그들은 모두 다른 방법으로 주님을 보았습니다. 바울은 그 당시 그들과 함께 있지 않았습니다. 바울은 그 당시에 비방자요 박해자였습니다. 그래서 "맨 나중"은 사도들 중에서 마지막이라는 의미입니다. 그러나 바울은 사도들 중에서 맨 마지막 사람이었을 뿐만 아니라 문자적으로 부활하신 주님을 보았던 모든 사람들 중에서 맨 마지막 사람이었습니다. 사도 바울이 다메섹으로 가는 도상에서 부활하신 주님을 본 이후로 그 어느 누구도 육안으로 부활하신 주님을 본 사람이 없었습니다. … 바울은 모든 사람들 중에서 마지막 사람이었습니다. … 그는 다른 사람들과 같지 않았습니다. 다른 사람들은 주님의 가르침을 직접 들었으며, 내내 그분과 함께 지냈습니다. … 그들은 처음부터 끝까지 주님과 함께 있었습니다. 그러나 바울은 그들과 달리 이상한 방법이지만, 영적으로 새롭게 태어났습니다. 그는 다소 특이하고 이상한 방법으로 태어났습니다. 그래서 그는 모든 사람들 중에서 마지막 사람이었습니다.

이것이 바울이 자신에 대해서 말한 내용입니다. 물론 그는 후회하며 그것을 생각하지 않을 수 없었습니다. 그는 처음부터 그래야만 했습니다. 그는 재능을 갖고 있었습니다. 또한 기회도 있었습니다. 그러나 그는 복음을 싫어했습니다. 그는 예수님의 이름과 반대되는 일들을 많이 했다는 생각을 했습니다. … 그는 자신을 비방자로 간주했습니다. … 그는 바깥에 있었지만, 다른 모든 사람들은 안에 있었습니다. 그러나 그는 맨 나중에 이상한 방법으로 합류했습니다. … 그는 '나는 맨 나중에 합류했다. 내가 왜 그랬는가? 내가 어떻게 주님을 거절했는가?'라고 말하면서 자신의 남은 인생을 구석에 쪼그리고 앉아서 허비하지 않았습니다. 영적인 침체를 겪는 사람들은 종종 이렇게 행동합니다. 하지만 바울은 그러지 않았습니다. 그에게 큰 감동을 주어서 그를 끌어들였던 것은 바로 놀라운 은혜였습니다. 그래서 그는 놀라운 열정으로 새 생명 속으로 들어갔습니다. 그는 어떤 의미에서 맨 나중 사람이었지만 첫 사람이 되었습니다.

Spiritual Depression, 84-85

30일 : 하늘 아버지는 자녀들을 돌보십니다

하나님은 우리 아버지이십니다. 우리 아버지께서 일반 섭리로만 연관되어 있는 새들까지 크게 돌보신다면 부득불 우리에 대한 그분의 돌보심은 얼마나 더 크겠습니까! 예를 들면, 지상의 아버지도 새나 동물들에게 친절할 수도 있습니다. 하지만 사람이 피조물에 불과한 생물들에게 먹이를 공급하면서 자기 자녀들을 돌보지 않는 것은 상상할 수도 없습니다. 지상의 아버지가 이렇다면 하늘의 아버지는 얼마나 더 그렇겠습니까! …

당신은 우리 주님의 추론과 논의 방법을 보고 있습니다. 모든 말씀이 중요합니다. 우리는 신중하고 세심하게 그 말씀에 주목해야만 합니다. 섭리적으로 공중의 새들을 돌보시는 하나님에서 '당신의 하늘 아버지'로 바뀌는 미묘한 변화를 살펴보십시오. … 우리는 자연에 대한 이러한 사실들을 주목하고 관찰합니다. … 그러나 우리는 그리스도인이기 때문에 깊은 이해를 가지고 이러한 사실들을 바라보아야만 하며, 우리 자신에게 다음과 같이 말해야 합니다. '아니다. 이 일들은 저절로 일어나는 것이 아니다. 현대의 수많은 과학자들이 우리에게 믿게 만드는 것처럼 그런 일들이 우연히 이루어지는 것이 아니다. 결코 아니다. 하나님은 창조주이시며, 만물이 존재하도록 보존하는 분이시다. 하나님은 심지어 새들에게도 먹이를 공급하시며, 새들도 본능적으로 먹이가 거기에 있다는 것을 안다. 그분이 먹이가 거기에 있도록 하신 것이다. 그렇다. 그러면 내게는 어떤 일이 일어나는가? 나는 지금 내가 하나님의 자녀이며, 그분이 나의 하늘 아버지이심을 떠올린다. 하나님은 내게 단순히 창조주가 아니시다. 그분은 창조주이시지만, 그 이상이시다. 그분은 주 예수 그리스도 안에서 그리고 주 예수 그리스도를 통해서 나의 하나님과 아버지가 되신다. 우리는 주님을 따라 우리 자신에게 논리적으로 설명해야 한다. 그렇게 하는 순간 염려와 불안과 걱정은 사라진다. … 우리가 참된 그리스도인이라면 하나님은 우리 하늘 아버지가 되신다.' 우리는 이것을 덧붙여야만 합니다. 왜냐하면 우리가 고려하고 있는 모든 것은 오직 그리스도인에게만 적용되기 때문입니다. … 하나님이 자신의 아버지이심을 알고 있는 사람은 그리스도인뿐입니다.

Studies in the Sermon on the Mount II, 119-120

The greatest message

Martyn Lloyd-Jones

July 7

"애통하는 자는 복이 있나니 그들이 위로를 받을 것임이요"(마 5:4)

7월 July

1일 : 메뚜기가 먹어 치운 햇수들

　성경에서 발견되는 가장 위로가 되고 놀라운 것들 중 하나가 무엇인지 기억하십니까? 그것은 요엘 선지자가 위대한 환상과 그리스도의 오심에 대한 계시를 받았을 때 선포한 말씀이었습니다. 다시 말해 오실 그리스도에 대한 말씀이었습니다. 이것은 요엘에게 전하라고 주어진 말씀이었습니다. "내가 전에 너희에게 보낸 큰 군대 곧 메뚜기와 느치와 황충과 팥중이가 먹은 햇수대로 너희에게 갚아 주리니"(욜 2:25). 하나님은 이것을 행하시겠다고 약속하셨습니다. 하나님은 그것을 하실 수 있습니다. 황폐하고 황량한 해들, 그 기간에 메뚜기와 느치와 황충과 팥중이가 게걸스럽게 먹어 치워서 아무것도 남아나지 못했습니다. 그때 하나님은 말씀하십니다. '내가 메뚜기가 먹어치운 햇수대로 너희에게 갚아 줄 것이다.' 만일 당신의 관점에서 그것을 생각해 보면, 시간이 그 약속의 본질이라는 것을 알게 될 것입니다. 그러나 우리는 그것이 전혀 문제가 되지 않는 영역에 들어와 있습니다. 그분은 오셔서 우리에게 1년에 열 배라도 보상할 수 있는 곡식을 주실 수 있습니다. '내가 메뚜기가 먹어 치운 햇수대로 너희에게 갚아 줄 것이다.' 그것이 우리 주인의 특성입니다. 우리 구세주와 우리 하나님이 바로 그런 분이십니다. 그러므로 나는 이런 점에서 다음과 말합니다. '다시는 뒤를 돌아보지 마십시오. 당신의 현재 시간을 허비하지 마십시오. 당신의 에너지를 낭비하지 마십시오. 과거를 잊어버리십시오. 그리고 하나님의 은혜로 지금의 당신이 된 것을 기뻐하십시오. 하나님의 놀라운 은혜의 신적인 연단으로 당신의 삶과 존재의 놀라움을 깨닫고 당신에게서 나중이 처음이 되는 역사가 일어나는 것을 확인하십시오. 지금의 당신이 된 것과 당신이 하나님 나라에 있다는 사실에 대해 하나님을 찬양하십시오.'

Spiritual Depression, 89-90

2일 : 복된 소망

그리스도인은 자신에게서 죄를 발견합니다. 그리고 처음에는 이것 때문에 낙담하고 슬퍼합니다. 그러나 이번에는 이것 때문에 그리스도에게로 돌아가게 됩니다. 그리스도에게로 돌아가는 순간, 그는 평안과 행복을 되찾고 위로를 받습니다. … 진실로 애통하는 사람은 위로를 받고 행복합니다. 그러므로 그리스도인의 삶은 이런 방식으로 애통과 기쁨, 슬픔과 행복이 반복됩니다. 이것에서 즉각적으로 저것으로 바뀝니다.

그러나 … 또 다른 위로가 있습니다. 이는 사도 바울이 로마서 8장에서 상세하게 설명한 '복된 소망'이라 할 수 있습니다. … 바울은 이렇게 말합니다. '지금 이 순간 성령의 첫 열매가 된 우리조차도 속으로 자신에 대해 신음하며, 양자가 되며 우리 몸의 구속을 기다리고 있습니다.' 그는 계속해서 말합니다. '소망으로 구원을 받았기 때문에 우리는 현재의 고통이 장래에 나타나게 될 영광에 비하면 아무것도 아니라는 것을 확신합니다.' … 그리스도인이 세상을 바라보면, 심지어 그리스도인이 자기 자신을 바라봐도 불행합니다. 그는 영 안에서 신음합니다. 그는 사도들과 주님 자신이 세상에서 보셨던 그 죄의 짐을 알게 됩니다. 그러나 그는 즉시 위로를 받습니다. 그는 다가오는 영광이 있음을 알게 됩니다. 그는 그리스도께서 재림하시며, 죄가 세상에서 폐기되는 날이 가까이 왔음을 알게 됩니다. 의가 거하는 새 하늘과 새 땅이 임할 것입니다. 오 복된 소망이여! "애통하는 자는 복이 있나니 그들이 위로를 받을 것임이요"(마 5:4).

Studies in the Sermon on the Mount I, 60-61

3일 : 복음은 누구에게나 동일하게 역사합니다

　복음은 모든 사람, 누구에게나, 모두에게 역사합니다. … 어떤 부류의 사람도 모두를 아우르는 이 범주에서 배제되지 않습니다. … 다른 사람들이 자랑하고 영광스럽게 여기는 모든 것은 파벌적이어서 그들은 편파적으로 호소하며, 그들을 추종하는 무리들의 수도 제한적입니다. 그들은 모두 보편성이 부족합니다. … 한 사람을 만족시키면 다른 사람에게 거절을 당합니다. … 세상은 나뉘었고, 불화가 만연합니다. …

　그러나 그리스도의 복음은 다릅니다. 복음은 모든 사람을 위해 존재합니다. 복음의 비밀은 인간에게서 실패와 죄와 연약함을 제외하곤 그 어느 것도 기대하지 않는다는 것입니다. … 복음은 우리의 선천적인 차이점에는 전혀 관심이 없습니다. 그것은 우리가 공통적으로 공유하고 있는 것, 즉 죄와 하나님에 대한 반역과 삶 속에서의 실패, 수치심에만 집중합니다. 복음은 우리 모두를 함께 하나님 앞에 서게 함으로 그 모든 차별을 없애버렸습니다. 복음은 우리의 연약함과 무력함을 인정하고 하나님의 능력의 효력을 의지하게 함으로 이 일을 행합니다.

　그러므로 복음은 현재의 우리가 누구인지 어떤 존재인지에 대해서 신경을 쓰지 않습니다. 복음 앞에서는 너무 높은 사람도 너무 천한 사람도 없습니다. 지혜로운 사람과 어리석은 사람, 큰 사람과 작은 사람, 많이 배운 사람과 무지한 사람, 부유한 사람이나 가난한 사람도 없습니다. 더 이상 유대인과 이방인, 비그리스인과 스구디아인, 남성이나 여성, 노예나 자유인도 없습니다. 하나님은 우리를 길을 잃고, 좌절하며, 무력하고, 비참한 영혼으로 바라보십니다. 또한 우리에게 동일한 구원을 허락하십니다.

The Plight of Man and the Power of God, 91-92

4일 : 무한한 섭리

들에 핀 백합화, 야생화, 풀들을 보십시오. 대가들은 '백합화'의 의미가 무엇인지 올바르게 판단하고 많은 지면을 할애합니다. 그러나 주님은 분명히 팔레스타인의 들판에서 자라고 있는, 사람들이 너무나 잘 알고 있는 흔한 꽃을 언급하고 있습니다. 그분은 말씀하십니다. '이런 꽃들을 바라보라. 그리고 곰곰이 생각해 보라. 이 꽃들은 수고하지 않으며, 실을 잣고 있지도 않는다. 그러나 이 꽃들을 보라. 이 경이로움과 아름다움과 완전함을 보라. 왜 솔로몬이 누린 그 모든 영광조차도 이러한 꽃들 중 하나만 못했는가.' 솔로몬의 영광은 유대인들 사이에서 유명했습니다. 당신은 구약성경에서 솔로몬의 호화로움, 솔로몬이 입은 화려한 의복, 솔로몬 왕과 신하들이 입은 놀라운 의복, 금으로 입히고 보석으로 장식된 가구들로 가득 찬 백향목 궁전에 대해 읽을 수 있습니다. 그러나 우리 주님은 말씀하십니다. 이러한 꽃들 중 하나와 비교했을 때 그 모든 것은 빛을 잃고 하찮아진다고 말입니다. 꽃들은 그 형태나 무늬와 질감이나 바탕이나 색깔에서 인간이 온갖 창의력으로도 절대로 모방할 수 없는 본질적인 특성을 갖고 있습니다.

> 나에게는 바람에 날리는 가장 하찮은 꽃조차도
> 눈물을 흘릴 수 있는 굉장히 깊은 사상을 줄 수 있나이다.

주님은 바로 이것을 보시고 계십니다. 주님은 하나님의 손길을 보십니다. 완전한 피조물을 보십니다. 전능자의 영광을 보십니다. 그럼에도 불구하고 하나님은 이 세상에서 짧게 생존해 있는 동안에 눈에 띄지 않고, 겉보기에 '사막 공기에 향기를 잃어버리는' 작은 꽃도 완전하게 입히십니다. 이것이 사실입니다. 그렇지 않습니까? 그렇다면 그것에서 추론을 도출해 보십시오. "들풀도 하나님이 이렇게 입히시거든 하물며 너희일까 보냐 믿음이 작은 자들아"(마 6:30).

Studies in the Sermon on the Mount II, 123-124

5일 : 영적인 점검

우리는 자신을 신실하게 살피는 방법을 배워야만 합니다. 이는 그리스도인의 삶에서 극히 중대한 문제입니다.

무엇보다도 먼저 우리는 우리 자신이 저지른 것을 실제로 고백해야만 합니다. … 우리 자신을 아껴서는 안 됩니다. … 어떤 방식으로도 우리 자신을 방어해서는 안 됩니다. 우리 죄를 어물쩍 넘어가려 해서는 절대로 안 됩니다. … 우리 자신 앞에서 그 문제들을 신중하게 들추어내면서 '이것을 내가 저질렀습니다. 내가 생각하고 말한 것이 바로 이것입니다'라고 말해야만 합니다.

그러나 그뿐만이 아닙니다. 이런 것을 철저하게 분석하고 … 그것이 수반하고 암시하는 모든 것을 고려해야만 합니다. … 우리가 하나씩 열거하고 상세하게 나열하지 않는 한 우리 자신을 미워하는 것이 결코 아닙니다. 이것이 고통스럽다는 것을 알고 있습니다. … 단지 하나님께 나아가서 '하나님, 저는 죄인입니다'라고 말하는 것만으로는 충분하지 않습니다. … 이 문제의 본질은 세부 항목으로 직접 들어가서 일일이 열거하며 … 당신 자신 앞에 모든 내용을 내려놓고 자신을 검토하는 것입니다. … 영적인 대가들은 항상 이렇게 행했습니다. 그들의 안내서를 읽어 보십시오. 교회 생활을 빛나게 했던 가장 거룩한 사람들의 일기를 읽어 보십시오. 그러면 그들이 항상 그 일을 행했다는 것을 발견하게 될 것입니다. … 존 플레처는 매일 밤 잠자리에 들기 전에 자신에게 열두 가지 질문을 던질 뿐만 아니라 자신의 회중에게도 그렇게 하라고 권면했습니다. 그는 피상적인 일반적 점검으로는 만족하지 않았습니다. 그는 다음과 같은 질문으로 상세하게 자신을 점검했습니다. '화를 내고 있는가? 화를 낸 적이 있는가? 다른 사람들에게 까다롭지는 않았는가? 마귀가 교묘하게 내 마음속에 집어넣은 부정한 생각에 귀를 기울이지 않았는가? 그것에 집착했는가 아니면 즉시 거부했는가?' 당신은 하루를 되돌아보면서 이 모든 것을 자신 앞에 내놓고 대면해야 합니다. 이것이 진정한 자기 점검입니다. 그때 우리는 하나님의 시각에서 그 모든 것을 바라보아야 합니다. '당신 자신 앞에서' 말입니다.

Faith on Trial, 69-71

6일 : 그리스도인은 하나님의 시선 아래에 살고 있습니다

　예수님은 마태복음 7장에서 다시 우리가 하나님의 시선 아래에서 살아가고 있다는 사실을 기억하는 것이 얼마나 중요한지를 강조하십니다. 예수님이 다루시는 이 특별 주제는 다른 사람과 우리의 관계와 관련된 것입니다. 그러나 여전히 하나님과 우리의 관계가 근본적인 문제라는 사실을 알아야 합니다. … 우리의 삶이 하나의 여정이며 순례임을 상기하며, 또한 우리의 삶이 최후 심판, 궁극적인 평가, 영원한 운명을 향하고 있다는 것을 깨닫는 것이 중요합니다.

　… 우리가 안고 있는 문제의 절반은 죽음 이후에는 더 이상 삶이 없으며, 이곳이 유일한 세상이라는 가정하에 살아가고 있다는 사실에서 비롯됩니다. … 만일 우리에게 죽음 이후에 지속되는 삶이 있으며, 심판 때에 하나님을 만나야 한다는 것을 믿느냐는 질문을 받으면 우리는 의심의 여지없이 '예, 믿습니다'라고 대답할 것입니다. 그러나 시시각각으로 살아가면서 그것을 염두에 두고 있습니까? … 실제로 하나님의 백성을 다른 사람들과 구별짓는 것은, 하나님의 백성은 자신들의 영원한 운명을 의식하면서 살아가는 사람이라는 사실입니다. 자연인은 자신의 영원한 미래에 관해서 전혀 개의치 않습니다. 자연인은 현세를 유일한 세상으로 여깁니다. 자연인은 오직 이 세상만 생각합니다. 그는 이 세상을 위해서 살며, 이 세상의 지배를 받습니다. 그러나 그리스도인은 이 현세가 오직 일시적이며 지나가는 것, 즉 일종의 예비 학교처럼 여기며 살아가야만 합니다. 그리스도인은 하나님의 임재 가운데 살아가고 있으며, 하나님을 만나러 가는 여정에 있음을 항상 의식해야 합니다. 그리스도인의 삶 전체는 이러한 생각으로 결정되고 조절되어야 합니다. … 우리는 시종일관 심판의 과정을 겪고 있습니다. 왜냐하면 우리는 최후의 심판을 대비하고 있는 과정에 있기 때문입니다. … 우리는 결산해야만 합니다.

Studies in the Sermon on the Mount II, 159-160

7일 : '하나의 믿음'이란 무엇입니까?

… '하나의 믿음'이란 무엇입니까? 이 질문에는 오직 한 가지 대답밖에 없습니다. 그것은 '의롭게 하는 믿음'에 관한 신약성경의 본질적인 메시지입니다. 그것은 사도들이 행한 설교의 근원이며 핵심입니다. … "오직 의인은 믿음으로 말미암아 살리라"(롬 1:17). 이는 사도들의 설교의 핵심입니다. 즉 사람은 율법을 행하거나 자기 자신의 의로 말미암아서가 아니라 오직 믿음으로만 의로워집니다.

우리는 로마서 3장에서 고전적인 선언을 볼 수 있습니다. … "그리스도 예수 안에 있는 속량으로 말미암아 하나님의 은혜로 값없이 의롭다 하심을 얻은 자 되었느니라 이 예수를 하나님이 그의 피로써 믿음으로 말미암는 화목제물로 세우셨으니 이는 하나님께서 길이 참으시는 중에 전에 지은 죄를 간과하심으로 자기의 의로우심을 나타내려 하심이니 곧 이때에 자기의 의로우심을 나타내사 자기도 의로우시며 또한 예수 믿는 자를 의롭다 하려 하심이라"(롬 3:24-26).

이는 복음의 핵심 메시지입니다. 우리는 주 예수 그리스도와 그분의 사역을 믿는 이 믿음을 통해서 의로워집니다. 이것이 바로 '믿음도 하나요'가 갖고 있는 의미입니다. 물론 이는 갈라디아서 전체에서 다루고 있는 논쟁거리입니다. 사도 바울은 '이것이 복음입니다. 다른 복음은 없습니다'라고 말합니다. 복음은 '하나님께서 예수님을 믿는 죄인들을 의롭게 하신다'는 것입니다. '믿음도 하나요'는 구원의 방법과 관련된 다른 모든 교훈을 무효화시키는 것입니다. 이 '믿음도 하나요'는 우리 자신이나 다른 사람의 행위로 우리 자신을 의롭게 할 수 있다고 하는 모든 주장에 반대합니다. 이는 그리스도만이 구원하시는 분이시며, 우리는 믿음을 통해서 이 구원에 참여하게 된다고 가르칩니다. 그래서 우리는 '한 주님, 하나의 믿음'만 가지고 있습니다.

The Basis of Christian Unity, 30-31

8일 : "애통하는 자는 복이 있나니 그들이 위로를 받을 것임이요"

애통하는 사람을 정의해 봅시다. 그는 어떤 사람입니까? 그는 슬퍼하는 사람입니다. 하지만 침울한 사람은 아닙니다. 그는 슬퍼하는 사람입니다. 하지만 비참한 사람은 아닙니다. 그는 진지한 사람이지만, 엄숙한 사람은 아닙니다. 그는 침착하지만, 무뚝뚝하지는 않습니다. 그는 위엄이 있지만, 냉정하거나 다가갈 수 없는 사람은 아닙니다. 그의 위엄에는 따뜻함과 매력이 있습니다. 다시 말해서 이 사람은 항상 진지합니다. 그러나 신중한 체하지 않습니다. 참된 그리스도인은 애써 슬퍼하거나 명랑한 표정을 지어야 하는 사람이 결코 아닙니다. 그렇습니다. 결코 아닙니다. 그는 삶을 진지하게 바라보는 사람입니다. 그는 삶을 영적으로 관조합니다. 삶 속에서 죄와 그 영향을 깨닫습니다. 그는 진지하며 침착합니다. 그의 관점은 항상 신중하지만, 그는 자신이 가지고 있는 이러한 견해와 이해 때문에 '형언할 수 없는 기쁨과 충만한 영광'을 소유하고 있습니다. 그래서 그는 마음속으로 신음하지만 그리스도에 대한 체험과 다가올 영광 때문에 행복해했던 사도 바울과 같은 사람입니다. 그리스도인은 어떤 의미에서든 피상적이지 않으며, 근원적으로 진지하며 행복해합니다. 그리스도인의 기쁨은 거룩한 기쁨이며, 그리스도인의 행복은 진지한 행복이라는 것을 아십시오. … 그것은 엄숙하며 거룩한 기쁨입니다. …

이것이 애통하는 사람입니다. 이것이 그리스도인입니다. … 죄에 대한 심오한 가르침, 차원 높은 기쁨에 대한 가르침, 이 두 가지는 함께 애통하지만 동시에 위로를 받는 복되고 행복한 사람을 만들어 냅니다. 이를 체험하는 방법은 성경을 읽고 연구하고 묵상하며, 우리 안에 있는 죄를 우리 자신에게 드러내고, 그 이후에 그분의 충만함 가운데 주 예수 그리스도를 우리에게 계시하시는 성령을 하나님께 간구하는 것입니다. "애통하는 자는 복이 있나니 그들이 위로를 받을 것임이요"(마 5:4).

Studies in the Sermon on the Mount I, 62

9일 : 모든 것을 변화시키시는 그리스도

　사람들은 본래 소망이 없는 죄의 종이며 희생자였습니다. 또한 그들의 가족과 집안을 비참한 빈곤의 상황으로 몰아넣었습니다. 그들은 개종해서 그들의 모든 환경과 상황을 계속해서 변모시키는 그리스도에게로 나아왔습니다. 복음은 한 사람을 중생시키는 과정에서 심지어 그의 인격적인 모습까지 변화시킵니다. 중생한 사람은 자신은 물론 아내와 자녀들의 옷차림에 새롭게 관심을 기울이기 시작합니다. 가정의 가구를 바꿉니다. 그가 주장하는 전제는 개선됩니다. 그 사람이 일단 자신을 올바르게 세운다면 그는 계속해서 다른 모든 것을 올바르게 만들어 갑니다. 18-19세기 대중 교육 운동은 복음의 영향을 받은 사람들의 각성에서 비롯된 직접적인 결과였습니다. 그 결과로 사람들은 자신들이 마음과 머리를 갖고 있다는 것을 깨달았습니다. 그들은 성경을 읽고, 문화에 익숙해지며, 삶을 이해하고자 하였습니다. 영적 대각성 이후에 셀 수 없이 수많은 변화들이 일어납니다. 우리는 회화적인 말로 묘사할 수 있습니다. 물의 근원이 깨끗해지면 마찬가지로 시냇물도 깨끗해집니다. 질병 자체가 치유되면 마찬가지로 증상 또한 사라지게 됩니다. … 복음 이외에 그 어떤 것으로도 사회의 조건들을 진정으로 개선시킬 수 없습니다. 사람들을 교육하고 그들에게 더 좋은 집을 주는 것으로는 새로운 사람이나 더 나은 삶을 보장하지 못합니다. … 모든 문제는 중심이, 눈이, 인간의 영혼이 흐리게 되는 것에서 시작됩니다.

Truth Unchanged, Unchanging, 93-94

10일 : "내가 나 된 것은 하나님의 은혜로 된 것이니"

그리스도인이라면 당신이 과거에 어떤 사람이었는가가 아니라 현재 당신이 어떤 사람인가가 무엇보다 중요합니다. 말도 안 되는 소리처럼 들립니까? 이는 매우 명백하게 옳은 말입니다. … 하지만 마귀가 우리를 공격할 때 때때로 그것이 얼마나 어렵게 보이는지요. 사도 바울은 "하나님의 교회를 박해하였으므로 사도라 칭함 받기를 감당하지 못할 자니라"(고전 15:9)고 말했습니다. 그리고 이어서 이렇게 말했습니다. "그러나 내가 나 된 것은 하나님의 은혜로 된 것이니"(고전 15:10). 과거에 내가 어떤 사람이었는지가 뭐 그리 중요합니까? 당신도 '나의 나 된 것은'이라는 부분을 강조해 보십시오. 당신이 과거에 어떤 사람이었는지에 대해서 계속해서 생각하지 마십시오. 그리스도인의 지위의 본질은 당신이 현재 어떤 사람인지를 상기하는 것입니다. 죄로 얼룩진 과거가 있었습니다. 그러나 당신 자신에게 이렇게 말씀해 보십시오.

> 구속됨, 치유 받음, 회복됨, 죄사함을 받음,
> 나와 같은 자가 누구인가? 그를 찬양함이 마땅하도다.

과거가 어떴든지 간에 '나의 나 된 것'이 중요합니다. 중요한 것은 현재의 나입니다. 나는 어떤 사람입니까? 나는 죄사함을 받았습니다. 십자가에 달리신 하나님의 아들의 보혈로 하나님과 화해했습니다. 나는 하나님의 자녀입니다. 나는 입양되어서 하나님의 가족이 되었고, 그리스도와 함께 상속자, 공동 상속인이 되었습니다. 나는 영화롭게 될 것입니다. 과거에 어떤 사람이었는지, 지금까지 어떻게 살아왔는지는 중요하지 않습니다. 그러므로 만일 원수가 이와 같이 공격해 온다면 사도가 행했던 것처럼 해보십시오. 원수에게 돌아서서 말하십시오. "네가 말하는 것은 사실이야. 과거의 나는 네가 말한 그대로야. 그러나 현재의 내가 관심을 기울이는 것은 과거의 나가 아니라 현재의 나야. '나의 나 된 것은 하나님의 은혜로 되었어.'"

Spiritual Depression, 85-86

11일 : 신앙의 수수께끼

그리스도인에 대해서 특별하게 설명하는 "온유한 자는 복이 있나니"라는 팔복은 놀라게 만듭니다. 왜냐하면 그것은 자연인이 생각하는 모든 것과 완전히 정반대이기 때문입니다. "온유한 자는 복이 있나니 그들이 땅을 기업으로 받을 것임이요"(마 5:5). 세계 정복, 온 우주의 소유는 어느 누구보다도 온유한 사람에게 주어집니다! 세상은 힘과 권세, 능력, 자신감, 공격성의 관점에서 생각합니다. 이것이 세상이 정복과 소유와 관련해서 생각하는 것입니다. 자신의 권리를 주장하고 자신을 표현할수록, 자신의 권세와 능력을 조직화하고 드러낼수록 당신은 성공하고 얻을 수 있다고 합니다. 그러나 여기에 놀라운 선언이 있습니다. "온유한 자는 복이 있나니 그들이 땅을 기업으로 받을 것임이요." 오직 그들만이 땅을 소유할 것입니다. 다시 한 번 그리스도인이 세상과 전적으로 다르다는 사실을 상기합시다. 질적으로 다르며, 본질적으로 다릅니다. 그리스도인은 새로운 사람, 새로운 피조물입니다. 전적으로 다른 나라에 속해 있습니다. 세상은 그리스도인과 같지 않을 뿐만 아니라 그리스도인을 이해할 수도 없습니다. 그리스도인은 세상의 수수께끼와 같은 존재입니다. 만일 당신과 내가 기본적인 의미에서 우리 주변에 있는 비그리스도인들에게 문제와 수수께끼와 같은 존재가 아니라고 한다면 이는 우리의 기독교 신앙고백에 중요한 문제제기(도전)가 되는 셈입니다.

Studies in the Sermon on the Mount I, 63

12일 : 당신의 일을 하나님의 손에 맡기십시오

우리는 이제 미래에 대해 두려워하는 사람의 경우를 살펴보려고 합니다. … 이는 매우 보편적인 상황입니다. 원수(마귀)가 동일한 사람 속에서 정반대되는 방법으로 똑같은 근본적인 상황을 만들어 내는 방법을 주목하는 것은 정말로 놀랍습니다. 당신이 그 사람들의 과거에 대해 바로잡으려고 하면 그들은 즉시 미래에 대해 이야기하기 시작합니다. 그 결과 그들은 지금 좌절에 빠지고 맙니다. 당신은 죄사함, 심지어 예외적인 특별한 죄를 용서해 주신다는 것 정도로 그들을 만족시킵니다. … 그때 그들은 말합니다. "아, 예 … 그러나 …." 그리고는 그들은 미래와 앞에 놓인 일들에 대한 두려움에 관해서 이야기하기 시작합니다. … 우리가 미래에 대해서 생각하는 것은 당연합니다. … 그러나 성경은 우리가 미래를 염려하는 것에 대해서 항상 경고합니다. "내일 일을 위하여 염려하지 말라"(마 6:34)는 '내일을 염려하는 죄를 짓지 말라'는 말입니다. 이것은 아무런 생각도 하지 말라는 뜻이 아닙니다. 만일 아무런 생각도 하지 않는다면, 농부는 쟁기로 흙을 파헤치고 써레로 흙을 평평하게 하고 나서 씨를 뿌리지 않을 것입니다. 농부는 미래를 내다봅니다. 하지만 일하고 나서 최종적인 결과에 대해 의심하거나 염려하면서 자기 시간의 대부분을 보내지는 않습니다. 그렇습니다. 그는 합리적인 생각을 하고 난 이후에는 그대로 내버려 둡니다. … 미래에 관해 생각하는 것이 마땅하지만 그 생각으로 지배를 받는 것은 잘못입니다. 그것이 바로 근본적인 문제이며, 세상은 이를 알았습니다. 그래서 세상은 우리에게 도달할 때까지 다리를 건너지 말라고 말했습니다. 그것을 기독교의 가르침에 대입해 보십시오. 왜냐하면 이 점에서 세상이 옳기 때문입니다. … 성경은 여러 곳에서 동일한 결과에 대해 격언처럼 말합니다. "내일 일을 위하여 염려하지 말라." "한 날의 괴로움은 그날로 족하니라"(마 6:34). … 이것은 상식처럼 들립니다. "한 걸음만으로 충분합니다." … 당신의 과거가 당신의 현재를 저당잡지 못하게 해야 하는 것처럼 당신의 미래가 당신의 현재를 저당잡지 못하게 하십시오.

Spiritual Depression, 94, 98-99

13일 : 적은 믿음과 그 결과

　우리 주님께서 '적은 믿음'으로 묘사하신 이 상태는 어떤 것입니까? … 일반적으로 이것이 삶의 한 국면에만 한정된 믿음이라고 말할 수 있습니다. 이것은 우리의 영혼의 구원 문제에만 국한되며, 그 이상으로 나아가지 못한 믿음입니다. 그것은 삶의 전 영역과 삶 속에서 일어나는 모든 것으로 확장되지 않습니다. 이는 그리스도인들 사이에서 흔한 질병입니다. 우리는 우리 영혼의 구원 문제에 대해서는 명확합니다. … 우리는 유일한 구원 방법이 주 예수 그리스도 안에 있다는 것을 압니다. … 우리는 그분을 믿고 현재와 영원한 세계와 관련된 구원의 믿음을 소유하고 있습니다. 이것은 구원하는 믿음, 곧 우리를 그리스도인으로 만드는 믿음입니다. 그것이 없다면 우리는 결코 그리스도인이 아닙니다. 그렇습니다. 그러나 그리스도인들은 종종 그 자리에 머물러 있습니다. 그리스도인들은 믿음이 오직 구원의 문제에만 적용되는 것으로 생각하는 경향이 있습니다. 물론 그 결과로 그리스도인들은 일상생활에서 자주 패배합니다. 그리스도인들의 일상은 비그리스도인의 일상과 다를 바가 없습니다. 그리스도인들은 염려하고 걱정합니다. 그리스도인들은 여러 가지 면에서 세상을 따릅니다. 그들의 믿음은 오직 궁극적인 구원을 위해서만 보존된 그 무엇입니다. 그들은 일상생활의 문제와 이 세상에서 살아가는 것과 관련해서는 그 어떤 믿음도 갖고 있지 않는 것처럼 보입니다. 우리 주님은 바로 그것에 관심을 기울이십니다. 이 사람들은 하나님을 하늘 아버지로 알고 있습니다. 그러나 그들은 먹고 마시고 입는 것에 관해 걱정합니다. 그들의 믿음은 한정되어 있습니다. 이런 면에서 그것은 적은 믿음입니다. 그 믿음의 반경은 축소되고 제한됩니다.

Studies in the Sermon on the Mount II, 127

14일 : 그리스도인, 당신은 평범한 사람이 아닙니다!

디모데는 그때에 두려워하는 마음으로 죄를 짓고 있었으며, 두려움에 사로잡혀 있었습니다. 그래서 바울은 그를 책망합니다. "하나님이 우리에게 주신 것은 두려워하는 마음이 아니요 오직 능력과 사랑과 절제하는 마음이니"(딤후 1:7). … 만일 이 특별한 영적 침체가 나타남으로 고통을 당하고 있다면 우리의 본질적인 문제는 하나님께서 우리에게 주신 것, 또 성령의 은사를 우리에게 주심으로 현재 우리에게 주시고 있는 것을 알지 못하는 것입니다. … 그것은 하나님께서 우리를 위해서 행하신 것과 지금 우리를 위해서 행하고 있는 것을 알지 못하는 것입니다. … 사도 바울은 디모데에게 하나님의 은사를 상기하라고 말해야만 했습니다.

우리의 두려움은 상기하는 일, 곧 생각하고 우리 자신을 맡기는 일을 실패하는 데서 비롯됩니다. 당신은 미래를 바라보며 미래의 일들을 상상하며 '무슨 일이 일어날지 모르겠어'라고 말하는 자신을 발견합니다. 그러고 나서 상상의 나래를 폅니다. 당신은 그 일에 사로잡혀서 당신 자신이 누구이며, 어떤 일을 해야 하는지를 자신에게 계속해서 주입시킵니다. 결국 이 일이 당신을 압도하고 침체하게 만듭니다. 우선 해야 할 일은 당신 자신을 굳게 부여잡고 일으켜 세우며, 자극하고, 스스로 자제하며, 자신에게 말하는 것입니다. … 바울이 실제로 디모데에게 말한 큰일은 이것입니다. '디모데야, 너는 너 자신과 삶과 네가 해야만 하는 모든 일에 대해 생각하고 있는 것처럼 보인다. 마치 네가 여전 보통 사람인 것처럼 말이다. 그러나 디모데야, 너는 평범한 사람이 아니란다! 너는 그리스도인이다. 너는 거듭 났다. 하나님의 성령이 네 안에 있다. 그런데도 너는 여전히 과거에 그랬던 것처럼, 평범한 사람들처럼 이 모든 일을 생각하고 있구나!'

Spiritual Depression, 99-100

15일 : 우리의 겸손을 시험하는 법

··· 이러한 팔복이 진행될 때 점점 더 어려워집니다. ··· 우리가 살피고 있는 이 복은 더 엄중하고, 더 난해하고, 더 비천하게 만들며, 더 굴욕감을 느끼게 합니다. ··· 첫 번째 복은 우리 자신의 연약함과 무력함을 깨닫게 합니다. ··· 이것은 우리가 아무것도 가진 것이 없다고 느끼게 합니다. ··· 그러나 여기에 여전히 면밀하게 살펴보아야 할 것이 있습니다. "온유한 자는 복이 있나니!"(마 5:5).

왜 그렇습니까? 왜냐하면 우리는 여기서 다른 사람에 대해 관심을 기울이기 시작하는 지점에 이르기 때문입니다. 이것을 다음과 같이 설명해 보겠습니다. 나는 복음의 요구와 하나님의 율법에 직면했을 때 나 자신의 철저한 무가치함과 무능력함을 볼 수 있습니다. 내 자신에게 정직할 때 내 안에 있는 죄와 악을 인식하게 됩니다. 나는 이것 때문에 타락하게 됩니다. 나는 이 두 가지에 직면할 준비가 되어 있습니다. 다른 사람이 나에 대해서 그와 같이 말하는 것을 듣는 것이 얼마나 어려운지요! 나는 본능적으로 그것에 분개합니다. 우리 모두는 다른 사람이 우리를 정죄하는 것보다는 우리가 우리 자신을 정죄하는 것을 선호합니다. 나는 내 자신이 죄인이라고 말합니다. 그러나 본능적으로 다른 사람이 내가 죄인이라고 말하는 것을 싫어합니다. ··· 지금까지 나는 스스로 내 자신을 살펴보았습니다. 이제 다른 사람이 나를 바라봅니다. 나는 그들과 관계를 맺고 있습니다. 그들은 나에게 어떤 일을 행하고 있습니다. 나는 그것에 어떻게 반응합니까? 이것이 여기서 다루어지는 문제입니다. 이것이 당신이 이전에 겪었던 그 어떤 것보다도 더 겸허하게 만들며 굴욕감을 느끼게 한다는 점을 인정할 것이라고 생각합니다. 이것은 내가 내 자신에게 조명을 비추지 않고 다른 사람이 나에게 조명을 비추도록 하는 것입니다.

Studies in the Sermon on the Mount I, 64-65

16일 : 내가 아니라 내 안에 그리스도께서 계십니다

"하나님이 우리에게 주신 것은 두려워하는 마음이 아니요"(딤후 1:7). 그러면 그분이 우리에게 주시는 마음은 무엇입니까? … "오직 능력과 사랑과 절제하는 마음이니"(딤후 1:7). … 우리에게는 사명이 있습니다. 우리는 우리 자신이 연약함을 알고 있습니다. 그렇습니다. 당신은 그리스도인의 삶을 살아갈 수 없을 것이라고 염려하십니까? 이에 대한 대답은 이렇습니다. "두렵고 떨림으로 너희 구원을 이루라 너희 안에서 행하시는 이는 하나님이시니 자기의 기쁘신 뜻을 위하여 너희에게 소원을 두고 행하게 하시나니"(빌 2:12-13). 두려움과 떨림은 남아 있습니다. … 그러나 당신은 당신 안에서 소원을 두고 행하게 하시는 능력으로 행할 수 있습니다. … 이것은 조건이 어떠하든, 환경이 어떠하든 인내하고 해낼 수 있는 능력, 지속하고 참는 능력을 의미합니다. … 이는 가장 소심한 사람이 모든 일에, 심지어 죽는 일에까지 능력을 받을 수 있음을 뜻합니다. 당신은 사도들에게서 그것을 볼 수 있습니다. 죽음을 무서워하고, 죽는 것을 두려워했던 베드로와 같은 사람에게서도 볼 수 있습니다. 심지어 베드로도 그 두려움 때문에 주님을 부인했습니다. … 그러나 그 이후의 베드로를 보십시오. … 능력의 영(성령)이 베드로에게 들어가자 그는 죽을 준비가 되어 있었습니다. 베드로는 당국자들에게 맞서고, 다른 사람을 만나려고 했습니다. … 나는 그리스도인들에게 순교자들, 고백자들, 개신교 교부들, 청교도들, 언약자들의 이야기를 읽으라고 지겨울 정도로 말합니다. 그들의 이야기들을 읽어 보십시오. 그들은 스스로 그렇게 할 수 없었습니다. 그들은 능력의 영(마음)을 받았습니다. … 바울은 디모데에게 말합니다. … '하나님께서 너에게 능력의 영을 주셨다. 앞으로 나아가라. 하나님이 너와 함께하실 것이다. 너는 너 자신을 모른다. 너는 자신에 대해 놀랄 것이다. 그것이 죽음에 직면하는 것이라 할지라도 너는 그 영광스러운 예수님의 이름을 위하여 수치와 심지어 죽음의 고통을 당할 가치가 있는 것으로 여김을 받는 것을 기뻐할 것이다.' 능력! 그리스도인은 이것을 받았습니다.

Spiritual Depression, 101-102

17일 : 믿음이 자라는 법

　　믿음은 자동적으로 작동하지 않습니다. … 당신은 믿음을 적용해야만 합니다. 또한 믿음은 자동적으로 자라지 않습니다. 우리는 우리 믿음과 우리 자신과 말하는 방법을 배워야만 합니다. … 시편 기자가 시편 42편에서 그것을 어떻게 설명하고 있는지를 아십니까? 시편 기자가 자기 자신을 바라보면서 다음과 같이 말합니다. "내 영혼아 네가 어찌하여 낙심하며 어찌하여 내 속에서 불안해하는가"(시 42:5). 이것이 믿음이 자라게 하는 방법입니다. 당신은 자신에게 당신의 믿음에 관해 말해야만 합니다. 당신은 당신의 믿음의 문제가 무엇인지 자신에게 물어야만 합니다. 당신은 왜 낙심하고 있는지 당신의 영혼에게 물어야만 합니다. 그리고 영혼을 깨우십시오! … 당신의 믿음은 기계적으로 자라지 않습니다. 당신의 믿음에 주의를 기울여야 합니다. 우리 주님의 비유를 사용하면, 당신은 그 주변을 파고 그것에 관심을 기울여야 합니다. 그럴 때 당신은 믿음이 자라나는 것을 알게 될 것입니다.

　　… 믿음의 대부분은 염려하는 생각을 물리치는 것입니다. 즉 염려스러운 일들을 생각하기를 거절하고, 미래에 대해서 그릇되게 생각하기를 거부하는 것입니다. 마귀와 모든 부정적인 환경은 할 수 있는 한 최대로 나를 그렇게 만들려고 할 것입니다. 하지만 믿음을 갖는다는 것은 바로 이런 것입니다. '아니요. 나는 걱정하는 않습니다. 나는 합당한 일을 다 했습니다. 내가 옳다고 여기고 합법적이라는 여기는 것을 다 했습니다. 그 이상은 전혀 생각하지 않을 것입니다.' 이것이 믿음입니다. 이것은 특히 미래와 관련해서 볼 때 더더욱 그렇습니다. 마귀가 교묘하게 환심을 사며 다가와서 당신에게 주입하려고 할 때(이는 사악한 자들의 불화살과 같습니다), 말하십시오. '아니오. 나는 관심이 없습니다. 나는 오늘도 내일도 오직 그 하나님만을 의지하고 있으며, 내일도 신뢰할 것입니다. 듣지 않겠습니다. 나는 당신의 사상을 생각하지 않을 것입니다.' 믿음은 무거운 짐을 지는 것을 거부하는 것입니다. 왜냐하면 우리는 우리의 짐을 주님께 던져 버렸기 때문입니다. 주께서 무한하신 은혜로 우리에게 지혜와 은혜를 주셔서 이러한 단순한 원리들을 행하게 하시고, 그래서 날마다 주님 안에서 기뻐하게 하소서.

Studies in the Sermon on the Mount II, 156-157

18일 : 뻗어 나가는 사랑

바울은 '사랑'을 언급하고 있습니다(딤후 1:7). 이제 나는 이것이 가장 흥미롭고 매력적인 것이라 생각합니다. 여러분 중에 얼마나 많은 사람들이 우리의 목록에서 사랑을 두 번째 자리에(능력 다음에) 넣을지 의문스럽습니다. 당신은 바울이 왜 사랑을 여기에 넣었다고 생각하십니까? 바울이 사랑으로 무엇을 말하려 하고 있습니까? "하나님이 우리에게 주신 것은 두려워하는 마음이 아니요 오직 능력과 사랑과 절제하는 마음이니"(딤전 1:7). 그렇습니다. 나는 능력이 필요하다고 생각합니다. 그러나 사랑, 왜 사랑입니까? … 여기에 최고의 심리학이 있습니다. 어쨌든 두려워하는 마음의 주요 원인이 무엇입니까? 대답은 '자기 자신'입니다. 즉 자기애(self-love), 자기 집착, 자기 보호입니다. … '내가 이것을 어떻게 할 수 있지? 실패하면 나는 어떻게 하지?' '나', 즉 사람들은 끊임없이 자기 자신 생각에 파묻히고, 자기 자신만 바라보고, 자신을 염려합니다. 사랑의 마음이 끼어들 자리는 바로 여기입니다. 왜냐하면 자기 자신을 극복할 수 있는 유일한 방법이 거기에 있기 때문입니다. … 당신은 당신 자신의 자아를 다룰 수 없습니다. 이것이 수도사와 은둔자들이 된 가련한 사람들의 치명적인 실수입니다. 그들은 세상과 다른 사람을 떠날 수 있었습니다. 하지만 자기 자신을 벗어날 수는 없었습니다. … 자아를 극복할 수 있는 유일한 방법이 있습니다. 그것은 당신이 자신에 관해 생각할 수 없을 정도로 다른 사람이나 다른 일에 몰두하는 것입니다. 하나님께 감사하십시오. 하나님의 성령은 그것을 가능하게 하십니다. 그분은 '능력의 영'만 아니라 '사랑의 영'이시기도 합니다. 무슨 말입니까? 그것은 하나님에 대한 사랑, 우리를 지으신 위대하신 하나님에 대한 사랑, 우리에게 구속의 길을 만들어 주신 위대한 하나님에 대한 사랑을 의미합니다. … 그분은 영원하신 사랑으로 우리를 사랑하셨습니다. 바울은 디모데에게 그것을 생각하라고 말합니다. 하나님의 사랑에 몰입할 때 당신 자신에 관한 모든 것을 잊어버리게 될 것입니다. '사랑의 영!' 이것이 자기 관심, 자기 집착, 자아로 인한 침체에서 당신을 벗어나게 할 것입니다. … 그것은 모든 면에서 자아를 제거합니다. 그러므로 하나님의 놀라운 영원하신 사랑에 대해 자신에게 말하십시오.

Spiritual Depression, 102-103

19일 : 온유한 사람들

구약성경에서 가장 위대한 사람은 아브라함입니다. 아브라함을 보면 당신은 놀랍고 굉장히 멋진 온유함의 초상을 보게 됩니다. 온유함은 그의 생애에 나타나는 큰 특징입니다. 당신은 롯에게 했던 그의 행동을 기억합니다. 아브라함은 한마디 중얼거림도 불평도 없이 어린 롯에게 자기 주장을 하게 하고 먼저 선택하게 했습니다. 이것이 온유함입니다. 또 모세를 보십시오. 모세는 세상에서 가장 온유한 사람이라는 소리를 들었던 사람입니다. 모세의 성품을 살펴보십시오. 그러면 동일한 것, 곧 자기 자신을 주장하지 않고 오히려 겸손하며 자기를 낮추는 그를 보게 됩니다. 바로 온유함입니다. 모세 앞에는 굉장한 가능성들, 애굽 왕궁과 바로 왕의 딸의 아들로서 그의 지위가 가지고 있는 모든 가능성이 있었습니다. 그러나 그가 얼마나 진실 되게 그것을 평가하고 있는 그대로 바라보고, 하나님과 그분의 뜻에 얼마나 온전히 자신을 낮추었는지를 볼 수 있습니다.

다윗도 마찬가지입니다. 특별히 사울과의 관계에서 그렇습니다. 다윗은 자신이 왕이 되어야만 한다는 것을 알았습니다. 다윗은 그 소식을 들었고, 기름 부음을 받았습니다. 그러나 그가 사울에게 불의하고 몰인정한 대접을 얼마나 많이 겪어야만 했는지요! 다윗의 이야기를 다시 한 번 읽어 보십시오. 그러면 정말로 예사롭지 않은 방식으로 모범을 보여 주었던 온유함을 보게 될 것입니다. 또 예레미야와 그에게 주어졌던 환영받지 못할 메시지를 살펴보십시오. 예레미야는 백성에게 진리를 선포하도록 부름을 받았습니다. 그러나 그것은 그가 하고 싶어 하지 않은 일이었습니다. 반면에 다른 선지자들은 부드럽고 쉬운 말만 했습니다. 예레미야는 외톨이가 되었습니다. 그는 다른 사람과 전혀 협력하지 않는, 오늘날로 말하면 개인주의자였습니다. 왜냐하면 그는 다른 모든 사람들이 말하는 것을 말하지 않았기 때문입니다. 그는 참담함을 느꼈습니다. 하지만 예레미야가 얼마나 많은 고난을 당하고 뒤에서 자신에 관해서 험담하는 것을 견뎌 냈는지 보십시오. 그럼에도 불구하고 어떻게 그가 자기 메시지를 전했습니다. 이것이 바로 놀라운 온유함의 실례입니다.

Studies in the Sermon on the Mount I, 65-66

20일 : 모든 복을 가지고 계시는 하나님

우리가 하나님을 향하여 한걸음을 내딛을 때마다 하나님은 우리를 향하여 한걸음을 다가오실 것입니다(약 4:8). … 진실로 하나님께 나아간다면, 정직하게 다가간다면, 하나님께서 우리를 만나 주실 것이라고 항상 확신할 수 있습니다. 그분은 구원의 하나님이십니다. 이것은 그분께 가까이 나아갈 매우 훌륭한 이유입니다. 그분은 우리에게 필요한 모든 지복을 갖고 계십니다. 하나님은 모든 것을 갖고 계시기 때문에 우리는 궁핍할 필요가 없습니다. … 그분은 '모든 선한 은사와 온전한 은사'를 수여하시는 분입니다. 하나님은 그 모든 것을 그리스도 안에 두셨고, 우리에게 그리스도를 주셨습니다. 바울은 고린도 교회 교인들에게 "만물이 다 너희 것임이라"(고전 3:21)고 말합니다. 왜 그렇습니까? 왜냐하면 '당신은 그리스도의 것'이기 때문입니다. 이것은 필연적인 논리입니다. … 내가 그리스도 안에서 하나님께 가까이 갈 때만 내 죄가 용서받음을 알게 됩니다. 나는 그분의 사랑을 느끼고, 그분의 자녀임을 알게 되고, 하나님과 더불어 값을 매길 수 없는 귀중한 화평의 복, 하나님 안에서 다른 사람들과 함께 화평의 복을 누립니다. 나는 그분의 사랑을 깨닫고 세상이 줄 수도 빼앗을 수도 없는 기쁨을 받았습니다.

이런 것들을 맛본 사람들은 하나님께 가까이 나아가는 것은 그 무엇과도 비교할 수 없다고 고백합니다. 당신의 삶을 돌아보십시오. 당신의 경험 속에서 가장 영광스러운 순간, 가장 평화롭고 기뻤던 순간을 뽑아 보십시오. 그때가 당신이 하나님께 가장 가까이 다가갔을 순간이 아니었습니까? 하나님께 가까이 다가갔을 때 얻게 되는 행복과 기쁨과 화평에 필적할 것은 없습니다. 그때에 … 당신은 환경과 뜻밖의 일과 우발적인 일, 즉 모든 일에 초연해지게 됩니다. 하나님께 가까이 함이 좋습니다. 왜냐하면 그것이 구원의 자리이며, 당신이 모든 복을 경험하는 자리이기 때문입니다. 이는 당신이 하나님 사랑의 바다에 깊이 빠져들어 가며, 거기에 머물러 있음을 의미합니다. 우리도 이 시편 기자처럼 하나님께 가까이 다가가겠다고 결심합시다.

Faith on Trial, 122-123

21일 : 고백해야 할 것이 있습니까?

우리는 자신에게 있는 '감정'의 문제를 어떻게 다루어야만 합니까? 이것은 매우 실제적인 문제입니다. 즉 만일 당신이 이 순간에 침체 상태에 빠져 있다면 기쁨의 감정이 없을 분명한 이유가 없다는 것을 확인해야 합니다. 예를 들면, 죄책감이 있다면 당신은 비참하게 될 것입니다. '죄인의 길은 힘이 듭니다.' 하나님의 법을 어겼다면, 그분의 규례를 범한다면 당신은 행복하지 못할 것입니다. 당신 자신의 뜻을 따라 행하고, 당신 자신이 좋아하거나 싫어하는 것을 따라 살아간다면 그리스도인으로서 당신의 삶은 비참해질 것입니다. 그것에 관해 논쟁할 필요가 없습니다. 그것은 낮이 지나면 밤이 되는 것과 같습니다. 만일 당신이 어떤 죄를 즐겨 짓거나 성령께서 당신의 양심을 통해서 정죄하는 어떤 것을 고집하고 있다면 당신은 불행해질 것입니다. 당신이 해야 할 일은 바로 그 죄를 고백하고, 인정하고, 회개하며, 즉시 하나님께 나아가서 당신의 죄를 고백하고, 마음을 열고 당신의 영혼을 드러내 놓고 그것에 관한 모든 것을 그분께 말하고, 아무것도 숨기지 마십시오. 그러고 나서 당신이 그렇게 했기 때문에 하나님께서 당신을 용서하신다는 것을 믿으십시오. "만일 우리가 우리 죄를 자백하면 그는 미쁘시고 의로우사 우리 죄를 사하시며 우리를 모든 불의에서 깨끗하게 하실 것이요"(요일 1:9). 고백하지 않은 죄가 당신이 겪는 불행의 원인이라면 다른 원인의 목록을 만드는 것은 시간을 낭비하는 것에 불과할 것입니다. 현재 걸려 넘어지게 하는 것이 얼마나 많습니까? 그것에 대해서 온전히 분명하게 합시다. 당신의 양심이 당신 자신에게 말하게 하십시오. 하나님께서 당신 안에 있는 성령을 통해서 말씀하실 때 하나님의 음성에 귀를 기울이십시오. 당신이 어떤 죄에 계속해서 머물러 있다면 이 문제를 해결하기를 바랄 수 없을 것입니다.

Spiritual Depression, 113-114

22일 : 당신은 하나님의 자녀입니다

우리 그리스도인들이 안고 있는 문제는 하나님의 자녀로서의 현재 우리의 신분을 깨닫지 못하고, 우리를 향한 하나님의 은혜로운 목적을 알지 못한다는 것입니다. … 하나님은 자녀인 우리를 들에 핀 풀과 비교하셨습니다. 풀은, 오늘은 들에 있지만 내일은 빵을 굽는 화덕의 연료로 쓰일 것입니다. 그러나 하나님의 자녀는 영광을 얻기로 작정되어 있습니다. 하나님의 모든 목적과 약속은 우리를 위한 것이며, 우리와 관련해서 계획되어 있습니다. 우리가 해야 할 일은 하나님께서 우리를 당신의 자녀라고 말씀하신 사실을 깨닫는 일 한 가지뿐입니다. 우리가 이를 깨닫는 순간 염려는 사라집니다. 그때 다음과 같은 논리를 적용하기 시작합니다. "곧 우리가 원수 되었을 때에 그의 아들의 죽으심으로 말미암아 하나님과 화목하게 되었은즉 화목하게 된 자로서는 더욱 그의 살아나심으로 말미암아 구원을 받을 것이니라"(롬 5:10). 바로 이것입니다. 우리에게 어떤 일이 일어나든지 간에 '자신의 아들을 아끼지 아니하시고 우리 모두를 위해 내주신 그분께서 어찌 그와 함께 우리에게 모든 것을 은혜로 주시지 않겠습니까?' 로마서 8장에서는 강력한 논증이 이어집니다. … 우리는 어려움과 곤경과 슬픔에 직면할 수도 있습니다. 하지만 우리는 우리를 사랑하신 그분을 통해서 이 모든 것을 넉넉히 이기고도 남습니다. 결정적으로 중요한 것은 우리 자신을 그분의 자녀로 보는 것입니다. 필연적으로 다음과 같은 논증이 뒤따릅니다. 즉 만일 하나님이 풀도 옷 입히신다면 당신을 얼마나 더 옷 입히시겠습니까? 당신의 하늘 아버지께서는 새들을 보시고 먹이십니다. 당신은 그들보다 낫지 않습니까? 우리는 현재 우리가 하나님의 자녀임을 명확히 알아야 합니다.

Studies in the Sermon on the Mount II, 131-132

23일 : 바울은 오직 그리스도만 알았습니다

신앙의 거인인 바울을 바라보십시오. 그는 이 세상에서 가장 위대한 정신의 소유자 중 한 사람이었습니다. … 그러나 바울은 고린도에 갔을 때 "약하고 두려워하고 심히 떨었노라"(고전 2:3)고 말합니다. 그는 자신감, 자기 과신, 권세를 발산하지 않습니다. 또한 회중들에게 자신이 옳다고 주장하는 농담을 던지지도 않습니다. 그는 완전히 안이한 '교회의 선생'도 아니었습니다. "약하고 두려워하고 심히 떨었노라." 왜 그렇습니까? 왜냐하면 바울은 자신의 한계를 알았기 때문입니다. 그는 자신이 할 수 없는 것을 알았습니다. 그래서 그는 두려워했습니다. 정말로 두려워 떨었습니다. 그 자신이나 그의 인격이 영혼들과 자신에게 위탁된 이 굉장한 메시지 사이에 끼어들어서는 안 되니까 말입니다. 그는 자신이 알고 있는 것을 가지고 그들에게 호소하지 않았습니다. 그는 정반대로 행했습니다. 그는 "예수 그리스도와 그가 십자가에 못 박히신 것 외에는 아무것도 알지 아니하기로"(고전 2:2) 작정했습니다. 게다가 그는 다음과 같이 말합니다. "내 말과 내 전도함이 설득력 있는 지혜의 말로 하지 아니하고 다만 성령의 나타나심과 능력으로 하여 너희 믿음이 사람의 지혜에 있지 아니하고 다만 하나님의 능력에 있게 하려 하였노라"(고전 2:4-5). 그의 문제와 방법과 관련해서 그는 대중적인 취향에 영합하지 않았습니다. 그 결과로 비록 일부 사람들이 '그의 말은 형편없다'고 말했을지라도 그가 선포했을 때 능력이 있었습니다. 사람들은 죄를 깨닫고 회심했으며, 그리스도인이 되었으며, 교회에서 세움을 받았습니다. 그 비밀은 무엇입니까? 그것은 '성령과 능력의 나타나심'이었습니다(고전 2:4). 그것은 성령의 권세였습니다.

Authority, 85

24일 : 마음이 온유하고 겸손하신 예수님

스데반을 보십시오. 그러면 당신은 "온유한 자는 복이 있나니 그들이 땅을 기업으로 받을 것임이요"(마 5:5)라는 말씀을 깨닫게 될 것입니다. 하나님의 위대한 사람 바울을 보며 그 말씀을 생각해 보십시오. 바울이 다른 교회들에게 당한 고난과 자기 민족과 다양한 다른 사람들에게서 당한 어려움을 살펴보십시오. 바울의 서신을 읽을 때 당신은 온유함이라는 성품이 묻어 나오는 것을 보게 될 것입니다. 특별히 그가 고린도 교회의 교인들에게 보낸 서신을 볼 때 그렇습니다. 왜냐하면 고린도 교회 교인들은 바울에 관해서 몰인정한 험담을 일삼았기 때문입니다. 그러나 물론 우리는 최고의 모범이신 우리 주님을 바라보아야 합니다. 주님은 말씀하셨습니다. "수고하고 무거운 짐 진 자들아 다 내게로 오라 내가 너희를 쉬게 하리라 나는 마음이 온유하고 겸손하니 나의 멍에를 메고 내게 배우라 그리하면 너희 마음이 쉼을 얻으리니"(마 11:28-29). 당신은 그분의 생애 전체에서 이 말씀을 볼 수 있습니다. 당신은 그분이 다른 사람들을 대하는 방법에서 이 말씀을 보게 됩니다. 특별히 그분이 박해와 조롱과 빈정거림과 비웃음을 당하셨던 방법에서 보게 됩니다. 성경은 그분에 대해서 이렇게 말했습니다. "상한 갈대를 꺾지 아니하며 꺼져가는 등불을 끄지 아니하고"(사 42:3). 대적자들을 향한 그분의 태도, 보다 정확하게 말하면 아버지에 대한 그분의 철저한 복종은 그분의 온유함을 보여 줍니다. 주님은 말씀하셨습니다. "내가 너희에게 이르는 말은 스스로 하는 것이 아니라 아버지께서 내 안에 계셔서 그의 일을 하시는 것이라"(요 14:10). 겟세마네 동산에 계신 그분을 바라보십시오. 빌립보서 2장에 나타나 있는 그분의 모습을 바라보십시오. 바울은 거기에서 예수님이 꽉 부여잡을 특권이나 어떤 희생을 치러서라도 반드시 붙들어야 하는 그 무엇으로서 하나님과 동등됨을 취하지 않으셨다고 우리에게 말하고 있습니다. 아닙니다. 도리어 예수님은 인간으로서 살기로 결심하셨고 인간이 되셨습니다. 그분은 자신을 낮추시고 종이 되셨으며, 심지어 십자가에 달려 죽으셨습니다. 바로 이것이 온유함입니다. 이것이 낮아짐이며, 진정한 겸손입니다. 이것이 주님 자신이 이 산상수훈에서 가르치시는 자질입니다.

Studies in the Sermon on the Mount I, 66-67

25일 : 빛의 자녀는 어둠 속을 걸을지라도 주님이 거기에 계심을 압니다

우리는 그 분위기에 지배를 당하고 패배하며 침체됩니다. 우리는 구원받고 싶다고 말하지만, 그것에 관해서는 아무것도 행하지 않습니다. … 우리는 침체된 나태함과 우울함을 치워버려야만 합니다. … 성경은 우리 자신에게 말하는 방법을 가르치고 있습니다. … 당신은 자신에게 이렇게 말해야만 합니다. '나는 너에게 지배를 받지 않을 거야. 이런 분위기(기분)는 결코 나를 지배할 수 없어. 나는 밖으로 나가서 극복하고 말거야.' 그리고 나서 일어나 나가서 무언가를 행하십시오. "은사를 불일듯 일어나게 하십시오"(딤후 1:6). … 만일 이런 분위기가 당신을 지배하도록 허용한다면 당신은 비참하게 될 것입니다. 그러므로 당신은 그것을 허용하지 말아야만 합니다. 그런 분위기들을 떨어버리고 인정하지 마십시오.

그러나 그 일을 어떻게 하겠습니까? 당신과 내가 해야 할 일은 감정을 선동시키는 것이 아니라 믿도록 하는 것입니다. 성경 어디에서도 우리의 감정으로 구원을 받았다고 말하지 않습니다. 도리어 우리가 믿음으로 구원을 받았다고 말합니다. … 단 한 번도 감정이 최우선적인 위치에 자리잡도록 하지 마십시오. 이것이 바로 우리가 할 수 있는 일입니다. 나는 결코 내 자신을 행복하게 만들 수 없지만, 내게 믿음을 상기시킬 수는 있습니다. 나는 내 자신에게 믿도록 권면할 수 있으며, 시편 기자가 시편 42편에서 했던 것처럼 내 자신에게 말할 수 있습니다. "내 영혼아 네가 어찌하여 낙심하며 어찌하여 내 속에서 불안해하는가 너는 하나님께 소망을 두라"(시 42:5). … 믿으십시오. 신뢰하십시오. 이것이 바로 그 방법입니다. 그리고 나면 우리의 감정들이 자신들을 돌볼 것입니다. 우리의 감정에 대해 염려하지 마십시오. 당신 자신에게 말하십시오. … 그렇습니다. 필포트는 옳았습니다. … 빛의 자녀들은 어둠 속을 걸어갈지라도 계속해서 걷습니다. … 빛의 자녀는 이때 주님의 얼굴을 보지 못하지만 그는 주님이 거기에 계심을 압니다. 그래서 계속 걷습니다.

Spiritual Depression, 116-117

26일 : 변치 않으시는 하나님

하나님의 자녀의 이름은 창세전에 어린양의 생명책에 기록되어 있습니다. 이것과 관련해서 우연은 있을 수 없습니다. 우리가 택함을 받은 것은 '창세전'이었습니다. 그분의 목적은 불변하여 변함이 없으며, 우리의 영원한 운명을 꿰뚫고 있습니다. 성경은 이 사실을 다양한 방법으로 표현하고 있습니다. … 이와 같은 사실을 믿을 때 사람들은 이 세상에서 매우 다른 방법으로 삶을 만날 수 있습니다. 그것이 히브리서 11장에 나와 있는 신앙의 거장들의 비결입니다. 그들은 하나님의 변치 않는 목적을 이해했습니다. 그러므로 아브라함이든, 요셉이든, 모세든 간에 그들은 모두 재난을 당했을 때 웃었습니다. 그들은 계속해서 나아갔습니다. 왜냐하면 하나님께서 그들에게 그렇게 하라고 하셨으며, 그들은 하나님의 목적이 확실히 이루어질 것을 알았기 때문입니다. 아브라함은 아들을 희생제물로 바치라는, 인간으로서 최고로 어려운 시험을 받았습니다. 그는 그것을 이해할 수 없었지만, 그럼에도 불구하고 그는 이렇게 말했습니다. '나는 그 일을 할 거야. 왜냐하면 나는 하나님의 목적이 확실하다는 것을 알기 때문이야. 비록 이삭을 죽일지라도 나는 하나님께서 그를 죽은 자가 가운데 일으키실 것을 알고 있어. 하나님의 변치 않는 목적이여!' …

다음에 하나님의 크신 사랑을 생각해 보십시오. 우리의 비극은 알아야만 하는 하나님의 사랑을 알지 못한다는 데 있습니다. … 어떤 의미에서 요한1서 전체는 우리가 하나님의 사랑을 알도록 하기 위해서 쓰였습니다. 우리가 하나님의 사랑을 알고, 그 사랑 안에 거하기만 한다면(요일 4:16), 우리의 삶 전체는 달라질 것입니다. 하나님께서 그리스도 안에서 이미 행하신 것에 미루어 보면 그 크신 사랑을 증명하는 것이 얼마나 쉬운지요! 로마서에 나와 있는 그 강력한 논증들을 기억하십시오. 우리가 죄인 되었을 때 하나님께서 그렇게 큰 일을 행하셨다면 감히 말하건대, 그보다 더 작은 일에는 얼마나 더하시겠습니까! 우리를 향한 하나님의 사랑이여!

Studies in the Sermon on the Mount II, 132-133

27일 : 문제는 바로 우리 자신입니다

　시편 기자가 시편 73편 21-22절에서 자신에 대해서 발견한 것을 생각해 봅시다. 첫 번째는 스스로 자기의 고통과 불행을 만들어 내고 있다는 것이었습니다. … 시인은 21절("내 마음이 산란하며 내 양심이 찔렸나이다")에서 자신이 자기에게 무언가를 행했다고 말하고 있습니다. 그는 '나는 내 마음을 상하게 했습니다. … 나는 내 자신을 위해서 찌르는 고통을 준비하고 있었습니다'라고 말하고 있습니다. 그는 자기 자신의 마음을 자극하고 있었고, 자기 자신의 고통을 악화시키고 있었으며, 자신의 감정을 상하게 만들고 있었습니다. 그는 스스로 자신의 고통을 만들어 내고 있었으며, 하나님의 성소에 들어가기까지 참아 내야 하는 이 찌르는 아픔을 일으키고 있었습니다.

　이것이 매우 중요하고 결정적인 원리입니다. 사실은 … 우리가 우리 자신의 고통을 만들어 내고 악화시킨다는 것입니다. 물론 우리는 … 우리 밖에 있는 어떤 것이 모든 고통을 유발하고 있다고 말하는 경향이 있습니다. 그러나 그것은 결코 아닙니다. 문제는 바로 우리 자신입니다. … 문제가 되는 것은 바로 당신과 나입니다. 우리가 인생의 문제에 직면하는 방식, 반응하는 방식, 인생과 관련된 우리의 행동이 문제입니다. … 당신은 동일한 종류의 삶을 살아가는 두 사람을 볼 수 있습니다. 그들은 동일한 상황에 직면하지만, 전혀 다릅니다. 한 사람은 고통스러워하고 못마땅해하며, 불평과 불만을 토로합니다. 다른 사람은 고요하며 조용하며 행복해하고 차분합니다. 이런 차이는 어디에서 비롯되는 것입니까? 그 차이는 조건에 있지 않습니다. 그들에게 일어난 일에 달려 있지 않습니다. 그 차이는 그들 안에 있는 그 무엇입니다. 바로 두 사람 자신 안에 있습니다.

　　두 사람이 감옥 창살 밖을 내다보았습니다.
　　한 사람은 진흙을, 다른 사람은 별을 보았습니다.

　당신이 알다시피, 한 사람은 내려다보고, 다른 사람은 올려다보았습니다. 문제는 인생도, 환경도, 악도 아닙니다. … 문제는 바로 우리 자신입니다.

Faith on Trial, 76-77

28일 : "너희는 가만히 있어 내가 하나님 됨을 알지어다"

우리는 여러 가지 일을 염려합니다. 우리를 향한 하나님의 사랑과 관심, 하나님께서 우리에 관한 모든 것을 알고 계시며, 우리 삶의 아주 작은 부분까지도 세심하게 관심을 기울이신다는 것을 우리가 깨닫는다면 좋을 텐데 말입니다! 이것을 믿는 사람은 더 이상 염려하지 않습니다.

이제 하나님의 권능과 능력에 대해 생각해 보십시오. '우리 하나님', '나의 하나님'이십니다. 나에 대해서 이런 인격적인 관심을 기울이시는 나의 하나님은 어떤 분이십니까? 그분은 하늘과 땅을 만드신 창조주이십니다. 그분은 만물이 존재하게 하시는 분이십니다. 시편 46편의 읽고 이를 떠올려 보십시오. "그가 땅 끝까지 전쟁을 쉬게 하심이여 활을 꺾고 창을 끊으며 수레를 불사르시는도다"(시 46:9). 하나님은 모든 것을 지배하십니다. 그분은 이방과 대적들을 치실 수 있습니다. 그분의 권능은 한이 없습니다. 이 모든 것을 묵상한다면 우리는 시편 기자가 이방인에게 "너희는 가만히 있어 내가 하나님 됨을 알지어다"(시 46:10)라고 말하는 것에 동의하지 않을 수 없을 것입니다. "가만히 있어"는 '포기하고(또는 굴복하고) 내가 하나님 됨을 인정하라'는 의미입니다. 하나님은 자신에게 대적하는 무리들에게 이렇게 말씀하십니다. '이것이 내 권능이다. 그러므로 포기하고 굴복하고, 잠잠히 있어 내가 하나님 됨을 알라.'

우리는 이 권능이 우리를 위해 역사하고 있음을 기억해야만 합니다. 에베소 교회 교인들을 위한 바울의 기도에서 이것을 볼 수 있습니다. "우리에게 베푸신 능력의 지극히 크심"(엡 1:19). 그분은 "우리 가운데서 역사하시는 능력대로 우리가 구하거나 생각하는 모든 것에 더 넘치도록 능히 하실 이"이십니다(엡 3:20). 이러한 말씀에 비추어 볼 때 염려하는 것이 얼마나 터무니없습니까? 얼마나 어리석습니까? 이것은 우리가 생각하지 않으며, 성경을 읽지 않으며, 설사 읽는다 할지라도 피상적으로 읽으며, 편견 때문에 액면 그대로 성경을 받아들이지 않는다는 증거입니다. 우리는 이런 것들에 직면해서 강력한 결론을 이끌어 내야만 합니다.

Studies in the Sermon on the Mount II, 133-134

29일 : 가장 중요한 결정적인 원리는 '지속함' 입니다

성경은 그리스도인의 삶이 항상 위험 속에 있다고 분명하고 명확하게 말합니다. 당신이 믿고 회심하는 순간 당신의 모든 고통은 끝이 나고 결코 또 다른 어려움을 겪지 않을 것이라는 인상을 주는 것이 신약성경의 가르침이라고 하는 것은 거짓 교훈입니다. 슬프게도 이것은 사실이 아닙니다. 왜냐하면 우리에게는 우리 영혼의 대적자인 원수가 있기 때문입니다. 우리는 원수와 싸워야 할 뿐만 아니라 여전히 옛 성품이 우리 안에 있으며, 이 두 가지가 우리에게 고통과 어려움을 가져다주는 것은 분명합니다. … 우리는 성경에 비추어서 이러한 일들을 대비해야 합니다. … 능력의 말씀이 우리 앞에서 다음과 같이 가르치고 있습니다. "그러므로 하나님의 전신 갑주를 취하라"(엡 6:13). …

정확하게 시작하는 것이 결정적이고 가장 중요하지만, 그것만으로는 충분하지 않습니다. 우리는 같은 방법으로 계속해야만 합니다. 만일 그렇게 하지 않으면 우리는 곧 불행한 자신을 발견하게 될 것입니다. … 비록 복음이 우리에게 제시되었고 그리스도인의 삶 속에 있을지라도, 우리가 처음에 겪는 어려움에 관한 경고에 주의를 기울일지라도 만일 우리가 지속하지 않는다면, 동일한 방법으로 우리의 진로를 유지하지 않는다면 우리는 이내 어려움을 겪게 될 것입니다. 요한복음 8장 30절 이하를 보면 이를 잘 보여 주는 예가 나옵니다. 우리 주님은 설교하고 계셨으며, 성경은 "이 말씀을 하시매 많은 사람이 믿더라"(요 8:30)고 말합니다. 그때 우리 주님은 그들을 바라보시며 이렇게 말씀하셨습니다. "너희가 내 말에 (계속해서) 거하면 참으로 내 제자가 되고 진리를 알지니 진리가 너희를 자유롭게 하리라"(요 8:31-32). 그들은 시작은 잘한 것처럼 보였습니다. 그러나 만일 그들이 정말로 자유롭게 되기를 원한다면 지속해야만 합니다. … 가장 중요한 결정적인 원리는 바로 '지속함'입니다.

Spiritual Depression, 121-122

30일 : 온유함의 본질

　온유함은 타고난 성품이 아닙니다. 그것은 선천적인 기질의 문제가 아닙니다. 왜냐하면 모든 그리스도인은 온유하게 되도록 작정되어 있기 때문입니다. 그것은 일부 그리스도인에게 국한된 것이 아닙니다. 타고난 기질이나 심리 상태가 어떠하든지 간에 모든 그리스도인이 그렇게 되도록 작정되어 있습니다. 이것을 아주 손쉽게 증명할 수 있습니다. 우리 주님 자신을 제외하고 여러 인물들을 예로 들어봅시다. 당신이 모든 경우에서 선천적으로는 한 사람도 온유하지 않았다는 것을 쉽게 알 수 있으리라 생각합니다. 다윗의 강력하고 비범한 성품을 보십시오. 그러나 그의 온유함을 발견할 것입니다. 예레미야도 우리에게 비슷한 비밀을 알려 줍니다. 그는 자신이 거의 끓는 가마솥과 같았다고 말합니다. 그러나 그는 여전히 온유했습니다. 사도 바울과 같은 사람을 바라보십시오. 그는 위대한 지식과 비범한 인격과 강한 성품을 가졌지만, 그는 철저하게 겸손하고 온유했습니다. 그렇습니다. 온유함은 선천적인 기질의 문제가 아닙니다. 그것은 하나님의 성령의 역사로 만들어지는 것입니다. …

　온유는 나태함에 달려 있지 않습니다. 선천적으로 온유한 것처럼 보이는 사람들이 있습니다. 하지만 그들은 결코 온유하지 않습니다. 또한 온유는 무기력함을 뜻하지 않습니다. … 안이한 사람들이 있습니다. 당신은 그들이 정말로 온유하다고 말하기 쉽습니다. 그러나 그것은 온유함이 아니라 무기력함입니다. 또한 온유는 사람이 좋다는 말이 아닙니다. … 또한 온유는 인격이나 성품상 연약하다는 의미가 아닙니다. 더군다나 타협하는 마음이나 어떤 희생을 치르더라도 평화롭게 지내는 마음을 가리키지 않습니다. … 온유함은 위대한 능력, 위대한 권세와 권능과 다르지 않습니다. … 하나님께서는 이 고귀한 기질과 단순히 동물적이거나 신체적이거나 선천적인 것과 혼동하지 않아야 한다고 하셨습니다.

　… 온유함은 단순히 외적인 태도가 아니라 내적인 정신의 문제입니다. … 당신은 자신을 겸손하게 하지 않고서는 마태복음 5장 5절과 같은 말씀을 가지고 씨름할 수 없습니다. 이것이 진정한 기독교입니다. 이것이 우리가 부름을 받고 되기로 작정된 그 무엇입니다.

Studies in the Sermon on the Mount I, 67-68

31일 : "너도 변하여 새 사람이 되리라"(삼상 10:6)

우리 인간들의 자아란 얼마나 비참하고 추악하며 더러운지요! 우리 모두는 어떤 형태에서든 모습에서든 죄를 지었습니다. … 자아가 어떤 존재인지를 드러내야만 합니다. 죄의 추악함과 더러움은 그대로 발가벗겨져야 합니다. … 그것은 영혼의 가장 큰 원수이며, 비참하고 불행하게 만듭니다. …

치유책은 무엇입니까? 그것은 하나님 나라의 통치 원리를 이해하는 것입니다. … 하나님 나라의 모든 것은 다른 나라의 모든 것과 본질적으로 다릅니다. … 하나님 나라는 우리가 항상 알고 있었던 나라와 같지 않습니다. 그것은 매우 새롭고 다른 것입니다. 무엇보다 우리가 먼저 알아야 할 것은 "그런즉 누구든지 그리스도 안에 있으면 새로운 피조물이라 이전 것은 지나갔으니 보라 새 것이 되었도다"(고후 5:17)라는 사실입니다. 우리가 온전히 깨닫기만 한다면 우리는 모든 것이 다른 영역에 머물게 됩니다. 기초 전체가 다릅니다. 그것은 옛 생활의 원리와 전혀 관계가 없습니다. … 우리는 자신에게 날마다 이렇게 말해야만 합니다. '이제 나는 그리스도인이야. 나는 그리스도인이기 때문에 하나님 나라 안에 거하고 있어. 나의 모든 생각은 달라져야만 해. 여기에 있는 모든 것은 달라. 나는 그러한 옛 생각, 옛 풍조나 사고의 개념을 버려야만 해.' 우리는 구원을 한 가지, 곧 죄사함에만 한정하는 경향이 있습니다. 그러나 우리는 그 원리를 그리스도인의 삶 전체에 적용해야만 합니다.

Spiritual Depression, 128-129

Martyn Lloyd-Jones

8 August

"내 아버지께 복 받을 자들이여 나아와 창세로부터 너희를 위하여 예비된 나라를 상속받으라"(마 25:34)

The greatest message

8월 August

1일 : 하나님의 말씀대로 살아가기

믿음이란 하나님의 말씀을 있는 그대로 받아들이고, 그 말씀을 따라 행하는 것을 의미합니다. 왜냐하면 그것이 하나님의 말씀이기 때문입니다. 믿음이란 단순하게 하나님께서 말씀하신 것을 믿는 것을 뜻합니다. 왜냐하면 그분이 그것을 말씀하셨기 때문입니다. 히브리서 11장에 나오는 믿음의 거장들은 하나님께서 말씀하셨기 때문에 하나님의 말씀을 단순하게 믿었습니다. 그들에게는 하나님의 말씀을 믿는 데 다른 이유가 없었습니다.

그러나 믿음으로 산다는 것은 그 이상을 의미합니다. 그것은 우리 삶 전체의 기반을 하나님을 믿는 신앙에 두는 것입니다. 구약성경에 나오는 모든 인물들의 삶의 비밀은 그들이 '보이지 않는 그분을 바라보면서' 살았다는 것입니다. … 이들은 자신의 인생 전체를 오직 하나님의 말씀에 걸었습니다. 그들은 하나님의 말씀을 위해 고난 받을 준비를 했으며, 필요하다면 모든 것을 버릴 각오를 했습니다. 초대교회의 수많은 그리스도인들도 마찬가지였습니다. … 당국자들은 '만일 가이사를 주님이라고 부르지 않는다면 너는 경기장에 풀어놓은 사자에게 던져질 것이다'라고 말했지만 그들은 그렇게 고백하기를 거부했습니다! 어떤 근거에서 그랬습니까? 바로 하나님의 순전한 말씀에 근거해서 그랬던 것입니다! … 그들은 온갖 위험을 감수하면서 믿음으로 살다가 믿음 안에서 죽었습니다.

오늘날 그리스도인의 입장도 마찬가지입니다. 우리는 선택하지 않을 수 없는 처지가 되었습니다. 우리 삶을 지배하는 원리는 무엇입니까? … 하나님의 말씀은 세상을 등지라고 말하는 것이 아니라 세상에 대한 올바른 가치관을 가지라고 말합니다. … 우리는 하나님 앞에서 다음과 같이 아주 단순한 질문을 자신에게 던져야 합니다. '내 삶은 신앙 원리에 기반을 두고 있는가? 성경에서 읽는 것이 하나님의 말씀이며 진리라는 사실을 인정하고 따르는가? 나는 이 사실에 인생을 포함해서 모든 것을 기꺼이 걸고 있는가?'

From Fear to Faith, 52-53

2일 : 주권자이신 하나님

하나님의 나라를 거래나 권리라는 측면에서 생각하지 마십시오. 그런 생각은 철저한 파멸을 초래합니다. 이런 저런 일을 해왔다는 것 때문에 그 어떤 보상을 받을 권리를 갖고 있다는 생각만큼 잘못된 것은 없습니다. … 나는 매우 훌륭한 복음주의 그리스도인들을 알고 있습니다. 그들은 그처럼 생각하는 것 같습니다. 그들은 이렇게 말합니다. '만일 우리가 어떤 문제를 놓고 기도한다면 우리는 반드시 그것을 얻을 수밖에 없다. … 만일 밤새도록 부흥을 위해서 기도한다면 우리는 부흥해야만 한다.' 나는 이것을 종종 기독교라는 '슬롯머신 속에 동전'으로 묘사했습니다. … 그러나 이는 우리 주님이 가르치신 원리 전체를 부정하는 것입니다. … 우리가 마음대로 이러한 일들을 명령할 수 있다면 어떻게 되겠습니까? 그러나 우리는 그렇게 할 수 없습니다. 이 거래하는 마음을 없애 버립시다. … 성령은 주님이시며, 주권적인 주님이십니다. 그분은 자신이 정하신 때에 정하신 방법으로 이런 일들을 이루십니다. … 우리는 어떤 것에 대한 권리가 전혀 없다는 사실을 깨달아야만 합니다. 어떤 사람은 이렇게 말합니다. '하지만 바울은 고린도후서 5장에서 심판과 상급에 대해서 가르치지 않았습니까?' 바울은 분명히 가르쳤습니다. 그는 고린도전서 3장에서도 그렇게 가르치고 있습니다. 우리 주님께서도 누가복음 12장에서 매를 많이 맞을 자와 적게 맞을 자 등에 대해서 말씀하셨습니다. 그렇다면 그것은 무엇입니까? 대답은, 상급조차도 은혜라는 것입니다. 그분은 상급을 주실 필요가 없습니다. 만일 당신이 그러한 상급이 얼마나 주어져야 하는지 결정하고 예측할 수 있다고 생각한다면 당신은 분명히 잘못된 것입니다. 그리스도인의 삶은 처음부터 끝까지 모두 은혜입니다. 거래라는 측면에서 생각하고 결과에 대해 불만을 토로한다면 그것은 하나님에 대한 불신을 암시합니다. 그분이 우리를 정당하고 공정하게 대우하지 않고 있다는 생각을 품지 않도록 우리 자신의 마음을 살펴야만 합니다.

Spiritual Depression, 129-130

3일 : 신앙생활

　일부 그리스도인들은 분명히 먹고 마시는 것에 대해 염려합니다. 그들은 항상 재물과 지위와 소유물에 대해서 이야기합니다. 이런 것이 실제로 그들을 지배합니다. 그들은 이런 것에 따라서 행복해하거나 불행해합니다. 그런 것이 그리스도인들을 괴롭히거나 기쁘게 합니다. 그들은 항상 이런 것에 관해 생각하고 이야기합니다. 그리스도께서는 이들이 이방인들과 다를 바가 없다고 말씀하십니다. 왜냐하면 그리스도인은 이런 것에 지배를 받지 않아야 하기 때문입니다. 이런 물질과 관련해서 그 사람의 입장이 어떠하든지 간에 그는 그 물질에 지배를 받지 않아야 합니다. … 왜냐하면 그것은 전형적인 이방인의 입장이기 때문입니다. 이방인들은 인생관이나 세상살이에서 이런 물질에 지배를 받습니다.

　그러므로 이것은 우리의 믿음을 크게 하고 성경에서 말하는 신앙생활로 이끄는 좋은 방법입니다. 하나님의 백성, 하나님의 자녀는 이 세상에서 믿음의 삶을 살도록 되어 있습니다. 그들은 자신들이 고백하는 그 믿음을 따라 살아야만 합니다. 그러므로 나는 우리 자신에게 항상 던져야 하는 몇 가지 질문을 제안합니다. 몇 가지를 소개하면 다음과 같습니다. '나는 이 세상에서 내게 일어나는 일들을 이방인처럼 처리하고 있는가? 이런 일들이 내게 일어날 때, 먹고 마시고 옷 입는 것이나 삶 속의 어떤 관계에서 어려움에 직면하게 될 때 나는 어떻게 대처하는가? 어떻게 반응하는가? 나는 이방인이나 그리스도인인 체하지 않는 사람들처럼 반응하는가? 어려움이나 억울한 일에 나는 어떻게 반응하는가? 질병과 재앙과 손실에 대해 어떻게 대처하는가?' 이것은 매우 좋은 질문들입니다.

Studies in the Sermon on the Mount II, 139

4일 : 당신에게 빛을 주시는 그리스도

눈병을 치료할 수 있는 한 가지 처치법이 있습니다. 우리는 다른 치료를 받느라 우리 시간을 낭비할 필요가 없습니다. 더 이상 음식이 아닌 것에 돈을 쓸 필요도 없습니다. 온전한 건강을 얻기 위해서 여러 영적인 피정지를 찾아 돌아다닐 필요도 없습니다. 세상은 영적인 시력을 선명하게 하기 위해서 최선을 다했습니다. 온갖 특허들이 쏟아져 나왔습니다. 탁월하고 저명한 지도자들은 우리에게 온갖 색깔과 모양과 크기의 렌즈들과 안경들을 제안하고 추천했습니다. … 그러나 인류는 여전히 보지 못하며, 계속해서 죄를 짓고 비탄에 빠져 있습니다. 긴장은 매우 심각하며, 각막을 흐르게 하는 눈병과 안개(흐림)는 눈 밖이 아니라 조직 안에 있습니다. 우리의 모든 노력과 가장 좋은 치료약들은 과거에 우리가 있던 자리에 그대로 남겨 두고 있습니다. 참으로 우리는 전문가들조차도 보지 못한 채 인생을 마감하는 경우를 보게 됩니다. 마치 독일의 철학자 괴테가 죽어 가면서 "좀더 밝은 빛을!"이라고 외쳤던 것처럼 말입니다. … 치료법이 없습니까? 우리 모두는 영원한 맹목과 어둠 속에 있어야 합니까? 한 가지 소망이 있습니다. 한 가지 해답이 있습니다. 오직 한 가지 치료약이 있습니다. 복음서에 따르면 나사렛 예수님은 인류의 맹목 때문에 세상에 오셨습니다. … 그분은 효과가 있는 한 치료제를 가지고 오셨습니다. … 그분은 병들어 쓸모없게 된 영적 시신경에 새 생명과 능력을 주셨습니다. 그분은 우리가 하나님을 보고, 우리 아버지의 얼굴을 쳐다볼 수 있게 해주셨습니다. 또한 그분을 바라볼 때 영원한 얼굴빛이 우리의 전 존재를 비춥니다. … 예수님은 자신이 "세상의 빛"이시며(요 8:12), 자신을 따르는 자들은 누구든지 더 이상 어둠 속을 걸어 다닐 필요가 없으며, "생명의 빛"(요 8:12)을 얻는다고 말씀하셨습니다. … 그러므로 왜곡된 이 현대 세상을 향한 복음의 메시지는 단순한 이 기도뿐입니다.

> 하나님의 진리이신 성령이여
> 내 영혼이 깨닫게 하소서.
> 하나님의 말씀, 내적인 빛이시여
> 내 영을 깨우사 내 눈을 맑게 하소서.

Truth Unchanged, Unchanging, 95-97

5일 : 그리스도인의 삶은 비그리스도인의 삶과 달라야 합니다

　　나의 기독교 신앙이 내 인생관에 영향을 주며, 모든 문제를 감독하고 있습니까? 나는 그리스도인이며, 기독교 신앙을 가지고 있다고 자처합니다. 나는 이제 내 자신에게 이런 질문을 합니다. '내 기독교 신앙이 내 인생관의 세세한 부분까지 전부 영향을 끼치고 있는가? 내 기독교 신앙이 일상에서 일어나고 있는 개별적인 일들과 관련한 나의 태도와 대처 방식을 결정하는가?' 또는 우리는 이렇게도 설명할 수 있습니다. '삶에 대한 나의 전반적인 접근 방법, 일반적인 경우든 특별한 경우든 나의 본질적인 인생관이 비그리스도인의 그것과 전혀 다르다는 것이 내 자신과 다른 사람들에게 명확하게 드러나는가?' 이것은 분명해야 합니다. 산상수훈은 팔복으로 시작합니다. 팔복은 빛과 어둠이 다른 것처럼, 소금과 부패가 다른 것처럼 다른 모든 사람과 전혀 다른 사람들을 묘사하고 있습니다. 만일 우리가 본질적으로 다르다면 모든 것을 생각하거나 대처하는 데에도 달라야만 합니다. 나는 인생의 어떤 환경에서도 자신에게 할 수 있는 가장 좋은 질문을 알고 있습니다. 당신을 당황하게 하는 어떤 일이 벌어졌을 때 스스로에게 물어보십시오. '나의 반응이 내가 그리스도인이 아니었을 때 보일 수 있는 반응과 전혀 다른가?' 마태복음 5장 마지막에 나오는 가르침을 상기하십시오. 우리 주님께서 이와 같이 말씀하셨다는 것을 기억하십시오. "너희가 너희 형제에게만 문안하면 남보다 더하는 것이 무엇이냐"(마 5:47). 바로 이것입니다. 그리스도인은 '남보다 더해야' 하는 사람입니다. 그리스도인은 전적으로 다른 사람입니다. 기독교 신앙이 그 사람의 삶의 세세한 부분까지 개입되지 않는다면 그는 형편 없는 그리스도인이며, '믿음이 적은' 사람입니다.

Studies in the Sermon on the Mount II, 139-140

6일 : 하나님의 계산법

　하나님은 종종 주일에 은혜를 베풀어 주십니다. 나는 특별한 자유를 느꼈습니다. 그러나 나는 마귀가 '이제 너는 다음 주일까지 기다려 봐. 놀라운 일이 일어날 거야. 더 많은 교인들이 올 거야'라고 말할 때 마귀의 말에 귀를 기울일 정도로 어리석었습니다. 다음 주일에 강단에 올라갔을 때 적은 수의 교인들만 앉아 있는 것을 발견합니다. 그러나 그 다음에 나는 힘들게 강단에 서서 형편없이 설교하고, 완전히 나약해졌을 때 마귀는 다가와서 말했습니다. '다음 주일에는 아무도 오지 않을 거야.' 그러나 감사하게도 다음 주일에 더 많은 사람들이 왔습니다. 이것이 하나님의 계산법입니다. 당신은 절대로 알지 못합니다. 나는 연약한 가운데 강단에 올라가지만, 강건해져서 내려옵니다. 나는 자신감을 가지고 올라가지만 바보가 된 기분으로 내려올 때도 있습니다. 이것이 하나님의 계산법입니다. … 그분은 항상 우리를 놀라게 하십니다. 하나님의 장부 기록법은 내가 아는 한 세상에서 가장 낭만적입니다.

　우리 주님은 마태복음 25장에 기록된 세 번째 비유에서 거듭 말씀하셨습니다. 당신은 세상 마지막 때에 보상을 기대하고 나아오지만, 아무것도 얻지 못하는 사람에 대해 그분이 설명하신 것을 기억하십시오. 그때 주님은 다른 사람에게 이렇게 말씀하십니다. "내 아버지께 복 받을 자들이여 나아와 창세로부터 너희를 위하여 예비된 나라를 상속받으라"(마 25:34). 그때 그들은 이렇게 말할 것입니다. '우리는 아무것도 한 것이 없습니다. 우리가 언제 당신이 헐벗을 것을 보았고, 우리가 언제 당신이 허기지고 목마른 것을 보았으며, 언제 우리가 마실 것을 당신에게 주었습니까?' 그때 주님은 이렇게 말씀하실 것입니다. "너희가 여기 내 형제 중에 지극히 작은 자 하나에게 한 것이 곧 내게 한 것이니라"(마 25:40). 얼마나 놀라운 일입니까? 이생은 낭만으로 가득 차 있습니다. 우리의 자산과 부채를 기록한 원장(元帳)은 쓸모가 없으며, 아무런 가치가 없습니다. 우리는 하나님 나라에 있습니다. 이것이 하나님의 계산법입니다. 모든 것이 은혜입니다.

Spiritual Depression, 131-132

7일 : 유일한 길이신 그리스도

　　예수 그리스도의 복음은 복음만이 모든 인간이 안고 있는 문제의 해답과 인간의 모든 문제의 해결책을 갖고 있다고 말함으로 현대 세상에 맞서고 도전하고 있습니다. 비극과 고통을 벗어날 길을 찾고 있는 세상에서 복음은 이미 해결책이 있다고 공표하고 있습니다. … 복음은 우리의 소망을 앞으로 일어날 어떤 일에 두게 하는 치명적인 습관을 비난하면서, 개인적으로든 집단적으로든 인간이 필요로 하는 모든 것이 거의 2천년 동안 인류 마음대로 처분할 수 있다고 선포합니다. 왜냐하면 복음의 중심 메시지가 사람이 구원을 받는 데 필요한 모든 것이 하나님의 독생자이신 나사렛 예수 그리스도의 인격 안에서 발견된다고 사람들에게 말하고 있기 때문입니다. 복음이 선포하듯이 그분은 하나님의 온전하고 최종적인 계시이십니다. 우리는 인간의 운명과 인간이 살아야만 하는 인생을 그분, 그분의 인생, 그분의 가르침 안에서 보게 됩니다. 우리는 세상의 죄가 마침내 드러나게 되고 정죄를 받는 것을 십자가에 달리신 그분의 죽음 안에서 봅니다. 우리는 그분의 죽음을 통해서 사람이 하나님과 화해할 수 있는 유일한 길을 보게 됩니다. 우리는 오직 그분으로부터 새 생명을 얻으며 새롭게 시작할 수 있습니다. 하나님께서 의도하신 삶을 살 수 있는 것은 오직 우리가 그분으로부터 능력을 얻을 때뿐입니다. 참으로 복음은 더 나아가서 그분이 하나님의 오른편에 앉아 계셔서 권세 가운데 통치하심을 우리에게 확신시켜 줍니다. … 복음은 "하늘에 있는 자들과 땅에 있는 자들과 땅 아래에 있는 자들로 모든 무릎을 예수의 이름에 꿇게"(빌 2:10) 하시는 때가 도래하고 있다고 선포합니다. 그러므로 예수 그리스도의 복음은 사람들에게 도전해서 돌이키게 하며, 2천년 전에 세상에 계셨으며 구원의 근거가 되시는 유일하신 그분을 돌아보도록 촉구하고 있습니다.

Truth Unchanged, Unchanging, 98-99

8일 : 인간이면서 하나님이신 주 예수 그리스도

예수님이 지치고 피곤해서, 너무 기진맥진해서 잠이 드셨습니다(눅 8:22-25). … 그분을 바라보십시오. 분명히 그분은 인간이셨습니다. 그분은 너무 피곤하고 지치고 힘들어서 곧바로 잠이 드셨습니다. 폭풍이 몰려오고 있는데도 그분은 여전히 잠에 빠져 계셨습니다. 그분은 연약함을 겪으셨으며, 우리와 다를 바 없는 몸과 살을 갖고 계신 인간이십니다. 아, 그렇습니다. 하지만 잠깐만 기다려 보십시오. 제자들은 예수님께 다가와 깨우며 이렇게 말합니다. "선생님이여 우리가 죽게 된 것을 돌보지 아니하시나이까"(막 4:38). 그때 주님은 일어나셔서 바람과 바다의 파도를 꾸짖으셨습니다. 그러자 바람이 그치며 잔잔해졌습니다. … 제자들이 이 모든 광경을 보고 기이하게 여기며 서로에게 이렇게 말했습니다. "그가 누구이기에 바람과 물을 명하매 순종하는가"(눅 8:25). 그분은 인간이시면서 분명히 하나님이셨습니다. 그분은 만물에게 명령하실 수 있으며, 바람을 잠잠하게 하고 바다의 파도를 멈추게 하실 수 있습니다. 그분은 자연의 주님이시며 창조주이시며, 우주 만물의 주님이십니다. 이것이 예수 그리스도의 신비이며 경이로움입니다. 하나님이시면서 동시에 인간이심, 한 인격 안에 이 두 본성이 있으며, 동일한 인격 안에 두 본성이 섞이지 않은 채 함께 내주하였습니다. …

만일 주 예수 그리스도의 유일한 신성을 믿지 못한다면 당신이 어떠한 사람이든 간에 그리스도인이 아닙니다. 우리는 단순히 선한 사람을 보고 있는 것이 아닙니다. 우리는 세상에서 가장 위대한 교사에 관심을 기울이는 것이 아닙니다. 우리는 이 세상에 계신 영원하신 아들 하나님이 인간의 본성을 취하시고 우리 가운데 거하셔서 한 인간, 즉 신인(God-Man)이 되셨음을 직접 대면하고 있습니다. 우리는 성육신과 동정녀 탄생의 비밀과 경이로움을 마주 대하고 있습니다. 그 모든 것이 여기에 있으며, 놀라운 영광의 충만함 가운데 빛나고 있습니다. "그가 누구이기에!"(눅 8:25). 그분은 인간 이상이십니다. 그분은 하나님이십니다.

Spiritual Depression, 136

9일 : 온유란 자신을 바라보는 참된 이해입니다

그러면 온유란 무엇입니까? 온유를 이렇게 요약할 수 있다고 생각합니다. 온유함이란 본질적으로 다른 사람들을 대하는 태도와 행동에서 나타나는 자신에 대한 올바른 이해입니다. 그러므로 거기에는 두 가지가 있습니다. 온유는 자신에 대한 태도이며, 또한 다른 사람들과의 관계에서 표현하는 나의 태도입니다. 당신은 온유함이 불가피하게 '심령이 가난함'과 '애통함' 다음에 나올 수밖에 없음을 알게 됩니다. 사람은 심령이 가난해질 때만이 온유해질 수 있습니다. 자신을 흉악한 죄인으로 보지 않는 한 결코 온유해질 수 없습니다. 이런 것들이 먼저 와야만 합니다. 하지만 심령의 가난함으로 자신에 대해 참된 관점을 가지고, 나의 죄성 때문에 애통해할 때만 교만이 없어질 수 있다는 것을 보게 됩니다. 온유한 사람은 자신을 자랑스럽게 여기지 않으며, 자신에게 어떤 영광도 돌리지 않습니다. 그는 자신에게 자랑할 것이 아무것도 없다고 느낍니다. 당신이 알다시피, 온유는 '당신 자신을 강력하게 주장하라', '자신을 표현하라'고 말하는 오늘날 대중적인 심리학을 부정하는 것입니다. 온유한 사람은 그렇게 하기를 원하지 않습니다. 도리어 그런 행위를 부끄러워합니다. 마찬가지로 온유한 사람은 자신을 위해 어떤 것을 요구하지 않습니다. 그는 자신의 모든 권리를 주장하지 않습니다. 그는 삶 가운데 자신의 지위, 특권, 소유, 신분을 요구하지 않습니다. 그렇습니다. 그는 바울이 빌립보서 2장에서 묘사한 사람과 같습니다. "너희 안에 이 마음을 품으라 곧 그리스도 예수의 마음이니"(빌 2:5). 그리스도는 하나님과 동등된 분이시지만 그 권리를 주장하지 않으셨습니다. 그분은 의도적으로 권리를 주장하지 않으셨습니다. 이것이 당신과 내가 따라야 할 것입니다.

Studies in the Sermon on the Mount I, 68-69

10일 : 믿음의 시련

성경은 믿음의 시련과 관련된 사상으로 가득 차 있습니다. 히브리서 11장을 보십시오. … 거기에 나오는 모든 사람들이 시련을 겪었습니다. 그들은 큰 약속을 받았으며, 그것을 받아들였습니다. 하지만 그때 모든 것이 잘못되어 가는 것처럼 보입니다. … 노아, 아브라함, 야곱과 같은 사람들이 겪은 시련, 특별히 모세가 인내해야만 했던 그와 같은 시련을 생각해 보십시오. 하나님은 그 사람들에게 믿음의 은사를 주셨지만, 그 믿음은 시련을 겪습니다. … 이것이 성경 전체가 말하는 주제입니다. 당신은 족장과 구약 성도들의 역사에서 이것을 발견하게 되며, 신약성경 전체에서 기술되고 있는 이 내용을 보게 될 것입니다. …

우리의 믿음이 시련을 당하게 될 자리에 처하게 될 수도 있다는 것을 이해함으로 시작해야만 합니다. 하나님은 폭풍과 시련을 허용하십니다. 그리스도인의 삶이 그리스도께 나아오며 삶 속에서 전혀 염려하지 않는 것을 의미한다는 가정하에서 그리스도인의 삶을 살거나 살려고 애쓴다면 우리는 지극히 잘못된 생각에 빠져 있는 것입니다. … 우리의 믿음은 시련을 겪을 것입니다. 그래서 야고보는 이렇게 말합니다. "너희가 여러 가지 시험(시련)을 당하거든 온전히 기쁘게 여기라"(약 1:2). 하나님은 폭풍을 허용하십니다. 어려움을 허락하십니다. 바람이 불도록 하시며 큰 물결이 굽이치도록 하십니다. 모든 것이 잘못되어 가는 것처럼 보이며, 심지어 우리는 위험에 처해 있는 것처럼 보입니다. 하나님께서 자기 백성을 취하셔서 '격노한 운명의 물매돌과 화살'에서 보호하시는 '지상의 행복' 상태로 이끌지 않으신다는 것을 배우고 깨달아야만 합니다. 우리는 다른 사람들과 전혀 다르지 않은 세상에 살고 있습니다. 참으로 사도 바울은 그것보다 훨씬 더 앞서가고 있는 것처럼 보입니다. 그는 빌립보 교회 교인들에게 이렇게 말합니다. "그리스도를 위하여 너희에게 은혜를 주신 것은 다만 그를 믿을 뿐 아니라 또한 그를 위하여 고난도 받게 하려 하심이라"(빌 1:29). 우리 주님은 "세상에서는 너희가 환난을 당하나 담대하라 내가 세상을 이기었노라"(요 16:33)고 말씀하십니다. "담대하라." 그렇습니다. 하지만 당신이 환난을 당할 것이라는 사실을 기억하십시오.

Spiritual Depression, 139-140

11일 : 화를 잘 내십니까?

복된 상태는 빌립보서 4장 11-13절에 묘사되어 있습니다. … "어떠한 형편에든지 나는 자족하기를 배웠노니"(빌 4:11). 다시 말해서 바울은 더 이상 극도로 예민해지지 않는 상태에 이르렀습니다. 그는 자신에게 일어난 일을 신경 쓰지 않는 상태에 있습니다. 그래서 그는 자기에게 일어난 일 때문에 방해를 받지 않습니다. "어떠한 형편에든지 나는 자족하기를 배웠노니." 이것이 그리스도인인 우리가 취해야 할 입장입니다. 그런데 현대인들은 참을성이 부족합니다. 어떠한 형편에서든 자족할 줄 모릅니다. 마치 화약고와 같습니다. 언제 폭발이 일어날지 전혀 알지 못합니다. 아주 작은 바늘에 찔려도 큰 고통을 느낍니다. 자아 때문에 지나치게 민감합니다. 그러나 사도 바울은 우리 주님이 제자들에게 처음에 설명했던 것을 기억했습니다. "누구든지 나를 따라오려거든 자기를 부인하고 자기 십자가를 지고 나를 따를 것이니라"(마 16:24). 먼저 자아를 부인해야만 합니다. 그리고 나서 "자기 십자가를 지고 나를 따를 것이니라." 자아를 몰아내서 뒷전으로 밀어놓았기 때문에 바울은 과민하지 않습니다. 이러한 것들은 고통을 야기하고 놀라게 하고 폭발을 일으키지도 않습니다. 바울은 자아를 몰아내고 그리스도를 위해 살기 때문에 균형이 잡혀 있습니다.

이러한 측면에서 우리 자신을 점검해 봅시다. 우리의 모든 불평거리를 생각해 봅시다. 우리의 모든 고충과 우리를 짓누르는 모든 경멸과 모욕과 나머지 모든 것들과 오해를 생각해 봅시다. … 실제로 거기에는 아무것도 존재하지 않습니다. 우리는 사소한 일을 가지고 큰 산을 만들고 있었습니다. 만일 우리를 속상하게 하는 일들의 목록을 만든다면 우리는 얼마나 부끄러워하게 될까요! 얼마나 작아지며 좀스러워지는지요!

Faith on Trial, 79

12일 : 믿음의 시련을 겪는 상황

그리스도인의 삶을 마술적인 개념으로 이해한다면 우리는 틀림없이 어려움에 처한 자신을 발견하게 될 것입니다. 어려움이 닥쳐올 때 우리는 '왜 이런 일이 일어납니까?'라고 묻는 시험에 빠질 가능성이 있기 때문입니다. 우리는 그러한 질문을 하지 말아야 합니다. … 우리 주님은 잠을 주무시면서 폭풍이 오는 것을 허용하십니다. 참으로 상황은 절망적입니다. 우리는 삶이 위험에 빠졌다고 느낍니다. … 그러나 한 그리스도인 시인은 우리에게 이런 시를 들려줍니다.

> 모든 것이 우리에게 불리해지고
> 우리를 절망으로 몰아넣을 때 …

그러나 시인은 절망에 빠지지 않습니다. 계속해서 이렇게 노래합니다.

> 우리는 한 문이 열리고
> 한 귀가 우리의 기도를 들을 것임을 압니다.

하지만 상황이 절망적일 수 있습니다. "모든 일이 우리에게 불리해지고, 우리를 절망으로 몰아넣을 때", 그때 그것에 대비합시다. 그러나 우리는 더 나아가야 합니다. 이 모든 것이 우리에게 일어나는 동안에 주님은 우리에 대해 철저하게 무관심한 것처럼 보입니다. 바로 그것이 실제로 우리의 믿음이 시련을 겪는 자리입니다. 바람과 큰 물결이 몰아치고 물이 배를 넘어옵니다. 이것도 끔찍하지만, 그들에게 정말로 끔찍한 것은 주님이 무관심한 것처럼 보이는 것입니다. 주님은 여전히 주무시고 계시며 전혀 돌아보지 않으십니다. … 이 제자들의 감정을 상상해 보십시오. … 그들은 그분이 행하신 이적을 보았으며, 놀라운 일이 일어나리라고 기대하고 있었습니다. 그런데 상황은 마치 배가 깨지고 물속에 잠길 것처럼 보입니다. … 만일 이와 같은 일을 모른다면 우리는 그리스도인의 삶에서 어린아이와 다를 바가 없습니다. … 하나님께서 이런 일들을 허락하시고 그 모든 일에 무관심한 것처럼 보인다는 사실은 제가 묘사하는 믿음의 시련과 같습니다. 이런 일들이 바로 우리의 믿음이 시련을 겪으며 시험을 받을 때의 상황입니다. 하나님은 그 모든 것을 허락하시고 허용하십니다.

Spiritual Depression, 140-141

13일 : 보다 높은 차원에서 살아가는 그리스도인

내 인생의 모든 것, 내게 일어나는 모든 것을 나의 기독교 신앙의 배경에 두고, 그 배경에 비추어서 바라보고 있습니까? 불신자는 그렇게 하지 않습니다. … 하나님을 믿지도 하나님에 관해서 알지도 못합니다. 불신자는 자신의 아버지이신 하나님의 계시나 하나님의 자녀로서 자신에 대한 계시도 인정하지 않습니다. … 그러나 우리가 그리스도인임을 입증하는 증거는, 이런 일들이 우리에게 일어났을 때 그런 일들을 있는 그대로 보지 않는다는 것입니다. 우리는 그리스도인으로서 그런 일들을 받아들이고, 그것들을 즉각적으로 우리 신앙의 배경에 놓고 나서 다시 바라봅니다. …

우리 주님은 제자들에게 이렇게 물으셨습니다. '너희 믿음이 어디에 있느냐? 왜 너희는 믿음을 적용하지 않느냐?' … 우리를 속상하게 하는 일이 일어납니다. 불신자는 화를 내거나 상처를 입고 민감해집니다. 그러나 그리스도인은 멈추고 이렇게 말합니다. '잠깐만 기다려. 나는 이 일을 내가 하나님에 대해 알고 믿는 모든 것의 배경과 하나님과의 관계에 놓을 거야.' 그러고 나서 그리스도인은 그 문제를 다시 바라봅니다. 그러면 그 그리스도인은 히브리서 저자가 "주께서 그 사랑하시는 자를 징계하시고"(히 12:6)라고 말할 때 의미했던 것을 이해하게 됩니다. 그 그리스도인은 이 사실을 알기 때문에 어떤 의미에서 그 일을 즐길 수 있습니다. 심지어 그 일이 벌어지고 있는 상황에서도 말입니다. 왜냐하면 그는 그 문제를 자신의 신앙 배경에서 비추어 보기 때문입니다. … 내 행동과 처신이 내가 그리스도인임을 보여 주고 있습니까? 나는 보다 높은 영역에 속해 있으며, 나에 관한 모든 것을 그 영역으로 끌어올릴 수 있다는 것을 명확하게 보여 주고 있습니까? … 당신이 어떤 존재인지를 기억하십시오. 당신이 누구인지를 기억하고 그에 걸맞게 사십시오. 당신이 예수 그리스도 안에서 고귀한 부르심을 받았다는 사실에 주목하십시오. 그리스도인들이여, 입술과 혀, 곧 말을 주의하십시오. 우리는 대화하는 중에서, 방심하고 있는 순간에 나오는 것들에서 우리 자신을 드러내게 됩니다. … 그리스도인은 훈련과 절제를 해야 합니다. 왜냐하면 하나님과 영원의 배경에서 모든 것을 바라보기 때문입니다.

Studies in the Sermon on the Mount II, 140-141

14일 : "천지는 없어질지언정 내 말은 없어지지 아니하리라"

예수님이 '나의 아버지와 너희 아버지'에 대해 말하기를 얼마나 조심스러워하셨는지요! 예수님은 '우리 하나님'이라고 말씀하시지 않았습니다. 그분은 '나의 아버지'라고 말씀하셨습니다. 예수님은 제자들에게 '우리 아버지'라고 기도하라고 가르치셨지만, 자신을 거기에 포함시키지 않으셨습니다. 그분은 항상 이러한 차이, 즉 자신이 인자임을 강조하는 데 수고를 아끼지 않으셨습니다. 그분은 사람이시지만, 단지 사람에 불과하지 않았습니다. "내 아버지께서 모든 것을 내게 주셨으니 아버지 외에는 아들을 아는 자가 없고 아들과 또 아들의 소원대로 계시를 받는 자 외에는 아버지를 아는 자가 없느니라"(마 11:27). "예수께서 이르시되 내가 곧 길이요 진리요 생명이니 나로 말미암지 않고는 아버지께로 올 자가 없느니라"(요 14:6). 예수님은 자신을 의도적으로 권위 있는 교사로 높이셨습니다. … 예수님은 산상수훈에서 "옛 사람에게 말한 바 … 너희가 들었으나 나는 너희에게 이르노니 …"(마 5:21-22)라고 말씀하셨습니다. 그분은 권위를 가지고 "나"를 선포하십니다. 이것이 그분을 선지자들과 대조시키는 특징적이고 개인적인 강조점입니다. … 그들은 위대한 인물들입니다. … 그러나 그들 중에 이러한 "나"를 사용한 사람은 없었습니다. 그들은 모두 "여호와께서 말씀하여 이르시되"라고 말합니다. 하지만 주 예수 그리스도는 "나는 너희에게 이르노니"라고 말씀하십니다. 동시에 그분은 자신과 다른 모든 사람들을 구별하시고 계십니다. 그분은 '이제 최종 권위의 시간이다'라고 말씀하시는 것 같습니다. 그분은 산상수훈에서 항상 이 사실을 강조합니다. … 예수님은 산상수훈을 끝내시면서 가장 당황스럽고 놀라운 진술을 하십니다. "그러므로 누구든지 나의 이 말을 듣고 행하는 자는 그 집을 반석위에 지은 지혜로운 사람 같으리니 …"(마 7:24). 보다시피, 이 구절에서 예수님의 모든 강조점은 "나의 이 말"에 있습니다. 이는 예수님의 주장이 최종적인 권위임을 의미합니다. 만일 그러한 진술에 덧붙이는 것이 가능하다면 "천지는 없어질지언정 내 말은 없어지지 아니하리라"(마 24:35)고 말씀하셨을 때 그렇게 하셨을 것입니다. 그분의 말씀을 뛰어넘는 것은 없습니다.

Authority, 18-19

15일 : 쓰러진 사람은 넘어질까 두려워할 필요가 없습니다

온유한 사람은 자신에 대해서조차 민감하지 않습니다. 그는 자기 자신과 자신의 관심사를 항상 지켜보지 않습니다. 그는 항상 방어 자세를 취하지 않습니다. 우리 모두는 이에 대해서 알고 있습니다. 그렇지 않습니까? 자아에 대한 예민함, 이것은 타락의 결과로 인생에 주어진 가장 큰 저주 중 하나가 아닙니까? 우리는 인생의 전부를 자기 자신을 살피는 데 사용합니다. 그러나 온유해지면 그 모든 것을 그만둡니다. 온유한 사람은 더 이상 자신에 대해서 그리고 다른 사람이 말하는 것에 대해서 염려하지 않습니다. 진정으로 온유하게 된다는 것은 더 이상 우리 자신을 비호하지 않는다는 것을 의미합니다. 왜냐하면 우리가 알다시피 거기에는 변호할 가치가 있는 것이 없기 때문입니다. 그래서 우리는 방어 자세를 취하지 않습니다. 모든 것은 사라집니다. 진정으로 온유한 사람은 자신을 불쌍히 여기지 않습니다. 자신에 대해 연민을 품지 않습니다. 그는 결코 자신에게 이렇게 말하지 않습니다. '너는 힘든 시기를 보내고 있어. 사람들이 너를 이해하지 못하다니 얼마나 불친절한 사람들인가!' 온유한 사람은 결코 '다른 사람들이 나에게 한 번만 기회를 준다면, 내가 실제로 얼마나 대단한 사람인지 보여 줄 텐데'라고 생각하지 않습니다. 자기 연민! 우리는 이것으로 얼마나 많은 시간을 낭비하고 있는지요! 그러나 온유해진 사람은 이 모든 것을 그만둡니다. 다시 말해서 온유해진다는 것은 당신 자신을 포함한 모든 것을 끝내고 어떤 권리도, 가치도 없음을 보게 되는 것을 의미합니다. 당신은 어느 누구도 당신을 해할 수 없음을 깨닫게 됩니다. 존 번연은 이것을 완벽하게 설명합니다. '쓰러진 사람은 넘어질까 두려워할 필요가 없다.' 사람이 진실로 자기 자신을 바라보면 아무도 자신에 대해서 나쁘게 말할 수 없다는 것을 압니다. 당신은 사람들이 말하거나 행하는 것을 염려할 필요가 없습니다. 그러므로 나는 온유를 이와 같이 정의합니다. '진정으로 온유한 사람은 하나님과 다른 사람이 자신에 대해서 생각하는 것과 대하는 것에 놀라는 사람입니다.'

Studies in the Sermon on the Mount I, 69

16일 : 그리스도께서 배에 함께 계신다면 폭풍을 보고도 웃을 수 있습니다

　브라우닝은 믿음을 이렇게 정의했습니다. … '나는 믿음이란, 불신을 미카엘 발아래에 있는 뱀처럼 영원히 잠재우는 것이라고 생각한다.' 미카엘이 있는데, 그의 발아래에 뱀이 있으며, 그 뱀은 미카엘의 발에 짓밟힌 채 꼼짝 못하고 있습니다. … 믿음이란 불신앙을 잠재우고 꼼짝 못하게 하는 것입니다. 예수님의 제자들은 이것을 하지 못했으며(눅 8:22-25), 폭풍이 일어나는 상황에 사로잡혀 공황 상태에 빠졌습니다. 그러나 믿음은 이렇게 되지 않도록 거부하는 것입니다. 믿음은 이렇게 말합니다. '나는 이런 환경에 휘둘리지 않을 거야. 내가 이 상황을 지배할 거야.' 그래서 당신은 자신을 책임져야만 하며, 자신을 바로 세워야 합니다. … 당신은 손을 놓아서도 안 되며, 단호하게 자기주장을 해야 합니다. …

　이것이 중요합니다. 하지만 … 그것만으로는 충분하지 않습니다. 왜냐하면 체념에 불과하기 때문입니다. 첫걸음을 내딛고, 자신을 추스르고 나면 당신은 자신이 믿는 것과 알고 있는 것을 상기해야 합니다. … 제자들이 잠시 멈추고 나서 이렇게 말했으면 좋았을 텐데 말입니다. '이제 어떻게 할까? 예수님이 배에 계시는데 바다에 빠지는 일이 일어날까? 그분이 하실 수 없는 일이 있을까? 우리는 그분이 행하신 기적, 즉 물을 포도주를 바꾸고, 눈먼 자와 절름발이를 치유하시고 죽은 자를 일으키시는 것을 보았는데, 그분이 우리는 물론 자신이 물에 빠지도록 내버려 두실까? 그건 불가능해! 어쨌든 그분은 우리를 사랑하시고, 돌보셔서 우리의 머리카락 수까지 세고 계신다고 말씀하셨어!' 이것이 믿음이 추론하는 방법입니다. 믿음은 이렇게 말합니다. '그래, 나는 파도와 소용돌이를 보고 있어. 하지만.' 믿음은 항상 이 '하지만'이라는 표현을 내세웁니다. 이것이 믿음입니다. 믿음은 진리를 부여잡고, 알고 있는 것이 사실로 나타날 것이라고 판단합니다.

Spiritual Depression, 143-144

17일 : "너희는 먼저 그의 나라와 그의 의를 구하라"(마 6:33)

우리 주님은 이렇게 말씀하십니다. '너는 이렇게 다른 것에 관심을 기울이며, 우선순위에 놓고 있다. 그런데 너는 그러지 말아야 한다.' 당신은 하나님의 나라와 그의 의를 우선순위에 두어야 합니다. 그분은 … 사람들에게 가르치신 모범 기도에서 하나님께 나아와야 한다고 말씀하셨습니다. 물론 당신은 삶과 이 세상에 관심이 있습니다. 하지만 당신은 "오늘 우리에게 일용할 양식을 주시옵고"(마 6:11)라고 말함으로 기도를 시작하지 않습니다. 당신은 기도를 이렇게 시작합니다. "나라가 임하시오며 뜻이 하늘에서 이루어진 것같이 땅에서도 이루어지이다"(마 6:10). 그 후에 "오늘 우리에게 일용할 양식을 주시옵고"라고 기도합니다. 당신은 먼저 '일용할 양식'이 아니라 '하나님의 나라와 그의 의'를 구하십시오. 다시 말해서 당신은 정신과 마음과 욕구에서 그런 입장을 취해야 합니다. 이것이 다른 그 무엇보다도 절대적으로 우선되어야만 합니다.

… 우리 주님은 청중들에게 그리스도인이기 때문에 처신하는 방법에 대해 말씀하고 계십니다. 그들은 하나님 나라 안에 있습니다. 그들은 하나님 나라 안에 있기 때문에 점점 더 그것을 추구해야 합니다. 베드로가 말한 것처럼 그들은 "부르심과 택하심을 굳게"(벧후 1:10) 해야 합니다. … 우리는 하늘 아버지의 자녀로서 그분을 좀더 잘 알려고 애써야 합니다. 히브리서 저자는 11장 6절에서 이것을 완벽하게 설명합니다. "하나님께 나아가는 자는 반드시 그가 계신 것과 또한 그가 (부지런히, 열심히) 자기를 찾는 자들에게 상 주시는 이심을 믿어야 할지니라." '부지런히, 열심히'를 강조하십시오. 기독교를 믿는 많은 사람들이 하나님을 부지런히 찾지 않음으로 이생에서의 복을 잃어버립니다. 그들은 하나님의 얼굴을 구하는 일에 많은 시간을 쓰지 않습니다. … 그리스도인이라면 날마다 변함없이 주님의 얼굴을 구해야 합니다. 그리스도인은 시간을 내서 그 일을 합니다.

Studies in the Sermon on the Mount II, 143

18일 : 예수님 … 예수님 … 예수님

다른 모든 사실 중에서 가장 영광스러운 것은 예수 그리스도 자신에 대한 사실입니다. 우리는 복음서를 통해서 그분이 이 땅에서 사신 삶에 대해서 자세히 알게 되어서 어려움에 처했을 때 위로를 얻을 수 있습니다. 그중에서도 특별히 하나님의 아들이 이 세상에 사셨다는 사실을 기억하십시오. 그분은 죄인들이 자신에 대해 반대한다는 것을 알고 계셨습니다. 하나님의 아들이셨음에도 불구하고 피곤하고, 지치며, 연약하고, 고통 속에서 피를 흘려야만 한다는 것을 아셨습니다. 또한 온 세상과 사탄의 모든 권세를 대적해야 하고, 어둠의 세력이 자기 자신에게 대적한다는 사실을 알고 계셨습니다. "우리에게 있는 대제사장은 우리의 연약함을 동정하지 못하실 이가 아니요 모든 일에 우리와 똑같이 시험을 받으신 이로되 죄는 없으시니라"(히 4:15). 그분은 우리의 모든 연약함과 허물을 아십니다. 성육신은 단순한 관념이 아니라 사실입니다. '말씀이 육신이 되셨다'(요 1:14). 그래서 우리는 고통과 연약함 가운데 그분을 이해하고, 알며, 구원하실 수 있다는 확신을 가지고 항상 그분을 의지할 수 있습니다. 하나님의 아들은 우리의 완전한 대제사장이 되시고 우리를 하나님께로 인도하시기 위해서 인간이 되셨습니다.

> 나의 소망은 오직 예수님의 피와 의에 있다네. …
> 어둠이 그분의 얼굴을 가리는 것 같을 때도
> 나는 그분의 변치 않는 은혜에 의지한다네.
> 사납고 높은 폭풍 속에서
> 나의 닻은 어둠 속에서 고정되어 있다네. …
> 나는 굳건한 반석이신 그리스도 위에 서 있네.
> 다른 모든 기반은 가라앉는 모래이네.

그래서 어떤 일이 일어나도 "나는 여호와로 말미암아 즐거워하며 나의 구원의 하나님으로 말미암아 기뻐하리로다"(합 3:18).

From Fear to Faith, 77-78

19일 : 경건함과 두려움으로 하나님께 나아가십시오

"여호와여 내가 주께 대한 소문을 듣고 놀랐나이다"(합 3:2). 여기서 "놀랐나이다"는 하나님께서 하박국에게 계시하신 앞으로 일어날 일에 대해서 하박국이 놀랐다는 뜻이 아닙니다. … 이는 위대한 하나님의 존전에서 느끼는 두려움, 하나님과 그분의 방법에 대한 경배와 경이로움을 의미합니다. 하나님은 하박국에게 자신의 역사적 계획에 대해 말씀하셨습니다. 하박국 선지자는 하나님께서 그분의 거룩한 성전에 계시며 세상은 그분의 발아래에 있다는 사실을 묵상하면서 놀라움과 경외심을 느꼈습니다. … 우리에게 부족한 자세는 히브리서가 묘사한 "경건함과 두려움"(12:28)입니다. … 지극히 높으신 하나님과 친밀한 관계를 맺는 것은 너무 쉽습니다. 감사하게도 우리는 그리스도의 피로 말미암아 거룩한 담대함으로 하나님의 존전에 나아갈 수 있습니다. 그러나 우리는 여전히 경건함과 두려움을 가지고 있어야만 합니다. 하나님의 옛 백성들은 하나님의 거룩함과 위대함을 인식하고 있어서 그분의 이름을 사용하는 것조차 두려워했습니다. 그들은 하나님의 존엄과 거룩함과 전능함 앞에서 할 말을 잃었습니다. "여호와여 내가 … 놀랐나이다." 우리는 '경건함과 두려움'으로 하나님께 나아가야 합니다. 왜냐하면 우리 하나님은 소멸하는 불이시기 때문입니다.

이는 우리가 살아가는 이 시대를 이해하는 데 가장 중요합니다. 우리는 역사의 흐름과 시대의 변화 너머에 있는 거룩한 성전에 계신 하나님을 바라보는 것을 배워야 합니다. 하나님의 존전에서 하나님의 거룩한 본질과 우리의 죄는 드러납니다. 우리 자신을 겸손히 낮추고 경외함으로 그분을 경배해야 합니다.

From Fear to Faith, 62-63

20일 : 우리의 강점은 우리의 연약함입니다

　회심하고 구원을 받고 그리스도인이 되었다고 해서 우리의 성품이 변하는 것은 아닙니다. 우리의 성품은 옛날 그대로 남아 있습니다. 당신은 다른 사람이 되지 않으며, 여전히 당신 자신입니다. … 당신은 언제나 당신 자신입니다. 그리스도인이 되었을지라도 당신은 여전히 당신입니다. 당신만의 독특한 성품, 당신 특유의 특성을 갖고 있으며, 그 결과 우리 모두는 우리 자신만의 특별한 문제를 안고 있습니다. 어떤 것은 우리 모두에게 해당되는 근본적이고 공통적인 문제입니다. 심지어 우리의 특별한 문제도 죄의 일반적인 범주와 타락의 결과에서 비롯됩니다. 하지만 그것은 우리에게 다른 방식으로 나타납니다. … 모든 교인은 동일하지 않으며, 심지어 작은 그룹의 회원들도 서로 똑같지 않습니다. 우리 모두는 저마다 유난히 특별하게 조심해야 할 것을 갖고 있습니다. 다른 사람들은 그런 일 때문에 전혀 어려움을 겪지 않습니다. 아, 그렇습니다. 하지만 그들은 다른 일들을 조심해야 합니다. 성미가 급한 사람은 매우 세심하게 그 기질을 주시해야 합니다. 또한 냉담하고 활발하지 못한 사람도 조심해야 합니다. 왜냐하면 그는 모든 심리 상태에서 소극적이어서 당연히 꿋꿋하게 버텨야 할 때 그렇지 못하기 때문입니다. 다시 말해서 우리 모두는 저마다 특별한 어려움이 있으며, 그것은 일반적으로 하나님께서 우리에게 주신 우리의 독특한 성품에서 비롯됩니다. 나는 이런 맥락에서 우리가 무엇보다 주의해야 할 것이 우리의 장점이요 강점일 수도 있다고 말하고 싶습니다. 우리 모두는 궁극적으로 우리의 최대 강점에서 실패하는 경향이 있기 때문입니다.

Spiritual Depression, 151

21일 : 오직 그리스도의 복음만을 자랑합니다

바울은 모든 사람, 곧 황제, 신하와 지휘관, 병사와 노예, 버림받은 자와 멸시받는 자에게 복음을 전할 준비가 되어 있었습니다. 그는 모두를 위한 메시지를 갖고 있으며, 그것은 모두에게 동일한 메시지였습니다. 그것을 부끄러워했습니까? 절대로 그럴 리가 없습니다. 그것은 우리가 유일하게 자랑하고 기뻐할 만한 것입니다. 왜냐하면 오직 그것만이 전 세계를 다루고 모든 찬양을 받을 만큼 충분히 크고 넓기 때문입니다.

사람들이 자랑하는 것들은 예수 그리스도와 그분의 복음에 비하면 얼마나 작고 보잘것없는지요!

… 온갖 분열과 차별에도 불구하고 온 세상을 품을 수 있는 하나의 메시지가 있습니다. 모든 사람을 불러 모으고 연합하여 진정한 형제애를 나누도록 할 수 있는 하나의 권세가 있습니다. … 그것은 "모든 믿는 자에게 구원을 주시는 하나님의 능력이"(롬 1:16) 되는 그리스도의 복음입니다.

이 복음을 믿고 그 진리와 권세를 드러내는 사람은 누구나 바울과 함께 이렇게 노래합니다. "내게는 우리 주 예수 그리스도의 십자가 외에 결코 자랑할 것이 없으니"(갈 6:14). 이 합창은 이미 큰 함성이지만, 더 커질 것입니다. 왜냐하면 요한이 환상을 보는 가운데 이렇게 말하고 있기 때문입니다. "내가 또 보고 들으매 보좌와 생물들과 장로들을 둘러 선 많은 천사의 음성이 있으니 그 수가 만만이요 천천이라 큰 음성으로 이르되 죽임을 당하신 어린양은 능력과 부와 지혜와 힘과 존귀와 영광과 찬송을 받으시기에 합당하도다 하더라 내가 또 들으니 하늘 위에와 땅 위에와 땅 아래와 바다 위에와 또 그 가운데 모든 피조물이 이르되 보좌에 앉으신 이와 어린양에게 찬송과 존귀와 영광과 권능을 세세토록 돌릴지어다 하니"(계 5:11-13). 하나님이여, 복된 무리 가운데 우리를 발견할 수 있게 하소서!

The Plight of Man and the Power of God, 93-94

22일 : 베드로는 믿음으로 물 위를 걸었습니다

큰 믿음의 특징은 무엇입니까? 첫 번째는 주 예수 그리스도와 그분의 권능을 알고 그것을 지속적으로 신뢰하고 확신하는 것입니다. 베드로는 처음에 잘 시작했습니다. 그것은 참된 믿음의 본질입니다. 베드로는 배 안에 다른 제자들과 함께 있었는데, 미친 듯이 사나운 폭풍이 일었습니다. 바다와 바람은 사나웠으며, 배는 파도에 심하게 흔들렸으며, 상황은 절망적이었습니다. 그러나 우리 주님이 갑자기 나타나셨습니다. 제자들은 주님을 보자 이렇게 말했습니다. '저기 물 위로 걸어오는 것이 사람인가? 그것은 불가능해. 귀신이거나 유령이 분명해!' 그들은 두려움에 아우성쳤습니다. 그때 예수님이 말씀하셨습니다. "나니 두려워하지 말라." 그때 우리는 베드로가 보여 주는 참된 믿음의 장엄한 광경을 보게 됩니다. 베드로는 예수님에게 이렇게 말했습니다. "주여 만일 주님이시거든 나를 명하사 물 위로 오라 하소서"(마 14:28). 이것이야말로 참된 믿음을 나타냅니다. 당신은 그것이 의미하는 것을 압니다. 그것은 베드로가 우리 주님에게 사실 이렇게 말하고 있었다는 것을 의미합니다. '만일 당신이 정말로 주님이시라면 나는 당신에게 불가능한 것이 전혀 없다는 것을 압니다. 배에서 내려서 사나운 바다에 발을 내딛어 물 위를 걸으라고 명령하셔서 당신의 능력의 증거를 입증하소서.' 베드로는 주님을, 주님의 권능을, 주님의 인격을, 주님의 능력을 믿었습니다. 그는 그것을 단순히 이론으로 믿지 않았습니다. 그는 그것을 시도했습니다! 우리는 '베드로가 배 밖으로 나와서 물 위를 걸었다'는 이야기를 듣습니다. 이것이 믿음의 본질입니다. "주여, 만일 주님이시거든 …." 이것이 믿음이 말하는 것입니다. '만일 당신이시라면 그럼 저는 당신이 이것을 하실 수 있다는 것을 압니다. 그것을 하라고 내게 명령하소서.' 그리고 그는 그것을 행했습니다. … 그리스도인의 믿음은 주님에 대한 지식, … 이 복된 분을 아는 지식으로 시작하고 또 그것으로 끝을 맺습니다.

Spiritual Depression, 155

23일 : 온유는 성령의 가르침과 주 예수님의 인도하심을 받는 것입니다

　　온유는 다른 사람에 대한 우리의 처신과 행동에서 나타나야만 합니다. … 다시 우리 주 예수 그리스도를 생각해 보십시오. 그분은 온유하고 너그러우며 겸손하십니다. 고요한 마음, … 곧 '온유하고 겸손한' 분이십니다. 이 세상이 지금까지 알아온 사람 중에서 가장 다가가기 쉬운 분이 바로 예수 그리스도이셨습니다. 이는 복수하거나 다른 사람이 대가를 치러야 한다고 생각하는 보복의 마음이 완전히 없다는 것을 의미합니다. 그러므로 이는 우리가 특별히 부당하게 고난을 받을 때(벧전 2:19-23) 참고 인내해야 한다는 것을 의미합니다. … 베드로는 베드로전서 2장에서 주장합니다. '만일 우리가 지은 잘못 때문에 고난을 당할 때 그것을 인내할지라도 아무런 유익이 없지만, 우리가 잘하고도 그것 때문에 고난을 당하고 그것을 인내한다면 그것은 하나님이 보시기에 칭찬할 만한 일입니다.' 이것이 온유입니다. 그러나 이것은 우리가 듣고 배울 준비가 되어 있으며, 다른 사람의 말을 들을 준비가 되어 있는 우리 자신과 우리 자신의 능력이 아무것도 아니라는 생각을 갖고 있어야 함을 의미합니다. 무엇보다도 우리는 성령의 가르침을 받고 주 예수 그리스도의 인도하심을 받을 준비가 되어 있어야만 합니다. 온유함은 항상 가르침을 받으려는 마음을 의미합니다. 우리는 이를 우리 주님에게서 봅니다. 비록 주님은 복된 삼위일체에서 두 번째 위격임에도 불구하고 인간이 되셨습니다. 그분은 하나님께서 자신에게 주셨던 것, 하나님께서 가르치시고 하라고 말씀하셨던 것에 전적으로 의지하기까지 자발적으로 자신을 낮추셨습니다. 이것이 그분께서 의도하셨던 온유입니다. 우리는 배우고 들을 준비가 되어 있어야만 합니다. 특별히 성령께 복종해야만 합니다.

Studies in the Sermon on the Mount I, 69-70

24일 : 너희가 권능을 받을 것이다

분명히 요즘에도 권세가 가장 필요합니까? 교회의 대부흥 역사를 읽어 보십시오. 그러면 당신은 성령의 권능과 권세가 항상 임재해 있다는 것을 알게 될 것입니다. 200여 년 전 복음의 대각성 운동이 영국에서, 미국에서, 스코틀랜드에서, 웨일스에서 일어났습니다. 웨일스의 지도자 중 한 사람은 하웰 해리스였습니다. 그의 일기를 읽으면 그가 계속해서 다음과 같이 말하는 것을 발견하게 될 것입니다. '이러저러한 장소에 도착했다. 설교했다. 옛 권세를 느꼈다.' 다른 날짜의 일기에서는 어떤 장소에서 설교했을 때 아무런 권세도 느끼지 못했다고 말합니다. 그는 그것으로 매우 슬퍼하며 안타까워했습니다. 그는 하나님 앞에 엎드려서 자기 마음을 살피고 자기 죄를 고백하며 다시 한 번 '권세'를 구했습니다. 그는 권세를 느끼지 못하면 참으로 불행해했습니다. … 그는 권세 없이 설교를 하는 일이 헛되다는 것을 알았습니다.

횟필드와 웨슬리의 일기를 읽으면 동일한 내용을 발견하게 됩니다. 나는 횟필드의 일기를 기억합니다. … '주님은 우리 가운데 내려오셨다.' 권세입니다! … 존 웨슬리도 항상 동일한 생각을 말합니다. 그 권세가 바로 웨슬리가 런던 올더스게이트 집회에서 그의 마음이 '이상하게 뜨거워지는 것'을 느꼈을 때 경험했던 것입니다. 웨슬리는 바로 그 순간에 그 권세를 갖게 되었습니다. 그 결과로 그의 사역은 완전히 바뀌었습니다. 무디는 권세와 관련해서 매우 특별한 사람입니다. 무디는 뉴욕 월스트리트 거리를 걸어가는 동안에 성령께서 그에게 임재하셨으며 그 체험 이후에 권세를 받았습니다. 무디는 전에 했던 설교를 했습니다. 그런데 사람들이 변화되었습니다. 왜 그렇습니까? 그는 지금 성령의 권세를 소유하고 있기 때문입니다.

Authority, 86-87

25일 : 영원한 나라의 상속자

자신이 하나님의 자녀이며 영원한 나라의 상속자임을 아는 사람은 이생과 이 세상에서 사물을 바라보는 관점이 다릅니다. … 믿음과 지식이 클수록 다른 것들은 작아질 것입니다. 게다가 그 사람은 분명한 특정 약속을 갖고 있습니다. 이 약속을 굳게 붙잡읍시다. 그 약속은 바로 이것입니다. '만일 우리가 무엇보다도 먼저 오직 이런 것들을 구하면 다른 것들은 더해질 것, 즉 덤으로 주어질 것이다.' 이교도들은 단지 이런 것들을 생각할 뿐입니다. … 하나님의 사람은 하나님 나라에 관해 기도하며 구합니다. 그러면 다른 것들은 그에게 더해집니다. 이것이 하나님께서 주신 특정 약속입니다.

당신은 솔로몬 이야기에서 완벽한 실례를 보게 됩니다. 솔로몬은 부와 장수를 구하지 않고, 다만 지혜를 간구했습니다. 그러자 하나님은 말씀하셨습니다. … '네가 다른 것들을 구하지 않았기 때문에 내가 네게 지혜를 주겠노라. 게다가 너에게 다른 것들도 주겠노라. 나는 네게 부와 장수를 덤으로 주겠노라'(왕상 3장을 보십시오). … 17세기 청교도들, 특별히 퀘이커 교도들이 부자가 된 것은 결코 우연이 아닙니다. 그것은 그들이 재물을 축적했기 때문도, 맘몬(재물)을 숭배했기 때문도 아닙니다. 그것은 단지 그들이 하나님과 그분의 의를 위해 살았기 때문입니다. 그 결과 그들은 돈을 무가치한 일에 낭비하지 않았습니다. 그러므로 어떤 의미에서 그들은 부자가 되지 않을 수 없었습니다. 그들은 하나님의 약속을 부여잡았고, 그 결과로 부수적으로 부자가 되었습니다!

하나님, 하나님의 영광, 하나님의 나라의 도래, 하나님과의 관계, 하나님을 가까이 함, 당신의 거룩함을 그 중심에 놓으십시오. 그러면 당신은 하나님의 아들을 통해서 하나님의 보증된 말씀을 받을 것입니다. 즉 이생과 이 세상에서 당신의 안녕에 필요한 모든 것이 당신에게 더해질 것입니다.

Studies in the Sermon on the Mount II, 145

26일 : 항상 예수님을 바라보십시오

　믿음의 또 다른 특징은 지속적으로 주님께 시선을 고정시키고 바라보는 것입니다. … 믿음은 이렇게 말합니다. '그분은 자신이 시작하셨던 일을 지속하십니다.' 그 사역의 시작은 이적이었습니다. … 그렇습니다. 그래서 토플래디는 이렇게 말합니다.

> 그분의 선함이 시작한 사역
> 그분의 강한 팔이 이루리라.

　이는 반박할 수 없는 주장입니다.
　둘째로, 우리가 그분을 바라보고 그분에 대해 명확하게 알고 있는 한 당신과 나는 의심할 수 없습니다. 그분이 없다면, 우리는 전혀 가망이 없습니다. 얼마나 오랫동안 그리스도인의 삶을 살았는지는 중요하지 않습니다. 당신은 매순간 그분을 의지해야 합니다. 지속적으로 그분을 바라볼 때만 의심을 떨쳐 버릴 수 있습니다. 의심을 바라보아서는 결코 의심을 정복할 수 없습니다. 당신이 그분과 그분의 영광을 알수록 그 의심들은 우스꽝스러워질 것입니다. 그러기에 지속적으로 그분을 바라보십시오. 당신은 처음 믿음으로 살 수 없습니다. … 당신의 회심 상태로 살아가려고 애쓰지 마십시오. 당신은 자신이 지금 어디에 있는지 알기도 전에 끝날 것입니다. … 당신은 매일 지속적으로 주님을 바라보아야만 합니다. '우리는 믿음으로 삽니다. 그리고 당신도 주 예수 그리스도를 믿는 신앙으로 삽니다.' 당신은 회심하던 그 밤에 그랬던 것처럼 임종의 자리에서도 그만큼 주님이 필요합니다. 이것이 바로 베드로의 치명적인 실수였습니다(마 14:22-33). 그는 주님을 보지 않고 한눈을 팔았습니다. 이것이 '믿음의 싸움'입니다. 당신은 사나운 파도 위를 걷고 있습니다. 계속해서 걸을 수 있는 유일한 방법은 주님을 지속적으로 바라보는 것입니다.

Spiritual Depression, 158-159

27일 : "아무것도 없는 자 같으나 모든 것을 가진 자로다"

우리는 모든 것, 즉 우리 자신, 우리의 권리, 우리의 대의, 우리의 전 미래를 하나님의 손에 맡겨야 합니다. 특별히 우리가 부당하게 고난을 당하고 있다고 느낄 때 더더욱 그래야 합니다. … 우리 자신과 우리의 대의와 권리와 모든 것을 고요한 영과 생각과 마음으로 하나님께 맡겨야 합니다. …

'온유한 사람'에게 일어나는 일을 주목하십시오. "온유한 자는 복이 있나니 그들이 땅을 기업으로 받을 것이요"(마 5:5). 이는 무엇을 의미합니까? 이것을 간단하게 요약할 수 있습니다. '온유한 사람은 이생에서 이미 땅을 기업으로 받았다. 참으로 온유한 사람은 항상 만족하며, 이미 자족한 사람이다.' 골드스미스는 이를 다음과 같이 잘 표현합니다. '아무것도 가지고 있지 않지만 모든 것을 가지고 있다.' 사도 바울은 이를 보다 더 잘 표현하고 있습니다. "아무것도 없는 자 같으나 모든 것을 가진 자로다"(고후 6:10). 또한 바울은 빌립보서에서 사실상 이렇게 말합니다. '선물을 보내 주어서 감사합니다. 나는 그 선물을 좋아합니다. 하지만 내가 어떤 것을 원해서가 아니라 그것을 보내도록 한 여러분의 마음을 좋아하기 때문입니다. 그러나 나 자신에 대해서 말하면 나는 모든 것을 풍족하게 소유하고 있습니다.' 바울은 이미 빌립보 교인들에게 이렇게 말했습니다. "나는 비천에 처할 줄도 알고 풍부에 처할 줄도 알아"(빌 4:12). "내게 능력 주시는 자 안에서 내가 모든 것을 할 수 있느니라"(빌 4:13). 바울이 고린도전서 3장에서 동일한 사상을 표현하는 인상적인 방법을 주목하십시오. 바울은 고린도 교인들에게 이런 일들에 대해 시기할 필요도 관심을 기울일 필요도 없다고 말하고 나서 "만물이 다 너희 것임이라"(고전 3:21)고 말합니다. 모든 것, 즉 바울이든, 아볼로든, 게바든, 세상이든, 삶이든 죽음이든, 현재의 것이든 미래의 것이든 모든 것이 당신의 것입니다. 그리고 당신은 그리스도의 것입니다. 또한 그리스도는 하나님의 것입니다. 만일 당신이 온유하고 참된 그리스도인이라면 만물은 당신의 것입니다. 당신은 이미 땅을 상속받았습니다.

Studies in the Sermon on the Mount I, 70-71

28일 : 당신 안에 보혜사가 있습니다

    자신을 부인하고, 십자가를 지고, 주 예수 그리스도를 따르는 굉장하고 영광스러운 사명을 감당할 때 주님이 걸으셨던 것처럼 나도 이 세상을 걸어가야 한다는 것을 깨닫습니다. 내가 하나님의 사랑하는 아들의 형상을 따라 하나님에 의해 거듭나고 지음을 받은 것을 깨닫고 '내가 누구이기에 그렇게 살아야 하는가? 내가 그렇게 사는 것을 어떻게 소망할 수 있겠는가?'라는 질문을 던지기 시작할 때 해답이 있습니다. 그것은 바로 성령론, 즉 성령이 우리 안에 내주하신다는 진리입니다. 이것은 무엇을 가르치고 있습니까? 성령론은 무엇보다도 먼저 내 안에 계신 성령의 권능을 상기시켜 줍니다. 사도 바울은 로마서 8장 13절에서 이미 다음과 같이 말했습니다. … "너희가 육신대로 살면 반드시 죽을 것이로되 영으로써 몸의 행실을 죽이면 살리니." 바울은 여기서 동일한 가르침을 떠올리게 합니다. "너희는 다시 무서워하는 종의 영을 받지 아니하고"(롬 8:15). 바울은 사실상 로마 교인들에게 '너희는 혼자 힘으로 살아가고 있지 않다는 것을 깨달아야만 한다'고 말합니다. 또한 바울은 다음과 같이 말합니다. '너희 혼자서 위대한 그리스도인의 삶을 살아가야 하는 것처럼 이 사명을 생각했다. 너희는 죄사함을 받고 너희 죄가 완전히 깨끗하게 지워진 것을 하나님께 감사할 수 있음을 알고 있다. 하지만 너희는 그것이 전부이고, 너희 힘으로 그리스도인의 삶을 살도록 남겨졌다고 생각하는 것 같다. 만일 너희가 그렇게 생각한다면 너희 안에 두려움과 종의 영 안에 있다는 것은 그리 놀랍지 않다. 왜냐하면 모든 것이 절망적이기 때문이다. 그것은 너희가 옛 율법보다 더 어려운 새 법을 갖고 있다는 것을 의미한다. 하지만 그것이 너희의 입장이 아니다. 왜냐하면 성령이 너희 안에 계시기 때문이다.'

Spiritual Depression, 169-170

29일 : 구원의 상속자들은 많은 환난을 통해서 주님을 따라야 합니다

　　시편 73편의 시인은 축복과 기쁨을 당연한 것으로 받아들였습니다. 우리 모두는 이런 것들을 취할 권리를 갖고 있으며, 항상 그런 것들을 가져야만 하는 것처럼 여깁니다. 그러므로 축복과 기쁨들이 우리에게 주어지지 않을 때 우리는 의심하고 의문을 제기하기 시작합니다. 이제 시편 기자는 자신에게 이렇게 말해야 했습니다. '나는 경건한 사람이고 하나님을 믿어. 경건한 생활을 할 뿐만 아니라 하나님의 성품에 관한 것들을 알고 있어. … 지금 내게 고통스러운 일이 벌어지고 있어. … 하지만 물론 이에 대한 충분한 이유가 있어야 해.' 그러고 나서 그는 이유를 구하고 해답을 찾으려 애써야 했습니다. 만일 그렇게 했다면 그는 틀림없이 하나님께서 이 모든 일에 어떤 목적을 가지고 계시다는 결론을 내렸을 것입니다. … 비록 그것을 이해할 수 없을지라도 하나님께서 이유를 가지고 계시는 것이 틀림없다는 결론에 이르러야만 했을 것입니다. 왜냐하면 하나님은 결코 불합리한 일을 하시지 않기 때문입니다. 그는 '그러므로 그 해답이 무엇이든지 간에 그것이 내가 처음에 생각한 것과 다를지라도 나는 그것을 확신해'라고 말했을 것입니다. 그는 그렇게 생각해야 했습니다.

　　그러나 우리는 그렇게 하기를 얼마나 미적거리는지요! 우리는 그리스도인으로서 어떤 어려움도 겪어서는 안 될 것처럼 생각합니다. 어떤 일도 우리에게 잘못되어서는 안 되며, 태양이 항상 우리에게 비추어야만 한다고 생각합니다. 반면에 그리스도인이 아닌 모든 사람은 항상 고통과 어려움을 겪어야 한다고 생각합니다. 하지만 성경은 우리에게 그렇게 약속한 적이 결코 없습니다. 오히려 '하나님 나라에 들어가기 위해서 큰 환난을 겪어야만 한다'고 약속했습니다. 또한 성경은 "그리스도를 위하여 너희에게 은혜를 주신 것은 다만 그를 믿을 뿐 아니라 또한 그를 위하여 고난도 받게 하려 하심이라"(빌 1:29)고 말합니다.

Faith on Trial, 81-82

30일 : 우리 아빠 아버지

　성령이 우리 안에 임재하심으로 하나님과의 관계를 상기시켜 줍니다. 이는 참으로 놀라운 일입니다. "너희는 다시 무서워하는 종의 영을 받지 아니하고 양자의 영을 받았으므로 우리가 아빠 아버지라고 부르짖느니라"(롬 8:15). … 성령이 우리 안에 임재하심은 우리에게 아들 됨을 상기시켜 줍니다. 그렇습니다. 우리는 어른이 된 아들입니다. 유아가 아닙니다. … 우리는 장성한 아들이며, 모든 능력을 소유한 아들입니다. 이를 명확하게 깨달을 때 두려워하게 하는 종의 영을 몰아냅니다. 그것은 종의 영이 초래하는 두려움을 없애 줍니다. …

　… 우리는 그것으로 말미암아 그리스도인의 삶을 살아가는 목적이 단순히 어떤 기준을 달성하는 것이 아니라 오히려 하나님을 기쁘시게 하는 것이라는 사실을 알 수 있게 됩니다. 왜냐하면 그분이 우리 아버지이시기 때문입니다. 우리는 그리스도인으로서 하나님이 우리 아버지이심을 믿음으로 배워야만 합니다. 그리스도께서는 '우리 아버지'께 기도하라고 가르치셨습니다. 이 영원하신 하나님은 우리 아버지가 되셨습니다. 이것을 깨닫는 순간 모든 것이 변합니다. 그분은 우리 아버지이시며 항상 우리를 돌보시고 계시며, 변치 않는 사랑으로 우리를 사랑하십니다. 그분은 우리를 사랑하셔서 자신의 독생자를 이 세상에 보내시고, 우리 죄를 위하여 십자가에 달려 죽게 하셨습니다. 이것이 하나님과 우리의 관계입니다. 이것을 깨닫는 순간 모든 것을 변화시킵니다. 그 이후로 나는 율법을 지키려고 하는 것이 아니라 하나님을 기쁘시게 하기 위해 노력합니다. 자식으로서 갖는 아버지에 대한 사랑, 존경, 두려움은 옛날에 종으로서 갖고 있던 두려움과는 완전히 다릅니다. … 우리 그리스도인의 삶은 더 이상 규칙과 규정의 문제가 아니라 오히려 하나님께서 우리를 위해서 행하신 모든 것에 대해 감사를 드리는 우리의 갈망의 문제입니다.

Spiritual Depression, 172

31일 : 하나님이여, 당신의 나라가 도래하게 하소서

하나님의 나라는 하나님의 통치를 의미하며, 하나님의 법과 규칙을 뜻합니다. … 어떤 의미에서 하나님의 나라는 이미 도래했습니다. 하나님의 나라는 그리스도께서 이 땅에 계셨을 때 도래했습니다. 예수님은 "내가 하나님의 성령을 힘입어 귀신을 쫓아내는 것이면 하나님의 나라가 이미 너희에게 임하였느니라"(마 12:28)고 하셨습니다. … 하나님의 나라는 지금 이 순간 예수님께 복종하는 모든 사람의 마음과 삶 속에, 예수님을 믿는 모든 사람들 속에 있습니다. 하나님의 나라는 교회 안에, 모든 참그리스도인들의 마음에 있습니다. 그리스도께서는 그러한 사람들 속에서 통치하십니다. 하지만 그분의 나라가 이 땅에 세워지는 날은 지금도 오고 있습니다. … 그날은 오고 있습니다. 성경의 모든 메시지는 그날을 고대하고 있습니다. 그리스도께서는 하늘에서 이 땅에 내려오셔서 하나님 나라의 기초를 놓고 세우셨습니다. 그분은 여전히 그 사역에 관여하고 계시며, 그 사역이 완성되는 날, 곧 종말까지 관여하실 것입니다. 바울에 따르면, 그리고 나서 그분은 그 나라를 하나님 아버지께 바치실 것입니다. 왜냐하면 "하나님이 만유의 주로서 만유 안에 계시려 하심"(고전 15:28)이기 때문입니다.

그래서 우리의 간구는 실제로 이것이 되어야 합니다. 즉 우리는 하나님과 그리스도의 나라가 사람들의 마음속에 도래하기를 간절히 고대하고 기대해야 합니다. … 또한 하나님 나라가 우리 마음속에서 확장되기를 고대해야 합니다. … 우리는 하나님 나라가 다른 사람들의 삶과 마음속에서 확장되는 것을 보기를 열망해야 합니다. 그래서 "나라가 임하시오며"(마 6:10)라고 기도할 때 우리는 복음의 성공과 복음의 통치와 권세를 위해, 사람들의 회심을 위해 하나님의 나라가 세상 모든 곳에 도래하기를 기도하는 것입니다. 하지만 하나님 나라의 도래를 위한 기도는 그것보다 훨씬 더 앞으로 나아갑니다. … 이는 우리가 모든 죄와 악과 부정과 하나님께 대적하는 모든 것이 마침내 궤멸되는 그날을 기대하고 있어야 함을 의미합니다. … 하나님의 이름이 영광을 얻으며 온 세상에 확대되기를 기대하고 있어야 함을 의미합니다.

Studies in the Sermon on the Mount II, 63-64

Martyn Lloyd-Jones

September 9

"만일 당신이 나와 함께 가면 내가 가려니와 만일 당신이 나와 함께 가지 아니하면 나도 가지 아니하겠노라"(삿 4:8)

The greatest message

9월 September

1일 : 온전한 구원을 이루십시오!

우리는 지금 하나님의 자녀임을 깨닫기 시작합니다. 우리는 이 새로운 존엄, 새로운 지위, 새로운 신분, 이 영광스러운 자리를 차지하고 있습니다. 예수님의 대제사장적 기도로 되돌아가서(요 17장) 우리 주님이 그분의 아버지를 영화롭게 했던 것처럼 이 세상에서 우리 주님을 어떻게 영화롭게 해야 한다고 말씀하시는지 주목하십시오. 이것이 그리스도인의 삶이며, 그리스도인의 삶을 사는 이유입니다. 그것은 내가 하나님께 속해 있으며, 그분을 영화롭게 해야만 함을 깨닫는 것입니다. … 얼마나 멋진 지위인지요! 그리고 성령은 내 안에 계시며, 내가 그 일을 할 수 있도록 하십니다. 성령은 내 인생관을 바꾸십니다. 나는 두려워하는 종의 영을 없앱니다. …

나는 성령이 내 안에 거주하고 계심을 깨닫습니다. … 우리 안에 계신 성령은 운명을 상기하게 합니다. "자녀이면 또한 상속자 곧 하나님의 상속자요 그리스도와 함께 한 상속자니"(롬 8:17). … 그리스도인은 자신의 운명을 확신합니다. … 그것은 어떤 일을 하려고 애쓰는 문제가 아닙니다. 그것은 가기로 되어 있는 그곳으로 갈 준비를 하는 문제입니다. … '이것이 세상, 심지어 우리 믿음을 이기는 승리입니다.' 무엇에 대한 믿음입니까? 궁극적인 운명에 대한 믿음입니다. … 우리가 하나님의 상속자요 그리스도와 함께한 상속자이며, 우리의 운명이 확실하며, 안전하며, 그 어느 것도 그것을 가로막을 수 없다는 것을 깨닫는 것만큼 거룩함을 증진시키는 것은 없습니다. … 이것이 바로 그리스도인이 살아가는 방법입니다! 율법으로 돌아가지 마십시오. 이미 성령을 받았다는 사실을 깨달으십시오. 그러고 나서 이를 이해하십시오. … '당신은 그리스도께 속해 있으며, 그분의 형제입니다.' … 당신이 느끼는 것에 대해 염려하지 마십시오. 당신에 관한 진리는 영광스러운 것입니다. 당신이 그리스도 안에 있다면 죄와 두려움과 염려를 떨쳐 버리십시오. 온전한 구원과 승리와 이김을 이루십시오.

Spiritual Depression, 173-175

2일 : 모든 문제의 원인인 자아와 단절하십시오!

누가복음 14장 11절에 나오는 우리 주님의 말씀에서 온유한 자는 땅을 얻을 것이라는 말씀의 의미를 발견하게 됩니다. "무릇 자기를 높이는 자는 낮아지고 자기를 낮추는 자는 높아지리라."

여기에 온유함의 의미가 있습니다. 이것이 자연인에게는 정말로 불가능한 그 무엇이라는 사실을 다시 강조할 필요가 있습니까? … 이것은 될 수 없습니다. 단지 성령만이 우리를 낮추시며, 우리의 심령을 가난하게 하시며, 우리의 죄성 때문에 애통하게 하시며, 우리 안에서 이 자아에 대해 올바르고 진실된 견해를 갖게 하시며, 그리스도의 이 마음을 주실 수 있습니다. 그러나 이것은 중대한 문제입니다. 그리스도인이라고 주장하는 사람은 당연히 자신이 이미 성령을 받았다고 말합니다. 그러므로 우리는 온유하지 못한 것에 대해서 변명할 수 없습니다. 그리스도 밖에 있는 사람은 변명할 거리가 있습니다. 왜냐하면 온유해지는 것은 그에게 불가능하기 때문입니다. 그러나 진실로 성령을 받았다고 말한다면, 그리고 이것이 참된 그리스도인의 주장이라면 온유하지 못할 때 우리는 변명할 수 없습니다. 그것은 당신이나 내가 하는 것이 아닙니다. 그것은 성령께서 우리 안에서 만드시는 성품입니다. 그것은 성령의 직접적인 열매입니다. 이것은 우리에게 주어지는 것이며, 우리 모두에게 가능합니다. 그러면 우리는 무엇을 해야 합니까? 우리는 산상설교를 자주 마주하며, 온유함에 관한 이 말씀을 묵상해야만 하며, 또한 실례들을 살펴야 합니다. 무엇보다도 우리는 주님을 바라보아야 합니다. 그리고 나서 우리 자신을 낮추고 우리 자신의 부족함은 물론 우리 자신이 철저하게 불완전함을 고백해야 합니다. 그 다음에 우리의 모든 문제의 원인인 자아와 단절해야만 합니다. 그래야만 대가를 치르시고 우리를 사셨던 주님께서 우리 안에 들어오시고 우리를 온전하게 소유하실 수 있습니다.

Studies in the Sermon on the Mount I, 71-72

3일 : 중단하거나 포기하지 마십시오

성장이 끝나는 것처럼 보이는 지점에 자주 이르게 되고, 전진하든지 퇴보하든지 간에 일이 어떻게 진행되는지를 알기 어려울 때 우리는 침체 상태에 빠집니다. 모든 것이 정지되어 있는 것처럼 보이며, 아무 일도 일어나지 않는 것 같습니다. … 갈라디아 교회의 일부 교인들은 그 특정 지점, … 곧 거짓 가르침, 이단 등과 관련된 겪었습니다. … 우리는 그 일에 지친 만큼 그것을 싫증내지 않는 사람들을 살펴보고 있습니다. … 우리는 그것에 대해서 무엇이라 말할 수 있습니까? 또 무엇을 행할 수 있습니까? 먼저 침체가 안고 있는 커다란 문제에 대한 관점이 없습니다. 그것은 어느 특정한 상황에 있는 것보다 부정적인 측면이 훨씬 더 중요하다는 것입니다. 우리는 권태로움에 빠질 때마다 긍정적인 일을 시작하기 전에 부정적인 요소들이 훨씬 더 중요할 수도 있습니다.

먼저, 그것에 대해서 어떻게 느끼든지 간에 사방에서 몰려오는 제안들을 생각하지 마십시오. 사람들로부터가 아니라 당신 자신 안에서 비롯된 음성은 당신 주변과 당신에 관해서 말하는 것일 수 있습니다. 그 음성들이 당신에게 포기하게 하거나 중단하라고 할 때 그 음성에 귀를 기울이지 마십시오. 그것은 이 시점에서 다가오는 큰 유혹입니다. 당신은 '나는 지치고 피곤해. 그것은 내게 힘겨운 일이야'라고 말합니다. 그 순간 이렇게 부정적인 것 외에는 다른 어떤 말도 들리지 않습니다. 하지만 듣지 마십시오. 당신은 항상 그 낮은 수준에서 '안 돼'라는 말로 시작해야 합니다. 그것은 가장 저급한 수준입니다. 당신은 자신에게 '어떤 일이 일어날지라도 나는 계속 할 거야'라고 말해야만 합니다. 중단하거나 포기하지 마십시오.

Spiritual Depression, 193-194

4일 : 오늘을 위해 사십시오

인생에서 성공한 대부분의 사람들은 과거를 망각하는 데 아주 놀라운 역량을 가지고 있었습니다. 그들은 많은 실수를 저질렀습니다. 그들은 말합니다. '그래, 난 많은 실수를 했어. 하지만 그것을 되돌릴 수 없어. 내가 남은 생애 동안 그 일에 집착할지라도 달라질 것이 없어. … 나는 과거의 죽은 자가 죽은 자를 장사지내게 할 거야.' 그 결과 그들은 결정을 내리고 나서 그것에 관해 밤새도록 염려하지 않습니다. 반면에 뒤를 돌아보지 않고는 못 배기는 사람은 계속해서 자지 않으며, '내가 왜 그 일을 했지?'라고 말합니다. 그래서 그는 자신의 에너지를 소진시킵니다. … 결과적으로 그는 더 많은 실수를 저질러서 염려의 악순환을 되풀이하며 이렇게 말합니다. '지금 내가 이런 실수를 저지르고 있으니 다음 주에는 어떻게 되지?' 이 불쌍한 사람은 이미 낙담하고 좌절합니다.

이 모든 문제에 대해 우리 주님이 말씀하시는 해답은 이렇습니다. '어리석지 말라. 네 에너지를 낭비하지 말라. 이미 지나간 일이나 미래 일을 염려하느라 시간을 허비하지 말라. 여기에 오늘이 있다. 오늘을 최대한으로 살아라. … 오늘 우리를 도우신 그 하나님께서 내일도 동일하시며, 도우실 것이다.'

안타깝게도 일부 사람들은 이 문제에서 실패하는데, 왜냐하면 항상 하나님을 앞지르려고 애쓰기 때문입니다. 말하자면 그들은 항상 앉아서 자신에게 묻습니다. '하나님께서 내일이나 한 주간 또는 1년 동안 내게 하라고 요구하시는 것은 무엇일까? 그 다음에 하나님께서 내게 무엇을 요구하실까?' 이것은 전적으로 잘못입니다. … 하루하루를 사십시오. 날마다 하나님께 순종하는 삶을 사십시오. 날마다 하나님께서 당신에게 요구하시는 것을 행하십시오. … 당신은 날마다 매사에 하나님을 신뢰하는 것을 배워야 하며, 절대로 그분보다 앞서가려고 애쓰지 않아야 합니다.

Studies in the Sermon on the Mount II, 150-151

5일 : 하나님의 용서하심을 두렵고 떨리는 기쁨으로 받으십시오

　　탕자는 집을 떠나 먼 나라로 갔습니다. 그는 분명 자신하였을 것입니다. 하지만 일이 꼬였습니다. … 그러자 그는 정신을 차리고 집으로 돌아와 말했습니다. "아버지 내가 하늘과 아버지께 죄를 지었사오니 지금부터는 아버지의 아들이라 일컬음을 감당하지 못하겠나이다"(눅 15:21). 이것은 시편 기자가 했던 고백과 같습니다. "내가 이같이 우매 무지함으로 주 앞에 짐승이오나"(시 73:22). 우리를 선처해 줄 만한 것도, 핑계를 댈 만한 것도 전혀 없습니다. 우리는 짐승처럼 말로 어떻게 표현할 수 없을 정도로 어리석었습니다. 진심으로 우리 자신을 부끄러워할 때까지 정직하게 그것을 바라봅시다. 은혜로우시고 사랑이 많으신 하나님께 나아가서, 우리는 그분에게 내세울 것도, 그분의 죄 사함을 받을 권리도 없음을 인정합시다. 우리는 재빨리 치유되기를 기대하지 않으며, 치유받을 자격도 없음을 그분에게 아룁시다.

　　… 우리 중 많은 사람들이 안고 있는 문제는 우리가 자신을 너무 빨리 치유한다는 것입니다. 우리는 죄사함을 받을 권리가 있다고 여깁니다. 하지만 성경의 가르침과 성도들의 삶은 탕자처럼 저주 외에는 아무것도 받을 자격이 없으며, 짐승처럼 어리석었으며, 그 어떤 것도 하나님께 요구할 수 없음을 보여 줍니다. 참으로 그들은 하나님께서 자신들을 용서하셨다는 것에 놀라워했습니다. 이러한 관점에서 우리 자신을 살펴봅시다. 우리가 죄사함을 받을 권리를 가지고 있다고 느끼면서 하나님께 황급히 돌아갈 수 있습니까? 아니면 죄를 용서해 달라고 요구할 권리가 없다고 느끼십니까? 이 사람이 느꼈던 것이 바로 이것입니다. … 바울은 수년 동안 설교하고 나서 과거를 돌아보며 자신이 죄인 중에 괴수였다고 고백했습니다(딤전 1:15). 바울은 하나님께서 자신을 용서해 주셨다는 것에 여전히 놀라워했습니다. … 그는 불가사의한 십자가와 우리 주 예수 그리스도 안에서 보여 주신 하나님의 사랑에 놀라워했습니다.

Faith on Trial, 84-85

6일 : 소망을 잃지 마십시오

사직서를 제출하면서 '회사를 그만두겠습니다'라고 말하는 사람이 있는 반면, 대다수의 사람들은 그렇지 못합니다. 이때 대부분의 위험성은 체념하고 낙담하고 소망을 잃는 것입니다. 그들은 계속 나아갈 것입니다. 하지만 소망 없이 질질 끌려가는 상황 속에서 나아갑니다. … 이 시점에서 나타나는 위험성은 다음과 같이 말하는 것입니다. '그래, 난 내가 가지고 있던 것을 잃었어. 분명히 회복하지 못할 거야. 하지만 난 계속 나아갈 거야. 아무런 충성심이 없이 그저 얄팍한 의무감에 계속해 나갈 거야. 난 한때 내가 누렸던 그 기쁨을 잃어버렸어. 그 기쁨은 없어졌어. 완전히 사라져 버렸어. 난 참아야만 해. 내 운명에 맡길 거야. 나는 비겁자가 되지 않을 거야. 도망치지 않을 거야. 계속 전진할 거야. 비록 전혀 소망이 없는 것처럼 느껴지고 길거리에 쓰러지며, 과거처럼 소망을 갖고 걷지 못할지라도 말이야. 하지만 난 내가 할 수 있는 최선을 다해 계속할 거야.' 이것이 참고 견디는 금욕의 정신입니다.

그것은 가장 위험한 것입니다. … 그것은 우리가 신경을 써야만 하는 영적인 차원에서뿐만 아니라 일상에서도 위험한 것입니다. 우리는 직장에서도 그렇게 할 수 있습니다. 또한 일상생활도 그와 같이 행할 수 있습니다. … 우리는 실제로 자신에게 이렇게 말하고 있습니다. '황금기는 지나갔어. 좋은 날은 이제 과거일 뿐이야. 나는 다시 그것을 알 수 없을지도 몰라. 하지만 계속 갈 거야.' 물론 이와 관련해서 놀라운 것처럼 보이는 것도 있습니다. 당당해 보이는 것도 있습니다. 하지만 그것은 마귀의 유혹입니다. 마귀는 하나님의 사람에게서 소망을 빼앗을 때 만족할 것입니다. … 이것은 아마도 모든 기독교 교회가 직면하고 있는 가장 큰 위험일 것입니다. 그것은 형식적인 생각과 단지 의무감으로 일을 하는 위험성입니다. 사실 마땅히 걸어야 하는 것처럼 걷지 않고 맥없이 터벅터벅 걷는 것 말입니다.

Spiritual Depression, 194-195

7일 : "만일 당신이 나와 함께 가면 내가 가려니와 만일 당신이 나와 함께 가지 아니하면 나도 가지 아니하겠노라"(삿 4:8)

    약 150여 년 전 웨일스에 나이 많은 설교가가 있었습니다. 그는 아주 작은 마을에서 개최된 설교 대회에 설교를 해달라는 초청을 받았습니다. 사람들은 이미 모여 있었지만, 그 설교가는 도착하지 않았습니다. 그래서 지역 교회 목사님과 다른 지도자들이 지금 기다리고 있으며, 모든 것이 준비되어 있다고 전하기 위해 설교가가 머물고 있는 집으로 한 소녀를 보냈습니다. 그 소녀가 갔다가 되돌아와서 말했습니다. "저는 그분을 번거롭게 하고 싶지 않았습니다. 그는 누군가와 말씀을 나누고 계셨습니다." 사람들은 말했습니다. "정말 이상하네. 모든 사람들이 다 여기에 있는데 … 다시 가서 시간이 지나서 반드시 오셔야만 한다고 전하거라." 그래서 그 소녀는 다시 갔다가 돌아와서 보고했습니다. "그분은 여전히 누군가와 이야기를 나누고 계십니다." 사람들이 물었습니다. "도대체 너는 그 사실을 어떻게 알았느냐?" 그 소녀는 "저는 그분이 자신과 함께 있는 다른 사람에게 '만일 당신이 나와 함께 가지 아니하면 나도 가지 아니하겠노라'고 말씀하시는 것을 들었습니다"라고 대답했습니다. 목사님들이 말했습니다. "오 맞습니다. 좀 더 기다리는 것이 좋을 것 같습니다."

    나이 많은 설교가는 성령께서 자신과 함께 가셔서 자신에게 권세와 권능 주심을 확신하지 않는 한 자신이 가서 설교하는 것은 아무런 의미가 없다는 것을 알았습니다. 그는 지혜로웠으며, 영적 분별력이 있어서 자신이 권세를 가지고 있으며, 성령께서 자신과 함께 가셔서 자신을 통해 말씀하시지 않는다면 설교하지 않겠다고 거부했습니다. 그러나 당신과 나는 종종 성령이 없이 설교합니다. 아무리 영리하고, 많이 배우고, 학문적이며, 변증적이라 할지라도 그것은 아무것도 아닙니다. 왜냐하면 우리에게 성령의 권세가 없기 때문입니다.

Authority, 88

8일 : 모든 것을 아시고 해결하시는 주님

우리는 하루를 시작하면서 자신에게 이렇게 말해야 합니다. "이제 내게 문제와 어려움이 닥쳐오는 하루가 시작된다. 그래, 나는 도와주시는 하나님의 은혜가 필요해. 하나님께서 은혜를 충만하게 해주시며, 필요한 대로 나와 함께해 주시리라 믿어." … 우리는 미래를 하나님의 손에 전적으로 맡기는 것을 배워야만 합니다.

예를 들어, 히브리서 13장 8절에 나와 있는 말씀을 보십시오. 히브리서 청중들은 고난과 시험을 겪었습니다. 이 서신의 저자는 청중들에게 다음과 같은 이유를 제시하면서 염려하지 말라고 권면합니다. "예수 그리스도는 어제나 오늘이나 영원토록 동일하시니라"(히 13:8). … 주님은 어제도 계셨고, 오늘도 계시며, 내일도 계실 것입니다. 당신은 삶을 미리 앞질러 가지 마십시오(미리 염려하지 마십시오). 오늘을 잘 지내게 하신 그리스도께서는 내일도 동일하신 그리스도이실 것입니다. 주님은 변함이 없으시며, 영원하시며, 항상 동일하십니다. 그러기에 당신은 내일에 대해 생각하지(염려하지) 않아야 합니다. 대신에 변함이 없으신 그리스도를 생각하십시오. … 당신이 감당하지 못할 시험은 없을 것이며, 하나님은 항상 피할 길을 예비하실 것입니다(고전 10:13). …

우리는 날마다 하나님을 의지하며, 그날그날 필요한 것을 위해 하나님께 전념하는 것이 얼마나 중요한지를 배워야 합니다. … 하나님께 맡기십시오. 하나님께서 항상 당신보다 앞서 가실 것임을 확신하면서 하나님께 일임하십시오. … 주님은 당신보다 앞서 가셔서 문제를 해결하실 것입니다. 그분을 의지하십시오. 그러면 당신은 그분이 거기에 계시며, 그 문제에 대해 모두 알고 계시며, 당신에 대해서도 전부 알고 계심을 깨닫게 될 것입니다.

Studies in the Sermon on the Mount II, 151-152

9일 : 하나님의 전신갑주를 입으라

우리는 선행을 하다가 낙담합니다. 하지만 우리가 무엇을 할 수 있습니까? 먼저 자신을 돌아봐야 합니다. … 가만히 앉아서 자신에게 '그래, 왜 내가 지친 거지?'라고 말하십시오. …

이 질문에 여러 가지로 대답할 수 있습니다. 당신은 육체적으로 너무 열심히 일했기 때문에 그런 상황에 빠질 수 있습니다. 그 일에 지칠 수 있지만, 그 일 자체를 넌더리내는 것은 아닐 수 있습니다. … 만일 계속해서 너무 열심히 일해서 과로한다면 고통을 당할 수밖에 없습니다. 물론 그것이 고통의 원인이라면 당신에게 필요한 해결책은 의료 처방을 받는 것입니다. … 엘리야가 갈멜 산에서 이방 선지자들과 용맹스럽게 싸운 후에 영적 침체라는 공격을 받았을 때 그가 나무 아래에 앉아서 한탄했던 것을 기억하십시오. 그러나 그에게 필요했던 것은 사실 수면과 음식이었습니다. 하나님은 그 두 가지를 주셨습니다! 하나님은 엘리야에게 영적인 도움을 주시기 전에 먼저 음식과 휴식을 주셨습니다.

그러나 고통의 원인이 다른 것일 수 있습니다. 그것은 우리가 육적인 힘으로 그리스도인의 삶을 살거나 그리스도인의 사역을 수행해왔던 것입니다. 우리는 성령의 능력으로 그 일을 행하는 것이 아니라 우리 자신의 힘으로 행했을 수도 있습니다. … 우리 스스로의 힘으로 하나님의 사역을 행하려고 애썼을 수도 있습니다. 물론 우리가 그렇게 행하려고 애쓴다면 그 결과는 오직 한 가지뿐일 것입니다. 즉 우리를 무너뜨리고 말 것입니다. 왜냐하면 그것은 높은 차원의 일이기 때문입니다. 그러기에 우리는 자신을 시험하고 이 일을 하는 데 잘못된 것은 없는지 살펴야 할 것입니다. 사람이 육적인 힘으로 설교하는 것은 가능합니다. 그러나 만일 그렇게 한다면 그 사람은 영적인 소진과 침체로 어려움을 겪게 될 것입니다.

Spiritual Depression, 196-197

10일 : 회복시키시는 하나님의 은혜

한계에 이르렀을 때, 가장 절망적이고 궁극적인 좌절에 빠진 그 순간에 갑자기 하나님은 간섭하시며, 우리를 회복시키십니다. 그분은 우리를 회복시키셔서 자신과 아주 특별한 교제를 나누게 하십니다. 또한 자기 백성과 교제를 나누시고, 우리가 잃어버렸던 기쁨을 되찾게 하십니다. 그분은 우리를 '끔찍한 구덩이, 진흙 수렁'에서 건져 주시며, 바위 위에 서게 하시며 우리의 걸음을 견고하게 하십니다.

이스라엘의 왕 다윗은 이를 알고 있었습니다(삼하 12장). … 즉 회복시키시는 하나님의 은혜를 알고 있었습니다. 하나님은 자신의 경이로운 사랑과 놀라운 인애로 영혼을 다시 돌아오게 하십니다. … 우리가 하나님의 장중에 있다는 것보다 더 위로가 되고 더 경이적인 것이 있습니까? 그분은 모든 것을 지배하십니다. 그분은 전능하신 주 여호와이시며, 만유의 주님으로서 자신의 영원한 뜻을 따라 모든 것을 행하시는 분이십니다. 하나님은 우리를 사랑하십니다. 그러므로 그 어떤 것도 당신을 해칠 수 없습니다. "너희에게는 머리털까지 다 세신 바 되었나니"(마 10:30). 그분은 당신을 내버려 두지 않으실 것입니다. 당신은 죄에 깊이 빠져서 길을 잃을 수 있습니다. 하지만 완전히 넘어지지 않을 것입니다. 그분은 당신을 굳게 붙드셔서 당신이 더 이상 일어나지 못하는 지경에 빠지지 않게 하실 것입니다. 그분은 항상 당신을 회복시키실 것입니다. 시편 기자는 "내 영혼을 소생시키시고"(시 23:3)라고 말합니다. 그분은 회복시키신 후에 당신을 "푸른 풀밭"과 "쉴 만한 물가"로 인도하실 것입니다. 하나님은 당신이 스스로 그런 일을 행했는지 믿기 어려울 정도로 놀라운 방법으로 당신을 다루실 것입니다. 회복시키시는 하나님의 은혜입니다!

Faith on Trial, 94

11일 : 인생의 여러 단계들

　　인생 전체와 마찬가지로 그리스도인의 삶에도 여러 단계들이 있습니다. 신약성경은 그리스도 안에서 어린아이가 있으며, 자라간다고 말합니다. 요한은 요한1서에서 아이들과 청년들과 아비들에 대해 썼습니다(요일 2:12-14). 이것은 사실이며, 성경 말씀입니다. 그리스도인의 삶은 항상 동일하지 않지만, 시작과 과정과 끝이 있습니다. 이러한 단계들 때문에 많은 변화가 있습니다. 아마도 감정은 가장 변화무쌍할 것입니다. 이것은 보통 일어나는 일입니다. 그리스도인들은 매우 자주 지칩니다. 확신하는 느낌이 사라졌기 때문입니다. 그들은 성장이 일어났다는 것을 깨닫지 못합니다. 그들은 과거의 그들이 아니기 때문에 자신들이 전부 잘못된 것이라고 생각합니다. 그러나 영성이 성장하고 발달하면 틀림없이 변화가 일어나며, 이 모든 일은 분명히 경험상 다르게 보입니다. … 일전에 네 살 정도 되어 보이는 여자 아이를 보았습니다. 그 아이는 엄마와 함께 집을 나왔는데, 나는 그 아이가 집에서 빠져나오는 모습에 매료되었습니다. 그 아이는 걸어서 나오지 않고, 마치 양처럼 깡충깡충 뛰어 나왔습니다. … 영적인 생활에서도 그와 같은 일이 일어납니다. 어린아이는 에너지가 넘칩니다. 하지만 그것을 통제하는 방법을 알지 못합니다. 실제로는 엄마가 아이보다 훨씬 더 많은 에너지를 갖고 있습니다. 그럼에도 불구하고 엄마가 에너지가 훨씬 적은 것처럼 보입니다. 왜냐하면 그 엄마는 조용히 걸어서 나왔기 때문입니다. 하지만 우리는 그렇지 않다는 것을 알고 있습니다. 에너지가 어린아이에게 더 많은 것처럼 보일지라도 실제로는 어른에게 훨씬 더 많습니다. 많은 사람들이 활력을 상실해서 지치고 침체된다고 생각하는 것은 바로 느긋해지는 그 경험을 오해했기 때문입니다. 그리스도인의 삶에 여러 국면들, 여러 발전 단계들이 있다는 것을 기억하십시오.

Spiritual Depression, 198-199

12일 : 모든 영혼을 위한 헌장

마태복음 5장 6절의 "의에 주리고 목마른 자는 복이 있나니 그들이 배부를 것임이요"는 기독교 복음 중에서 가장 중요한 진술 중 하나이며, 우리에게 필요한 모든 것입니다. 그것을 간구하는 모든 영혼들을 위해서 위대한 헌장으로서 이 말씀을 설명하고자 합니다. 이 말씀은 자기 자신과 자신의 영적 상태에 대해서 만족하지 못하며, 이제까지 누리지 못했던 질서와 삶의 특성을 간절히 소망하는 자들에게 주어진 기독교 복음의 중요한 선언입니다. … 이 말씀은 매우 교리적이며, 기독교 복음의 가장 근본적인 교리, 즉 우리의 구원은 전적으로 은혜에 해당하며, 은혜로 말미암은 것이며, 전적으로 하나님의 선물임을 강조합니다. …

이 말씀은 우리를 위해서 여러 개로 나누어진 본문들 중 하나입니다. 우리는 사용되고 있는 다양한 용어의 의미를 살펴보아야 합니다. 그러므로 '의'라는 용어에서 시작해야 합니다. "의에 주리고 목마른 자는 복(행복)이 있나니." 이들은 정말로 행복한(복된) 사람들입니다. 전 세계가 행복을 추구하고 있습니다. … 모든 사람이 행복해지기를 원합니다. 행복은 모든 행동과 야망과 사역과 노력과 수고의 이면에 깔려 있는 큰 동기입니다. 모든 것은 행복을 얻기 위해 계획되어 있습니다. 세상의 큰 비극은 행복을 추구할지라도 그것을 얻을 수 없다는 것입니다. 세상의 현 상태는 우리에게 강력하게 이것을 상기시키고 있습니다. 무엇이 문제입니까? 내 생각에 그 해답은 이 본문을 마땅히 이해해야 했음에도 불구하고 이해하지 못하고 있다는 점입니다. … 무슨 말입니까? 이 말씀을 부정적으로 설명해 보겠습니다. 우리는 복에 대해 주리고 목말라하지 않아야 합니다. 우리는 행복에 대해서 주리고 목말라해서는 안 됩니다. 그럼에도 불구하고 대부분의 사람들이 이를 행하고 있습니다. 우리는 오직 행복과 복만을 바라기 때문에 그것을 놓칩니다. 그것은 항상 우리의 손아귀를 빠져나갑니다. 성경에 따르면 행복은 직접 구해서 얻어지는 것이 아닙니다. 행복은 항상 다른 것을 구했을 때 그 결과로 얻어지는 것입니다.

Studies in the Sermon on the Mount I, 74-75

13일 : 주님이 걸어가신 길

우리는 '아, 매주 똑같지요'라고 말합니다. 이것이 우리 인생에 대한 태도입니다. … 우리는 지쳐있습니다. … 만일 그리스도인의 삶을 따분한 일로서 간주한다면 당신은 하나님을 모욕하고 있는 것입니다. … 만일 당신과 내가 그리스도인의 삶의 어떤 측면을 단순히 과업과 의무로 생각한다면, 만일 우리가 그 의무를 감당하기 위해서 자신을 몰아세우고 이를 악물며 결심한다면, 내가 말하건대, 우리는 하나님을 모욕하고 있으며, 기독교의 본질을 망각했습니다. 그리스도인의 삶은 과업이 아닙니다. 그리스도인의 삶만이 삶이라 부를 만한 가치가 있습니다. 그리스도인의 삶만이 의로우며 거룩하며 순전하며 선합니다. 그것은 하나님의 아들이 살았던 그런 삶입니다. 그것은 하나님 자신의 거룩함에서 하나님처럼 되는 것입니다. 이것이 우리가 그리스도인의 삶을 살아야 하는 이유입니다. 나는 그런 삶을 살려고 애써 노력해야겠다고 결심하지 않습니다. … 오직 한 가지 대답만 있을 뿐입니다. … 왜냐하면 하나님의 유일하신 아들이 우리의 구원을 위해 하늘을 떠나 이 땅에 오셨기 때문입니다. 그분은 자신의 영원한 영광을 벗어던지고 자신을 낮추셔서 아기로 태어나 구유에 놓이셨습니다. 그분은 33년 동안 이 세상의 삶을 인내하셨습니다. 그분은 침 뱉음을 당하셨고 욕을 당하셨습니다. 머리에 가시관을 쓰셨으며, 십자가에 못 박히셔서 나의 죄와 형벌을 담당하셨습니다. 이것이 내가 이 길을 걷는 방법입니다.

… "선을 행하다가 낙심하지 말라"(살후 3:13; 갈 6:9). 내 친구여, 만일 당신이 자신의 그리스도인의 삶에 대해 불만을 토로하거나 피곤한 과업이나 의무로서 여긴다면 당신이 지났던 좁은 문을 회고하라고 말하고 싶습니다. 악과 죄로 가득한 세상을 바라보십시오. 당신을 이끌고 있는 그 지옥을 바라보십시오. 세상이 알고 있는 가장 고귀한 여정에 있음을 생각하고 깨달으십시오.

Spiritual Depression, 199-200

14일 : 모든 일을 주님께 맡기십시오

어떤 사람이 한때 내게 깊은 영향을 끼쳤고 지금도 영향을 끼치고 있는 한 마디를 했습니다. 나는 그것이 내가 지금까지 들었던 가장 엄중한 진술 중 하나로 확신합니다. 그는 많은 그리스도들이 안고 있는 문제는 주 예수 그리스도를 믿는다고 하지만, 그분을 믿지 않은 것이라고 말했습니다. 그의 말은, 우리가 우리 영혼의 구원을 위해서 예수 그리스도를 믿지만, 하나님께서 우리가 먹을 것과 마실 것과 입을 것을 책임져 주실 것이라고 말씀하셨을 때 그분의 말씀을 믿지 않는다는 뜻입니다. 그분은 "수고하고 무거운 짐 진 자들아 다 내게로 오라 내가 너희를 쉬게 하리라"(마 11:28)와 같은 그러한 말씀을 하십니다. 그러나 우리는 문제를 끌어안고 염려하며, 결국 그 문제로 압도당하고, 좌절하며, 그것에 대해 몹시 불안해합니다. 그분은 그런 상황에 빠질 때 자신에게 나아오라고 말씀하셨습니다. 만일 우리가 어떤 것에 갈급해한다면 그분께 나아갈 수 있다고 말씀하셨습니다. 누구든지 그분께 나아가면 결코 목마르지 않으며, 빵을 먹게 되어 결코 주리지 않을 것이라고 확언해 주셨습니다. 그분이 '영원토록 솟아오르는 샘물'을 주시겠다고 약속하셨기 때문에 우리는 결코 목마르지 않을 것입니다. 그러나 우리는 그분을 믿지 않습니다. 주님이 지상에 계셨을 때 하셨던 모든 말씀, 주님이 주변에 몰려든 사람들에게 하셨던 말씀을 생각해 보십시오. 그것은 모두 우리를 위한 말씀입니다. 그것은 주님이 처음에 말씀하셨을 때와 마찬가지로 분명히 오늘을 사는 우리를 위한 말씀입니다. 또한 신약성경의 서신서에 있는 놀라운 말씀들도 마찬가지입니다. 문제는 우리가 그분을 믿지 않는다는 것입니다. 그것이 근본적인 문제입니다. '적은 믿음'은 성경을 있는 그대로 받아들여 믿고 그 말씀대로 살며 적용하지 않습니다.

Studies in the Sermon on the Mount II, 128-129

15일 : 영원한 영광을 바라보십시오

이 땅에 사는 이생의 삶은 단지 예비적인 삶에 불과합니다. … 당신은 피곤하고 지치고 때때로 너무 과하다고 느끼십니까? 돌아가서 당신의 삶을 바라보고 영원이라는 문맥에 당신의 삶을 대입해 보십시오. 멈추고서 그 모든 것이 무엇을 의미하는지 자신에게 물어보십시오. 이생의 삶은 단지 예비 학교일 뿐입니다. 이생은 단지 영원의 대기실이며, 우리가 이 세상에서 행하는 모든 것은 영원을 예행 연습하는 것일 뿐입니다. 우리의 가장 큰 기쁨은 다가올 영원한 기쁨의 첫 열매이며 맛보기일 뿐입니다. 우리는 세상과 너무 깊은 관계를 맺고 있습니다. 이것이 우리의 문제입니다. 우리는 우리 문제에 너무 매몰되어 있습니다. 우리는 앞을 내다보고 예상하며 멀리서 반짝이는 영원한 영광을 고대해야 합니다. 그리스도인의 삶은 다가올 큰 추수의 첫 열매를 맛보는 것입니다. "하나님이 자기를 사랑하는 자들을 위하여 예비하신 모든 것은 눈으로 보지 못하고 귀로 듣지 못하고 사람의 마음으로 생각하지도 못하였다 함과 같으니라"(고전 2:9). … 마음에 있는 것, 당신이 향하고 있는 그곳의 영광을 살펴보십시오. 그것이 해독제이며, 치료제입니다. 우리가 거둘 추수는 확실합니다. 그래서 바울은 고린도 교인들에게 이렇게 말합니다. "그러므로 내 사랑하는 형제들아 견실하며 흔들리지 말고 항상 주의 일에 더욱 힘쓰는 자들이 되라 이는 너희 수고가 주 안에서 헛되지 않은 줄 앎이라"(고전 15:58). 당신이 어떻게 느끼든지 당신의 일을 계속하십시오. 지속하십시오. 하나님께서 큰 열매를 맺게 해주실 것입니다. 우리가 필요로 할 때 하나님은 자신의 은혜로운 자비의 비를 내려주실 것입니다. 풍족하게 추수할 것입니다. 그것을 기대하십시오. 당신은 추수할 것입니다.

Spiritual Depression, 200-201

September

16일 : 믿음이 당신을 온전하게 만듭니다

고통스러운 질병으로 어려움을 겪는 사람을 생각해 보십시오. 일반적으로 그런 환자의 바람은 고통에서 벗어나는 것입니다. 사람이라면 누구나 그것을 이해할 수 있습니다. 그러므로 이 환자는 그 질병으로부터 놓임을 받기 위해서라면 무엇이든지 할 것입니다. 그렇습니다. 그러나 만일 이 환자를 담당하는 의사가 이 사람을 그 고통에서 벗어나게 하는 데만 관심을 기울인다면 그 사람은 결코 좋은 의사가 아닙니다. 의사의 주요 의무는 질병의 원인을 찾아내고 고쳐 주는 것입니다. 고통은 질병에 주의를 기울이라고 하는 불가사의한 증상입니다. 고통에 대한 최종적인 치료는 고통이 아니라 질병을 치료하는 것입니다. 그래서 의사가 단지 고통의 원인을 찾지 않고 단지 고통을 처치하려고 한다면 그는 환자의 생명에 극단적으로 위험한 일을 하는 것입니다. 어쩌면 환자는 고통에서 벗어날 수도 있으며, 나은 것처럼 보일 수도 있습니다. 그러나 문제의 원인은 여전히 남아 있습니다. 이것이 세상이 죄를 범하는 어리석음입니다. 세상은 말합니다. '나는 이 고통에서 벗어나고 싶어. 그래서 영화를 보러 가거나 술을 마시거나 고통을 잊는 데 도움을 주는 것이라면 무엇이든지 할 거야.' 하지만 문제는, '고통과 불행과 비참함의 원인이 무엇인가?' 하는 것입니다. 행복과 복에 주린 사람들은 행복하지 않습니다. "의에 주리고 목마른 자는 복이 있나니 그들이 배부를 것임이요"(마 5:6).

Studies in the Sermon on the Mount I, 75-76

17일 : 주님의 기쁨은 당신의 힘입니다

무엇보다도 우리가 주님을 위해 일하고 있다는 사실을 생각하십시오. 주님이 어떻게 인내하셨으며, 참으셨는지 기억하십시오. … 주님의 삶이 얼마나 평범했는지요. 그분은 대부분의 시간을 그분을 오해했던 보잘것없는 사람들과 함께 보내셨습니다. 그러나 그분은 불평하지 않으시고 그 길을 계속 걸어가셨습니다. 그분은 그 일을 어떻게 하셨습니까? "그는 그 앞에 있는 기쁨을 위하여 십자가를 참으사 부끄러움을 개의치 아니하시더니"(히 12:2). 이것이 주님께서 행하신 방법입니다. 주님 앞에 놓였던 것은 기쁨이었습니다. 주님은 다가오는 대관식에 대해서 알고 계셨습니다. 그분은 자신이 거두어들일 추수를 보셨으며, 그래서 그분은 다른 것들을 보는 것이 아니라 영광스럽고 당당하게 그 고난들을 당하실 수 있었습니다. 당신과 나는 그분처럼 될 특권을 갖고 있습니다. "누구든지 나를 따라오려거든 자기를 부인하고 자기 십자가를 지고 나를 따를 것이니라"(마 16:24). 우리는 심지어 주님의 이름을 위하여 고난을 당하는 영광을 얻을 것입니다. 바울은 골로새서에서 가장 기이한 이야기를 합니다(1:24). 바울은 그리스도의 남은 고난을 자신의 육체에 채우는 특권을 받았다고 말합니다. 당신과 내가 그리스도인으로서 그것을 모르는 채 동일한 특권을 갖고 있다면 어떻게 되겠습니까? 복되신 주님을 떠올리고 그분을 바라보며 낙심하게 했던 당신을 용서해 달라고 구하십시오. 이런 방식으로 당신의 삶을 다시 바라보십시오. 당신은 그렇게 하는 대로 새로운 소망, 새로운 힘, 새로운 권세로 채워지는 것을 느끼게 될 것입니다. 당신은 인위적인 자극제나 다른 것이 필요 없을 것입니다. 왜냐하면 특권과 그 기쁨으로 감동되는 것을 느낄 것이기 때문입니다. 당신은 투덜거리며 불만을 토로하는 자신을 미워할 것입니다. 더 영광스럽게 앞으로 나아갈 것입니다. 주님이 다음과 같이 말씀하시는 것을 들을 때까지 말입니다. "잘하였도다 착하고 충성된 종아 … 네 주인의 즐거움에 참여할지어다"(마 25:21). "내 아버지께 복 받을 자들이여 나아와 창세로부터 너희를 위하여 예비된 나라를 상속받으라"(마 25:34).

Spiritual Depression, 201-202

18일 : 하나님은 우리 마음에 영원을 심어 놓으셨습니다

"들풀도 하나님이 이렇게 입히시거든 하물며 너희일까 보냐"(마 6:30). 만일 하나님께서 들풀을 위해 그렇게 하신다면 당신을 위해서는 얼마나 더 하시겠습니까?

… 여기에 논증이 있습니다. … 얼마나 강력한 논증입니까! 들풀은 잠깐 있다가 사라집니다. 고대 사람들은 들풀을 잘라서 연료로 사용하곤 했습니다. 빵을 굽는 옛날 방식은 이렇습니다. 먼저 들풀을 베어서 말린 후에 그것을 아궁이에 넣고 불을 지피면 큰 화력을 냅니다. 그 후 구우려고 준비했던 빵을 놓습니다. 이것이 일반적인 관습이었습니다. 우리 주님의 시대에도 마찬가지였습니다. 그러기에 당신은 강력한 논증을 보게 됩니다. 백합화와 들풀은 일시적이며, 오래가지 않습니다. 우리는 꽃을 오래 지속시킬 수 없습니다. 꺾자마자 꽃은 시들기 시작합니다. 꽃은 오늘 우아한 아름다움과 완벽한 자태를 드러내 보이지만, 내일은 완전히 사라집니다. 이 아름다운 것들은 왔다가 가며, 끝이 있습니다. 그러나 당신은 영원합니다. 당신은 시간 안에 존재하는 피조물일 뿐만 아니라 영원에 속해 있습니다. 실질적인 의미에서 당신이 오늘은 여기에 있다가 내일은 사라진다고 말하는 것은 사실이 아닙니다. 하나님은 사람의 마음속에 영원을 심어 놓으셨습니다. 사람은 죽게 되어 있지 않습니다. '너는 흙이며, 흙으로 돌아가리라는 말씀은 영혼에 대해 말한 것이 아니었습니다.' 당신은 계속해서 나아가고 나아갑니다. 당신은 선천적인 존엄과 위대함을 갖고 있을 뿐만 아니라 죽음과 무덤을 넘어 영원한 실존을 지니고 있습니다. 당신이 자신에 대한 이 진리를 깨달을 때 당신을 지으시고 이와 같이 작정하신 하나님이, 당신이 이 세상에서 이생을 사는 동안 당신의 몸을 소홀히 대하실 것이라고 믿습니까? 물론 그렇지 않습니다. "들풀도 하나님이 이렇게 입히시거든 하물며 너희일까 보냐"(마 6:20).

Studies in the Sermon on the Mount II, 124

19일 : 더욱 힘써 훈련하십시오

　우리는 성경을 읽고 연구하기를 간절히 원합니다. 또한 주석을 읽고 싶어 합니다. 그러나 어느 순간은 그것을 하고 싶어 하지 않습니다. 최상의 느낌이 없을 때 이런 일을 하려고 하는 것은 나쁘다고 생각합니다. 좋다고 느낄 때까지 미루는 것이 낫고, 나중에 더 적절한 기회가 있을 것이라고 생각합니다. 또는 시간이나 기회가 없다고 여깁니다. … 우리 중 대부분이 심각하게 훈련과 질서와 정돈이 부족한 삶을 살고 있다는 것은 더 이상 논쟁의 대상이 아닙니다. … 우리를 집중하지 못하는 게 하는 것이 많이 있습니다. 당신은 조간신문을 읽으면서 하루를 시작합니다. … 그리고 몇 시간이 지나면 석간신문이 배달됩니다. … 나는 이 모든 것, 즉 라디오, 텔레비전, 해야만 할 일들, 참석해야 할 모임, 여기저기서 벌어지는 사건들을 자세하게 설명하느라 시간을 낭비할 필요가 없습니다. … 사실은, 우리 개개인이 현재 자신의 삶을 위해서, 우리 자신의 삶을 소유하고 지배하며 살기 위해서 싸우고 있다는 것입니다. …

　이에 대한 단순한 해답은, 철저하게 훈련 부족이라는 것입니다. 우리 삶을 규제하는 데 철저하게 실패한 결과입니다. 환경에 대해 불평하는 것은 아무런 쓸모가 없습니다. … 우리 모두는 시간이 있습니다! 이러한 다른 일들을 할 시간이 있다면 우리는 분명히 시간이 있는 것입니다. 진정한 성공의 비결은 그 시간을 내서 다른 문제가 아니라 영혼의 문제를 위해서 사용하는 것입니다.

　이런 상황을 위해서 사도가 처방한 조치는 무엇입니까? … 무엇보다도 먼저 사도는 "더욱 힘써"(벧후 1:5)를 강조합니다. 다른 역본에서는 이를 '모든 노력을 하여'로 번역합니다. 바로 그것입니다. '모든 노력을 다하여.' … '더욱 힘써' 또는 베드로후서 1장 10절에서 번역된 것처럼 이전에 이런 일들을 행하는 것보다 훨씬 더 열심을 다하는 것입니다. 그 처방은 바로 더욱 힘써 훈련을 하는 것입니다.

Spiritual Depression, 209-210

20일 : 성도의 견인

'성도의 견인(堅忍, 인내)' 교리를 잘 알고 있습니까? 개신교 종교개혁을 통해서 밝혀진 교리 중에서 하나님의 백성들에게 이보다 더 기쁨과 위로와 위안을 주는 교리는 없습니다. … 이것은 기독교 교회의 역사에서 가장 위대한 업적을 설명해 줍니다. 당신은 스코틀랜드의 서약자와 청교도들과 같은 사람들을 이해하는 것으로 시작하지 않습니다. 이들은 자신의 삶을 포기하면서 기쁨과 영광으로 그런 일을 했습니다. … 이것은 히틀러 앞에 서서 그를 부정할 수 있었던 독일 그리스도인들을 이해할 수 있는 유일한 방법입니다.

이제 시편 73편의 기자는 이 교리를 잘 나타내는 놀라운 진술을 합니다. … 그는 이렇게 말합니다. "주의 교훈으로 나를 인도하시고 후에는 영광으로 나를 영접하시리니"(시 73:24). 이 사람은 경건한 소망을 드러내는 것이 아닙니다. 그는 완전히 확신합니다.

이는 성경 전체에 나오는 교리입니다. … 이 교리는 히브리서 11장에서 언급되고 있는 아벨 이후의 모든 신앙의 영웅들을 설명해 줍니다. … 히브리서 11장 13-16절에는 이 교리에 대한 장엄한 진술이 나옵니다. 그것은 구약 시대 성도들의 삶의 방식을 온전하게 요약해 보여 주고 있습니다. … 그것은 성도의 견인 교리에 대한 선언입니다. 우리가 예상하듯이 신약성경에서도 분명하게 나타납니다. 하나님의 아들이 세상에 오셔서 사역을 행하셨던 것은 바로 이것 때문입니다. 그러므로 우리는 구약 시대의 성도들보다 더 큰 확신을 가져야 합니다. 구약 시대의 성도들은 확신했습니다. 그러나 우리는 더욱더 강하게 확신해야 합니다. 하나님의 아들은 세상에 내려오셨다가 하늘로 올라가셨습니다. 그분은 느끼셨으며, 만지셨으며, 손을 대셨습니다. 우리는 이 모든 증거를 가지고 있습니다. 그것만이 아니라 그리스도께서 오시기 전에는 경험되지 않은 방식으로 성령이 주어졌습니다. 우리는 이 모든 것의 결과로 이 영광스럽고 놀라운 성도의 견인 교리를 더욱더 강하게 확신하기에 충분합니다.

Faith on Trial, 97-99

21일 : 산상설교, 모든 교리의 서언

우리 주님은 두 집이라는 충격적인 묘사를 통해 절정으로 이끌어 가십니다. 두 집은 말씀을 들은 두 사람을 나타냅니다. 한 사람은 들은 말씀을 실천에 옮겼으며, 다른 사람은 행하지 않았습니다. 우리는 다시 한 번 산상설교의 탁월함, 면밀하게 살피는 산상설교의 특성, 산상설교 가르침의 심오함, 경고하는 산상설교의 특성을 상기하게 됩니다. 산상설교와 같은 설교는 없습니다. 어떤 방법으로든 어느 곳에서든 산상설교는 우리를 드러냅니다. 피할 방법이 없습니다. 그것은 우리가 어디에 숨든 우리를 드러내서 하나님의 빛으로 인도합니다. 신약성경에서 산상설교를 좋아한다고 말하는 사람들의 진술처럼 그렇게 무지하고 어리석은 것은 없습니다. 그들은 바울의 신학과 교리를 싫어합니다. 그들은 말합니다. '산상설교를 주십시오. 실제적인 것, 사람이 스스로 행할 수 있는 것을 주십시오.' 여기에 있습니다! 그러나 산상설교처럼 철저하게 우리를 정죄하는 것은 없습니다. 그토록 철저하게 불가능하고, 그토록 무섭고, 그토록 교리로 가득 찬 것도 없습니다. 나는 주저하지 않고 다음과 같이 말할 수 있습니다. 만일 오직 믿음으로만 의롭다 함을 받는다는 이신칭의 교리를 몰랐다면 나는 산상설교를 살펴보지 않았을 것입니다. 왜냐하면 우리 모두는 그 설교 앞에서 완전하게 벌거벗게 되며 소망을 잃게 되기 때문입니다. 산상설교는 우리가 집중해서 실천할 수 있는 실제적인 것이기는커녕 우리 자신에게만 맡겨두어서는 결코 실천할 수 없는 가르침입니다. 이 위대한 설교는 교리로 가득 차 있으며 교리로 이끌어 갑니다. 그것은 신약성경에 나오는 모든 교리에 대한 일종의 서언입니다.

Studies in the Sermon on the Mount II, 160

22일 : 온전한 믿음

흠정역(KJV - 여러 영어 성경 중 하나로서 영국 왕 제임스 1세의 명에 따라 1611년에 발간된 영어 성경이다. - 역자 주)은 "너희 믿음에 … 더하라"(벧후 1:5)고 말하며, 또 다른 역본은 "그것을 보충하라"고 말합니다. 또한 다른 역본은 "… 에 공급하라"고 번역합니다. … 이 "공급하다"의 헬라어는 연극 공연과 관련해서 사용되었던 단어입니다. 이는 오케스트라나 합창을 준비해서 완벽해지게 하는 것을 의미합니다. … 이것이 그 낱말의 의미입니다. 즉 '그것에 더하라, 그것을 공급하라, 보충하라, 온전하게 만들라, 온전한 믿음이 되게 하라'입니다.

당신은 믿음에 무엇을 더합니까? 사도 베드로는 더할 목록을 제시합니다. … 사도 베드로가 말하는 첫 번째 목록은 "너희 믿음에 덕을 더하라"(벧후 1:5)입니다. … 흠정역이 발간된 이후로 이 낱말의 의미도 바뀌었습니다. 그 낱말은 어떤 의미에서 '덕'을 의미하지 않습니다. … 여기서 이 낱말의 의미는 에너지, 곧 도덕적 에너지를 의미하며, 힘이나 활기를 뜻합니다. … 베드로가 다루고 있는 것은 기운이 없고, 훈련을 받지 않은, 일종의 느슨해진 그리스도인의 삶입니다. 그는 시작하면서 먼저 그리스도인들에게 '너희는 믿음을 갖고 있고, 진리를 믿으며, … 우리와 함께 고귀한 믿음을 갖고 있다'라고 상기시키고 있습니다. 이들은 덕과 관련해서 어떤 것이 더 필요합니까? 사도 베드로는 그리스도인들이 무기력한 것을 반드시 끝내야 한다고 말합니다. 다시 말해서 '당신의 믿음에 도덕적인 에너지를 더하라, 기운을 되찾아라, 겨우겨우 그리스도인의 삶을 살지 말라, 활기차게 그리스도인의 삶을 살라, 믿음에 힘과 세력을 더하라'는 말입니다. 항상 쓰러지고, 졸도하기 직전이며, 언제나 실패하고 있다는 인상을 주는 무기력한 그리스도인이 되지 마십시오. 사도 베드로는 말합니다. '무기력하지 말고, 너희 믿음에 덕, 곧 남자다움과 힘을 더하라.'

Spiritual Depression, 212-213

23일 : 죄에 대한 갈망에서 벗어남

　의를 간절히 바라는 갈망은 죄에서 벗어나고자 하는 갈망입니다. 왜냐하면 죄는 우리를 하나님에게서 분리시키기 때문입니다. 그러므로 적극적인 측면에서 그것은 하나님과 바른 관계를 맺고자 하는 갈망을 뜻합니다. … 오늘날 세상에서 일어나는 모든 곤란은 사람이 하나님과 바른 관계를 맺지 않고 있기 때문입니다. 사람이 하나님과 바른 관계를 맺지 않아서 어느 곳에서나 잘못을 저질렀기 때문입니다. … 의에 주리고 목마른 사람은 죄와 반역으로 말미암아 하나님의 면전을 떠났다는 것을 깨닫고 옛날에 맺었던 그 관계로 되돌아가기를 갈망하는 사람입니다. …

　그러나 그것은 또한 필연적으로 죄의 권세에서 벗어나고자 하는 갈망을 의미합니다. … 의에 주리고 목마른 사람은 자신이 살아가는 세상이 죄와 사탄에게 조종당하고 있음을 아는 사람입니다. … 그 사람은 '이 세상 임금(신)'이 자신의 눈을 멀게 하고 있다는 것을 압니다. … 그는 자기도 모르게 자신을 타락시키는 이 권세에서 벗어나기를 원합니다(로마서 7장을 보십시오). 죄의 권세와 횡포와 속박에서 해방되기를 바랍니다. …

　하지만 의에 대한 갈망은 그 이상입니다. 그것은 죄를 지으려는 바로 그 욕구에서 자유롭게 되고자 하는 갈망을 말합니다. 왜냐하면 성경에 비추어 자신을 진정으로 시험하는 그 사람은 자신이 죄의 속박 상태에 있음을 알고 있을 뿐만 아니라 더 끔찍스럽게도 자신이 죄의 속박 상태를 좋아하며, 원하고 있다는 사실을 깨닫기 때문입니다. 사람은 그것이 잘못임을 알고 나서도 여전히 그것을 원합니다. 하지만 이제 의에 주리고 목마른 사람은 행위에서는 물론 마음에서부터 죄를 짓고 싶어 하는 욕구에서 벗어나기를 원하는 사람입니다. … 죄는 우리 존재와 본성의 본질을 오염시키는 것입니다. 그리스도인은 그 모든 것에서 해방되고자 간절히 갈망하는 사람입니다. … 의에 주리고 목마르다는 것은 자아, 곧 자아의 모든 끔직스러운 징후와 형태에서 해방되기를 갈망하는 것입니다. … 의에 주리고 목마른 사람은 모든 모양과 형태의 자기 관심, 즉 병적으로 자기에 집착하는 것에서 해방되기를 원합니다.

Studies in the Sermon on the Mount I, 77-79

24일 : 영원한 안식처에 들어가는 복된 약속을 즐깁시다

베드로는 "이같이 하면 우리 주 곧 구주 예수 그리스도의 영원한 나라에 들어감을 넉넉히 너희에게 주시리라"(벧후 1:11)고 말합니다. 베드로는 여기서 구원에 관해 말하는 것이 아닙니다. 왜냐하면 이 사람들은 이미 구원을 받았기 때문입니다. 베드로는 궁극적으로 영광 가운데 들어가는 것에 관해 이야기하고 있습니다. … 베드로는 말합니다. '당신이 이런 일을 한다면', '삶 속에서 훈련을 한다면, 삶을 잘 규제하고 이런 방법으로 당신의 믿음에 다양한 다른 특성들을 더한다면', '당신은 결코 지금 넘어지지 않으며 확신에서 나오는 큰 기쁨과 행복을 누릴 것이다.' 종말이 올 때 당신은 자신의 돛단배로 이생을 떠나 하늘의 영광스런 미풍을 맞으며 내세로 갈 것입니다. 그 일에는 조금의 주저함도 없으며, 돛이 찢어져 들어가지 못하는 일도 없을 것입니다. 오히려 넉넉히 들어가고도 남을 것입니다. … 왜냐하면 그것은 미지의 바다로 나아가는 것이 아니라 인생의 폭풍을 끝내고 우리의 영원한 안식처와 하나님 앞에 있는 영광으로 승리의 입성을 하는 것이기 때문입니다.

만일 우리가 불행하고 낙담한 그리스도인이라면 그것은 분명히 훈련의 부족에서 비롯된 것입니다. 그러므로 일어나서 행합시다. 열심을 냅시다. 우리의 믿음을 보충하며 두려워하지 맙시다. 우리의 생각을 명확하게 하고 그것을 실천에 옮깁시다. 우리의 믿음에 힘과 활력과 지식과 절제와 인내와 경건과 형제애와 사랑을 더합시다. 그리스도인의 삶을 즐깁시다. 다른 사람을 유익하게 하며 도와줍시다. 은혜와 지식 안에서 자라갑시다. 그래서 우리를 아는 모든 사람들에게 매력적이어서 그들도 우리에게 와서 함께하여 그 고귀한 믿음을 누리며 이 위대하고 고귀한 복된 약속을 경험하게 합시다.

Spiritual Depression, 216

25일 : 오직 하나님뿐입니다

　당신은 솔직하게 "하늘에서는 주 외에 누가 내게 있으리요 땅에서는 주밖에 내가 사모할 이 없나이다"(시 73:25)라고 말할 수 있습니까? … 이는 시편 기자가 하나님과 맺은 관계를 표현하는 방식입니다. … 신약성경에 나타난 복음과 그 구원의 전체 사역은 단순히 우리를 이것으로 이끕니다. 우리가 무엇을 갖고 있든지, 우리가 무엇을 말할 수 있든지 간에 우리는 여기에 이르러야만 만족할 수 있습니다. 이것이 목적이며 목표입니다. 그러나 이것에 미치지 못한 상태에 만족한다면 그것은 복음 자체를 부정하는 것입니다. 왜냐하면 복음의 위대하고 숭고한 결과와 목적은 우리를 이 특별한 입장에 이르게 하는 것이기 때문입니다.

　이 굉장한 진술을 만나보십시오. … 시편 기자는 무엇을 말하고 싶어 합니까? 무엇을 말하고 있습니까? 나는 먼저 시편 기자의 마음에 소극적인 것이 있었다고 확신합니다. 그는 소극적인 진술을 하고 있습니다. 시편 기자는 질문을 통해서 이를 말하고 있습니다. 그는 경험상 어느 누구도 자신을 도울 수 없으며, 그 어디에도 다른 구세주는 없다는 것을 알았습니다. 그는 묻습니다. '하늘이나 땅에서 당신 외에 어느 누가 나를 도울 수 있습니까?' 아무도 없습니다. 일이 잘못되었을 때, 사면초가에 빠졌을 때, 어디로 가야 할지 누구에게 돌아서야 할지 모를 때, 위로와 안위와 힘과 확신 그리고 무언가 붙들 것이 필요할 때 그는 오직 하나님밖에 없다는 것을 깨달았습니다.

Faith on Trial, 107-108

26일 : 하나님의 시선에 합당하게 자신을 낮추십시오

'부흥하다, 소생하다'의 히브리어는 기본적으로 '보존하다, 살려두다'라는 의미입니다. 하박국의 가장 큰 두려움은 교회가 전적으로 멸망해 가고 있다는 것이었습니다. 그래서 그는 '오 하나님, 멸망하지 않도록 교회를 보존하시고 살펴주소서'라고 기도했습니다. 그러나 부흥·소생한다는 것은 '살려두다, 보존하다'라는 의미뿐만 아니라 악을 제거해서 '정화하다, 교정하다'라는 뜻도 갖고 있습니다. 이것은 하나님께서 부흥시키실 때마다 항상 본질적으로 동반됩니다. 부흥의 역사에서 하나님께서 정화하시고, 죄와 찌꺼기와 하나님의 대의를 방해하는 것들을 제거하시는 역사를 보게 됩니다. … 교회는 보존되고, 정화되고, 교정되는 동시에 구원을 준비하게 됩니다. 하박국 선지자는 재난이 닥쳐오는 것을 보면서 말합니다. '오 주님, 우리가 징계를 받는 동안에도 다가올 구원을 준비하게 하소서. 당신의 모든 백성이 당신의 복을 받기에 합당하게 하소서.'

하박국의 마지막 호소인 3장 2절은 매우 감동적입니다. 그는 "진노 중에라도 긍휼을 잊지 마옵소서"라고 기도합니다. … 그는 백성들의 공적 때문에 그들을 기억해 달라고 하나님께 간구하지 않습니다. … 하박국이 한 것이라곤 그저 하나님께서 하박국 자신의 본성과 하나님의 거룩한 본성의 다른 측면, 즉 하나님의 자비를 상기해 달라는 것입니다. '자비로 진노를 완화시키소서. 우리는 아무 할 말이 없습니다. 단지 하나님께서 당신 자신처럼 행동해 주시고, 진노 중에라도 우리에게 자비를 베풀어 달라고 기도할 뿐입니다.'

실제로 겸손하거나 죄를 고백할 여지가 전혀 없었습니다. … 하박국서의 메시지는 우리 자신을 진정으로 낮출 때까지, … 하나님의 시선으로 우리 자신을 바라볼 때까지 결코 평안과 행복을 구할 권리가 없다는 것입니다. 세상이 하나님의 말씀에서 이러한 강력한 교훈을 배우지 못하는 한 세상에는 소망이 없습니다.

From Fear to Faith, 64-66

27일 : "그 사람이 말하는 것처럼 말한 사람은 이때까지 없었나이다"
(요 7:46)

예수님의 말씀을 들었던 백성들은 놀랐습니다. … "이는 그가 가르치시는 것이 권위 있는 자와 같고 서기관들과 같지 아니함일러라"(막 1:22). … 예수님은 수많은 권위자들의 말을 인용해서 그들의 입장을 설명하고 나서 자신의 추론을 이끌어 내지 않았습니다. 전혀 그렇게 하시지 않았습니다. 그분은 권세를 가지고 직접적으로 말씀하셨습니다.

예수님을 체포하도록 파송되었던 군인들을 기억합니까? 그들은 체포하지 못하고 되돌아갔습니다. 그때 유대교 지도자들은 군인들에게 물었습니다. "… 죄수는 어디에 있느냐?" 군인들은 그저 이렇게 대답했습니다. "그 사람이 말하는 것처럼 말한 사람은 이때까지 없었나이다"(요 7:46)." 예수님에게는 군인들이 체포할 수 없었던 그 무엇이 있었습니다.

때때로 제자들은 이적을 보았을 때 두려움에 사로잡혔습니다. … 왜 그렇습니까? 그들은 하나님의 권세와 임재를 느꼈습니다. … 그 두려움은 백성들에게 전해졌습니다. … 하지만 우리는 마귀조차도 예수님을 인정했다는 이야기를 읽고 있습니다. 마귀들은 예수님을 알았고, 그분과 그분의 권세를 두려워했습니다. 마귀가 가다라 지방의 한 사람을 괴롭혔던 사건을 생각해 보십시오. … 마귀는 예수님을 즉시 알아보고, 그분을 선포하며, 그분의 권세가 두려워 떨었습니다. …

베드로는 빌립보 가이사랴에서 위대한 고백을 했습니다. "주는 그리스도시요 살아 계신 하나님의 아들이시니이다"(마 16:16). 주님이 다른 곳에서 제자들에게 "너희도 가려느냐,"라고 물으셨을 때 베드로는 자신이 말하는 것을 온전히 알지 못한 채 다음과 같이 말했습니다. "우리가 누구에게로 가오리이까." 그분 외에 그 어디에 권세가 있습니까?(요 6:66-69) … 사도들은 깨달았습니다. '아무도 없습니다. 당신만이 최종적이며 마지막 권세이십니다.'

Authority, 22-23

28일 : 티와 들보

　당신이 정말로 다른 사람을 돕고 싶고 그들에게서 흠과 잘못과 단점과 결점을 없애는 데 도움을 주기 원한다면 무엇보다도 먼저 당신의 영과 태도가 잘못되었다는 사실을 깨달으십시오. 당신 안에 있는 판단과 혹평과 비판의 정신은 다른 사람의 눈에 들어 있는 아주 작은 티에 비할 때 들보와 같습니다. … '먼저 너의 영혼에서 시작하라. … 예수님은 말씀하십니다. 정직하게 그리고 정면으로 너 자신과 맞닥뜨려라. 그리고 진정한 네 자신의 모습을 인정하라.' 우리는 이 일을 어떻게 실천할 수 있습니까? 날마다 고린도전서 13장을 읽으십시오. 마태복음 7장 1-5절에 기록된 주님의 말씀을 매일 묵상하십시오. 다른 사람을 향한 당신의 태도를 점검하십시오. 당신 자신의 진실 된 모습을 만나십시오. … 이는 매우 고통스럽고 괴로운 과정입니다. 그러나 우리 자신과 우리의 판단과 의견을 정직하고 진실하게 점검한다면 우리 눈에서 들보를 빼내는 아주 확실한 길에 들어서 있게 됩니다. 그렇게 겸손해지기 위해 행할 때 우리는 비판과 혹평의 정신에서 벗어나게 될 것입니다.

　이 얼마나 놀라운 논리입니까! 참된 자신을 바라본다면 그 사람은 잘못된 방식으로 다른 사람을 판단하지 않습니다. 그 사람은 자신을 정죄하고, 자기 손을 씻고, 자신을 정결하게 하는 데 모든 시간을 사용합니다. … 당신 자신이 깨끗한 시력을 소유할 때에 비로소 당신은 영적인 안과의사가 될 수 있습니다. 그러므로 우리 자신을 맞닥뜨리고, 이 들보를 빼내고, 우리 자신을 판단하고 정죄하고, 겸손하고 이해심 있고 동정하고 관대하며 너그러운 상태에 있을 때 우리는 다른 사람에게 "사랑 안에서 참된 것을"(엡 4:15) 말할 수 있으며, 그 결과 다른 사람을 도울 수 있을 것입니다. … 먼저 당신 자신을 판단하기 전에는 판단하지 마십시오.

Studies in the Sermon on the Mount II, 180-182

29일 : 의에 주림

　　의에 주리고 목말라 하는 것은 적극적으로 거룩해지기를 바라는 것입니다. … 의에 주리고 목마른 사람은 모든 행위에서 성령의 열매를 보여 주기를 원합니다. … 그것은 신약성경의 사람, 즉 예수 그리스도 안에서 새로운 사람처럼 되기를 바라는 것입니다. … 또한 이는 사람이 인생에서 가장 바라는 것이 하나님을 알고 그분과 교제하며 빛 가운데 아버지 하나님, 아들 하나님, 성령 하나님과 동행하는 것임을 의미합니다. 요한은 "우리의 사귐은 아버지와 그의 아들 예수 그리스도와 더불어 누림이라"(요일 1:3)고 말합니다. 또한 "하나님은 빛이시라 그에게는 어둠이 조금도 없으시다는 것이니라"(요일 1:5)고 말합니다. … 결국 의에 주리고 목마른 것은 주 예수 그리스도, 그분과 같이 되기를 바라고 갈망하는 것입니다. 그분을 바라보십시오. 복음서에 나타난 그분의 초상을 보십시오. 성육신한 상태로 이 땅에 오신 그분을 바라보십시오. 하나님의 거룩한 법에 적극적으로 순종하신 그분을 바라보십시오. 다른 사람들을 대했던 반응, 즉 그분의 친절과 동정과 감수성을 생각해 보십시오. 그분이 적들에게 보였던 반응과 적들이 그분에게 행했던 일을 기억하십시오. 모범을 따라야 합니다. 신약성경의 가르침에 따르면 우리는 거듭났으며, 그 모양과 형상을 따라 새롭게 태어났습니다. 그러므로 의에 주리고 목마른 사람은 그와 같이 되기를 바라는 사람입니다. 그 사람의 간절한 바람은 그리스도와 같이 되는 것입니다.

Studies in the Sermon on the Mount I, 79-80

30일 : 순금과 같은 신앙

고귀한 신앙의 특성이 얼마나 중요한지요! 베드로는 이 특성을 금에 비유합니다. 그는 사실상 '금을 바라보십시오'라고 말합니다. 금은 고귀합니다. 하지만 신앙만큼 고귀하지는 않습니다. … 금은 종국에는 사라질 물질입니다. 금은 굉장히 멋지고 매우 고귀하지만 영원하지는 않습니다. 그러나 신앙은 영원합니다. 금은 닳아 없어지지만, 신앙은 그렇지 않습니다. 믿음은 영원히 지속됩니다. 사도 베드로는 말합니다. 신앙이란 당신을 살아가게 하고, 그리스도인의 삶에서 당신의 존재 이유가 됩니다. … 우리는 신앙으로 살아가며, 우리의 전 인생은 바로 신앙 문제입니다. 사도 베드로가 말하듯이 신앙이야말로 하나님이 보시기에 고귀한 것입니다. 신앙은 경탄할 만하며 굉장해서 하나님은 절대적으로 완전히 순전한 신앙을 원하십니다. 당신은 불로 금을 정련합니다. 당신은 금을 도가니에 넣고 열을 가해서 혼합물과 불순물을 제거합니다. 그렇게 해서 다른 모든 요소들은 제거되고 오직 순금만 남게 됩니다. 그러므로 베드로는 만일 당신이 없어질 금을 가지고도 그렇게 한다면 믿음에 대해서 얼마나 많이 그렇게 해야 하겠느냐고 주장합니다. 신앙은 하나님과 사람을 연결시키는 특별한 원리입니다. 믿음은 사람을 지옥에서 멀리 떨어져서 천국에 있게 하는 것입니다. 신앙은 이 세상과 다가올 세상을 연결시켜 주는 고리입니다. 믿음은 매우 신비롭고 놀라워서 사람이 불법과 죄에 대해서 죽고 예수 그리스도 안에서 새로운 존재, 새사람으로 살아나게 할 수 있습니다. 이것이 바로 신앙이 그토록 고귀한 이유입니다. 믿음은 매우 고귀해서 하나님은 순전한 신앙을 원하십니다. 이것이 사도 베드로가 말하는 것입니다. 그래서 신앙의 특성 때문에 당신은 여러 가지 시험을 당합니다(벧전 1:6).

Spiritual Depression, 226-227

The greatest message

October

10

Martyn Lloyd-Jones

"구하라 그리하면 너희에게 주실 것이요 찾으라 그리하면 찾아낼 것이요 문을 두드리라 그리하면 너희에게 열릴 것이니"(마 7:7)

10월 October

1일 : 하나님만 만족을 주십니다

시인은 시편 73편 25절에서 자신의 불완전함과 실패에도 불구하고 하나님을 떠나 등을 돌렸을 때 결코 만족을 누릴 수 없었다고 말하고 있습니다. 경험상으로 시인은 하나님께 잘못을 행하면 모든 면에서 잘못되었습니다. 시인의 인생은 공허했습니다. 즉 어떤 만족도, 어떤 축복도, 어떤 힘도 없었습니다. 시인은 하나님에 대해 적극적인 진술을 할 수 없을지라도 적어도 하나님 외에는 그 어떤 것도, 다른 어느 누구도 없다고 말할 수 있었습니다! …

우리는 이생과 이 세상에서 모든 것을 통달했다고 말할 수 있습니까? 세상이 제안하는 모든 것이 '깨진 물탱크'에 불과하다는 것을 깨달았습니까? 정말로 세상과 세상의 방식과 세상이 말하는 영광을 정확하게 파악했습니까? 다음과 같이 말할 수 있을 정도가 되었습니까? '그래, 어쨌든 이것을 알아. 하지만 나를 만족시킬 수 있는 것은 없어. 세상이 제안하는 것을 다 해보고, 그 모든 것을 경험해 봤어. 그것을 가지고 놀아보기도 했어. 하지만 결국 한 가지 결론에 이르렀지. 하나님에게서 멀어졌을 때, 오셀로의 말대로 혼돈이 다시 찾아왔어.'

… 신앙을 저버린 사람은 내가 무슨 말을 하고 있는지 압니다. … 신앙을 저버린 사람은 하나님과의 관계 때문에 그 어떤 것도 결코 즐길 수 없습니다. 시도해 보지만 계속해서 비참해집니다. 시인은 그것을 간파했습니다. 그러므로 우리는 이것으로 언제나 우리 자신을 시험해 볼 수 있습니다. 우리는 이 고백 속에서 그리스도인의 신앙과 믿음을 시험하는 놀라운 시금석을 알게 됩니다. 이는 우리가 회복하는 첫 번째 단계입니다. 즉 모든 것이 실제로 달라졌다는 것을 깨닫는 것입니다. … 세상에 속한 것들은 한때 매력적이고 가치가 있는 것처럼 보였지만, 이제는 더 이상 그렇게 보이지 않습니다. 우리는 하나님과 올바른 관계를 맺지 못하면 바로 그 기반도 사라진다는 것을 알게 됩니다. 우리는 하나님 없이 만족을 찾아 세상 끝까지 여행할 수도 있습니다. 하지만 어디에도 없다는 것을 발견합니다.

Faith on Trial, 108

2일 : 날마다 하나님을 단순하게 신뢰하십시오

우리의 믿음은 완전해져야 합니다. … 믿음에는 질적 차이가 있습니다. 믿음은 다양한 측면을 갖고 있습니다. … 하나님은 믿음의 본질에 속하지 않은 것들을 제거하기 위해서 불 같은 시련을 주십니다. 우리는 우리의 신앙이 완전해서 그 어떤 것에도 맞설 수 있다고 생각할 수도 있습니다. 그러나 갑자기 시험이 닥쳐오면 넘어지고 맙니다. 왜 그렇습니까? 이는 우리의 신앙에서 확신이 더 발전되어야 함을 보여 줍니다. 하나님은 이런 방식으로 우리를 시험하심으로 신뢰를 발전시키십니다.

이런 일을 겪을수록 우리는 하나님을 신뢰하는 것을 더욱더 배우게 됩니다. 하나님께서 우리에게 미소를 지을 때 우리는 자연스럽게 그분을 신뢰합니다. 하지만 어두컴컴한 먹구름이 몰려올 때 우리는 하나님께서 우리를 사랑하시는지, 이런 것이 우리가 생각했던 그리스도인의 신앙인지 의심하기 시작합니다. 아, 우리의 믿음은 아직 신뢰를 발전시키지 못했습니다. 하나님은 이생에서 우리를 이렇게 다루셔서 우리가 빛을 전혀 볼 수 없는 어둠에 빠졌을 때도 하나님을 신뢰하게 하며, 다음과 같이 확신을 가지고 말할 수 있도록 이끄십니다.

> 모든 것이 우리를 가로막아
> 절망에 빠지게 할 때도
> 하나의 문이 열려 있고
> 하나의 귀가 우리의 기도를 듣고 있음을 압니다.

이것이 참된 신앙이며, 진정한 신뢰입니다. 아브라함과 같은 사람을 바라보십시오. … 아브라함은 모든 것이 반대로 보이는 상황에서도 하나님을 전적으로 신뢰했습니다. 우리는 이것을 발전시켜야 합니다. 우리는 이런 신앙으로 출발하지 않지만, 이런 경험을 겪으면서 '험상궂은 섭리 배후에 하나님께서 아버지의 얼굴을 숨기고 있다'는 것을 알게 됩니다. 그리고 나서 다음에 시험이 올 때 우리는 평온하고 침착해집니다.

Spiritual Depression, 227-228

3일 : 우리와 함께 여행하시는 친구

마태복음 7장 7-11절은 이 세상에서 우리 인생의 불확실성과 위험에 대처하는 것과 관련해서 가장 기분 좋은, 격려와 위로가 됩니다. 그 말씀은 성경에서만 발견되는 위대하고 은혜로운 약속 중 하나입니다. … 이것은 우리에게 주어진 약속입니다. "구하라 그리하면 너희에게 주실 것이요 찾으라 그리하면 찾아낼 것이요 문을 두드리라 그리하면 너희에게 열릴 것이니"(마 7:7). … 의심의 여지가 없습니다. 이는 하나님의 아들 자신이 아버지의 충만함과 권세를 가지고 말씀하신 절대적인 약속입니다.

성경은 이것이 삶에서 중요한 한 가지라는 것을 곳곳에서 가르치고 있습니다. … 이는 인생에서 정말로 중요한 것이 우리가 만나게 되는 여러 가지 일들이 아니라 그것을 맞이하는 우리의 준비성이라는 사실을 강조합니다. 삶에 관한 성경의 모든 교훈은 한 사람, 즉 아브라함의 인생에서 나타나는데, 그것은 아브라함이 "갈 바를 알지 못하고 나아갔"다(히 11:8)는 것입니다. 그럼에도 불구하고 아브라함은 평안과 안식 가운데 행복했습니다. 그는 두려워하지 않았습니다. 왜 그렇습니까? 300여 년 전에 살았던 나이 든 한 청교도는 우리에게 이 질문의 해답을 주고 있습니다. '아브라함은 갈 바를 알지 못하고 갔습니다. 하지만 그는 자신이 누구와 함께 가고 있는지 알았습니다.' 이것이 중요합니다. … 아브라함은 혼자가 아니었습니다. 아브라함과 함께하시는 분이 계셨는데, 그분은 아브라함을 결코 떠나지도 저버리지도 않을 것이라고 아브라함에게 말씀하셨습니다. 비록 아브라함이 자신에게 닥쳐오는 일들이나 일어날 문제에 대해 알지 못할지라도 그는 함께 여행하시는 친구 때문에 완벽하게 행복했습니다. … 우리 주님은 우리를 위해 삶을 변화시키겠다고 약속하시지 않습니다. 또한 어려움과 시험과 문제와 환난을 제거해 주시겠다고 약속하지 않습니다. 장미에서 가시를 제거하고 놀라운 향기만 남겨 두겠다고 말씀하지 않습니다. 그렇습니다. 그분은 현실 속에서 삶을 만나시며, 이런 일들이 반드시 닥쳐오게 되어 있다고 말씀하십니다. 그러나 주님은 우리가 그분을 알 수 있어서 무슨 일이 일어나든지 우리는 결코 무서워하거나 놀랄 필요가 없다고 확신을 주십니다.

Studies in the Sermon on the Mount II, 195-196

4일 : 시험에 대처하는 방법

그 큰 날, 곧 심판의 날이 도래할 때 당신의 믿음의 진정성이 드러나게 될 것입니다. 칭찬과 존귀와 영광이 있을 것입니다. 당신의 작은 믿음, 당신이 그토록 작다고 생각했던 그 믿음은 매우 굉장한 것으로 입증될 것입니다. 그것은 시험을 견디어 냈으며, '칭찬과 존귀와 영광'을 얻게 될 것입니다. 누구의 칭찬과 존귀와 영광입니까? 무엇보다 먼저 그분의 것입니다. … 주 예수 그리스도는 그 큰 날에 서서 만족하는 가운데 자신이 부르셨던 그리스도인들을 바라보실 것입니다. 그들은 걸려 넘어지지 않았습니다. 그분은 그들을 바라보며 자랑스러워하실 것입니다. …

그러나 그것은 또한 우리의, 곧 당신과 나의 존귀와 영광과 칭찬이 되어야 할 것입니다. … 우리는 그분이 우리를 칭찬하시면서 다음과 같이 말씀하시는 것을 들을 것입니다. "잘하였도다 착하고 충성된 종아 … 네 주인의 즐거움에 참여할지어다"(마 25:21). 그분은 우리를 자신의 영광으로 옷 입힐 것이며, 우리는 그분과 더불어 그것을 즐기며 영원히 살 것입니다. 그리고 우리의 믿음이 보다 크고 참될수록 우리의 영광도 클 것입니다. …

우리는 지금 많은 시험과 시련을 엄중하게 겪고 있을 수도 있습니다. 또한 그 과정에서 울고 있을 수도 있습니다. 그것은 중요하지 않습니다. 우리는 그날이 오면 하나님께서 손수 우리의 눈에서 "모든 눈물을 씻어 주실" 것이라는 약속을 받았습니다. 또한 우리는 그분과 더불어 영원히 영광 가운데 있을 것입니다.

이것이 시련에 대처하는 그리스도인의 방법입니다. 우리는 하나님의 장중에 있습니다. 이것은 그분의 구원 방법이며 우리의 방법이 아닙니다. 하나님께 복종합시다. 그분의 장중에 있는 것에 만족합시다. 그리고 이렇게 고백합시다. '당신의 뜻을 전하소서. 우리는 오직 주님이 보시기에 만족스러운 사람이 되는 데에만 관심을 기울입니다.'

Spiritual Depression, 231-232

5일 : 두 세계

그리스도인과 비그리스도인은 전혀 다른 두 영역에 속해 있습니다. … 무엇보다도 먼저 알아야 하는 것은 당신이 다른 나라에 속해 있다는 사실입니다. 당신은 본질에서만 다르지 않습니다. 당신은 완전히 다른 두 세상에서 살고 있습니다. 당신은 이 세상에 있지만, 이 세상에 속해 있지 않습니다. … 당신은 또 다른 나라의 시민입니다. …

이 천국은 무엇을 의미합니까? … 그것은 본질적으로 그리스도의 통치 또는 그분이 다스리시는 영역이나 나라를 의미합니다. … 우리 주님은 육신을 입고 세상에 계실 때 여러 번 천국이 이미 도래했다고 말씀하셨습니다. 그분이 계시며 권세를 행하시는 곳은 어디든지 천국이 그곳에 도래했습니다. 당신은 유대인들이 예수님에게 바알세불의 권세로 마귀를 내쫓는다는 혐의를 뒤집어 씌웠을 때 그분이 그 주장이 얼마나 어리석은 것인지 입증하시고 다음과 같이 말씀하신 것을 기억합니다. "내가 하나님의 성령을 힘입어 귀신을 쫓아내는 것이면 하나님의 나라가 이미 너희에게 임하였느니라"(마 12:28). 하나님의 나라가 여기에 있습니다. 그분의 권세, 그분의 통치가 실제로 이루어지고 있었습니다. 그분은 바리새인들에게 '하나님의 나라가 너희 안에 있다' 또는 '하나님의 나라가 너희 가운데 있다'고 말씀하셨습니다. 그것은 마치 이렇게 말씀하시는 것이었습니다. '하나님의 나라는 너희 가운데 나타나고 있다. 여기 있다, 저기 있다 말하지 마라. 이 물질적인 관점을 거두어라. 나는 너희 가운데 여기에 있다. 나는 일을 하고 있다. 하나님의 나라는 여기에 있다.' 그리스도의 통치가 나타나고 있는 곳은 어디든지 하나님의 나라입니다. 예수님은 복음을 선포하도록 제자들을 보내시면서 그들을 받아들이지 않는 성읍을 향해 '하나님의 나라가 너희에게 가까이 왔다'라고 말하라고 하셨습니다.

Studies in the Sermon on the Mount I, 39-40

6일 : 다양한 방법으로 우리를 성화로 이끄시는 하나님

하나님은 다양한 방법을 사용하셔서 우리를 성화로 이끄십니다. 그분은 '변치 않는 사랑으로 우리를 사랑하시는' 우리의 아버지이십니다. … 우리를 향한 하나님의 큰 관심사는 우리의 행복이 아니라 우리의 거룩함입니다. … 하나님은 우리가 그 목적에 이르도록 다양한 수단들을 사용하십니다.

우리는 이것을 깨닫지 못해서 자주 넘어지고, 죄와 어리석음으로 심지어 하나님께서 우리를 대하시는 방법을 완전히 오해합니다. 미련한 아이들처럼 하늘 아버지께서 우리에게 친절하지 않다거나 우리를 가혹하게 다루신다고 생각합니다. … 이는 우리와 관련된 하나님의 영광스러운 목적을 깨닫지 못했기 때문입니다.

때때로 하나님은 자녀들을 징계하심으로, 특별히 징계의 의미를 이해할 수 있도록 하심으로 성화되게 하십니다(히 12:5-11). … 히브리서 저자는 '너희가 겪고 있는 일들을 보라. 너희가 왜 고난을 받고 있는가?'라고 말합니다. 대답은, 그들이 하나님의 자녀이기 때문에 이런 일들을 겪고 있다는 것입니다. … 하나님은 자녀들의 유익을 위하여 이런 일들을 행하고 계십니다. … 히브리서 저자는 구원이 처음부터 끝까지 하나님의 역사이며, 하나님께서 구원을 이루는 방법을 갖고 계신다고 말하고 있습니다. 하나님은 일단 일을 시작하시면 그 일을 계속 이루어 나가십니다. … 하나님은 자기 백성에게 일을 시작하시면 그 일을 끝까지 이루실 것입니다. 하나님은 자기 백성을 위한 궁극적인 목표와 목적을 갖고 계시는데, 그것은 자기 백성들이 영광 가운데 자신과 함께 영원히 지내게 하는 것입니다. 이 세상에서 우리에게 일어나는 많은 일들은 이런 사실에 비추어 볼 때 이해되고 설명됩니다. 히브리서 저자는 하나님께서 우리를 그와 같은 상황으로 이끄실 것이며, 그 어떤 것도 우리가 그 상황에 이르는 데 방해가 되지 못할 것이라는 사실은 매우 명확하다고 논증합니다.

Spiritual Depression, 235-236

7일 : 완전을 향한 도전

우리가 이 세상에서 행하는 모든 일은 중대한 의미를 지니고 있습니다. 우리는 어떤 일을 당연한 것으로 여겨서는 안 됩니다. … 우리 주님은 다른 사람을 비판하는 문제로 시작하십니다. 우리는 그 문제에 대해서 주의를 기울여야 합니다. 왜냐하면 우리 자신도 심판(비판) 아래에 있기 때문입니다. 그런데 우리 주님은 이 시점에서 마태복음 7:7-11에 나오는 이런 전제를 이야기하십니까? 대답은 이것입니다. 우리 주님은 1-6절에서 마치 우리가 재판장이 된 것처럼 다른 사람을 비판하고 마음속에 신랄함과 증오심을 숨기는 것의 위험성에 대해 이야기하셨습니다. 또한 그분은 형제의 눈에서 티를 뽑아내려고 하기 전에 자기 눈에 있는 들보를 제거해야 한다고 말씀하셨습니다. 이 모든 말씀의 목적은 우리 자신의 모습을 드러내 보이고 우리에게 얼마나 은혜가 필요한지를 보여 주기 위함입니다. … 우리는 겸손해져서 묻습니다. '누가 이런 일을 할 자격이 있습니까? 나는 어떻게 그런 기준에 부합하는 삶을 살 수 있습니까?' … 우리 자신이 얼마나 무가치하고 죄가 많은지를 깨닫습니다. 그 결과 우리는 전혀 소망이 없으며 전적으로 무력하다는 것을 느끼게 됩니다. 우리는 이렇게 말합니다. '어떻게 산상수훈의 말씀을 따라 살 수 있습니까? 어떤 사람이 그러한 기준에 이를 수 있습니까? 도우심과 은혜가 필요합니다. 어디서 얻을 수 있습니까?' 해답이 여기에 있습니다. "구하라 그리하면 너희에게 주실 것이요 찾으라 그리하면 찾아낼 것이요 문을 두드리라 그리하면 너희에게 열릴 것이니"(마 7:7). 이 말씀의 맥락이 바로 이것입니다. 우리는 그것에 대해 하나님께 감사해야 합니다. 왜냐하면 이 영광스러운 복음을 직접 마주 대하여 설 때 우리 자신이 전혀 쓸모가 없으며 무가치함을 느끼기 때문입니다. 그저 그들 자신이 만들어 낼 수 있는 도덕의 관점에서만 기독교를 바라보는 어리석은 사람들은 그 사실을 결코 볼 수 없습니다. 우리는 산상수훈이라는 기준에 직면하게 되며, 이로 말미암아 바닥으로 곤두박칠치며, 우리 자신이 전적으로 무능하며, 은혜가 얼마나 필요한지를 깨닫게 됩니다. 여기에 해답이 있습니다. 공급은 언제든지 가능합니다. 우리 주님은 이것을 반복해서 말씀하십니다(마 7:8).

Studies in the Sermon on the Mount II, 198-199

8일 : "선 줄로 생각하는 자는 넘어질까 조심하라"(고전 10:12)

또 다른 위험은 자만심입니다. 하나님은 사람에게 은사를 주셨습니다. 위험은 자기 자신과 자신의 은사를 의지하고 하나님이 필요하지 않다고 여기는 것입니다. 교만과 자기 과신이라는 위험은 항상 존재합니다. … 또 다른 위험은 세상과 그 가치관과 방식에 빠져드는 것입니다. … 이런 일들은 매우 미묘합니다. 사람이 의도적으로 세상으로 되돌아가기로 결정하는 것은 아닙니다. 전혀 인지하지 못한 상태에서 이런 일이 벌어집니다. 세상은 항상 매력이 있으며 사람은 인지하지 못한 채 빠져들어 갑니다.

또 다른 위험은 노젓기를 멈추고 쉬는 것입니다. … 그래서 우리는 성장하지 못합니다. 10년 전의 우리 모습과 현재 우리 자신을 비교해 보아도 아무런 차이가 없습니다. 우리는 하나님을 좀더 친밀하게 알지 못하며, 한 발자국도 나아가지 못했습니다. 우리는 "우리 주 곧 구주 예수 그리스도의 은혜와 그를 아는 지식에서 자라지"(벧후 3:18) 못했습니다. 우리는 자기만족 상태에 머물러 있습니다. … 우리는 그리스도인으로 살아가면서 해가 갈수록 예전보다 하나님을 더 잘 안다고 말할 수 있어야 합니다. 또한 예전보다 더 하나님을 사랑한다고 말할 수 있어야 합니다. … 하나님을 더 알고 계십니까? 정말로 그분을 점점 더 찾고 있습니까? 하나님은 우리가 우리 자신에게만 관심을 쏟아서 하나님을 잊어버리는 위험에 노출되어 있다는 것을 아십니다. … 하나님은 우리를 자신에게 되돌아오게 만들기 위해서, 항상 우리를 둘러싸고 위협하는 무서운 위험에서 우리를 지키기 위해서 무한한 사랑으로 우리를 징계하십니다. 당신의 경험에 비추어 설명해 보면, 당신을 괴롭혔던 일들에 대해 하나님께 감사할 수 있습니까? … 뒤를 돌아보며, 시편 119편 91절에 나오는 시편 기자처럼 "고난당한 것이 내게 유익이라"고 말할 수 있습니까?

Spiritual Depression, 243-244

9일 : 인생의 목적은 하나님을 아는 것입니다

바울은 말합니다. '당신이 내게 가장 큰 소원이 무엇이냐고 묻는다면' 그것은 "내가 그를 알고자 하여"(빌 3:10)입니다. 바울이 가지고 있던 최고의 야망이 무엇인지 주목하십시오. … 영혼을 얻는 위대한 전도자가 되는 것이 아니었습니다. 심지어 최고의 설교자가 되는 것도 아니었습니다. … 바울 사도가 다른 곳에서 상기시켜 주고 있는 것처럼 당신이 다른 일을 우선순위에 둔다면, 심지어 설교자라 할지라도 당신은 난파되고 있다는 것을 느끼게 될 것입니다. 그러나 우리가 바울의 갈망을 중심에 둔다면 위험에 빠지지 않게 됩니다. 바울은 살아 계신 그리스도, 부활하신 주님의 얼굴을 바라보았습니다. 그러나 그가 갈망하고 동경했던 것은 그 이상, 곧 좀더 깊이 그분을 친밀하게 알고, 살아 계신 주님에 대한 개인적이고 인격적인 지식과 계시를 알게 되는 것이었습니다. …

이것보다 더 높은 것은 없습니다. 나이 들어 그리스도인들에게 고별 편지를 쓰는 요한을 바라보십시오. 그가 요한1서 1장 4절에서 말하고 있듯이 그의 간절한 바람은 "우리의 기쁨이 충만하게 하려 함이라"입니다. 그 기쁨은 어떻게 충만해집니까? … 그것은 당신이 동료로서 우리와 함께 우리가 누리는 복된 경험을 함께 나눔으로써 가능해집니다. … 이는 단지 당신이 하나님의 일에 종사하는 것을 의미하지 않습니다. 물론 그 의미도 있습니다. 하지만 그것은 가장 낮은 차원입니다. 가장 높은 차원은 진실로 하나님을 아는 것입니다. "영생은 곧 유일하신 참하나님과 그가 보내신 자 예수 그리스도를 아는 것이니이다"(요 17:3). … 한 사람이 예수님에게 가장 큰 계명이 무엇이냐고 물었을 때 예수님은 사랑이라고 말씀하셨습니다. 인생에서 최우선적이고 가장 중요한 것은, 우리가 하나님을 알아서 우리의 전 존재로 하나님을 사랑하는 것입니다. 그것보다 못한 것에 만족하는 것은 … 그리스도인의 구원의 존재 이유와 목표와 목적을 잘못 이해하는 것입니다. 용서하기를 멈추지 마십시오. 목적은 하나님을 아는 것입니다. 시편 73편의 기자는 단지 하나님이 주시거나 행하신 것을 위해서가 아니라 하나님 자신 때문에 지금 하나님을 간절히 소원하고 있다고 말합니다.

Faith on Trial, 110-111

10일 : '나는 죄사함을 받았다'고 되뇌십시오

　의에 주리고 목마른 자(마 5:6)에게 약속된 것을 간단하게 살펴봅시다. 이는 성경에서 가장 은혜롭고 영광스러운 약속 중 하나입니다. 의에 주리고 목마른 자는 '행복하고' '복되며' '만족하게' 됩니다. … 왜 그렇습니까? "그들이 배부를 것임이요"(마 5:6). 그들은 자신들이 간절히 원하는 것을 얻게 될 것입니다. 이것이 복음입니다. 여기서 은혜의 복음이 나옵니다. 그것은 전적으로 하나님의 선물입니다. 당신은 스스로 의로 채우지 못하며, 그분을 떠나서 복을 찾을 수 없을 것입니다. 이를 얻는 데 '그분이 요구하시는 유일한 자격은 당신이 그분을 필요로 한다는 것을 깨닫는 것뿐입니다.' 우리가 이 필요, 곧 주리고 목마름, 우리 안에 있는 이 죽음을 알게 될 때 하나님은 우리를 채우시며 이 복된 선물을 주실 것입니다. "내게 오는 자는 내가 결코 내쫓지 아니하리라"(요 6:37). 이것은 무조건적인 약속입니다. … 의에 주리고 목마름, 곧 그리스도와 같이 되기를 바라면 당신은 이 복됨을 누리게 될 것입니다.
　이 일은 어떻게 일어날까요? … 고맙게도 이것은 즉각적으로 일어납니다. 즉시 '배부를 것입니다.' 그것은 바로 이런 방식입니다. '우리가 진정으로 이것을 바라는 순간 바로 우리는 그리스도와 그분의 의로 의롭다 하심을 받으며, 하나님과 우리 사이를 가로막은 죄와 허물의 장막이 제거됩니다.' 나는 이 점에 대해 불확실하고 불행한 사람은 한 사람도 없다고 확신합니다. 당신이 주 예수 그리스도를 진정으로 믿는다면, 그분이 십자가에서 당신과 당신의 죄를 위해 죽으셨다는 사실을 믿는다면, 당신은 죄사함을 받았습니다. 더 이상 죄사함을 간구할 필요가 없습니다. 당신은 죄사함을 받았습니다. 그것에 대해 하나님께 감사를 드려야 합니다. 당신은 즉시 그 의로 배부를 것입니다. … 하나님은 그리스도의 의 안에서 당신을 바라보십니다. 더 이상 그 죄를 바라보지 않으십니다. 하나님은 당신을 죄사함을 받은 죄인으로 보십니다. … 영광스럽고 놀라운 진리입니다.

Studies in the Sermon on the Mount I, 81-82

11일 : 하나님의 훈련장에서

나는 성경을 읽는 사람이 성결(거룩함)의 길과 관련해서 어떻게 수동성을 받아들일 수 있는지 이해할 수 없습니다. 그것을 얻을 때까지 힘을 다하여 성결을 열망하고, 추구하고, 쫓아가라고 우리에게 말하는 사람이 있습니다. … 이것은 하나님께서 우리를 훈련장에 집어넣으셔서 겪게 하시는 훈련입니다. 즉 이는 하나님께서 우리를 진정한 하나님의 자녀로 만드시는 방법입니다. … 그 과정은 당시에 매우 고통스럽습니다. 하지만 "그로 말미암아 연단받은 자들은 의와 평강의 열매를 맺느니라"(히 12:11)는 약속에 귀를 기울이십시오. 그 고통에 대해 염려하지 말고, 계속해서 경직된 근육을 움직이십시오. 그러면 당신은 그 근육들이 곧 유연해지는 것을 알게 될 것입니다. … 훈련장에서 이 훈련을 받을수록 더 좋아질 것입니다. 왜냐하면 하나님은 그 순간만이 아니라 영원을 위해 준비하고 계시기 때문입니다. … 중요한 것은 이 세상이 아닙니다. 그 다음입니다. 지금 이 자리가 중요하지 않습니다. 정말로 중요한 것은 영원한 것입니다. 하나님은 이생에서 영원한 복과 영광을 위해 우리를 준비시키십니다.

덧붙여 말하건대, 우리가 나아가야 할 그분을 기억하십시오. "모든 사람과 더불어 화평함과 거룩함을 따르라 이것이 없이는 아무도 주를 보지 못하리라"(히 12:14). 하나님을 보기를 원한다면 우리는 훈련장에서 매우 철저하게 훈련해야 합니다. … 하나님은 우리를 거룩하게 만들기 위해서 이러한 훈련을 겪게 하십니다. 그러므로 당신과 내가 하나님께서 주시는 이러한 과정에 관심을 기울이지 않는다면 그것은 우리가 우리 자신이 누구인지를 깨닫지 못하거나 하나님의 자녀가 아니라는 뜻입니다. 진정으로 하나님과 천국으로 나아가기를 원한다면 우리는 그분이 하시는 말씀에 복종하고 정확하게 행해야 합니다. 왜냐하면 그분은 우리가 성결을 고취하도록 이러한 과정을 겪게 하시기 때문입니다. 이 모든 것은 우리의 유익을 위함이며, 우리가 하나님의 거룩함을 나누고 함께하는 자가 되게 하기 위함입니다.

Spiritual Depression, 257-258

12일 : 우리의 궁핍함과 풍요로운 은혜

"구하라 그리하면 너희에게 주실 것이요 찾으라 그리하면 찾아낼 것이요 문을 두드리라 그리하면 너희에게 열릴 것이니"(마 7:7)라는 약속의 관점에서 볼 때 왜 우리의 모습은 이렇습니까? 그리스도인으로서 우리의 삶이 왜 이리 형편없습니까? … 우리에게 필요한 것은 무엇이든지 구할 수 있습니다. 그렇다면 우리는 왜 이 모양입니까? 우리는 왜 이 산상수훈을 온전하게 따르지 않습니까? 왜 주 예수 그리스도의 모범을 점점 더 따르지 않습니까? 우리에게 필요한 모든 것은 공급됩니다. 그것은 이 포괄적인 약속 안에 보장되어 있습니다. 왜 우리는 그것을 마땅한 것으로서 이용하지 않습니까? … 그리스도 안에서 우리에게 주어진 이 위대한 혜택을 즐기기 전에 지켜야만 하는 조건들이 있습니다. 그것은 무엇입니까?

… 우리에게 닥쳐오는 것이 무엇이든지 마음속에 화평과 기쁨을 가지고 마주 대할 준비를 갖추어 승리의 삶을 살기를 원하고, 모든 일을 온전히 극복하기를 원한다면 우리가 확실히 알아야 할 것들이 있습니다. … 첫째로, 우리에게 필요한 것을 알아야 합니다. … 죄가 우리에게 끼치는 영향은 이런 것입니다. 즉 우리가 가난뱅이라는 사실을 깨닫지 않고서는 결코 그리스도에게로 달려가지 못합니다. 그러나 우리는 자신을 가난뱅이로 여기기를 싫어합니다. 우리에게 무언가 필요하다고 느끼는 것을 좋아하지 않습니다. 사람들은 그리스도를 제시하는 설교를 들을 준비가 되어 있습니다. 하지만 그들이 무력해서 그리스도께서 십자가에 달려 돌아가시고 나서야 구원받을 수 있다는 말을 듣고 싶어 하지 않습니다. … 우리는 자신의 궁핍함을 깨달아야만 합니다. 구원과 그리스도 안에서 기뻐하는 데 필요한 두 가지 필수 요건은 우리의 궁핍함과 그리스도 안에 있는 은혜의 풍요로움을 깨닫는 것입니다. 참되게 구하는 사람은 바로 이 두 가지를 깨달은 사람뿐입니다. … 다른 사람들은 자신의 궁핍함을 의식하지 못합니다. 구하기 시작하는 사람은 오직 자신이 완전히 파산 상태라는 것을 아는 사람뿐입니다. 그 후에야 그 사람은 그리스도 안에 있는 가능성들을 깨닫기 시작합니다.

Studies in the Sermon on the Mount II, 199-200

13일 : 제가 여기에 있습니다

인간은 본래 하나님을 떠나 도망치고 싶어합니다. … 교만 때문입니다. "그 생각이 허망하여지며 미련한 마음이 어두워졌나니 스스로 지혜 있다 하나 어리석게 되어"(롬 1:21-22). … 마지막 단계는 하나님의 계시를 거부하고 대신에 자신의 생각과 이성을 쓰는 것입니다. … 하지만 종교의 필요성과 유용성은 여전히 느끼면서도 사람들은 자기 자신의 신 또는 신들을 만들며 그들을 예배하고 섬깁니다. 인간은 자신의 지성과 지식을 믿습니다. 사람이 가장 크게 모욕감을 느끼는 것은 그리스도께서 말씀하셨듯이 사람이 어린아이처럼 되어서 거듭나야만 한다고 말하는 것입니다. …

인간은 하나님 되심과 하나님의 계시를 거부합니다. 심지어 인간은 하나님의 선하심 때문에 하나님을 미워합니다. 그래서 자신의 신들을 만드는 데까지 나아갑니다. … 우리가 세상을 향해 어떤 제안을 하든지, 미래에 관해서 어떤 계획과 생각을 갖고 있든지 간에 만일 그 모든 것이 헛될 것이라는 사실을 무시한다면 … 그리스도를 따르라고 사람을 초청하는 것만으로는 충분하지 않습니다. … 인간은 자기 자신과 하나님을 향한 자신의 태도에 관한 적나라하고 끔찍한 진실에 직면해야만 합니다. 이 진리를 깨달을 때에만 인간은 복음을 진실로 받아들이고 하나님에게 되돌아갈 준비가 될 것입니다.

이것이 교회의 임무입니다. 또한 우리의 과제입니다. 우리 자신을 살피면서 그 임무를 시작하겠습니까? 성경에 주어진 하나님의 계시를 받아들이겠습니까? 아니면 우리 가치관의 바탕을 인간의 철학에 두겠습니까? 성경을 믿는다는 이유로 구식이라든가 시대에 뒤처졌다는 소리를 들을까 두렵습니까? 또한 하나님께서 우리 삶에 중심이며 최고입니까? 우리는 정말로 하나님께 영광을 돌리며, 항상 하나님을 기쁘시게 하려고 애쓰고 있다는 것을 다른 사람들에게 보여 줍니까? 마지막으로, 다음과 같이 감사가 가득한 사람으로서 이 모든 것을 행합니까?

> 그 놀라운 하나님의 사랑,
> 내 영혼, 내 생명, 내 모든 것을 드리리.

The Plight of Man and the Power of God, 21-24

14일 : 하나님께서 나를 사랑하시기 때문에

그렇게 하실 필요가 없음에도 불구하고 무엇보다도 우리를 격려하시기 위해서 자신을 철저하게 복종시키셨던 그분을 바라보십시오. "믿음의 주요 또 온전하게 하시는 이인 예수를 바라보자 그는 그 앞에 있는 기쁨을 위하여 십자가를 참으사 부끄러움을 개의치 아니하시더니 하나님 보좌 우편에 앉으셨느니라"(히 12:2). 예수님은 그 의미를 아셨습니다. 그래서 이렇게 기도하셨습니다. "아버지여 아버지께는 모든 것이 가능하오니 이 잔을 내게서 옮기시옵소서 그러나 나의 원대로 마시옵고 아버지의 원대로 하옵소서"(막 14:36). 그분은 기쁨을 위하여 그리고 당신과 나의 구원을 위하여 자신 앞에 놓여 있는 그 십자가를 견디셨습니다. 그러기에 당신이 받고 있는 훈련이 너무 힘들고 고통스럽다고 느낀다면 그분을 바라보십시오. 그분을 계속해서 주시하고 따라가십시오. 우리가 확실히 그렇게 하는 만큼 우리는 우선 이것이 매우 고통스럽고 슬프지만, 그 후에 심지어 이생과 이 세상에서, 영광 중에 건강과 의의 놀라운 열매는 물론 평강과 하나님의 기쁨의 열매를 얻게 됨을 알게 될 것입니다. 나는 당신이 어떻게 느끼는지 알지 못합니다. 그러나 이 위대한 말씀을 무상하면서 이것, 즉 내가 하나님의 손안에 있으며, 그래서 하나님이 나를 사랑하시며, 나를 거룩하게 해서 하늘나라로 인도하신다는 것보다 더 큰 위로와 위안을 주는 것이 없음을 하나님의 임재 가운데 솔직하게 고백하지 않을 수 없습니다. … "우리를 우리 주 그리스도 예수 안에 있는 하나님의 사랑에서 끊을 수 없으리라"(롬 8:39). 나의 친구여, 훈련을 받으십시오. 서둘러 훈련장으로 가서, 그분이 당신에게 말씀하신 것을 행하십시오. 자신을 시험하십시오. 큰 고통의 대가를 치르더라도 그 말씀을 실천하십시오. 그래서 주님의 기쁨에 들어가십시오.

Spiritual Depression, 258-259

15일 : 영광의 소망이신 그리스도께서 당신 안에 계십니다

　죄를 사해 주시고 받아들여 주심에 대해 즉각적으로 하나님께 감사하십시오. 하지만 이것은 지속적인 과정입니다. … 성령이 우리 안에서 죄의 권세와 오염에서 우리를 구원하시는 하나님의 위대한 역사를 시작하십니다. 우리는 그 권세와 오염으로부터 받은 구원에 주리고 목말라해야 합니다. 만일 그 구원에 주리고 목말라한다면 당신은 구원을 얻게 될 것입니다. 성령은 당신에게 들어오셔서 역사하심으로 그의 기뻐하시는 선을 따라 행하게 하실 것입니다. 그리스도께서 당신 안에 들어오셔서 사실 것입니다. 그분이 당신 안에 거주하실 때 당신은 점차 죄의 권세와 오염으로부터 구원받을 것입니다. 당신은 공격하는 이 모든 것을 정복하고도 남아서 이 해답과 축복을 즉각적으로 얻을 뿐만 아니라, 하나님과 그리스도와 당신 안에 살고 계시는 성령과 더불어 동행함으로 지속적으로 누리게 될 것입니다. 당신은 사탄에게 대적할 수 있게 되며, 사탄은 도망칠 것입니다. 당신은 사탄과 그의 모든 불화살에 대항해서 굳게 서게 되며, 오염을 없애려는 작업은 당신 안에서 지속될 것입니다.

　그러나 물론 이 약속은 영원 안에서 완전히, 절대적으로 성취됩니다. 그리스도 안에 있으며, 그리스도에게 속한 모든 사람이 흠 없이, 티 없이, 점과 주름 없이 하나님의 존전에 설 날이 다가오고 있습니다. 모든 흠은 사라질 것입니다. 완전한 몸으로 변한 온전한 새사람이 될 것입니다. … 우리는 절대적으로 온전한 몸과 영과 혼으로 하나님의 존전에 설 것입니다. 우리가 주 예수 그리스도로부터 받을 완벽하며 완전한 의로 충만한 온전한 사람이 될 것입니다.

Studies in the Sermon on the Mount I, 82-83

16일 : 하늘나라는 그리스도와 함께하는 것입니다

당신은 하늘나라에 무엇이 있기를 바라며 기대합니까? … 당신은 하늘나라가 어떠하기를 기대하고 있습니까? … 매튜 헨리가 설명하는 방식을 좋아합니다. '우리는 성경에서 죽음을 고대한다는 말을 결코 들어본 적이 없습니다. 그러나 하늘나라를 기대해야 한다는 말을 자주 듣습니다.' 죽음을 고대하는 사람은 고난 때문에 단지 인생에서 벗어나고 싶어 할 뿐입니다. 이 사람은 그리스도인이 아닙니다. 이교도입니다. 그리스도인은 하늘나라에 대한 긍정적인 욕망을 갖고 있습니다. … 그러나 이것 외에 당신이 하늘나라에 이르렀을 때 고대하는 것은 무엇입니까? … 하늘나라의 안식입니까? 고난과 환난에서 자유로워지는 것입니까? 하늘나라의 평화입니까? 하늘나라의 기쁨입니까? 이 모든 것을 그곳에서 발견하게 될 것입니다. 하나님께 감사를 드립시다. 그러나 그것이 하늘나라에서 고대하는 것은 아닙니다. 고대하는 것은 하나님의 얼굴입니다. 하나님의 존전에 서는 그 찬란한 광경, 곧 '지고선'(至高善, Summum Bonum)입니다. 즉 하나님을 응시하고 바라보는 것입니다. 우리는 그것을 간절히 열망합니까? 우리가 바라는 하늘나라가 바로 그것입니까? 그것이 그 어느 것보다도 우리가 원하는 것입니까? 그것이 갈망하고 열망해야 하는 것입니다.

사도 바울은 죽음이 곧 '그리스도와 함께 있는 것'이라고 말합니다. 다른 말을 덧붙일 필요가 없습니다. 이것이 우리가 하늘나라의 생활과 영광의 삶에 관해서 세세하게 듣지 못하는 이유입니다. 사람들은 왜 그것에 관해 듣지 못하는지 묻습니다. 나는 두 가지 이유가 있다고 생각합니다. 첫 번째는, 우리의 죄악 때문에 어떤 설명을 듣는다 할지라도 우리가 오해할 것이기 때문입니다. … 두 번째 이유는 더 중요합니다. 좀더 알고 싶어 하는 것이 종종 뚜렷한 목적이 없는 호기심에 불과할 수 있기 때문입니다. 하늘나라가 어떤 것인지 말씀드리겠습니다. 그것은 '그리스도와 함께하는 것'입니다. 만일 당신이 이것에 만족하지 못한다면 당신은 그리스도를 전혀 모릅니다. … 나는 그 외에 어떤 것도 원하지 않습니다. "하늘에서는 주 외에 누가 내게 있으리요"(시 73:25).

Faith on Trial, 111

17일 : 과거 위에 쌓아 올려 미래로 나아가십시오

　복음을 거부하는 이유로 복음이 너무 구식이라고 말할 수 없습니다. 그러한 태도는 전적으로 불합리하며, 단지 순전한 편견에 불과합니다. … 진리를 논할 때 중요한 것은 진리가 얼마나 오래되었는지가 아니라 진리의 정확성입니다. … 만일 내가 새롭고 현대적인 것만 참되다고 말한다면 진리에 대한 나의 모든 생각은 분명히 바뀌고, 나는 진리 그 자체보다 더 중요한 기준을 설정한 것입니다. 즉 그것은 바로 현대성입니다. …

　정말로 과학적인 연구 방법은 무엇입니까? 그것은 이와 같이 거의 불변하는 것입니다. 과학적 연구 과제를 받은 젊은이는 일반적으로 보다 나이 많은 사람의 지휘를 받습니다. … 나이 든 사람은 젊은이에게 무엇을 말해야 할까요? 과거에 연구 주제에 관해 쓰였던 모든 책을 불태우고 없애므로 시작하라고 말할까요? 아닙니다. 나이 든 연구자는 정반대로 말합니다. 그는 젊은 연구자에게 실험을 하기 전에 먼저 도서관에 가서 그 연구 주제와 관련된 모든 문헌을 읽고 이해하고 파악하고 나서 그것을 이용하라고 충고합니다. … 진정한 과학적 방법은 과거를 무시하는 것이 아닙니다. 그것은 과거로 시작해서 연구하고 과거 위에 더 쌓아 올립니다. … 오늘날 보통 사람들이 성경을 읽지도 않고, 복음에 잘 알지도 못하고 교회사를 읽어 본 적도 없으면서 성경과 기독교 복음과 교회를 거부하는 것만큼 철저하게 비과학적인 것도 없습니다. 그러한 사람이 어떤 방법을 주장하든지 간에 그것은 진정한 과학적 방법과 정반대된다는 비난을 면할 길이 없습니다.

Truth Unchanged, Unchanging, 99-106

18일 : 바울이 환경의 횡포를 어떻게 극복했는지 보십시오

빌립보서 4장 6-7절, "아무것도 염려하지 말고 다만 모든 일에 기도와 간구로, 너희 구할 것을 감사함으로 하나님께 아뢰라 그리하면 모든 지각에 뛰어난 하나님의 평강이 그리스도 예수 안에서 너희 마음과 생각을 지키시리라"는 가장 고귀하고 위대하며 위로가 되는 진술입니다. … 이 두 구절보다 하나님의 백성에게 더 큰 위로를 주는 말씀은 없습니다. … 바울은 이 말씀에서 주님의 기쁨을 우리에게서 앗아가는 다른 요인들보다 더 문제가 되고, 환경의 횡포라고 묘사할 만하지만 우리에게 일어나는 다른 요인들을 다룹니다. 그런 일들이 얼마나 많으며, 얼마나 자주 일어나는지요! … 신약성경의 모든 서신서들은 이 특별한 문제를 다루며, 초대교회 그리스도인들이 환경의 횡포를 이길 수 있도록 돕습니다. 초대교회 그리스도인들은 힘든 세상에서 살았으며, 고난을 당하며 인내해야만 했습니다. 하나님의 부름을 받은 이들에게 이러한 일들을 극복하는 방법을 보이기 위해서 서신을 썼습니다. 이는 신약성경에서 중요한 주제이지만, 당신은 구약성경에서도 그 주제를 발견할 수 있습니다. 예를 들어, 시편 3-4편을 보십시오. 이 시편들은 그것을 얼마나 완벽하게 설명하는지요. 어떤 의미에서 삶의 가장 큰 문제는 어떻게 누워 쉬느냐의 문제입니다. 시편 기자는 "내가 누워 자고 깨었으니"(시 3:5)라고 말했습니다. 누구나 자리에 누울 수는 있습니다. 문제는, 잠을 잘 수 있느냐 하는 것입니다. 시편 기자는 대적자들과 어려움과 시련이 자신을 둘러싸고 있다고 말합니다. 시편 기자의 강력한 증언은, 그럼에도 불구하고 주님을 신뢰하기 때문에 그가 누워서 잠을 잤다가 아침에 안전히 깼다는 것입니다. 왜 그렇습니까? 왜냐하면 주님이 그와 함께 있어 돌보시기 때문입니다.

Faith on Trial, 261-262

19일 : 항상 기도하고 낙심하지 말아야 합니다

"내가 또 너희에게 이르노니 구하라 그러면 너희에게 주실 것이요 찾으라 그러면 찾아낼 것이요 문을 두드리라 그러면 너희에게 열릴 것이니 구하는 이마다 받을 것이요 찾는 이는 찾아낼 것이요 두드리는 이에게는 열릴 것이니라"(마 11:9-10). 끈기가 중요함은 아무리 강조해도 부족합니다. 당신은 성경의 교훈에서뿐만 아니라 모든 성도의 삶에서 이 끈기를 쉽게 발견할 수 있습니다. … 정말로 하나님의 사람들이 되고 싶다면, 그분을 알고 그분과 동행하고, 그분이 우리에게 주시는 무한한 축복을 경험하기 원한다면 우리는 날마다 끈기 있게 그것을 위해서 그분께 간구해야만 합니다. 우리는 의에 주리고 목말라해야 합니다. 그러면 채워질 것입니다. 그렇다고 이것이 단번에 영원히 채워진다는 의미는 아닙니다. 우리는 지속적으로 주리며 목마릅니다. 사도 바울처럼 뒤에 있는 것을 버려두고 우리는 '푯대를 향하여 나아갑니다.' 바울은 "내가 이미 얻었다 함도 아니요 온전히 이루었다 함도 아니라 오직 내가 그리스도 예수께 잡힌 바 된 그것을 잡으려고 달려가노라"(빌 3:12)고 말합니다. 바로 이것입니다. 이 끈기, 이 지속적인 갈망, 구함, 찾음, 두드림입니다.

이 첫 번째 원리를 굳게 붙잡읍시다. 이 성경 말씀과 신약성경에서 그리스도인에 대해 기록된 모습에 비추어 우리 자신을 살펴봅시다. 이 영광스러운 약속을 바라보고 자신에게 '내가 이것을 체험하고 있는가?' 물어봅시다. 만일 이 모든 것을 받지 못하고 있음을 알게 된다면 우리는 모든 것을 고백하고, 이 위대한 진술로 되돌아가야만 합니다. 이것은 내가 가능성이라고 말했던 의미입니다. 구하고 찾는 것으로 시작해야만 하지만, 진보와 발전과 보다 높은 영적 차원에 오르는 것을 알게 될 때까지 이를 지속해야만 합니다. 우리는 이 일을 계속해야만 합니다. 이것은 '믿음의 싸움'입니다. 이것이 구원을 받게 될 마지막까지 견디는 것입니다. 끈덕지게 지속적으로 행하며, "항상 기도하고 낙심하지 말아야 될 것"입니다. 우리가 큰 축복을 받기 원한다면 단지 기도하고 나서 멈추는 것이 아니라 항상 기도해야 합니다. 끈기, 이것이 우선해야 할 일입니다. 궁핍함을 깨닫고, 공급을 깨닫고 이를 구하는 일에 끈기를 가져야 합니다.

Studies in the Sermon on the Mount II, 201-202

20일 : 주님은 연단하는 자를 사랑하십니다

우리는 개인적인 처지에 다음의 질문을 던져야 합니다. '내 생애에서 하나님의 징계를 받을 만한 일이 있는가? 나는 하나님이 보시기에 옳은가?' … 하나님께서 우리를 그렇게 다루실 수밖에 없는 것이 우리 영혼에 있는지 찾지 않고 상황과 고통만을 바라보는 것이 문제입니다. 내 영혼에 관심을 기울이는 순간 나는 하나님의 축복에 이르는 고귀한 길에 들어서게 됩니다. 징계가, 우리가 하나님의 자녀라는 증거라고 히브리서는 선포합니다. "주께서 그 사랑하시는 자를 징계하시고 그가 받아들이시는 아들마다 채찍질하심이라"(히 12:6). 만일 징계의 의미를 알지 못한다면 우리는 놀라게 됩니다. 우리가 하나님의 자녀라면 하나님은 우리에게 관심을 기울이시고 우리를 완전으로 이끄시기 때문입니다. … 일이 잘못되어 갈 때 해야 할 일은 우리 자신을 살펴보고 '내 영혼의 상태는 어떤가? 하나님께서 내게 말씀하시고 행하시는 것은 무엇인가? 이런 어려움을 당할 만한 일이 내 안에 있는가?'를 물어야 합니다. 자신을 시험하고 겸손히 낮춘 후에 우리 자신을 하나님의 손안에 맡기고 다음과 같이 고백해야 합니다. "오 주님, 아무리 어려울지라도 내 길이 아니라 당신의 길을 걷겠습니다. 저의 유일한 관심사는 제 영혼이 잘되는 것뿐입니다. '진노 중에라도 긍휼을 잊지 마옵소서'(합 3:2). 하지만 무엇보다도 당신의 일을 계속하셔서 제 영혼을 소생시켜 주시고 하나님이 보시기에 좋게 되게 하소서."

From Fear to Faith, 66-67

21일 : "모든 일에 기도와 간구로, 너희 구할 것을 감사함으로 하나님께 아뢰라"

당신은 기독교 신앙에 동의하고, 성경을 읽고서 '그래 나는 이 모든 것을 믿고 있어. 나는 믿음으로 살고 있어'라고 말합니다. 그러나 이것은 모든 것이 잘못되어 가는 것처럼 보이고 절망에 빠지게 할 때 기뻐하게 하고 승리하며 지속적으로 보전하는 믿음을 아는 것과 정확하게 동일한 것은 아닙니다. … 이는 단순한 이론의 영역과는 거리가 멉니다. 당신은 그 처지에, 그 상황에 처해 있습니다. 이런 일들이 당신에게 일어나고 있습니다. 스스로에게 이런 질문을 던져야 합니다. '이 시점에서 당신의 믿음에 가치가 있는 것은 무엇인가? 당신은 불신자와 무엇이 다른가?' … 오늘날 사람들은 자신들이 현실적이며 실제적이라고 말합니다. 그들은 교리에 관심이 없으며, 우리가 말하는 것을 듣고 싶지 않다고 말합니다. 하지만 만일 승리의 인생을 살 수 있도록 도와주는 무언가를 가지고 있는 것처럼 보이는 사람들을 본다면 그들은 즉시 관심을 보입니다. 왜냐하면 그들은 불행하며, 좌절하며, 불확실하며, 두려움에 빠져 있기 때문입니다. 그런 상황에 빠져 있을 때 평화롭고 침착하며 평온하게 보이는 사람들을 본다면 그들은 그 사람들을 바라보고 그 사람들의 말에 귀를 기울입니다. 그러므로 우리 자신의 개인적인 행복과 주님의 기쁨을 유지하는 관점에서 그리고 우리의 증거와 증언의 관점에서 사도 바울이 환경과 조건의 횡포를 다루는 방법에 관해서 "아무것도 염려하지 말고 다만 모든 일에 기도와 간구로, 너희 구할 것을 감사함으로 하나님께 아뢰라 그리하면 모든 지각에 뛰어난 하나님의 평강이 그리스도 예수 안에서 너희 마음과 생각을 지키시리라"(빌 4:6-7)고 말한 것을 음미하는 것이 필요합니다.

Spiritual Depression, 262-263

22일 : 아버지 되신 하나님

… 하나님은 당신이 어떤 조건들을 충족시킬 때에만 당신의 아버지이십니다. 그분은 본성상 우리 중 어느 누구의 아버지가 아니십니다.

하나님이 어떻게 내 아버지가 되십니까? 성경은 이렇게 말합니다. 그리스도께서 "자기 땅에 오매 자기 백성이 영접하지 아니하였으나 영접하는 자 곧 그 이름을 믿는 자들에게는 하나님의 자녀가 되는 권세(즉 권위)를 주셨으니"(요 1:11-12). 당신은 거듭날 때만, 새로운 생명(신생)과 새로운 본성을 받을 때만 하나님이 자녀가 됩니다. 자녀는 아버지의 본성을 공유합니다. 하나님은 거룩하시며, 당신과 나는 거룩한 본성을 받을 때에만 비로소 하나님의 자녀가 됩니다. 이는 우리가 새로운 본성을 가져야만 함을 의미합니다. … 우리에게 주어진 것은 바로 이것입니다. 우리가 하나님의 자녀가 되기까지는 하나님과 어떤 접촉과 교제도, 하나님의 약속을 상속하는 일도 없습니다. … 하나님을 믿을 때 우리는 새로운 생명과 본성을 받으며, 하나님의 자녀가 됩니다. 그때 우리는 하나님께서 우리 아버지이심을 알 수 있습니다. 그러나 그때에 이르기 전까지는 하나님의 자녀가 아닙니다. 또한 그분은 우리에게 자신의 성령, '양자의 영'을 주셔서 '아빠 아버지'라고 부르짖게 하실 것입니다. 이것을 아는 순간 우리는 하나님께서 우리 아버지로서 우리에 대해 특별한 태도를 취하심을 확신할 수 있습니다. 이는 하나님이 우리 아버지로서 우리에게 관심을 기울이시며, 우리에 대해 염려하시며, 우리를 지켜보시며, 우리를 향한 계획과 목적을 갖고 계시며, 항상 우리에게 복을 주시고 우리를 돕기를 간절히 바라신다는 뜻입니다. 이 사실을 부여잡으십시오. 놓치지 마십시오. 당신에게 무슨 일이 일어나든지 간에 하나님은 당신의 아버지이시며, 당신에게 관심을 기울이고 계십니다. 이것이 당신을 향한 하나님의 태도입니다.

Studies in the Sermon on the Mount II, 203

23일 : 온전한 복음을 전인에게 전해야 합니다

우리는 온전한 메시지를 갖고 있습니다. … "하나님의 뜻을 다 여러분에게 전하였음이라"(행 20:27). … 그 메시지는 율법으로 시작됩니다. 하나님의 율법은 의로우신 하나님의 명령이며 진노입니다. 율법은 사람들에게 진리를 변경해서는 절대로 안 된다는 것을 가르쳐 줍니다. … 우리는 사람들이 틀리기 쉽고, 죽어 가며, 죄를 지었으며, 영원한 심판 법정에서 하나님 앞에 서야만 하는 인간이라는 사실에 맞닥뜨리도록 해야만 합니다. …

그 다음에 사람들에게 예수 그리스도 안에서 구원을 주시는 하나님의 온전한 은혜 교리를 전해야만 합니다. 우리는 어느 누구도 '율법의 행위로', 자신의 선행이나 의로움이나 교인 됨이나 그 밖의 어떤 것으로도 구원을 받지 못하며, 오직 하나님의 아들 예수 그리스도 안에서 하나님께서 값없이 주시는 선물로만 온전하게 전적으로 구원을 받게 됨을 제시해야만 합니다. … 전체 교리, 즉 죄인 됨, 심판의 실재성, 지옥, 값없이 주시는 은혜, 칭의, 성화, 영화를 하나도 빠트리지 말고 선포해야만 합니다.

우리는 성경 안에 하나의 세계관이 있음을 보여 주어야 합니다. … 그것은 성경에서만 역사, 곧 과거와 현재와 미래의 역사를 이해할 수 있다는 것입니다. 이 위대한 세계관과 하나님의 영원한 목적을 전합시다.

동시에 우리는 전인(全人)에게 그것을 전하도록 주의를 기울여야 합니다. … 복음은 단지 사람의 마음만을 위한 것은 아닙니다. 당신은 먼저 머리, 곧 지식으로 진리를 제시하고 … 그 다음에 하나님께서 주신 이 위대한 메시지가 생각에, 마음에, 의지에 전달되도록 제시해야 합니다. 일부분이나 사람의 인격 중에서 한 부분을 남겨 둘 위험은 언제나 있습니다. … 전인에게, 즉 사람의 생각에, 감정에, 의지에 전해야 합니다.

The Weapons of our Warfare, 21-22

24일 : 간구하기 전에 먼저 경배하십시오

바울은 '염려의 상태는 어떤 의미에서 우리의 통제 밖에 있는 그 무엇이며, 여러분이나 여러분의 의지와 상관없이 일어난다'라고 말합니다. … 마음과 정신은 우리 통제 밖에 있습니다. … 여기서 '마음'은 단지 감정의 장소만을 의미하지 않습니다. 그것은 우리 인격의 중심입니다. '정신'은 '사고, 생각'으로 다르게 표현할 수 있습니다. … 마음은 느낌과 감정을 갖고 있습니다. 사랑하는 사람이 병에 걸렸을 때 마음이 어떻게 작동하는지요! … 그뿐만 아니라 상상력입니다! 상상력이 얼마나 많은 염려의 원인이 되는지요! … 우리는 염려에 빠져서 추론하고, 논쟁하며, 상상을 쫓아가느라 모든 시간을 허비합니다. 그런 상태에서 우리는 쓸모가 없습니다. … 안타깝게도 우리의 증언 또한 쓸모가 없습니다. 우리는 다른 사람에게 아무런 가치가 없으며, 무엇보다도 주님의 기쁨을 잃어버립니다. …

그 내적 혼란을 피하기 위해서 무엇을 해야 합니까? … 바울은 단순히 '염려를 멈추십시오'라고 말하지 않습니다. … 왜냐하면 그것은 무익하기 때문입니다. … 성경은 동일한 방식으로 '염려하지 말라. 그것은 일어나지 않을 수도 있다'라고 말하지 않습니다. … 내가 그런 상태에 있다면 나는 이렇게 반응합니다. '그래, 그것은 일어날 수도 있어.' … 이 모든 방법으로는 내 상황을 적절하게 다루지 못합니다. 왜냐하면 그 방법들은 바울이 '마음'과 '정신'이라고 부르는 것의 힘을 깨닫지 못하기 때문입니다. … 바울은 치료법을 긍정적인 명령의 형태로 제시합니다. "너희 구할 것을 감사함으로 하나님께 아뢰라"(빌 4:6). … 바울은 이 명령에서 따라야 하는 중요한 교훈을 주고 있습니다. … 첫째로, 바울은 기도하라고 말합니다. … 이는 가장 일반적인 용어로 예배와 경배를 의미합니다. 만일 당신이 전혀 해결될 것 같지 않은 문제를 갖고 있다면, 염려되고 과도한 부담감을 쉽게 느낀다면, 누군가가 당신에게 기도하라고 한다면 간구함으로 하나님께 돌진하지 마십시오. … 구할 것을 하나님께 아뢰기 전에 예배를 드리며, 경배하십시오. 하나님의 존전에 나아가십시오. 그동안 당신의 문제를 잊으십시오. 당신의 문제를 꺼내놓는 것으로 시작하지 마십시오. 당신이 하나님과 대면하고 있음을 깨달으십시오.

Spiritual Depression, 264-267

25일 : 하나님이 주시는 좋은 것들

우리는 하나님께서 우리를 위해 마련하신 선한 은사를 더욱더 기억해야만 합니다. "하물며 하늘에 계신 너희 아버지께서 구하는 자에게 좋은 것으로 주시지 않겠느냐"(마 7:11). 이는 성경 전체의 주제입니다. '좋은 것'은 무엇입니까? 주님께서 해답을 주셨습니다. … "너희가 악할지라도 좋은 것을 자식에게 줄 줄 알거든 하물며 너희 하늘 아버지께서 구하는 자에게 성령을 주시지 않겠느냐"(눅 11:13). 바로 이것입니다. 하나님은 성령을 주심으로 우리에게 모든 것을 주십니다. 우리에게 필요한 모든 건강, 모든 은혜, 모든 은사를 주십니다(벧후 1:3). … 구하고, 찾고, 두드리는 것이 우리가 좋아하는 것은 무엇이든지 구하기만 하면 얻게 된다는 의미가 아니라는 사실을 하나님께 감사드려야 합니다. 그렇습니다. 이것이 바로 그 의미입니다. 당신에게 좋은 것, 당신 영혼의 구원을 위한 것, 당신의 궁극적인 완전을 위한 것, 당신이 하나님을 가까이 하며, 당신의 삶을 확장하며, 당신에게 철저하게 좋은 것을 위해 기도하십시오. 그러면 하나님은 주실 것입니다. 그분은 당신에게 나쁜 것은 주지 않으실 것입니다. 당신은 그것이 당신에게 좋은 것이라고 생각할 수 있습니다. 하지만 하나님은 그것이 당신에게 나쁘다는 것을 알고 계십니다. 그분은 실수하지 않으시는 분입니다. 그분은 결코 그런 것을 주시지 않을 것입니다. … 문자적인 의미로 약속은 바로 이것입니다. 만일 우리가 이러한 좋은 것, 즉 성령의 충만함, 사랑과 기쁨과 화평과 인내 등 그리스도께서 세상에 사실 때 그토록 빛났던 이 모든 덕목들과 영광들을 구한다면 하나님은 주실 것입니다. 우리가 정말로 좀더 그분과 같이 되기를 원한다면, 모든 성도와 같이 되기를 원한다면, 이 모든 것을 실제로 구한다면 우리는 받게 될 것입니다. …

이것이 미래와 맞닥뜨리는 방법입니다. 성경에서 말하는 이 좋은 것들이 무엇인지 찾아내서 구하십시오. 정말로 중요한 것은 하나님을 아는 것입니다. … 만일 우리가 '하나님의 나라와 의를 구하면'(마 6:33), 하나님의 아들의 이 말씀을 부여잡는다면 다른 모든 것은 우리에게 더해질 것입니다.

Studies in the Sermon on the Mount II, 204-205

26일 : 감사함으로 구할 것을 아뢰십시오

바울은 우리가 하나님께 특별한 것들을 가지고 나아갈 수 있다고 말합니다. 그 간구는 기도의 합당한 부분입니다. … 그러나 기다리십시오. 빌립보서 4장 6절에는 여전히 또 다른 한 가지가 있습니다. "다만 모든 일에 기도와 간구로, 너희 구할 것을 감사함으로 하나님께 아뢰라"(빌 4:6). 그것은 세 가지, 곧 기도와 간구와 감사함 중에서 가장 중요한 것입니다. … 하나님께 기도하는 동안 마음속에 하나님에 대한 원망을 품고 있다면 우리는 하나님의 평강이 우리 마음과 생각을 지켜주리라고 기대할 권리가 없습니다. 하나님께서 우리를 좋아하지 않으신다는 느낌을 가지고 무릎을 꿇고 있으니 차라리 일어나서 가버리는 것이 낫습니다. 그렇습니다. 우리는 "감사함으로" 하나님께 나아가야만 합니다. 우리 마음속에 하나님의 선하심에 대해서 추호의 의심도 없어야만 합니다. … 우리는 다음과 같이 말해야만 합니다. '당장에 어려움을 겪을 수도 있지만, 나의 구원과 아들을 보내서 나와 내 죄를 위해 십자가에 달려 죽게 하신 것에 대해 하나님께 감사할 수 있습니다. 내가 매우 힘든 어려움에 직면하고 있음을 압니다. 하지만 하나님께서 나를 위해서 그것을 행하셨습니다. … 나는 과거에 받았던 많은 복들에 대해 하나님께 감사할 것입니다.' 우리는 생각과 힘을 다하여 하나님께 감사하고 찬양할 이유를 찾으려고 애써야만 합니다. 우리는 그분이 우리 아버지이시며, 그분이 우리 머리카락 수까지 셀 정도로 우리를 많이 사랑하신 것을 상기해야만 합니다. 이런 것을 떠올릴 때 마음을 다하여 감사를 드리게 됩니다. … 우리는 사랑하고, 찬양하며, 예배하는 경배의 마음과 확신하는 믿음을 가지고 그분의 존전에 나아가서, 우리의 구할 것을 그분에게 아뢰어야 합니다. 다시 말해서 바울이 말하는 기도는 어둠 속에서 절망에 빠져 울부짖는 것이 아닙니다. 현실적인 생각이 없이 하나님께 광적으로 호소하는 것이 아닙니다. 우리는 먼저 복되고 영광스러운 하나님을 예배하고 있음을 깨닫고 떠올려야 합니다. 우리는 먼저 예배하고 나서 구할 것을 아뢰어야 합니다.

Spiritual Depression, 267-268

27일 : 황금률

황금률(마 7:12)은 우리 주님께서 다른 곳에서 "네 이웃을 네 자신과 같이 사랑하라"(마 22:39)는 말씀으로 요약하셨던 계명들의 전형적인 본보기입니다. … 당신은 다른 사람에게 먼저 초점을 맞추지 않습니다. 자신에게 다음과 같이 질문함으로 시작합니다. '그것은 내가 좋아하는 것인가? 이것들은 나를 기쁘게 하는가? 나를 돕고 내게 용기를 주는 것인가?' 그 다음에 자신에게 묻습니다. '내가 싫어하는 것은 무엇인가? 나를 화나게 하고 내 안에서 가장 나쁜 것을 가져다주는 것은 무엇인가? 혐오스럽고 좌절하게 하는 것은 무엇인가?' 당신은 좋아하는 것과 싫어하는 것의 목록을 만듭니다. 그것들을 당신의 삶과 활동들과 관련해서, 즉 행위만이 아니라 생각과 말과 관련해서 상세하게 풀어서 생각합니다. '나는 사람들이 나에 대해서 어떻게 생각하기를 바라는가? 내게 상처를 주는 것은 무엇인가?'

… 우리가 좋아하는 것과 싫어하는 모든 것을 뽑아놓고서 다른 사람을 대하려고 할 때 우리는 단지 '이 문제에서 다른 사람도 나와 정확하게 똑같구나'라고 말할 수밖에 없습니다. 우리는 항상 다른 사람의 입장에 서 보아야 합니다. 다른 사람과 관련해서 행동하고 처신할 때 자신에게 유쾌한 것이나 불쾌한 것을 행하거나 행하지 않도록 조심해야 합니다. … 당신은 자신에 대해 나쁘게 말하는 것을 안 좋아하지 않습니까? 그러면 다른 사람에게도 그렇게 말하지 마십시오. 당신은 까다로운 사람, 당신의 삶을 괴롭히고 당신의 삶에 문제를 안겨 주는 사람, 당신을 불쾌하게 만드는 사람을 싫어합니까? 그러면 정확하게 같은 방법으로 다른 사람들에게 그런 사람이 되지 않도록 하십시오. 주님에 따르면 황금률은 이처럼 매우 단순한 것입니다. 모든 윤리와 사회관계와 도덕과 현대 세상에서 인간관계의 문제들을 다루는 모든 위대한 교과서들을 줄이면 바로 황금률에 이르게 됩니다.

Studies in the Sermon on the Mount II, 207-208

28일 : 나는 견고한 반석이신 그리스도 위에 서 있습니다

시편 73편 기자는 말합니다. '아, 그렇습니다. 나는 내 삶의 기초가 밑바닥부터 흔들리는 것을 느끼는 날이 올지라도 하나님은 나를 붙잡고 계시는 반석이 되실 것입니다. 그분은 옮겨질 수 없습니다. 흔들릴 수 없습니다. 그분은 모든 시대의 반석이십니다. 내가 어디에 있든지 간에, 무슨 일이 일어나든지 간에, 내 신체의 뼈대가 흔들리고, 이 땅의 일들이 사라질지라도 반석이신 하나님은 나를 지탱하실 것이며, 나는 결코 흔들리지 않을 것입니다.' "하나님은 내 마음의 반석이시요 영원한 분깃이시라"(시 73:26).

성경은 이것을 계속해서 말합니다. … 이사야의 말씀에 귀를 기울이십시오. … 그는 '견고한 기촛돌'에 관해 이야기합니다. "보라 내가 한 돌을 시온에 두어 기초를 삼았노니 곧 시험한 돌이요 귀하고 견고한 기촛돌이라." 그는 이렇게 말합니다. "그것을 믿는 이는 다급하게 되지 아니하리로다"(사 28:16). … 또 다르게 번역하면 이것은 '믿는 이는 결코 부끄러움을 당하지 않으리라'입니다. 왜 그렇습니까? 그(믿는 자)는 반석 위에 서 있습니다. 그는 후원자를 갖고 있으며, 이 기촛돌을 갖고 있습니다. 그 기촛돌은 결코 요동하지 않습니다. 왜냐하면 하나님 자신이 그 기촛돌이시기 때문입니다. …

> 내 소망은 예수님의 피와 의 위에 세워져 있습니다.
> 나의 가장 아름다운 몸을 신뢰하지 않고,
> 다만 온전히 예수님의 이름에 의지합니다.
> 나는 견고한 반석이신 그리스도 위에 서 있습니다.
> 다른 모든 땅은 가라앉는 모래입니다.

이것을 아십니까? 반석 위에 서 있습니까? 그분을 아십니까? 당신의 가족, 당신의 사업 또는 당신의 활기에 매달립니까? 당신의 경험이나 그 밖의 다른 것에 의지하지 마십시오. 그것들은 언젠가 끝나게 될 것입니다. … 그 어느 것도 신뢰하지 마십시오. 오직 그분만 신뢰하십시오. 그분은 모든 시대의 반석이시며 영원한 하나님이십니다.

> 나는 견고한 반석이신 그리스도 위에 서 있습니다.
> 다른 모든 땅은 가라앉는 모래입니다.

Faith on Trial, 114-115

29일 : 완전을 향하여

빌립보서 3장에 있는 분명한 모순을 알아차렸습니까? 바울은 "내가 이미 얻었다 함도 아니요 온전히 이루었다 함도 아니라"(빌 3:12)고 말합니다. 그리고 나서 몇 절 지난 후에 이렇게 말합니다. "그러므로 누구든지 우리 온전히 이룬 자들은 이렇게 생각할지니 …"(빌 3:15). 이는 방금 말한 것과 모순되지 않습니까? 그렇지 않습니다. 당신은 그리스도인이 완전하다는 것을 압니다. 그러나 그리스도인은 완전하게 되어야 합니다. … 나는 지금 그리스도 안에서 완전합니다. 그러나 또한 나는 지금 완전하게 되어 가고 있습니다. "내가 이미 얻었다 함도 아니요 온전히 이루었다 함도 아니라 … 푯대를 향하여 그리스도 예수 안에서 하나님이 위에서 부르신 부름의 상을 위하여 달려가노라"(빌 3:12, 14). 그렇습니다. 바울은 그리스도인들에게, 의와 칭의의 길에 관한 문제에서 이미 완전한 사람에게 말하고 있습니다. 그러나 바울은 이들에게 '그러므로 완전을 향하여 나아갑시다'라고 권면합니다.

나는 당신이 이것에 대해 어떻게 느끼는지 알지 못합니다. 그러나 나에게 그것은 매우 매력적입니다. 그리스도인은 배부르게 될수록 더욱더 주리고 목마르게 됩니다. 이것이 그리스도인의 복된 삶입니다. 그것은 계속됩니다. 당신은 성화의 어느 단계에 이르지만, 남은 생애 동안 그 단계에 만족해하지 않습니다. '하늘에서 우리의 자리를 차지할 때까지' 당신은 영광에서 영광으로 계속해서 변화됩니다. "우리가 다 그의 충만한 데서 받으니 은혜 위에 은혜러라"(요 1:16). 은혜 위에 은혜가 더해집니다. 계속됩니다. 우리는 완전합니다. 하지만 완전하지 않습니다. 주리고 목마릅니다. 배부르고 만족해하나 좀더 갈망하고 충분히 만족해하지 못합니다. 왜냐하면 이것은 그토록 영광스럽고 놀라운 것이기 때문입니다. 그분에 의해 온전히 만족하게 되지만, '그분과 그분의 부활의 권능을 알고 싶어' 더 큰 갈망을 느낍니다. … 당신은 채워졌습니까? 이런 의미에서 복을 받았습니까? 주리고 목마릅니까? 이것이 문제입니다. "의에 주리고 목마른 자는 복이 있나니 그들이 배부를 것임이요"(마 5:6). 이것은 그런 사람들에게 주어진 하나님의 영광스럽고 영광스런 약속입니다.

Studies in the Sermon on the Mount I, 83

30일 : 하나님의 권능이 지켜주십니다

사도 바울은 우리가 기도하면 기도 그 자체가 우리의 기분을 좋게 만들 거라고 결코 말하지 않습니다. 이런 이유로 기도하는 것은 정말 수치스러운 일입니다. 이것은 심리학자들이 말하는 기도의 효용성입니다. 심리학자들은 어려움에 봉착할 때 기도하는 것이 우리에게 좋다고 말합니다. … 기도는 자기암시가 아닙니다.

또한 바울은 '기도하라. 왜냐하면 기도하는 동안 그 문제에 대해서 생각하지 않게 되고 결국 일시적으로 위안을 받게 될 것이다'라고 결코 말하지 않습니다. … 게다가 바울은 '온 마음을 다하여 하나님과 그리스도에 대해서 생각하면 그런 생각들이 다른 것들을 몰아낼 것이다'고 말하지 않습니다. … 또한 그는 '기도하라. 왜냐하면 기도가 그 일들을 변화시키기 때문이다'라고 말하지 않습니다. 그렇습니다. 기도는 '어떤 일을 변화시키지' 않습니다. … 변화시키는 것은 당신의 기도가 아닙니다. 변화가 일어나도록 역사하는 사람은 당신이 아닙니다. 하나님이십니다. "그리하면 모든 지각에 뛰어난 하나님의 평강이 그리스도 예수 안에서 너희 마음과 생각을 지키시리라"(빌 4:7).

너희 마음과 생각을 '지키다'라는 표현에 대해서 말하려고 합니다. 그것은 '수비하다, 보호하다'라는 뜻입니다. 하나의 그림을 마음속에 그릴 수 있습니다. 그것은 하나님의 평강이 우리 삶의 성벽과 망대 위를 돌아다니는 것입니다. 우리는 그 성 안에 있으며, 마음과 생각의 활동은 바깥으로부터 오는 그러한 스트레스와 염려와 긴장감을 만들어 냅니다. 그러나 하나님의 평강이 마음과 생각을 지킬 것이며, 우리는 그 안에서 온전한 평강 가운데 거하게 될 것입니다. 그것은 바로 하나님께서 하시는 일입니다. 그것은 우리가 하는 일도, 우리의 기도도, 어떤 심리학적인 방어기제도 아닙니다. 우리는 구할 것을 하나님께 아뢰며, 하나님은 우리를 위해서 그것을 행하시며, 온전한 평강 가운데서 우리를 지키십니다.

Spiritual Depression, 269-270

31일 : 황금률을 실천하지 못하는 이유

사람이 황금률(마 7:12)을 따라 살거나 황금률을 지키는 데 실패하는 것은 사람이 자기중심적이기 때문입니다. 이것은 다음으로 자기만족, 자기 방어, 자기 관심에 이르게 됩니다. 자아는 줄곧 선두에 서 있습니다. 왜냐하면 사람은 자신을 위해서 모든 것을 차지하기 원하기 때문입니다. 결국 그것이 노동 쟁의에서 분쟁의 원인이지 않습니까? … 한쪽에서는 이렇게 말합니다. '나는 더 많이 가질 권리가 있어.' 상대방은 이렇게 말합니다. '자, 그가 더 많이 가지면, 난 덜 갖게 될 거야.' 그래서 그들은 서로 반대하며, 다툼이 일어납니다. 왜냐하면 양측이 각각 자신만 생각하기 때문입니다. 나는 특별한 분쟁이 갖고 있는 특별한 장점에 개입하려는 것이 아닙니다. … 그러나 쓰라림은 죄와 자아 때문에 옵니다. 우리가 이 모든 문제를 대하는 우리의 자세를 분석할 만큼 정직하다면, 그것이 정치적이든, 사회적이든, 경제적이든, 국가 또는 국제적이든 간에 이 모든 것이 그것에 이르게 됨을 알게 될 것입니다. 당신은 국가에서 이것을 보게 됩니다. 두 나라가 동일한 것을 원합니다. 그래서 각자가 상대 국가를 지켜봅니다. 모든 국가들은 자신들을 세계 평화의 수호자이며 관리자로 여깁니다. 애국심에는 항상 이기적인 요소가 있습니다. 그 요소는 '내 나라야', '내 권리야'라고 주장하는 것입니다. 다른 나라도 동일하게 말합니다. 우리 모두 자기중심적이어서 전쟁이 일어납니다. 모든 분쟁은 싸움이며 불행입니다. 개인들이든, 사회단체든, 국가나 국가 연합이든 간에 종국에는 모든 것이 바로 그것으로 귀착됩니다. 오늘날 세계에서 벌어지는 모든 문제의 해결책은 본질적으로 신학적입니다. 죄가 사람들의 마음속에서 개인들과 단체들과 국가를 통제하는 한 군비축소와 그 밖에 다른 것에 관한 모든 협의회와 제안들은 무위로 돌아갈 것입니다. 황금률을 적용하는 데 실패하는 것은 바로 타락과 죄 때문입니다.

Studies in the Sermon on the Mount II, 213

Martyn Lloyd-Jones

November
11

"우리가 주목하는 것은 보이는 것이 아니요 보이지 않는 것이니 보이는 것은 잠깐이요 보이지 않는 것은 영원함이라"(고후 4:18)

The greatest message

11월 November

1일 : 하나님을 가까이하기

시편 73편 28절은 다른 성경에서 이렇게 번역되어 있습니다. '그러나 하나님을 가까이하는 것은 나에게 선한 것이다.' … 시편 기자가 가장 바라는 것은 계속해서 하나님을 가까이하는 것입니다. … 우리는 모두 하나님에게서 멀리 떨어져 있거나 하나님을 가까이합니다. … 그러기에 우리는 하나님을 가까이하기 위해서 이 시편 기자의 결심에 도달하는 것이 무엇보다 중요합니다.

… 시편 기자의 마음에 가장 중요했던 것은 이와 같습니다. 시편 기자는 자신의 슬픈 경험을 되돌아보면서 실제로 자신의 잘못은 그 자신이 계속해서 하나님을 가까이하지 않았다는 것 때문이라는 결론에 이르렀습니다. 시편 기자는, 자신은 고통을 당하는 반면에 악인들은 번성하는 것처럼 보인다고 생각했습니다. 그러나 이제 하나님의 성소에서 깨달음을 얻은 후에 이것이 자신이 겪는 모든 어려움의 원인이 아니라는 사실을 알게 됩니다. 중요한 것은 단 한 가지뿐입니다. 그것은 하나님과의 관계입니다. 시편 기자는 하나님을 가까이한다면 자신에게 일어나는 일은 그리 중요하지 않다고 말합니다. 그러나 만일 내가 하나님을 멀리한다면, 종국에는 그 어떤 것도 올바르게 될 수 없다는 것입니다. …

이것이 그리스도인의 삶에서 필요한 지혜의 처음과 마지막입니다. 하나님으로부터 멀리 떠나려는 순간 모든 것이 잘못되어 갑니다. 한 가지 비결은 하나님을 가까이하는 것입니다. 그렇게 하지 않는다면 우리는 바다에서 북극성을 놓쳐 버리거나 나침반을 잃어버린 배와 같습니다. 우리가 그 자세를 잃어버릴 때 이런 결론에 도달한다는 것은 그리 놀랍지 않습니다. 이 시편 기자가 발견한 것이 바로 그것입니다. 그는 이렇게 말합니다. '내게 필요한 것은 다른 사람이 누리고 있는 축복이나 번영이 아니야. … 그러므로 내 결심은 이거야. 나는 하나님을 가까이할 거야. 이것이 내 삶에서 가장 큰일이 되게 할 거야. 나는 매일 그 자리에서 하나님을 가까이하는 것으로 시작할 거야. 나는 어떤 일이 일어나든지 간에 본질적인 것은 바로 하나님을 가까이하는 일이라고 내 자신에게 말할 거야.'

Faith on Trial, 117-118

2일 : 건강하고 행복한 얼굴

"내 영혼아 네가 어찌하여 낙심하며 어찌하여 내 속에서 불안해하는가"(시 42:11). 이 말씀은 영적 침체의 정확한 모습을 보여 줍니다. … 당신은 바로 이 사람을 봅니다. … 낙담하고, 불안해하고, 비참해하는 사람, 불행하고 의기소 침해 있는 사람은 항상 그 얼굴에 드러납니다. 그 사람은 불안해 보입니다. 안 달해하는 것이 보입니다. 당신은 그의 얼굴을 힐끗 보고도 그의 상태를 알게 됩니다. 그렇습니다. 시편 기자는 이렇게 말합니다. '내가 하나님을 바라볼 때 좋아졌습니다. 내 얼굴도 밝아졌습니다.' '그분은 내 얼굴의 건강이십니다'(이 는 영어 성경 흠정역의 번역이다. 개역성경에서는 "내 얼굴을 도우시는 하나님"으로 번 역되어 있으나, 개역개정성경에서는 "그가 나타나 도우심으로"로 바뀌었다. 히브리어 본 문을 문자적으로 번역하면 '내 얼굴의 도움'이라는 뜻이다. - 역자 주). 내 얼굴에서 일 그러지고, 수척하고, 짜증나고, 고통스럽고, 당황하며, 내성적인 모습이 사라 집니다. 내 얼굴이 침착하고, 차분하며, 안정되고, 밝아지기 시작합니다. 이는 가식이 아니라 당연한 것입니다. 우리가 좋아하든지 싫어하든지 간에 우울하 고 불행하다면 우리 얼굴에 드러나게 될 것입니다. 다른 한편 우리가 하나님 과 올바른 관계를 맺는다면, 또 참된 영적인 상태를 유지한다면 그것은 당연 히 얼굴에 드러나기 마련입니다. 기독교의 참된 기쁨을 드러내 보이는 데 가 장 중요하다고 생각해서 얼굴에 공허한 미소를 지으라고 하는 것이 아닙니다. 당신은 그 어떤 것을 얼굴에 뒤집어 쓸 필요가 없습니다. 기독교의 참된 기쁨 은 자연히 드러나게 될 것입니다. 그것은 표현될 수밖에 없습니다. '그분은 나 의 얼굴의 건강이십니다.'

Spiritual Depression, 13-14

3일 : 의란 예수 그리스도와 같이 되는 것입니다

사람들에게 복음을 제시했을 때 어째서 사람들이 일반적으로 두 가지로 복음을 반대하는지를 관찰하는 것은 매우 흥미로운 일입니다. … 두 가지 반대는 사람들에게서 공통적으로 나타납니다. … 무엇보다도 먼저, 사람들이 "의에 주리고 목마른 자는 복이 있나니 그들이 배부를 것임이요"(마 5:6)라는 말씀을 들을 때, 구원이 전적으로 은혜에서 비롯된다고 말을 들을 때, 구원이 하나님께서 주시는 그 무엇이며, 공로로 구원을 얻을 수 없으며, 구원을 받을 만한 자격이 없으며, 그것을 받는 수밖에 다른 길이 없다는 것을 들을 때 사람들은 즉시 반대하면서 이렇게 말합니다. '그러나 그렇게 되면 구원을 너무 쉽게 받게 됩니다. … 구원은 그렇게 쉽게 받을 수 없는 것이 분명해요.' …

그런데 성경 본문이 말하고 있는 의의 성격 때문에 구원이 그래야 한다고 말하면 사람들은 반대하면서 구원을 받기 너무 어렵게 만들어서 구원을 받는 것은 불가능하다고 말합니다. … 당신이 보다시피 그들은 의의 문제에 대해서 잘못을 저지르고 있습니다. 그들에게 의란 어떤 수준까지 단정하고 도덕적으로 되는 것을 의미합니다. … 그러나 의는 궁극적으로 주 예수 그리스도와 같이 되는 것입니다. … 이것이 우리가 도달해야만 하는 것입니다. 물론 우리가 이를 깨닫는 순간 우리는 이것이 우리가 행할 수 없는 그 무엇임을 알게 되며, 그러므로 우리는 무력한 극빈자로서, 우리 손에 가진 것이라곤 하나도 없는 자로서, 전적으로 공짜로 받는 사람으로서 그것을 받아야만 한다는 것을 깨닫게 됩니다. … 구원을 받기에 너무 어렵다고 복음을 반대하는 것은 결코 그리스도인이 아니라고 고백하는 것과 마찬가지입니다. 그리스도인은 복음의 진술과 명령이 불가능하다는 것을 인정하지만, 복음이 우리를 위해서 불가능한 것을 행한다는 것에 대해 하나님께 감사하는 사람입니다.

Studies in the Sermon on the Mount I, 84-86

4일 : 하나님의 평강은 그분의 뜻 안에 있습니다

　사랑하는 그리스도인들이여, 당신을 넘어뜨리게 하고, 염려의 희생자로 삼으며, 그리스도인으로서 당신의 삶과 증언을 괴롭히고 망치는 병적인 걱정이 무엇이든지 간에 하나님께 그것을 아뢰십시오. … 그렇게 한다면 하나님의 평강이 당신의 마음과 생각을 보호하고 지키며 수비해 주심을 보장받게 될 것입니다. … 시편 기자처럼 당신은 누워 자며, 이 완전한 평강을 알게 될 것입니다. 이것을 알고 있습니까? 이 평강을 누리고 있습니까? 이것은 또 다른 하나의 이론입니까? 그것은 실제로 일어납니까? 내가 확신하건대, 2천년에 달하는 기독교 역사는 이것이 사실이라고 선포하고 있습니다. … 수년 전까지 구세군 사령관이었던 존 조지 카펜터는 자신과 자기 아내가 좋아하고 자랑스러워했던 사랑스러운 딸이 자신들과 헤어져서 동양에 가서 외국 선교 사역을 하기로 헌신했다고 말합니다. 그런 딸이 갑자기 장티푸스에 걸렸습니다. 물론 카펜터 부부는 기도하기 시작하면서 비록 설명할 수는 없지만 자신들이 자기 딸애의 회복을 위해서 기도할 수 없다는 느낌을 받았습니다. 카펜터 부부는 계속해서 이렇게 기도했습니다. '당신이 원하시면 딸애의 병을 고치실 수 있습니다.' 그들은 딸애의 병을 고쳐달라고 적극적으로 하나님께 간구하지 않았습니다. … 그들은 6주 동안 계속해서 이렇게 기도했으며, 그 후에 이 어여쁜 딸이 죽었습니다. 딸애가 죽던 그날 아침에 존 카펜터는 아내에게 이렇게 말했습니다. '나 오늘 유난히 이상할 정도로 묘한 평안을 느꼈어요.' 아내도 카펜터에게 대답했습니다. '저도 마찬가지예요.' 그리곤 이어서 이렇게 말했습니다. '이건 하나님의 평강이 틀림없어요.' 그래요. 그것은 하나님의 평강이었습니다. … 거기에 그들이 있었습니다. 그들은 올바른 방법으로 자신들의 구할 것을 아뢰었습니다. … 이 놀랍고도 차분한 평강이 그들에게 다가왔습니다. … '그것은 하나님의 평강이 틀림없었습니다.' 하나님의 평강이었습니다. 하나님, 감사합니다.

Spiritual Depression, 271-272

5일 : 하나님과 함께 시작하십시오!

어떻게 하면 우리의 태도와 행위가 주님께서 말씀하시는 황금률(마 7:12)에 맞을 수 있을까요? 복음이 제시하는 해답은 하나님과 함께 시작하라는 것입니다. 가장 큰 계명은 무엇입니까? 이것입니다. "네 마음을 다하고 목숨을 다하고 뜻을 다하여 주 너의 하나님을 사랑하라"(마 22:37). 두 번째 계명은 이와 같습니다. "네 이웃을 네 자신같이 사랑하라"(마 22:39). 순서에 주목하십시오. 이웃과 더불어 시작하는 것이 아니라 하나님과 함께 시작합니다. 개인 간의 관계든, 국가 간의 관계든 하나님과 함께 시작하기 전까지는 이 세상의 관계는 올바르게 되지 않습니다. 하나님을 사랑하지 않는 한 당신은 자기 자신처럼 이웃을 사랑할 수 없습니다. 먼저 하나님의 시각에서 자신과 이웃을 보지 않는 한 당신은 결코 자신이나 이웃을 올바르게 보지 못할 것입니다. …

그러므로 우리는 하나님으로 시작합니다. 우리는 모든 싸움과 분쟁과 문제에서 돌아서서 하나님의 얼굴을 바라봅니다. 우리는 하나님의 거룩함과 전능함과 창조적 능력을 보기 시작합니다. 우리는 하나님 앞에서 자신을 겸손하게 낮춥니다. … 하나님을 알게 될 때 우리는 땅에 엎드립니다. 당신은 그런 위치에서 자기 권리와 존엄을 내세우지 못합니다. 당신은 더 이상 자신을 보호할 필요가 없습니다. 왜냐하면 당신은 그 어떤 것에도 무가치하다고 느끼기 때문입니다.

다음으로 우리는 더 이상 다른 사람을 우리의 권리를 앗아가는 미운 사람으로 보지 않게 됩니다. … 우리 자신을 보듯이 다른 사람들을 죄와 사탄의 희생자로서 바라보게 됩니다. … 타인에 대해서 완전히 새로운 관점을 갖게 됩니다. 타인을 우리 자신인 것처럼 보며, 우리나 타인이나 끔찍한 곤경에 빠져 있음을 보게 됩니다. 우리는 아무것도 할 수 없습니다. 다만 우리와 타인이 함께 그리스도에게로 달려가서 그분의 놀라운 은혜가 우리에게 유익이 되게 해야 합니다. 우리는 그 은혜를 함께 누리기 시작하며 나누기를 원하게 됩니다. 이것이 그 순서입니다. 이것이 다른 사람이 우리에게 해주기를 바라는 대로 우리가 다른 사람에게 행할 수 있는 유일한 방법입니다.

Studies in the Sermon on the Mount II, 213-215

6일 : 자족하기를 배우십시오

사도 바울은 빌립보서 4장 11-12절에서 "내가 궁핍하므로 말하는 것이 아니니라 어떠한 형편에든지 나는 자족하기를 배웠노니 나는 비천에 처할 줄도 알고 풍부에 처할 줄도 알아 모든 일 곧 배부름과 배고픔과 풍부와 궁핍에도 처할 줄 아는 일체의 비결을 배웠노라"고 말합니다. 여기에는 두 가지 큰 원칙이 있습니다. 물론 첫째는 사도 바울이 도달했던 상태입니다. 둘째는 바울이 그러한 상태에 도달했던 방법입니다. … 먼저 사도 바울이 이르렀던 상태를 살펴보십시오. 그는 그 상태를 '만족하여'(content, 개역개정은 이를 '자족'이라고 번역한다. 후에 나오겠지만, 우리말 번역이 훨씬 좋은 번역이다. - 역자 주)라는 낱말로 묘사합니다. … 그러나 '만족하여'라는 낱말은 그 상태를 완벽하게 설명하지 못합니다. 이것은 환경, 상황, 주변과 상관없이 실제로 '자족하여'(self-sufficient) 또는 '그 자체로 만족하다'라는 뜻입니다. … 사도 바울의 확신은 자신이 처한 처지와 자신에게 일어나는 모든 일과 상관없이 지내게 되었다고 정직하고도 진실 되게 말하는 그런 상태에 이르렀다는 것입니다. 사도 바울의 입장에서 이것이 단순한 수사학적 진술이 아니라는 것은 신약성경의 다른 부분에 나오는 바울과 그의 생애에 관한 기록에서 분명하게 드러납니다. … 바울과 실라가 빌립보에서 체포되어서 매를 맞고, 차꼬로 발이 묶인 채 감옥에 갇힌 사건을 떠올려 보십시오. 그들의 신체적 상황은 더할 나위 없이 최악이었습니다. 그러나 그러한 상황은 바울과 실라에게 아무런 영향을 끼치지 못했습니다. "한밤중에 바울과 실라가 기도하고 하나님을 찬송하매"(행 16:25). 환경과 관계없이 "어떠한 형편에든지 나는 자족하기를 배웠"다는 것은 주변 상황과 상관없이 만족하게 되었다는 것입니다. 당신은 고린도후서 12장에서 바울이 '육체에 가시'(고후 12:7)가 있음에도 불구하고 그것과 상관없이 자족하는 것을 어떻게 배웠는지를 볼 수 있습니다. 바울이 디모데에게 "자족하는 마음이 있으면 경건은 큰 이익이 되느니라"(딤전 6:6)고 말함으로 이 원리를 어떻게 붙잡으라고 했는지 기억하십시오. 바울은 이와 같이 유익한 것은 더 이상 없다고 말합니다. 만일 그것을 갖고 있다면 모든 것을 소유하는 것입니다.

Spiritual Depression, 277-278

7일 : 우리의 공과를 따라 대하지 않으시는 하나님

하나님을 바라보고 하나님에 관한 진리와 그분에 대한 관계를 깨달을 때 알게 되는 한 가지는 하나님이 우리의 공과를 따라 우리를 다루지 않으신다는 것입니다. … 하나님은 우리가 어떤 존재인지와 상관없이 우리에게 좋은 것을 주십니다. 하나님은 단순히 있는 그대로의 우리 모습을 보시지 않습니다. 만일 그렇게 하셨다면 우리 모두는 정죄받아야 마땅합니다. … 그러나 이런 사정에도 불구하고 하나님은 우리에게 관심을 기울이십니다. 하나님은 사랑하는 아버지로서 우리를 보십니다. 그분은 은혜와 자비 가운데 우리를 지켜보십니다. 그래서 그분은 단순히 우리를 있는 그대로 다루지 않으십니다. 은혜로 우리를 대하십니다. … 예수님은 사실상 이렇게 말씀하십니다. '이제, 너희도 형제를 이와 같이 대하라. 불쾌하고 완고하고 추한 것만 보지 마라. 그 모든 것의 이면을 보라.' 하나님과의 관계 속에서 영원을 예정해 두신 인간을 바라보십시오. 새로운 방법, 하나님의 방식으로 사람을 바라보는 것을 배우십시오. 그리스도께서는 이렇게 말씀하십니다. '내가 너희를 지켜보는 것처럼, 너희를 위하여 내 생명을 주기 위해서 하늘로부터 내려온 관점에 비추어서 사람들을 바라보라.' 이와 같이 다른 사람을 바라보십시오. 그렇게 하는 순간 당신은 황금률(마 7:12)을 적용하는 데 아무런 어려움이 없다는 것을 알게 될 것입니다. 왜냐하면 당신은 그 순간에 자아와 그 횡포로부터 구원을 받으며 새로운 시각으로, 다른 방법으로, 영적인 방식으로 사람들을 바라보기 때문입니다. 하나님과 죄와 자아와 타인들로 시작한 후에 이것에 다다를 때만 우리는 율법과 선지자의 놀라운 요약인 "무엇이든지 남에게 대접을 받고자 하는 대로 너희도 남을 대접하라"(마 7:12)를 적용할 수 있게 될 것입니다. 이것이 우리가 예수 그리스도 안에서 부름을 받은 목적입니다. 우리는 황금률을 실천해야 합니다. 그때에 우리는 세상의 문제가 해결될 수 있는 방법을 세상에 보여 줄 수 있을 것입니다. 동시에 그리스도를 위한 선교사와 특사가 될 것입니다.

Studies in the Sermon on the Mount II, 215-216

8일 : 의에 주리고 목마른지 스스로에게 질문해 보십시오

우리는 스스로에게 다음과 같은 질문을 던져 보아야 합니다. '우리는 채워지고 있는가? 이 만족을 얻었는가? 하나님께서 우리를 이렇게 다루시는 것을 알고 있는가? 우리의 삶 속에서 성령의 열매가 드러나고 있는가? 그 열매에 관심이 있는가? 하나님과 다른 사람을 사랑하고 기쁨과 화평을 누리고 있는가? 오래 참음과 자비와 양선과 충성과 온유와 절제를 드러내고 있는가?' 의에 주리고 목마른 사람들은 채워질 것입니다. 그들은 채워지며 채워지고 있습니다. 그러므로 나는 묻습니다. '우리는 이것들을 누리고 있는가? 하나님의 생명을 받았다는 사실을 알고 있는가? 우리 영혼 속에서 하나님의 생명을 누리고 있는가? 우리 안에서 역사하시며, 좀더 그리스도를 닮게 하시는 성령과 그분의 강력한 능력을 의식하고 있는가?' 만일 그리스도인이라고 말한다면 이 모든 질문에 '예 그렇습니다'라고 대답할 수 있어야 합니다. 진정한 그리스도인은 이런 의미에서 채워집니다. 그러므로 채워지고 있습니까? 그리스도인의 삶과 체험을 누리고 있습니까? 우리의 죄가 용서받았다는 것을 알고 있습니까? 그 사실을 즐거워하고 있습니까? 아니면 여전히 우리 자신을 그리스도인으로 만들려고 하거나 의롭게 하려고 애쓰고 있습니까? 주님 안에서 항상 기뻐하십니까? 이것은 우리가 반드시 적용해 봐야 할 시금석들입니다. 만일 우리가 이런 것을 누리고 있지 않다면 우리가 의에 주리고 목마르지 않다는 사실을 드러내 보일 뿐입니다. 왜냐하면 의에 주리고 목마르다면 채워질 것이기 때문입니다. 여기에는 조건이 전혀 없습니다. 그것은 절대적인 진술이며 약속입니다. "의에 주리고 목마른 자는 복이 있나니 그들이 배부를 것임이요"(마 5:6).

Studies in the Sermon on the Mount I, 87

9일 : 환난 중에라도 기뻐하십시오

갈대아 사람들이 예루살렘에 와서 파괴하기 시작할 때 하박국 선지자를 붙들어 주는 것은 무엇이었습니까? … 그것은 단지 체념이나 '엎질러진 우유를 놓고 운다거나 또는 아무것도 할 게 없으니 놀라거나 흥분한들 무슨 소용이 있겠어?'라고 말하는 것이 아니었습니다. 심리학적인 초연함의 원리를 적용하는 것이 아니었습니다. '가장 좋은 방법은 그 일을 생각하지 않는 거야! 영화를 보러 가거나 소설을 읽으면서 잊어버려!'라고 말하는 것이 아니었습니다. 이는 일종의 현실 도피입니다. 그것은 의도적으로 용기를 내려는 것도 아니었습니다. … 심리학적인 치료는 성경적인 방법과 크게 다릅니다. 제어할 수 없는 두려움에 사로잡혀 있는 사람에게 '정신 차려!'라고 말하는 것은 매우 잔혹한 일입니다. 그가 할 수 있다면, 하려고 한다면, 두려움이 사라졌을 것입니다. … 그러한 때에 세상이 제안하는 방법은 그들의 도움이 거의 필요하지 않은 단계에 있는 특정한 사람에게만 효과적입니다. 극도의 신체적인 불안 단계에 있는 사람에게는 아무런 소용이 없습니다(합 3:16). 단순한 체념이나 분발하는 것과는 달리 성경은 심지어 그런 상태에서도 실제로 즐거워하는 것이 가능하다는 것을 보여 줍니다(합 3:17-18). 그리스도인은 다름 아닌 바로 그것을 주장합니다. 세상 사람들은 신체적인 상태가 좋으면 체념의 상태로 인내할 수도 있습니다. 또한 많은 사람들이 지난 2차 세계대전 때 그랬던 것처럼 겨우 용기를 낼 수도 있습니다. 그것은 어느 정도 칭찬을 받을 만합니다. 그러나 그와 반대로 그리스도인은 신체적으로 완전히 두려움에 사로잡힌 상태라 할지라도 위험 가운데서도 힘은 물론 기쁨을 누릴 수 있습니다. 그는 "환난 중에 기뻐"하며 최악의 상황에서도 의기양양합니다. 이것은 그리스도인의 도전입니다. 이 점에서 우리는 그리스도인으로서 세상과 달라야 합니다. 지옥이 풀리는 최악의 상태에서도 우리는 정복자가 되고도 남아야 합니다. … 우리는 주 안에서 기뻐해야 합니다. … 그러한 어려움의 시기는 그리스도인의 신앙을 확인하는 시금석입니다. 정복자 이상이 되지 못한다면 우리는 그리스도인으로서 실패하고 있는 것입니다.

From Fear to Faith, 70-71

10일 : 영생은 그분과 함께 있는 것입니다

영생은 무엇입니까? 우리 주님은 이를 다음과 같이 정의하셨습니다. "영생은 곧 유일하신 참하나님과 그가 보내신 자 예수 그리스도를 아는 것이니이다"(요 17:3). 또한 요한1서에서 이렇게 설명합니다. "우리가 보고 들은 바를 너희에게도 전함은 너희로 우리와 사귐이 있게 하려 함이니 우리의 사귐은 아버지와 그의 아들 예수 그리스도와 더불어 누림이라"(요일 1:3). 시편 73편의 기자는 이렇게 말합니다. '이것이 제 결심입니다. 저는 그분과 함께 시간을 보내고 싶고, 항상 그분의 존전에서 살고 싶습니다. 또한 저는 그분의 권능과 약속과 변함없으심을 늘 기억하고 싶습니다.' "하나님께 가까이 함이 내게 복이라 내가 주 여호와를 나의 피난처로 삼아 주의 모든 행적을 전파하리이다"(시 73:28). 이것이 우리의 생각을 고양시킬 뿐만 아니라 위로와 위안이 되지 않습니까? 우리는 무엇이 우리를 기다리고 있는지 알지 못합니다. 우리는 변화무쌍한 세상에서 살고 있으며, 우리 자신은 모순으로 가득 차 있습니다. 훌륭한 사람도 변덕을 부립니다. 불안정과 불확실성은 세상을 가장 잘 드러내는 특성입니다. 언제 어느 때나 영원히 동일하신 분(약 1:17)의 존전에 들어갈 수 있다는 사실을 아는 것보다 더 놀라운 일이 있습니까? … 그분은 언제나 동일한 권능, 위엄, 영광, 사랑, 자비, 연민, 이 모든 것을 약속하셨습니다. 이제 이 시편 기자의 말(시 73:28)을 이해할 수 있습니까? 이 시편 기자는 말합니다. '저는 더 이상 다른 것에 신경 쓰지 않겠습니다. 오직 하나님을 가까이하는 것이 저에게 복입니다.' 좀더 하나님을 생각하십시오. 그분을 묵상하십시오. 우리의 생각과 마음이 하나님을 향하게 하십시오. 하나님께서 그리스도 안에서 우리와 사귀시고 교제를 나누신다는 것을 기억하십시오. 끊임없이 항상 그런 분이심을 기억하십시오.

Faith on Trial, 121

11일 : 의, 세상의 모든 문제의 해결책

그리스도인은 이 세상의 삶을 복음의 빛에 비추어 보는 것에 관심을 기울여야 합니다. … 만일 당신이 세상의 사태와 전쟁의 위협에 대해 염려한다면 그러한 재난을 피하는 방법은 이 말씀을 잘 살피는 것입니다. "의에 주리고 목마른 자는 복이 있나니 그들이 배부를 것임이요"(마 5:6). … 만일 이 세상 사람들이 '의에 주리고 목마른' 것이 무엇인지 알았다면 전쟁의 위험은 없을 것입니다. 여기에 진정한 평화에 이르는 유일한 길이 있습니다. … 여러 나라들과 다양한 민족과 사람들이 행하는 온갖 비난(위협)도 국제 정세에 아주 작은 영향을 끼치지 못할 것입니다. 그러므로 우리는 하나님의 말씀을 묵상하지 않고 대신에 우리의 생각과 감정을 그대로 드러냄으로 우리의 시간과 하나님의 시간을 낭비합니다. … 이 세상은 수많은 그리스도인들, 개별적인 그리스도인들을 가장 필요로 합니다. 모든 나라가 그리스도인들로 채워진다면 핵 보유나 그 밖의 다른 것을 두려워할 필요가 없을 것입니다. 그래서 복음은 다가가기가 요원하고 간접적인 것처럼 보일지라도 그것은 문제를 해결하는 데 가장 직접적인 방법입니다. 오늘날 교회 생활에서 가장 큰 비극 중 하나는 단순하고 순수하게 복음을 선포하지 않으며 전쟁과 평화에 관한 모호하고 일반적이며 쓸모없는 선언들에 만족한다는 것입니다. 한 국가의 지위를 높이는 것은 의이며, 그 의가 무엇을 의미하는지를 발견하는 것이 우리에게 가장 중요한 일입니다.

Studies in the Sermon on the Mount I, 73

12일 : "너는 조심하여 너를 애굽 땅 종 되었던 집에서 인도하여 내신 여호와를 잊지 말고"(신 6:12)

"내가 궁핍하므로 말하는 것이 아니니라 어떠한 형편에든지 나는 자족하기를 배웠노니 나는 비천에 처할 줄도 알고 풍부에 처할 줄도 알아 모든 일 곧 배부름과 배고픔과 풍부와 궁핍에도 처할 줄 아는 일체의 비결을 배웠노라"(빌 4:11-12). 바울은 자신의 이 주장이 포괄적이라는 것을 명확하게 하고 싶어 했습니다. … 바울은 비천해지고, 배고프고, 궁핍함에 처하는 법을 알고 있습니다. 다른 한편, 그는 배부름과 풍부에 처하는 방법 또한 알고 있습니다. 이 두 가지 상대적 어려움에 대해 논의하는 것은 매우 흥미로울 것입니다. 자족하는 마음이 없이 비천해지거나 풍부에 처하는 것 중 어느 것이 더 어려울까요? 이 질문에 어떻게 대답할지 알지 못합니다. 그 두 가지 모두 매우 어렵습니다. 한쪽이 어려운 만큼 다른 쪽도 마찬가지입니다. 원한의 감정이나 걱정하거나 염려하지 않고 비천해질 수 있을까요? 음식과 의복의 궁핍함을 견딜 수 있을까요? 직업이나 사무실이나 직장에서 비천해질 수 있을까요? 사람들 앞에서 망신을 당했을 때도 이전과 같은 마음 상태를 여전히 가질 수 있을까요? 얼마나 어려운 일인지요! … 바울은 이 모든 시련과 고난을 겪었지만, 그것으로 영향을 받지 않았습니다.

다른 측면을 생각해 봅시다. 바울은 이렇게 말합니다. '나는 배부름과 풍부에 처하는 방법을 알고 있습니다.' 이 또한 얼마나 어려운 일인지요! 부유한 사람이 하나님을 온전히 의지한다고 느끼는 것이 얼마나 어렵습니까? … 우리 모두는 힘이 없을 때 하나님을 기억합니다. … 하지만 필요한 모든 것을 가지고 있으면 얼마나 쉽게 하나님을 잊어버립니까? … 바울은 이러한 자세들에서 완전히 벗어나 있다고 말합니다. 그는 빈곤 때문에 좌절하지 않으며, 부유함 때문에 흥분하거나 자신이 붙들고 있는 것을 잃어버리지 않습니다. 그는 이들 중 그 어떤 것에도 의지하지 않으며, 이런 의미에서 자족한다고 말합니다. 또한 자기 인생은 결코 이런 것들로 좌지우지되지 않으며, 이런 것들과 무관하다고 말합니다. 바울은 풍부에 처해 있든지 궁핍함에 처해 있든지 그것은 중요하지 않았습니다.

Spiritual Depression, 280-281

13일 : 그리스도의 새롭고 놀라운 방식

예수님이 산상설교를 하신 목적은 그리스도인들이 먼저 백성으로서 자신들의 본성, 성격을 깨닫고, 일상생활에서 그 본성과 성격을 어떻게 드러내야 하는지를 보여 주는 것입니다. 하나님의 아들이신 우리 주님은 새로운 나라, 하나님의 나라를 세우기 위해서 하늘에서 이 땅에 오셨습니다. … 그러므로 주님이 세우시기 위해 오신 이 나라가 세상에 알려진 그 어떤 것과도 전혀 다르다는 것과 이것이 하나님의 나라, 빛의 나라, 하늘나라라는 것을 분명하게 하는 것이 중요합니다. 주님의 백성은 그것이 특별하며 구별된 것이라는 사실을 알아야만 합니다. 그래서 주님은 사람들에게 그것을 설명하십니다. … 우리는 주님이 팔복에서 묘사하신 그리스도인의 모습을 살펴보았습니다. 우리는 그 청중들이 바로 그러한 사람들이기 때문에 세상이 그들에게 특이하게 반응할 것, 즉 세상이 그들을 미워하고 박해할 것이라고 말씀하시는 주님의 말씀을 보았습니다. … 그러나 주님의 백성들은 그 사회에서 빛과 소금이 되어야 합니다. 그들은 사회가 부패하며 산산조각 나는 것을 막으며, 세상이 암흑 상태에 있는 것과 관계없이 빛이 되어야 합니다.

… 그래서 주님은 이 모든 것을 실제로 적용하고 행하는 방법, 즉 구제하고 기도하며 금식하는 방법에 대해서 구체적인 교훈을 주셨습니다. 마지막으로 주님은 우리가 이 세상에서 살아가면서 취해야 할 자세를 이야기하십니다. … 주님은 이렇게 말씀하십니다. '내가 만들고 있는 이 나라의 특성이 있는데, 그것은 내가 너희에게 주려고 하는 삶의 유형이다. 나는 너희가 그런 삶을 살고 드러내 보이기를 원한다.' … 주님은 이 말씀을 마치신 후에 잠시 멈추시고, 회중을 둘러보셨습니다. 그리고 이내 말씀하셨습니다. '자, 이제 여기에 내 뜻이 있다. 너희는 어떻게 행하겠느냐? 그것은 이 산상설교를 듣는 것만으로는 의미가 없다. 너희가 듣기만 한다면 그리스도인의 삶에 대한 이 묘사를 통해서 나를 따르게 하려는 목적은 아무런 소용이 없다. 너희는 어떻게 하겠느냐?'

Studies in the Sermon on the Mount II, 217-218

14일 : 회개의 필요성

성경은 어디에서나 회개의 필요성과 중요성을 가르칩니다. 물론 이 교훈의 전형적인 예를 탕자 비유에서 찾아볼 수 있습니다. … 또한 고린도후서 7장 9-11절에서도 알 수 있습니다. 고린도에 있는 그리스도인들은 죄를 지었으며, 바울은 그들의 범죄에 대해 편지를 써서 디도를 통해 전했습니다. 그 이후에 고린도 그리스도인들이 취한 행동은 참된 회개의 정신이 무엇인지를 보여 줍니다. 위대한 사도는 고린도 그리스도인들이 자신들을 다루는 방법을 보고서 기뻐했습니다. … 이 고린도 그리스도인들은 자신들을 엄격하게 다루었으며, 정죄했습니다. 그들은 '경건한 방식을 따라' 슬퍼했습니다. 그것 때문에 바울은 그들이 다시 한 번 복된 자리에 서게 되었다고 그들에게 말합니다.

이 교훈을 잘 보여 주는 또 다른 놀라운 예가 욥기에서 나옵니다. 욥기 전체에서 욥이 자신의 의를 내세우고, 자신을 변호하면서 때때로 자신에 대한 연민을 드러내 보이는 것을 보게 됩니다. 그러나 욥은 진정으로 하나님의 존전에 나아갔을 때, 하나님을 만나는 자리에 섰을 때 이렇게 말했습니다. "그러므로 내가 스스로 거두어들이고 티끌과 재 가운데에서 회개하나이다"(욥 42:6). … 이런 경험이 있습니까? … 우리 시대에는 이런 교훈은 별로 인기가 없습니다. 왜냐하면 우리 시대는 우리가 로마서 7장을 벗어나야 한다고 가르치기 때문입니다. 우리는 죄에 대해 슬퍼하지 말아야 합니다. 그러한 모습은 우리가 여전히 그리스도인의 삶 중에서 초기 단계에 머물러 있음을 의미하기 때문입니다. 그래서 우리는 로마서 7장을 지나서 바로 로마서 8장으로 넘어갑니다. 그러나 로마서 7장의 상태에 처해 본 적이 있습니까? … 실제로 우리 자신을 미워해서 티끌과 재 가운데 회개한 적이 있습니까? 이는 그리스도인의 삶의 훈련에서 절대적으로 필요한 부분입니다. 지난 역사를 살았던 성도들의 삶을 살펴보십시오. 그러면 그들이 매우 자주 회개했다는 것을 알게 될 것입니다. 예를 들어 헨리 마틴을 살펴보십시오. 하나님의 경건한 사람들을 살펴보십시오. 그러면 그들이 매우 자주 자신들을 혐오했다는 것을 발견하게 될 것입니다. … 이 회개 때문에 그들은 하나님의 큰 복을 받았습니다.

Faith on Trial, 68-69

15일 : 하나님의 의에 반대되는 것을 피하십시오

    무언가를 진정으로 원하는 사람은 항상 그 사실을 증거로서 드러내 보이기 마련입니다. 어떤 것을 간절히 갈망하는 사람은 가만히 앉아서 수동적으로 그것이 이루어지기를 기다리지 않습니다. 이러한 사실은 의에 주리고 목마라하는 문제(마 5:6)에서도 그대로 적용됩니다. … 진정으로 의에 주리고 목마른 사람은 그러한 의에 반대되는 모든 것을 피합니다. 나는 그 의를 스스로 얻을 수 없습니다. 하지만 그 의에 반대되는 일을 행하지 않을 수 있습니다. 나는 스스로 예수 그리스도를 닮을 수 없지만, 시궁창 같은 삶을 중단할 수 있습니다. 이것이 의에 주리고 목말라하는 것의 한 부분입니다.

    이것을 좀더 세분화해 봅시다. 이생에는 분명히 하나님과 그분의 의를 반대하는 것이 있습니다. 이는 의문의 여지가 없습니다. 우리는 그것이 나쁜 것임을 압니다. 해롭다는 것도 압니다. 사악한 것이라는 사실도 압니다. 우리가 전염병을 피하는 것처럼 의에 주리고 목마르다는 것은 그러한 것을 피하는 것입니다. 집이 오염되어 있다는 것을 안다면 그 집에 들어가지 않습니다. 우리는 열이 펄펄 나는 환자를 격리시킵니다. 왜냐하면 전염성이 있기 때문입니다. 우리는 분명히 그런 사람을 피합니다. 영적인 영역에서도 마찬가지입니다.

    그러나 그것에서 끝나지 않습니다. 만일 우리가 진정으로 의에 주리고 목마르다면 우리는 나쁘고 해가 되는 일들을 하지 않을 뿐만 아니라 우리의 영적 갈망을 무디게 하는 일들을 피할 것입니다. 그와 같은 일들이 많이 있습니다. 그것은 그 자체로 해롭지 않으며, 완벽하게 합법적입니다. 그러나 만일 당신이 그와 같은 일을 하면서 많은 시간을 보내며, 하나님의 일을 덜 갈망하게 된다면 당신은 그것들을 피해야만 합니다. … 이것은 상식의 문제입니다.

Studies in the Sermon on the Mount I, 89-90

16일 : 경배를 받으시기에 합당하신 하나님

　단순히 진정한(순수한) 도덕으로 인도한다는 이유로 경건을 지지한다면, 사회를 최고의 상태로 이끈다는 이유로 종교를 권한다면 우리는 주객을 전도시켜 하나님을 모욕하게 됩니다. 하나님을 목적에 이르는 수단으로서 여겨서는 결코 안 됩니다. 종교는 추구했을 때 따라오게 되는 이익 때문에 권유되지 않아야 합니다. … 그러므로 정치가들과 지도자들은 종교에 입에 발린 소리를 하고 세상적인 방식으로 종교의 주장을 믿고 싶어 하는 유혹에 빠집니다. … 그러나 성경은 정반대로 말합니다. 하나님은 마땅히 예배를 받으셔야 합니다. 왜냐하면 그분은 하나님이시고, 창조주이시며, 전능자이시고, 영원히 사시는 지극히 높으신 분이시고, 그분의 이름이 거룩하기 때문입니다. 그분의 존전에서 다른 것을 생각하는 것은 불가능합니다. 자아에 대한 생각과 내가 얻을 이익, 이루어질 열매와 내 자신 혹은 우리 부류나 나라의 이익에 관한 모든 생각은 사라져 버립니다. 하나님은 지존하신 분이시며 유일하신 분이십니다. … 구원의 결과와 축복, 도덕적인 삶, 사회의 개선, 이 모든 것은 참된 신앙의 결과입니다. 그것들이 결코 최고의 자리를 차지하지 않도록 해야만 합니다. …

　이것은 우리가 미래 사회의 새로운 상태에 대해 생각하고 계획하려 할 때 직면하게 되는 가장 미묘한 위험들 중 하나입니다. 이 위험은 오늘날 이 나라의 상황에 대해서 염려하는 작가들에게서 발견됩니다. … 그들은 종교적인 사회와 기독교 교육을 지지합니다. … 왜냐하면 그들은 모든 것이 망하는 것을 보고 이것만이 좀더 성공할 수 있을 것 같다고 생각했기 때문입니다. … 그러나 기독교 사회를 만들고 기독교 교육을 받기 전에 먼저 그리스도인이 되어야만 합니다. 어떤 교육이나 문화나 훈련 방식도 그리스도인들과 그에 상응하는 도덕성을 만들어 낼 수 없습니다. 그렇게 하기 위해서는 하나님을 대면하고, 우리의 죄와 어찌 해볼 도리가 없는 곤경을 바라보아야만 합니다. … 우리는 그분 앞에서 회개해야 합니다. 그분의 아들 예수 그리스도 안에서 은혜로 주시는 구원의 제안을 받아들여야만 합니다. … 하나님은 자신을 위하여 마땅히 경배를 받으셔야만 합니다.

The Plight of Man and the Power of God, 31-32

17일 : 육체의 가시가 주는 교훈

사도는 "나는 자족하기를 배웠노니"(빌 4:11)라고 말합니다. 아니 이보다 더 좋은 번역은 '나는 자족하기를 배우게 되었다'입니다. 나는 바울이 그렇게 말한 것에 하나님께 감사를 드립니다. 바울이 항상 우리 중의 한 사람보다 더 뛰어난 사람은 아니었습니다. 그도 역시 배워야만 하는 사람이었습니다. 그는 또한 흥미로운 표현을 사용합니다. "모든 일 곧 배부름과 배고픔과 풍부와 궁핍에도 처할 줄 아는 일체의 비결을 배웠노라"(빌 4:12). 바울이 말하는 것은 바로 '비결에 들어가도록, 신비에 이르도록 배웠다'는 것입니다.

바울은 자신이 이러한 상황에 처하는 방법을 배우게 되었다고 말합니다. 신약성경에는 바울이 이렇게 되기까지 특별히 어려움을 겪었다는 암시가 많이 나옵니다. 바울은 매우 민감하고 선천적으로 교만한 사람이었습니다. 게다가 그는 몹시 활동적인 사람이었습니다. 그런 사람에게 감옥에 갇혀 있는 것은 정말로 짜증나는 일이었을 것입니다. 그는 로마 시민으로 자랐지만, 여기서는 계속해서 속박을 당하고 있으며, 위대한 지식인들이 아니라 노예들 가운데서 지내고 있었습니다. 바울은 그런 상황을 어떻게 감당해 냅니까? 그는 말합니다. '아, 저는 배워서 비결에, 신비에 이르렀습니다.'

바울은 어떻게 배우게 되었습니까? … 우선, 바울은 경험으로, 즉 바울이 고린도후서 12장 9-11절에서 말하는 '육체의 가시'에 관한 경험을 통해서 배웠습니다. 바울은 육체의 가시를 좋아하지 않았습니다. 그는 그 문제를 가지고 씨름하면서, 가시를 제거해 달라고 세 번이나 기도했습니다. 그러나 그것은 없어지지 않았습니다. 그는 그것에 만족할 수 없었습니다. 그는 인내하면서 계속해서 복음을 전파하고 싶어 했습니다. 하지만 육체의 가시가 그를 짓눌렀습니다. 그때 바울은 교훈을 얻었습니다. "내 은혜가 네게 족하도다"(고후 12:9). 바울은 이해하게 되었습니다. … 그는 배워야만 했습니다. 바울을 가르쳤던 그 경험이 우리를 가르치고 있습니다. 우리 중 일부는 배우는 데 매우 더딥니다. 하지만 하나님은 애정을 가지고 우리에게 질병을 주시기도 하고, 때때로 쓰러지게도 하십니다. 하나님은 그것을 통해서 우리에게 큰 교훈을 주시고 귀한 자리로 이끄십니다.

Spiritual Depression, 283-284

18일 : 애통하는 그리스도인이 누리는 복된 소망

비그리스도인에게 무슨 소망이 있겠습니까? 당신이 사는 세계를 보십시오. 신문을 읽어 보십시오. 당신은 무엇을 의지할 수 있습니까? 50여 년 전 사람들은 빠르게 진보해서 더 나아진다는 사실을 믿었습니다. 그러나 이제는 그렇게 할 수 없습니다. 교육을 의지할 수 없습니다. 당신은 국제연맹보다 더 국제연합(UN)에 기대할 수 없습니다. 이런 시도들이 있었지만 결국 실패하고 말았습니다. 세상에 무슨 소망이 있습니까? 전혀 없습니다. 세상에서는 그 어떤 위로도 얻을 수 없습니다. 그러나 그 죄와 세상의 상황 때문에 애통해하는 그리스도인들에게는 이러한 위로, 즉 복된 소망의 위로와 다가올 영광이 있습니다. 그래서 그리스도인은 비록 여기서 슬퍼할지라도 동시에 자신 앞에 놓여 있는 소망 때문에 행복해합니다. 궁극적인 영원한 소망이 있습니다. 우리는 그 영원한 상태에서 온전하며 전적으로 복을 누리게 될 것입니다. 삶을 망가뜨리거나 가치를 떨어뜨리거나 인생을 그르치게 하는 것은 전혀 없습니다. 슬픔과 한숨도 더 이상 없을 것이며, 눈물이 사라질 것입니다. 우리는 영원한 빛을 쬐게 될 것이며, 순수하고 온전한 기쁨과 복락을 누리게 될 것입니다. "애통하는 자는 복이 있나니 그들이 위로를 받을 것임이요"(마 5:4). 이를 알지 못한다면 그리스도인이 아닙니다. 그리스도인이라면 그 기쁨을 압니다. 즉 죄사함의 기쁨, 화해의 기쁨, 하나님을 떠나 타락했을 때 하나님께서 우리를 되사신 것을 아는 즐거움, 우리 앞에 놓여 있는 영광의 기쁨과 기대감, 영원한 상태를 기대하는 데서 비롯된 기쁨 말입니다.

Studies in the Sermon on the Mount I, 61-62

19일 : 두 개의 문

산상설교를 읽은 후에 우리가 제일 먼저 해야 할 일이 예수님께서 우리에게 요구하시는 삶의 유형을 살펴보고 그것아 어떤 것인지를 깨닫는 것이라고 예수님은 말씀하십니다. … 예수님이 요구하시는 삶의 유형의 가장 큰 특징은 무엇입니까? … 예수님은 스스로 던지신 이 질문에서 우리에게 요구하시는 삶의 가장 중요한 특징이 '협착함'이라고 대답하십니다. … 예수님은 이를 다음과 같이 극적으로 말씀하십니다. "좁은 문으로 들어가라"(마 7:13). 그 문은 좁습니다. 우리도 좁은 길을 따라 걸어가야 합니다.

예수님이 말씀하신 이 예화는 매우 유용하며 실제적입니다. 예수님은 이것을 매우 극적인 모습과 장면으로 설명하셨고, 그것은 우리의 마음의 눈에 즉시 그려집니다. 우리는 길을 걷다가 갑자기 우리 앞에 놓인 두 개의 문을 발견하게 됩니다. 하나는 매우 넓고 광대한 문인데, 많은 사람들이 그곳으로 들어가고 있습니다. 반면에 거기에는 아주 좁은 문이 하나 있는데, 한 번에 한 사람씩만 지나갑니다. 넓은 문을 지나면 넓은 길이 펼쳐지며 많은 사람들이 밀려오는 파도처럼 지나갑니다. 그러나 다른 길은 입구만이 아니라 계속해서 좁아서 그 길을 따라 걸어가는 사람을 거의 찾아보기 어렵습니다. 우리는 보다 분명하게 그 광경을 볼 수 있습니다. … 주님은 말씀하십니다. '이것이 내가 걸었던 길이다. 나는 너희가 이 좁은 길을 걷기를 원한다. 좁은 문으로 들어가라. 좁은 길로 가다보면 너희 앞에 걸어가고 있는 나를 발견하게 될 것이다.' 또한 우리 주님이시며 구원자 되신 예수 그리스도께서 우리를 부르신 이 그리스도인의 삶의 중요한 특징을 떠올리게 됩니다.

Studies in the Sermon on the Mount II, 220

20일 : 사도 바울의 논리

바울은 논증을 통해서 빌립보서 4장 10-12절에 나와 있는 위대한 진리를 배우게 되었습니다. … 나는 바울 사도의 논리가 다음과 같다고 생각합니다.

"첫째, 상황은 항상 변한다. 그러므로 상황에 매달리지 말아야만 한다.

둘째, 근본적으로 가장 중요한 문제는 바로 내 영혼이며 하나님과의 관계이다. 그것이 가장 우선이다.

셋째, 하나님은 내 아버지로 내게 관심을 기울이시며, 하나님을 떠나서는 내게 아무 일도 일어나지 않는다. 심지어 내 머리카락조차도 세고 계신다. 나는 이것을 반드시 기억해야만 한다.

넷째, 하나님의 뜻과 길은 신비이지만, 나는 하나님께서 의도하시거나 허용하시는 것이 무엇이든지 간에 그것이 내게 유익한 것임을 안다.

다섯째, 삶 속에서 벌어지는 모든 상황은 하나님의 사랑과 선하심을 드러내는 것이다. 그러므로 내가 해야 할 일은 하나님의 선하심과 인자하심을 드러내는 이 독특한 현시를 찾는 것이며, 하나님의 길이 내 길과 같지 않으며, 하나님의 생각이 내 생각과 같지 않기 때문에(사 55:8-9) 경이로움과 축복을 누릴 준비를 하는 것이다. 예를 들면, 바울은 육체의 가시 문제에서 무엇을 배웠는가? '내가 약한 그때에 강함이라'(고후 12:10). 바울은 육체적인 연약함을 통해서 하나님의 은혜가 나타나는 것을 배웠다.

여섯째, 나는 환경과 상황을 그 자체가 아니라 내 영혼을 완전하게 하시며, 완전으로 이끄시는 과정에서 나를 다루시는 한 방법으로서 여겨야만 한다.

일곱째, 현재 내 상황이 어떠하든지 간에 그것은 단지 일시적이며 지나가는 일일 뿐이다. 그것은 결코 내게서 궁극적으로 그리스도와 함께 나를 기다리고 있는 기쁨과 영광을 앗아갈 수 없다."

바울은 상황과 환경에 직면했을 때 기독교의 진리와 복음에 비추어 보고 이러한 과정과 단계를 밟았습니다. 이렇게 행한 후에 바울은 말합니다. '너희가 생각할 수 있는 것은 무엇이든지 내게 해보라. 나는 내가 있었던 정확히 그 자리에 그대로 있을 것이다. 내게 어떤 일이 일어나든지 간에 나는 결코 흔들리지 않을 것이다.'

Spiritual Depression, 284-285

21일 : 의에 주리고 목마른 사람의 본을 따라서

　날마다 자발적이고 의도적으로 우리에게 필요한 이 의를 떠올리지 않는다면 우리는 의에 주리고 목마르지 않게 될 것입니다. 진정으로 의에 주리고 목마른 사람은 날마다 그 의를 바라봅니다. 당신은 '그러나 나는 너무 바빠요. 내 일정을 한번 보세요. 내가 그럴 시간이 어디 있습니까?'라고 말합니다. 나는 말합니다. 만일 당신이 의에 주리고 목마른다면 당신은 시간을 내게 될 것이라고 말입니다. 당신은 삶을 정돈해서 '먼저 해야 할 일은 우선 해야 한다', '뜻이 있는 곳에 길이 있다'고 말하게 될 것입니다. 우리가 원한 일들을 하기 위해서 시간을 내는 방법을 보면 놀라지 않을 수 없습니다. …

　의에 주리고 목마른 사람은 항상 그 의를 얻을 기회를 갖습니다. 당신은 스스로 그 기회를 만들 수 없습니다. … 하지만 어쨌든 믿음의 거장들이 되는 길이 있다는 것을 압니다. 그래서 당신은 그들의 본을 따르기 시작합니다. 당신은 맹인 바디매오를 알고 있습니다. 바디매오는 스스로를 고칠 수 없었습니다. … 하지만 그는 나아가서 시력을 회복할 수 있는 기회를 얻었습니다. … 의에 주리고 목마른 사람은 이 의를 발견할 것 같은 그러한 장소에 있을 기회를 결단코 놓치지 않은 사람입니다. 하나님의 집을 예로 들어봅시다. … 나는 자신의 영적인 문제에 대해서 이야기를 토로하는 사람들을 만납니다. … 그들은 그리스도인이 되기를 원한다고 말합니다. 그러나 왠지 혹은 무언가가 부족합니다. 나는 그들이 자주 하나님의 집에 가지 않으려 한다거나 되는 대로 참석한다는 것을 발견하곤 합니다. 그들은 의에 주리고 목마르다는 것이 무엇을 말하는지 알지 못합니다. 그 의를 진정으로 원하는 사람은 다음과 같이 말합니다. '나는 어떤 기회도 잃고 싶지 않아요. 그 의를 말하는 곳이라면 그 어디든지 그곳에 있고 싶어요.' … 그러고 나서 물론 그는 이 의를 소유하고 있는 무리들을 찾습니다. 그 사람은 말합니다. '내가 경건하고 거룩한 사람들과 함께 있을수록 내게는 더욱 좋습니다. … 내게 아무런 도움이 되지 못하는 사람들과 어울려 시간을 낭비하고 싶지 않아요. 그러나 이런 사람들과는 가까이 지내고 싶습니다.'

Studies in the Sermon on the Mount I, 90-91

22일 : 현대 세상에서 옛 복음을 받아들이기 1

현대 세상에서 옛 복음의 메시지를 여전히 믿는 이유를 말해 봅시다. 첫 번째 이유는 사람이 자신을 전혀 변화시킬 수 없다는 것입니다. 사람들이 내세우는 모든 변화는 그저 외적인 것뿐입니다. 사람들은 스스로 내면을 변화시키지 못하며, 다만 행위의 양태나 환경을 변화시킬 뿐입니다. … 어떤 사람은 묻습니다. '그러나 확실히 오해가 있습니다. 당신은 한 시간에 650km를 날아가는 비행기를 타고 여행하는 사람을 본 적이 있습니까? 당신은 그가 도보로 한 시간에 6.5km를 여행하는 사람과 같다고 생각하십니까?' 그러나 잠시만 기다려 보십시오. 두 사람을 생각해 봅시다. 한 사람은 한 시간에 650km를, 다른 한 사람은 한 시간에 6.5km를 갑니다. 그러나 이 두 사람의 경우에서 대답해야 할 중요한 질문은 그 여행의 목적이 무엇이냐는 것입니다. … 두 경우는 정확히 동일합니다. 개개인들은 사랑을 하거나 전쟁을 하거나 사업을 하거나 즐거움을 추구할 것입니다. 두 사람 사이에는 아주 실제적인 차이가 한 가지 있습니다. 그것은 그들이 동일한 목적지를 향해 여행하는 속도입니다. 현대인이 자신의 문화와 세련된 교양 속에서 갖고 있는 자부심과 역사의 여명기에 하늘에 닿은 바벨탑을 세우려 했던 사람들의 자부심 사이에 실제로 어떤 차이가 있습니까?

… 현대인의 힘과 능력을 얕잡아 보거나 깔보는 것이 우리의 목적은 아닙니다. … 현대인은 심지어 원자를 쪼개는 데 성공했습니다. … 그러나 현대인은 새로운 죄를 생각해 낼 수 없습니다. 당신이 현대 세계에서 발견하는 모든 죄는 이미 구약성경에 언급되어 있습니다. 사람은 자기 능력으로 자신을 변화시키지 못합니다. 인간은 원죄의 타락 이후에 죽 그래왔듯이 여전히 동일하게 모순된 존재로서 남아 있습니다. 이것이 우리가 예수 그리스도의 옛 복음을 현대인에게 계속해서 제시하는 첫 번째 이유입니다.

Truth Unchanged, Unchanging, 110-112

23일 : 현대 세상에서 옛 복음을 받아들이기 2

　현대인에게 예수 그리스도의 옛 복음을 전하는 두 번째 이유는 훨씬 더 중요합니다. '하나님은 결코 변함이 없으시다!' 인간의 궁극적인 문제가 하나님과의 관계에 달려 있다는 것을 깨달을 때 우리는 연대와 시기의 문제를 제기하는 것이 아무런 소용이 없다는 것을 알게 됩니다. … 어떤 사람은 '시간은 영원의 이마에 주름을 그리지 못한다'고 말하여 이 사실을 잘 설명하고 있습니다. 물론 진보와 발전이 있었습니다. 하지만 진보와 발전이 어떤 방식으로 하나님의 존재와 성품에 영향을 끼칩니까? 내연기관을 발명하고 원자를 쪼개는 데 성공했다는 사실이 어떤 방식으로 하나님의 법을 폐지하거나 죄와 허물에 대한 그분의 혐오를 누그러뜨립니까? 그렇게 못합니다. 인간이 직면해 있는 가장 절박하고 중요한 의문은 여전히 옛날에 욥이 던졌던 질문입니다. "인생이 어찌 하나님 앞에 의로우랴"(욥 9:2). 그 문제들이 경제적인 것이든, 정치적인 것이든, 혹은 교육적인 것이든, 주택난이든 파업에 대한 적절한 대처이든 간에 그 문제에는 새로운 배경이 있습니다. 그러나 이 모든 문제들은 일시적입니다. …

　인간이 안고 있는 궁극적인 문제는 인간의 행복도, 이 땅에 있는 동안 인간을 둘러싸고 있는 조건도 아닙니다. 인간의 궁극적인 문제는 현세와 영원 속에서 하나님과의 관계입니다. 하나님은 영원하시며, 변함이 없으시며, 절대적이십니다. 그러므로 현대인에게 우리 주이시며 구원자이신 예수 그리스도 안에서만 발견되는 "복되신 하나님의 영광의 복음"(딤전 1:11)이 아니라 다른 새로운 해결책이나 새로운 유형의 구원이 필요하다고 주장하는 것이 얼마나 어리석은지요.

Truth Unchanged, Unchanging, 112-114

24일 : 현대 세상에서 옛 복음을 받아들이기 3

현대인에게 그리스도의 옛 복음을 제시하는 세 번째이자 마지막 이유는 그것보다 더 좋은 것이 없기 때문입니다. … 그리스도의 옛 복음이 세상에서 인간의 문제와 조건을 적절하게 다루는 유일한 것이기 때문입니다. 우리 모두는 최고의 것을 가지고 있다고 말하는 현대인들의 말에 동의합니다. … 어떤 대가를 치르고서라도 그것의 출처가 무엇이든지 간에 무슨 일이 있어도 최고의 것을 소유합니다. 게다가 삶의 여러 영역과 분야에서 최신의 것이 최고라는 말하는 것은 의심의 여지가 없는 사실입니다. 지난 2차 세계대전에서 이루어진 놀랍고도 경이적인 모든 진보 중에서 가장 큰 진보는 바로 육체의 질병 예방과 치료입니다. 우리 모두는 예방접종으로 호흡기 질환인 백일해와 디프테리아와 같은 질병으로부터 우리 아이들을 안전하게 지킬 수 있다는 사실을 알고 있습니다. … 또한 술폰아미드와 페니실린과 같은 새로운 화학 치료제도 마찬가지입니다. … 이러한 변화는 정말로 놀랍습니다. … 신체 질환과 질병 치료에서는 최신의 것이 곧 최고입니다. 그러나 인간의 영혼의 질병을 예방하고, 치료하고 치유하는 것에 대해서 동일하게 말할 수 있습니까? 젊은이들이 거리에서, 영화관에서 혹은 그들이 읽고 있는 책과 잡지에서 접하는 죄에 대한 교묘한 암시와 제시들에 영향을 받지 않게 할 놀라운 예방접종이 있습니까? 비난하는 양심으로 괴로움을 당하는 사람에게 줄 수 있는 굉장한 약이 있습니까? … 나약한 의지에 힘을 북돋아주는 강장제가 있습니까? … 임종하는 순간에 자신의 죄성을 깨닫고 영원한 재판장 되신 하나님을 만나기를 두려워하는 사람에게 줄 수 있는 마술적인 음료가 있습니까?

… 인간의 질병을 치료하는 데는 단 하나의 치유제가 있습니다. … 그것은 예수님이 우리를 용서하셨다는 것을 아는 것입니다. … 내가 정복자 이상이 될 수 있는 것은 오직 그분에게서만 비롯됩니다. … 내가 만족을 발견하는 것은 항상 그리고 오직 그리스도 안에서만 가능합니다.

Truth Unchanged, Unchanging, 114-117

25일 : 어둠 속에서도 예수님을 발견할 수 있습니까?

우리는 예수 그리스도를 의지하는 법을 배워야 하며, 그러기 위해서 그분을 알고, 그분과 교제하며, 그분 안에서 즐거워하는 법을 배워야 합니다. 그날이 오면 … 우리는 읽을 수 없습니다. 그때에는 시험이 닥쳐올 것입니다. 당신은 여전히 행복할 것 같습니까? 당신이 귀머거리나 맹인이 될지라도 이 샘이 여전히 열려 있을 만큼 그분을 잘 알고 있습니까? 당신이 항상 그분께 이야기하고 그분의 말씀에 귀를 기울이며 그분을 즐거워할 수 있을 만큼 그분을 잘 알고 있습니까? 당신이 항상 그분과의 관계에 의지하기 때문에 실제로 아무것도 문제가 되지 않을 만큼 모든 것이 잘 됩니까? 이것이 바로 사도 바울의 상황이었습니다. 그가 그리스도와 맺은 친밀함이 깊어지고 넓어져서 그는 그 외의 모든 것으로부터 자유하게 되었습니다.

… 나는 바울이 이러한 교훈을 배우는 데 전적으로 도움을 주었던 것은 위대하고 완전한 그리스도의 본을 따르는 것이었다고 믿습니다(히 12:1-4). 바울은 그분을 생각하고, 그분과 그분의 완전한 모범을 바라보았습니다. 또한 그것을 자기 삶에 적용했습니다. "우리가 주목하는 것은 보이는 것이 아니요 보이지 않는 것이니 보이는 것은 잠깐이요 보이지 않는 것은 영원함이라"(고후 4:18).

그리스도인들이여, 당신은 그 상태를 안다고 말할 수 있습니까? 이것이 우리에게 우선되게 합시다. 이것이 우리의 대망이 되게 하며, 온 신경을 집중해서 이 복된 상태에 들어갈 수 있도록 모든 일을 행합시다. 삶이 그것을 행하도록 몰아갈 수도 있습니다. 하지만 환경이 그렇지 않을지라도 조만간 세상과 지상의 모든 것이 사라지는 때와 영혼이 마지막으로 분리되는 순간에 우리는 죽음과 영원을 맞닥뜨리면서 혼자 있게 되는 때가 옵니다. 인생에서 가장 위대한 것은 바로 그때에 그리스도와 함께 "그러나 내가 혼자 있는 것이 아니라 아버지께서 나와 함께 계시느니라"(요 16:32)고 말할 수 있는 것입니다.

Spiritual Depression, 285-286

26일 : 온전한 안전

　미지의 미래를 연구할지라도 무엇이 우리를 기다리고 있는지 알지 못합니다. 어떤 일이든지 일어날 수 있습니다. 지금 이 순간에 우리가 그리고 전 세계가 간절히 갈망하는 것이 한 가지 있다면 그것은 안전 보장입니다. 우리는 자주 낙심하며, 심지어 우리 자신을 좌절에 빠지게 합니다. 사려 깊은 사람은 묻습니다. '내가 무엇을 신뢰할 수 있습니까? 절대적인 안전함을 가지고 의탁할 수 있는 것은 무엇입니까?' 오직 한 가지 대답밖에 없습니다. 그것은 바로 하나님입니다. 내가 하나님을 가까이하는 것이 유익합니다. 주 하나님, 여호와, 언약을 지키시는 하나님을 신뢰해야 합니다.

　물론 시편은 이를 강조합니다. 당신은 잠언에서도 이것을 발견하게 됩니다. "여호와의 이름은 견고한 망대라 의인은 그리로 달려가서 안전함을 얻느니라"(잠 18:10). 한 사람이 세상에서 홀로 있습니다. 원수가 그를 공격합니다. 그 사람은 원수에게 대처할 능력이 없습니다. 그는 무엇을 해야 할지 모릅니다. 그는 겁을 먹고 두려움에 떱니다. 그때 그 사람은 주님, 이 주 여호와라고 하는 강력한 망대로 달려갑니다. 그 대적은 거기로 들어갈 수 없습니다. 하나님의 팔, 전능한 팔 때문에 그는 안전합니다. … 왜냐하면 우리는 그리스도 안에 있으며, 하나님 안에 있기 때문입니다. 우리는 거기서 온전한 안전을 누립니다. 사도 바울이 말했던 가장 위대한 말씀 중 하나를 봅시다. "내가 확신하노니 사망이나 생명이나 천사들이나 권세자들이나 현재 일이나 장래 일이나 능력이나 높음이나 깊음이나 다른 어떤 피조물이라도 우리를 우리 주 그리스도 예수 안에 있는 하나님의 사랑에서 끊을 수 없으리라"(롬 8:38-39). 예수님의 팔 안에서 안전을 누리십시오. 당신이 거기에 있다면 지옥이 풀려날지라도 당신에게 손을 댈 수 없습니다. 그 어떤 것도 언약을 지키시는 하나님의 안전한 보호를 받는 사람들을 해칠 수 없습니다.

Faith on Trial, 123

27일 : "내게 능력 주시는 자 안에서 내가 모든 것을 할 수 있느니라"

"내게 능력 주시는 자 안에서 내가 모든 것을 할 수 있느니라"(빌 4:13)는 경이로운 선언입니다. 승리와 겸손함이 동시에 특징으로 드러나는 진술입니다. 처음에는 그가 자랑하는 것처럼 들립니다. 그러나 다시 한 번 그의 진술을 들여다보면 그것이 바울이 주 여호와께 드렸던 가장 영광스럽고 충격적인 찬사 중 하나라는 것을 알게 될 것입니다. … 그것은 우리에게 기뻐하고 자랑하라고 하면서도 동시에 겸손하고 낮아지라고 권면합니다. 여기에는 아무런 모순이 없습니다. 왜냐하면 그리스도인은 자기 자신이 아니라 주님을 자랑하기 때문입니다.

바울은 그렇게 말하기를 매우 좋아했습니다. 예를 들면, "내게는 우리 주 예수 그리스도의 십자가 외에 결코 자랑할 것이 없으니"(갈 6:14), 또는 "자랑하는 자는 주 안에서 자랑하라"(고전 1:31)입니다. 한편으로 우리에게 자랑하라는 권면이 나옵니다. 그러나 그것은 항상 주 안에서 자랑하라는 것입니다.

… 흠정역은 사도 바울이 간절히 전달하고자 하는 그 특별한 의미의 차이를 정확하게 묘사하지 못합니다. 흠정역은 '나는 나를 강하게 하시는 그리스도를 통해서 모든 것을 할 수 있다'고 번역합니다. … 그러나 더 나은 번역은 이것입니다. '나는 항상 내 안에 힘을 불어넣어 주시는 분 안에서 모든 일에 대해 강합니다.' … 사도 바울이 실제로 말하는 것은 그가 스스로 어떤 일을 할 수 있다는 것이 아닙니다. 그 자신에게 힘을 불어넣어 주시는 그분으로 말미암아 어떤 일, 아니 모든 일을 할 수 있다는 것입니다. … 바울은 말합니다. '내가 발견한 실제 비결은 언제나 내 안에 힘을 불어넣어 주시는 그분 안에서 모든 일에 강하게 되었다는 것이다.'

Spiritual Depression, 289-291

28일 : 은혜의 도표

교회의 오랜 역사를 도표로 만들 수 있습니다. 그것은 강력한 부흥으로 묘사될 수도 있는 모세 오경에서 시작됩니다. 당신이 기억하듯이, 시간이 흐른 후에 그 권능은 사라져 갔으며 교회는 곤두박질쳤습니다. 마귀와 세상은 교회를 공격하였으며, 모든 것이 상실된 것처럼 보였습니다. 교회는 아무런 권위도 권세도 없었습니다. 사람들은 절망에 빠졌습니다. 갑자기 하나님은 성령을 다시 부어 주십니다. 강력한 부흥이 일어나며, 교회는 다시 한 번 부흥의 파도의 정점에 이릅니다. 이것이 교회사가 진행되어 온 과정입니다. 교회사는 일정하게 진행되지 않았습니다. 우리는 그렇게 되기를 바라지만, 교회사는 한 번도 그래본 적이 없습니다. 교회사는 항상 부침이 있었으며, 올라가는 때는 교회에 부흥이 일어났으며, 성령이 부어졌습니다. … 강력한 분출이 있는 동안에 사람들은 일평생 동안 성경과 신학을 배웠던 것보다 부흥회 한 시간 동안에 하나님과 주 예수 그리스도에 대해서 더 많이 배웠다고 증언했습니다. 또한 그때까지 세상에 속해서 이전에 복음을 들어본 적이 없던 사람들은 즉각적으로 동일한 위치에 오른 것처럼 보입니다.

이에 대해서 매우 경이로운 일이 있습니다. … "하늘에 계신 이가 웃으심이여 주께서 그들을 비웃으시리로다"(시 2:4). 나는 종종 하나님이 교회를 보고 웃으신다고 믿습니다. 그분은 우리가 손을 뻗어서 언약궤가 흔들리지 않도록 준비하는 것을 보십니다. 우리는 혼자서 그것을 할 수 있다고 생각합니다. 우리는 큰 관심을 보이며, 회의를 열어 제안서들을 제출합니다. 하지만 그것들은 무위로 끝나고 맙니다. 엄청난 캠페인, 회의, 조직을 만든 후에 우리가 기진맥진해 있을 때 하나님은 뜻밖에, 즉 그분이 그렇게 하시리라고 기대한 적도 없는 장소에서 생각해 본 적도 없는 사람을 통해서 성령을 부어 주십니다. 그때 교회는 영광과 권능의 시대에 이르러 영향을 끼칩니다. 사람들은 다시 집단적으로 회심하며, 진리의 권능이 다시 그들에게 임합니다.

Authority, 90-92

29일 : 영적 성장에 도움이 되는 것들

성경을 읽어 봅시다. 성경은 의에 주리고 목마른 문제에 대한 위대한 교과서입니다. … 나는 우리가 신문이나 소설이나 영화나 그 밖의 다른 오락물, 곧 라디오나 텔레비전과 같은 것과 더불어 보내는 시간보다 훨씬 더 많은 시간을 성경을 읽으면서 보내는지 궁금합니다. 나는 이런 것들을 정죄하지 않습니다. … 내 말은, 의에 주리고 목마른 사람은 그런 일을 하느라 쓸 시간이 있으면 성경을 읽는 시간을 더 많이 가져야 한다는 것입니다. … 성경을 읽고 연구하십시오. 성경 말씀을 깨달으십시오. 성경에 관한 책을 읽으십시오.

그리고 나서 기도하십시오. … 우리는 그분의 존전에서 얼마나 많은 시간을 보내고 있습니까? 만일 하나님의 사람들의 전기를 읽는다면 당신은 부끄러움을 느끼게 될 것입니다. 당신은 그들이 하루에 네다섯 시간을 기도했다는 것을 알게 될 것입니다. 그들은 너무 지쳐서 기도할 수 없는 한밤중에 기도하지 않고 하루 중에서 최고의 시간을 하나님께 드렸습니다.

그런 다음에 성도들의 전기들을 읽어야 합니다. … 의에 주리고 목마른 사람은 열정적이었습니다. …그들은 바디매오나 끈질긴 과부와 같습니다. … 그들은 얻을 때까지 조릅니다. 그들은 천사와 씨름하는 야곱과 같습니다. 그들은 금식하고 서원하며 기도해서 얻지 못해도 하나님께서 주실 때까지 무력한 가운데 계속하던 루터와 같습니다. 이는 어느 시대, 어느 나라의 성도든 똑같습니다. … 그것은 이와 같이 되는 것 같습니다. 즉 당신이 이 의를 전심으로 구할 때만 찾게 됩니다. 당신은 스스로 그것을 발견할 수 없습니다. 그러나 물러서서 아무것도 하지 않는 사람도 결코 그것을 얻을 수 없습니다. 이것이 하나님의 방법입니다. 말하자면, 하나님은 우리를 이끄십니다. 우리는 갖은 일을 다 했고 하고 있지만, 여전히 비참한 죄인들입니다. 그때 우리는 어린아이처럼 그것을 하나님이 주시는 공짜 선물로 받을 수 있다는 것을 알게 됩니다. … 이 세상에 있는 그 어떤 것보다도 하나님을 알고 싶어하고 주 예수 그리스도처럼 되며, 자아를 제거하며, … 오직, 항상, 전적으로 그분의 영광을 위해서 살기를 갈망하고 있다고 말할 수 있습니까?

Studies in the Sermon on the Mount I, 91-93

30일 : 사람의 영혼에 있는 하나님의 생명

바울의 모든 것은 항상 그리스도 안에서 그리고 그리스도와 함께 끝납니다. 그분이 최종 목적지이며, 바울의 삶과 인생관의 이유입니다. … 그리스도는 모든 환경, 결말, 가능성에 대해서 자족하신 분입니다. … 바울은 신약성경의 기본적인 교리로서 묘사될 수 있는 것을 여러 가지 방법으로 우리에게 소개하고 있습니다. 그리스도인의 삶은 철학도, 관점도 아닙니다. 우리가 선택해서 실천해야 하는 가르침도 아닙니다. 그것은 그 모든 것입니다. 아니 그보다 훨씬 더한 것입니다. 신약성경의 가르침에 따르면, 그리스도인의 삶의 본질은 우리 속에 들어오는 강력한 권능이며, 우리 안에서 살아 움직이는 생명입니다. 그것은 하나의 활동, 곧 하나님의 편에서 역사하는 활동입니다.

그리스도인은 단순히 어떤 이론을 취해서 실천하려고 애쓰는 사람이 아닙니다. 그리스도인 안에서 그리고 그리스도인을 통해서 행하시는 분은 하나님이십니다. … 우리의 고상한 생각들, 열망들, 모든 의로운 성향은 하나님에게서 나오며, 하나님께서 우리 안에 있게 하시는 그 무엇입니다. 그것은 단순히 우리의 활동이 아니라 하나님의 활동입니다(빌 3:10). … 당신은 바울이 다른 서신에서도 같은 말을 하고 있는 것을 알게 될 것입니다(엡 1:19-20; 2:10). … 바울이 "우리 가운데서 역사하시는 능력대로 우리가 구하거나 생각하는 모든 것에 더 넘치도록 능히 하실 이에게"(엡 3:20)라고 말하는 것을 기억하십시오. 이것이 신약성경 교훈의 전형이고 특징입니다. 만일 이것을 이해하지 못한다면 우리는 그리스도인의 삶과 처지에 대한 가장 영광스러운 것 중 하나를 놓치고 있는 것입니다. … 인용하는 데 결코 싫증이 느껴지지 않는 그리스도인에 대한 존 웨슬리의 정의를 다시 한 번 상고해 봅시다. 존 웨슬리는 헨리 스쿠걸의 쓴 〈인간의 영혼 속에 있는 하나님의 생명〉에서 그 정의를 발견했습니다. '그리스도인은 단순히 선하고, 단정하고, 도덕적인 사람이 아닙니다. 하나님의 생명이 그 사람 안에 들어갔습니다. 그 사람 속에는 힘, 권능, 생명이 있습니다. 그것이 바로 그 사람을 특별하고도 독특한 그리스도인으로 만듭니다.'

Spiritual Depression, 291-292

The greatest message

December

12

Martyn Lloyd-Jones

"하나님께 가까이함이 내게 복이라 내가 주 여호와를 나의 피난처로 삼아 주의 모든 행적을 전파하리이다"(시 73:28)

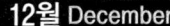

12월 December

1일 : 좁은 문으로 들어가십시오

그리스도인의 삶은 항상 매우 개인적인(인격적인) 것입니다. … 우리 모두는 이미 용납된 행위의 종입니다. 우리는 전통과 습관과 관습으로 가득 찬 세상을 이어받아 맞추어 사는 경향이 있습니다. 이렇게 하는 것은 매우 쉬우며 분명합니다. 또한 우리는 이상하거나 다른 것만큼 미워하는 것도 없다는 사실도 맞습니다. … 그리스도인이 되었을 때 맞닥뜨리는 많은 일들 중 하나는 비범하거나 예외적인 것에 연루된다는 것입니다. 그러나 그리스도의 복음 메시지에 살아 응답하는 사람은 먼저 자기 자신에게 '그래, 대다수의 사람들에게 어떤 일이 일어나든지 간에 나 자신은 살아 있는 영으로서 내 삶에 책임을 져야 해'라고 말하게 됩니다. … 그래서 그리스도인이 되면 그는 먼저 자신을 이 세상에서 분리된 개체로 바라보기 시작합니다. 예전에는 자신이 속한 군중 속에서 자신의 개성과 정체성을 상실했습니다. 그러나 이제는 홀로 서 있습니다. 그는 미친 듯이 무리와 함께 돌진했지만, 갑작스럽게 멈춥니다. … 그리고 군중을 떠납니다. 당신은 무리와 함께 회전문을 통과할 수 없습니다. 회전문은 단지 한 번에 한 사람씩 지날 수 있을 뿐입니다. 이를 통해서 사람은 영원한 재판장이신 하나님 앞에서 책임을 지는 존재임을 알게 됩니다. 그 문은 협착하고 좁습니다. 이는 내게 심판에 직면하게 하며, 하나님과 맞닥뜨리게 하며, 삶과 개인적인 것, 즉 내 영혼과 영원한 운명을 마주하게 합니다.

그러나 나는 군중, 세상, 쾌락에서 떠나야만 합니다. … 세상의 길에서 벗어나 물러나야 합니다. … 우리는 세상을 즐겁게 하는 것을 문 밖에 남겨 두어야 합니다. 중생하지 못한 본성에 속하며, 이를 기쁘게 하는 것은 이 좁은 문 밖에 남겨 두어야 합니다.

Studies in the Sermon on the Mount II, 221-223

2일 : "내 안에 그리스도께서 사시는 것이라"(갈 2:20)

그렇습니다. 여전히 더 협착하고 좁습니다. 진정으로 이런 삶을 살기 원한다면 우리는 자아를 바깥에 내버려 두어야 합니다. 우리에게 가장 큰 걸림돌은 바로 거기, 즉 자아에 있습니다. 세상을 떠나는 것과 세상의 방식을 떠나는 것은 완전히 별개의 문제입니다. 그러나 가장 중요한 것은 우리 자아를 바깥에 남겨 두는 것입니다. … 이는 어리석은 일이 아닙니다. 신약성경의 전형적인 어법입니다. 자아는 옛 아담이며, 타락한 본성입니다. 그리스도는 옛 사람을 바깥에 남겨 두어야만 한다고 말씀하십니다. "옛 사람을 벗어버리라"(골 3:9). 즉 옛 사람을 문 바깥에 남겨 두십시오. 이 문을 지나는 데는 두 사람이 함께할 여유 공간이 없습니다. 그래서 옛 사람을 뒤에 남겨야만 합니다. …

신약성경의 복음은 자아와 교만을 하찮게 여깁니다. 산상설교 첫 부분에서 우리는 "심령이 가난한 자는 복이 있나니"(마 5:3)라는 말씀을 만나게 됩니다. 이 세상에서 태어난 자연인은 누구나 심령이 가난해지는 것을 좋아하지 않습니다. 우리는 날 때부터 이 말씀과 정반대입니다. 우리 모두는 교만한 본성을 가지고 태어나며, 세상은 우리가 태어날 때부터 최선을 다해서 우리의 교만을 부추깁니다. 세상에서 가장 어려운 것은 심령이 가난해지는 것입니다. 심령이 가난한 사람은 교만을 하찮게 여깁니다. 이것은 가장 본질적인 요소입니다. 좁은 문의 입구에는 이런 공고문이 붙어 있습니다. '당신 자신을 바깥에 남겨 두십시오.' 이렇게 하지 않는다면 우리를 저주하는 사람을 어떻게 축복하며, 악의에 차서 우리를 이용해 먹는 사람을 위해서 어떻게 기도할 수 있습니까? 우리가 자아를 변호하고 지키며 자아에 관심을 기울인다면 어떻게 우리 주님을 따르며, 하늘에 계신 우리 아버지의 자녀가 되며, 원수를 사랑할 수 있습니까? … 자아는 이런 분위기에서 결코 존재할 수 없습니다. 자아는 처음부터 계속해서 십자가에 못 박혀야만 합니다. … 자아에 대한 어떤 환상도 갖지 마십시오. 자아가 당신을 유명하게 하며, 찬양받게 하며, 굉장히 멋지게 만들어 줄 것이라고 생각한다면 당신은 이 자리에서 멈추고 처음으로 되돌아가는 것이 좋습니다. 왜냐하면 좁은 문으로 들어가는 사람은 자아와 안녕을 고해야 하기 때문입니다.

Studies in the Sermon on the Mount II, 224-225

3일 : 힘과 권능을 부어 주시는 그분 안에서 모든 것을 할 수 있습니다

결국 스토아철학은 극심한 염세주의(비관주의)입니다. 세상이 절망적이며, 선한 것이라고는 하나도 없어서 당신이 할 수 있는 일이라고는 그저 전력을 다해서 인생을 살아가면서 상처받지 않도록 하는 것뿐입니다. 물론 동양 종교도 염세적입니다. 동양 종교들은 물질 자체를 악한 것으로 여기며, 육신을 본질상 악하다고 생각합니다. 모든 것이 악해서 유일하게 할 일은 그저 최소한의 고통을 안고 인생을 살아가며, 다음 윤회에서 벗어나서 마침내 절대와 영원에 흡수되고 영원히 상실되며, 분리된 인격이 되기를 멈추는 것뿐이라고 말합니다.

이것은 본질적으로 적극적인 기독교의 복음과 정반대입니다. 그것이 주 예수 그리스도에게 영광과 존귀를 돌리지 못하기 때문에 소극적인 관점을 전적으로 거부합니다. … 바울은 자신의 승리가 그리스도와의 교제에 바탕을 두고 있으며, 그리스도께서 자신에게 힘과 권능을 부어 주심으로 자신이 강해져서 모든 것을 할 수 있게 되었다는 사실을 우리가 알기를 원합니다. 그는 홀로 있지 않으며, 강력한 곤경에 맞서서 홀로 헛되이 싸우지 않습니다. … 바울은 '이분 안에서' "내가 모든 것을 할 수 있느니라"(빌 4:13)고 말합니다.

… 이것은 바울이 말한 가장 영광스러운 선언 중 하나입니다. 한 사람이 감옥에 있습니다. 그 사람은 이미 삶 속에서 큰 고통을 겪었습니다. 또한 그는 여러 가지 좌절을 경험했습니다. 즉 그는 박해를 받고, 조롱과 경멸을 당했으며, 때로는 그가 말했듯이(빌 1:15-17) 동료 사역자들에게 좌절을 겪었습니다. 담대한 마음조차 낙담하게 만드는 감옥에 갇혔으며, 잔혹한 순교에 직면하기도 했습니다. 그럼에도 불구하고 그는 강력한 도전장을 던질 수 있었습니다. '나는 내게 항상 힘을 불어넣어 주시는 분 안에서 모든 것을 견디며 참을 수 있습니다.'

Spiritual Depression, 293-294

4일 : "누구든지 그리스도 안에 있으면 새로운 피조물이라 이전 것은 지나갔으니 보라 새것이 되었도다"(고후 5:17)

　팔복은 그리스도인의 자세에 대한 기본적인 중심 진리를 우리에게 상기시켜 줍니다. … 기독교의 복음은 근본적으로 행위보다는 존재를 강조합니다. 복음은 우리의 행동보다는 우리의 자세에, 우리가 무엇을 하느냐보다 본질적으로 우리가 어떤 존재인가에 더 무게를 둡니다. … 우리 주님은 산상설교 전체에서 성향에 관심을 기울입니다. 그 후에 우리의 행위에 대해서 이야기합니다. 그러나 이에 앞서 주님은 성격과 성향을 서술하십니다. … 그리스도인이란 어떤 것을 행하기 이전의 그 무엇입니다. 우리는 그리스도인으로서 행하기 이전에 그리스도인이 되어야 합니다. … 존재는 행함보다, 자세는 행위보다 더 중요합니다. 무엇보다 먼저 중요한 것은 성품입니다. 예를 들어, '나는 진정한 그리스도인이 되기 위해서 기독교의 가르침에 집중하고 이용해서 적용해야 한다'고 말한다면 그것은 전적으로 그릇된 생각입니다. 그것은 우리 주님이 말씀하신 방법이 아닙니다. 주님이 가르쳐 주신 것은 기독교의 정신이 나를 관리하며, 내가 진리에 지배를 받는 것입니다. 왜냐하면 나는 성령의 역사로 그리스도인이 되었기 때문입니다. … 이러한 결론에 도달하지 않고서는 팔복을 이해할 수 없습니다. 기독교의 신앙은 삶의 표면에 드러나는 그 무엇이 아닙니다. 회칠이나 겉치레가 아닙니다. 그렇습니다. 기독교 신앙은 사람의 인격 중심에서 일어나는 그 무엇입니다. 이것이 신약성경이 중생이나 거듭남, 새 창조, 새로운 본성을 받는 것에 대해서 이야기하는 이유입니다. 그것은 인간 존재의 중심에서 일어나는 그 무엇입니다. 그것은 인간의 모든 생각, 모든 관점, 모든 상상력, 결과적으로 모든 행위까지 지배합니다.

Studies in the Sermon on the Mount I, 96-97

5일 : 과거에 경험했던 하나님의 사랑은 곤경에 빠졌을 때 하나님께서 나를 떠날 것이라는 생각에 빠져드는 것을 막아 줍니다

모든 것이 나를 대적하여 일어나 나를 절망으로 몰아넣는 것처럼 보일 수도 있습니다. 나는 무슨 일이 일어나고 있는지 알지 못합니다. 그러나 이 사실, 즉 하나님께서 나를 사랑하셔서 나를 위해서 자신의 독생자를 세상에 보내셨다는 것을 압니다. 내가 아직 원수였을 때 하나님께서 나를 위해서 독생자를 보내셔서 갈보리 언덕에서 십자가에 달려 죽게 하셨다는 것을 압니다. … 독생자의 보혈을 대가로 내가 구원을 얻으며, 하나님의 자녀가 되고, 영원한 복락의 상속자가 되었다는 것을 압니다. 나는 정말로 그것을 잘 압니다. … 믿음은 말합니다. '나를 그렇게 멀리까지 이끄셨던 그분이 지금 나를 실망시키실 것이라고는 믿지 않습니다. 그것은 불가능합니다. 그것은 하나님의 성품과 맞지 않습니다. …'

다음 단계는 믿음을 모든 특정 상황에 적용하는 것입니다. 그것은 제자들이 갈릴리 폭풍 속에서 하지 못했던 것입니다(눅 8:22-25). 그것은 우리 주님이 "너희 믿음이 어디 있느냐"(눅 8:25)라고 말씀하셨던 이유입니다. '너희는 그것을 갖고 있다. 그런데 왜 그것을 적용하지 못하느냐? 너희는 왜 너희가 알고 있는 모든 것을 이 상황을 견디는 데 쓰지 않느냐? 너희는 이 특정한 문제에 대해서 왜 그것에 집중하지 않느냐?' … 나는 당신이 일어나고 있는 모든 것을 이해할 수 있을 것이라고 말하지 않습니다. … 그러나 당신은 하나님께서 관심을 기울이고 있다는 것을 확실히 알 것입니다. 당신을 위해서 가장 위대한 일을 행하셨던 그분은 당신의 모든 것에 관심을 가지고 계심이 분명합니다. 비록 구름이 잔뜩 끼어 있어서 그분의 얼굴을 볼 수 없을지라도 당신은 그분이 거기에 계시다는 것을 압니다. … 그분이 허용하시지 않으면 그 어떤 것도 당신에게 일어날 수 없습니다. 그것이 무엇이든지 간에 신경 쓰지 않습니다. 설사 그것이 큰 좌절이나, 질병이나, 일종의 비극일지라도 말입니다. … 그러나 이것을 확신할 수 있습니다. 궁극적으로 당신에게 좋은 일이기 때문에 하나님께서 그 일이 일어나도록 허용하셨다는 겁니다.

Spiritual Depression, 144-145

6일 : 성경의 진리에 비추어야만 모든 것을 올바로 이해하게 됩니다

성경은 궁극적인 진리를 아는 데 이르는 유일한 길이 있으며, 그것은 성경에 주어진 계시를 받아들이는 것이라고 매우 명백하게 말합니다. 성경은 하나님께서 주신 진리입니다. … 어떤 사람은 '그러나 이것은 지적인 자멸이 아닙니까?'라고 물을 수도 있습니다. 물론 아닙니다. 이는 파스칼이 이성의 궁극적인 성취와 한계에 대해 말한 것을 답습하는 것입니다. … 우리가 계시에 순복한다면 … 성령이 내 마음에 역사하심으로 진리를 알았다면 그때 나는 이전에 전혀 할 수 없었던 방식으로 내 이성을 사용하기 시작합니다. 이성을 최대한 활용해서 모든 것의 이유와 의미를 알아보게 됩니다.

이것은 이론이 아닙니다. 실제로 예증될 수 있는 것입니다. 예를 들어, 사도 바울의 서신을 읽어 보십시오. 이성의 요소, 논리, 논증, 진리에 대한 그의 굉장한 이해력조차도 당신의 주의를 끌지 못합니다. … 당신은 스스로 생각해서 진리에 이르지 못합니다. 계시를 받아들임으로 진리에 도달합니다. 그러나 그때 당신은 생각하고 이해하며 소유하기 시작합니다. 바울, 어거스틴, 토마스 아퀴나스, 루터, 칼빈, 파스칼 등과 같은 사람을 생각해 보십시오. 역사의 위대한 지식인들이 있습니다. 그들은 거장들입니다. 왜냐하면 그들은 이성의 범주가 어느 정도인지를 알고 나서 계시에 순복하는 지혜를 소유했기 때문입니다. 그들은 하나님의 성령으로 말미암아 고양되고 깨닫게 되었습니다. 그러고 나서 그들의 마음과 대단한 추리력은 그들 자신을 설명하기 시작했습니다. … 나는 오직 성경의 가르침에 비추어서만 내 자신을 이해하게 됩니다. … 그럴 때만 나는 삶의 실제 의미를 알게 됩니다. 그럴 때만 죽음에 관한 교훈을 받게 됩니다. 나는 여기서 역사, 곧 역사의 의미와 최후를 이해합니다. 그 모든 것이 바로 여기에 있습니다.

The Approach to Truth: Scientific and Religious, 23-25

7일 : 다른 사람을 향한 애통함은 참된 그리스도인의 표지입니다

십자가에 달리신 그분을 바라보십시오. 그분은 죄를 지은 적도 없으며, 어느 누구에게도 해를 가한 적도 없으며, 잃어버린 자를 찾아 구원하기 위해서 오셨습니다. 그분은 십자가에 못 박힌 채 극심한 고통을 겪으셨습니다. 그런데 그분은 십자가 죽음에 대한 책임이 있는 사람들을 바라보시면서 뭐라고 말씀하십니까? "아버지 저들을 사하여 주옵소서." 왜 그렇습니까? "자기들이 하는 것을 알지 못함이니이다"(눅 23:34). … 이제 당신과 나는 그와 같이 되어야 합니다. 그것을 성취한 순교자 스데반을 바라보십시오. 사람들이 그에게 돌을 던졌을 때 그는 뭐라고 말합니까? … "주여 이 죄를 그들에게 돌리지 마옵소서"(행 7:60). 스데반은 말합니다. '그들은 자기들이 하는 것을 이해하지 못합니다. 그들은 화가 나 있습니다. … 그들은 나를 당신의 종으로서 알지 못합니다. 그들은 나의 주님을 모릅니다. …' 그는 그들을 불쌍히 여기고, 긍휼히 여겼습니다. 이것이 참된 그리스도인의 상태입니다. 심지어 사람들이 우리에게 악의에 차서 우리를 이용해 먹고, 우리에게 해를 끼칠 때조차도 그 사람들에 대해 애통해하는 것을 그리스도인의 자세로서 인식하고 있는지요. … 그들은 긍휼히 여김을 받아야 마땅합니다. 그들이 어떤 일에 화를 내는지를 보십시오. 그것은 그들의 중심인 영혼이 잘못되어 있다는 것을 보여 줍니다. 그들은 그렇게 그리스도와, 그들의 모든 것을 용서하셨던 하나님과 다릅니다. 우리는 그들에 대한 애통함을 느껴야 하며, 그들을 위해서 하나님께 기도하며 하나님의 자비가 그들에게 임하기를 간구해야 합니다. … 죄사함을 받았다는 것이 무엇을 의미하는지를 진정으로 경험했다면 이 모든 것은 필연적으로 뒤따라옵니다. 만일 내가 다만 자비의 빚을 진 자라는 것을 안다면, 아무 대가 없이 주시는 하나님의 은혜 때문에 그리스도인이 되었다는 것을 안다면, 내 안에 교만이, 내 권리를 주장하는 것이 있을 수 없습니다. 오히려 다른 사람을 마주 대할 때 그들 안에 무가치한 어떤 것이 있다면 마음속에 그들에 대한 애통함을 갖고 있어야 합니다.

Studies in the Sermon on the Mount I, 103-104

8일 : 삶의 정점

그리스도인의 삶의 방식은 힘듭니다. 그것은 쉽지 않습니다. 너무 영광스럽고 경이로워서 결코 쉽지 않습니다. 그것은 그리스도 자신과 같은 삶이어서 쉽지 않습니다. 그 기준은 어렵습니다. 그러나 이것을 하나님께 감사드립니다. 쉬운 것만 원하고 어려운 것은 피하는 사람은 가련하고 형편없는 사람입니다. 이것은 지금까지 인류에게 알려진 가장 숭고한 삶입니다. 그렇게 때문에 그것은 어렵습니다. 그것은 협착하고 좁습니다. "찾는 자가 적음이라"(마 7:14). 당연합니다! 일반 개업 의사보다 진찰 전문의의 수가 적기 마련입니다. 전문가들은 일반 노동자들보다 많지 않습니다. … 당신이 삶의 어느 방면에서 가장 높은 단계에 이를 때 동료들의 수는 항상 적습니다. 어느 누구나 일상적인 일을 따라하지만, 당신이 비범한 일을 하기 원하는 순간, 고지에 도달하기 원하는 순간, 당신은 그와 같은 일을 하려고 시도하는 사람이 많지 않다는 것을 알게 될 것입니다. 그리스도인의 삶도 이와 같습니다. 그리스도인의 삶은 고양되고 경이로운 삶이어서 그것을 발견하고 거기로 들어갈 사람은 거의 없습니다. 왜냐하면 그 길은 어렵기 때문입니다. … 산상설교를 자세하게 들여다보았을 때 알게 된 것을 생각해 보십시오. 우리 주님이 묘사하신 그 삶을 바라보십시오. 그러면 당신은 그 길이 좁은 것이 당연하다는 것을 알게 될 것입니다. 왜냐하면 그 길은 매우 어렵기 때문입니다. 그것은 최고의 삶이며, 완전한 삶의 정점입니다.

Studies in the Sermon on the Mount II, 225-226

9일 : 은혜 안에서 자라 가십시오

　베드로 사도는 우리 주, 곧 구주 예수 그리스도의 은혜와 그분을 아는 지식에서 자라 가야 함을 깨달았습니다(벧후 3:18). 하지만 우리는 자라기 전에 먼저 태어나야만 합니다. 살아 있는 아이만이 자랄 수 있습니다. 생명이 없는 곳에서는 성장이 있을 수 없습니다. 성장과 발전과 완전함은 생명이 이미 존재함을 전제로 합니다. 바울은 고린도전서 3장 앞부분에서 정확히 동일한 요점을 이야기합니다. 바울은 고린도 교회 교인들이 여전히 어린아이여서 그들이 받아들일 상황이 아니었기 때문에 어른처럼 대하며 편지를 쓸 수 없다고 한탄합니다. 그러나 그들이 이미 그리스도인, 즉 소위 '성도'였다는 사실을 기억하십시오. 그들은 거듭났으며, '예수 그리스도와 십자가에 달리신 그분'을 믿었습니다. 그들은 이미 유일한 기초 위에 서 있습니다. 그들은 배워야만 합니다. 이 지식은 발전하고 성장해야 합니다. 그들이 아직 이해하지 못한 측면들이 있습니다.

　히브리서 5장 마지막 부분에서 저자는 독자들에 대해서 동일한 한탄을 하면서 단단한 음식을 먹일 수 없다고 말합니다. 하지만 그는 독자들에게 젖을 먹일 수는 있었습니다. 저자는 독자들에게 멜기세덱과 같은 그리스도에 대한 놀라운 교리를 가르치고 싶어하지만 하지 못합니다. 그러나 거기에는 생명이 있습니다. 독자들은 진리를 믿었습니다. '초보 원리', 즉 그리스도의 복음의 요소를 붙들고 있었습니다. 저자는 그들이 거짓 교사들로 말미암아 넘어지지 않게 하는 데 관심을 기울일 뿐만 아니라 그들이 "완전한 데로 나아가기"를 원합니다(히 6:2).

The Basis of Christian Unity, 37-38

10일 : 팔복의 흐름

우리 주님은 매우 신중하게 이 팔복을 선택하셨습니다. 아무렇게나 말씀하시지 않았습니다. 팔복에는 사상 면에서 흐름이 있으며, 논리적인 연속성이 있습니다. … "긍휼히 여기는 자는 복이 있나니"(마 5:7). 이 얼마나 면밀한 진술인지요! 이 얼마나 우리를, 우리의 지위를, 기독교 신앙에 대한 우리의 고백을 시험하고 있는지요! 그리스도는 말씀하십니다. '그들은 행복한 사람들이다. 그들은 축하를 받을 사람들이다.' 이들은 긍휼히 여기는 사람들입니다. 이는 우리가 팔복이라고 부르는 진술들의 성격을 전체적으로 면밀하게 살피기 좋은 시점입니다. 우리 주님은 그리스도인과 그리스도인의 성품을 묘사하고 계십니다. 그분은 우리를 면밀하게 살피시고 시험하시고 계십니다. … 우리는 이렇게 면밀하게 시험하고 살피는 것에 어떻게 반응하는지요? 팔복은 실제로 기독교 신앙 고백에 대한 모든 것을 보여 주고 있습니다. 내가 이런 것들을 싫어한다면, 못 견뎌 한다면, 대신에 공산주의에 대해 이야기하고 싶어 한다면, 개인적인 분석과 조사와 시험을 혐오한다면 이는 나의 자세가 신약성경의 사람의 태도와 정반대됨을 보여 줍니다. 그러나 다른 한편, 내가 이런 것들이 나를 면밀하게 살피고 나에게 상처를 줄지라도 그것이 본질적이고 내게 유익이 된다고 느낀다면, 내가 겸손해지는 데 도움이 되고, 거울을 마주 대하듯이 내가 그리스도인에 대한 하나님의 모범에 비추어서 내가 어떤지를 보여 주는 데 유익하다고 느낀다면 그때 내 상태와 문제에 대해 소망을 기대할 수 있습니다. 참된 그리스도인은 겸손해지기를 결코 거부하지 않습니다. 팔복은 참된 그리스도인인 사람은 제일 먼저 '심령이 가난해져야' 한다고 말합니다. 자신 안에 아무것도 없다는 것을 드러내 보이기를 거부한다면 그 사람은 올바른 자리에 있는 것이 아닙니다. 그래서 이러한 팔복 전체는 면밀하게 살피는 시금석이 됩니다.

Studies in the Sermon on the Mount I, 95-96

11일 : 그리스도와 더불어 시간을 보내십시오

　권능의 비결은 그리스도 안에서 우리에게 가능한 것을 신약성경에서 발견하고 배우는 것입니다. 내가 해야 할 일이라고는 그저 그리스도께 가는 것입니다. 나는 그분과 함께 많은 시간을 보내고, 그분을 묵상하며, 알아가야만 합니다. 이것이 바울의 소망이었습니다. '나는 그분을 알고자 합니다.' 그리스도와의 교제를 지속해야 하며, 그분을 아는 일에 집중해야 합니다.

　그 밖의 다른 것은 무엇입니까? 나는 그분이 내게 말한 것을 정확하게 행해야 하며, 방해하는 것을 피해야 합니다. … 너무 많이 먹지 말아야 하며, 나쁜 환경에 빠지지 않아야 합니다. 건강하기를 원한다면 냉기에 노출되지 않아야 합니다. 마찬가지로 영적 규칙들을 지키지 않는다면 우리가 권능을 끊임없이 구한다 할지라도 결코 얻지 못할 것입니다. 그리스도인의 삶에서 지름길은 없습니다. 박해를 당하는 와중에서 바울이 느꼈던 것처럼 느끼기를 원한다면 바울이 살았던 것처럼 살아야만 합니다. 그분이 내게 말씀하신 것, 즉 해야 할 일과 하지 말아야 할 일을 지켜야 합니다. 나는 성경을 읽어야만 하며, 훈련하며, 그리스도인의 삶을 살아야 합니다. 그리스도인의 온전한 삶을 살아야만 합니다. 다시 말해서 바울이 빌립보서 4장 8-9절에서 가르쳤던 것을 행해야 합니다. "끝으로 형제들아 무엇에든지 참되며 무엇에든지 경건하며 무엇에든지 옳으며 무엇에든지 정결하며 무엇에든지 사랑받을 만하며 무엇에든지 칭찬받을 만하며 무슨 덕이 있든지 무슨 기림이 있든지 이것들을 생각하라 너희는 내게 배우고 받고 듣고 본 바를 행하라 그리하면 평강의 하나님이 너희와 함께 계시리라." 이것이 그리스도 안에 거하는 것에 대한 신약성경의 가르침이라고 생각합니다. 사람들은 '거하는 것'을 감정적인 것으로 여깁니다. 그들은 '거하는 것'을 수동적이고 매달리는 것이라고 생각합니다. 그러나 그리스도 안에 거하는 것은 그분이 당신에게 말씀하신 것을 적극적으로 행하며, 끊임없이 기도하는 것입니다. 거하는 것은 매우 활동적인 것입니다.

Spiritual Depression, 298-299

12일 : 거짓 약속이 아니라 진리에서 솟아나는 선명한 위로를 주십니다

그리스도인의 삶은 항상 고난을 수반하며, 참된 삶을 살 때 항상 박해를 당하기 마련입니다. … "(그들은) 너희 전에 있던 선지자들도 이같이 박해하였느니라"(마 5:12). 그들은 항상 이처럼 행했으며, 세상은 하나님을 따르는 사람을 항상 박해했습니다. 우리 주님의 삶에서 완벽한 예를 보게 됩니다. 세상은 그분을 거부했습니다. 그분은 사람들에게 미움을 당하셨습니다. 왜냐하면 그분은 옛 모습 그대로였기 때문입니다. 바울은 말합니다. "무릇 그리스도 예수 안에서 경건하게 살고자 하는 자는 박해를 받으리라"(딤후 3:12). 그러나 누가 박해를 받는 것을 좋아하겠습니까? 우리는 비난을 받거나 무자비하게 대우받는 것을 좋아하지 않습니다. 모든 사람이 우리 자신에 대해서 좋게 말해 주는 것을 좋아합니다. 미움을 받고 비난당하면 정말로 짜증납니다. 하지만 그리스도께서는 우리가 좁은 길을 걸어가면 미움받고 비난당하게 될 것이라고 경고하셨습니다. 그것은 까다롭고 어렵습니다. 그러므로 들어갈 때 우리는 고난과 박해를 당할 각오를 해야 합니다.

오해를 받을 각오를 하고, 심지어 당신이 가장 사랑하는 사람, 가장 가까운 사람에게 오해를 받을 각오를 해야만 합니다. 그리스도께서는 "화평이 아니요 검을 주러 왔노라"(마 10:34)고 말씀하셨습니다. '검'은 엄마와 딸을, 아버지와 아들을 나눌 수도 있습니다. 가족이 당신의 가장 큰 적이 될 수도 있습니다. 왜 그렇습니까? 왜냐하면 당신은 구별되었으며 … 가족 단위가 아니라 한 사람씩 들어가도록 하는 이 좁은 문으로 들어갔기 때문입니다. 그것은 매우 힘들고 어렵습니다. 그러나 주 예수 그리스도는 우리에게 정직하십니다. 만일 그 밖의 다른 어떤 것도 보지 않는다면 하나님은 한 사람씩만 들어갈 수 있다고 처음에 우리에게 말씀하시는 이 복음의 정직함과 신뢰성을 볼 수 있도록 하십니다. 왜냐하면 그것은 협착하고 좁은 문이기 때문입니다.

Studies in the Sermon on the Mount II, 226

13일 : 완전의 역설

사도 바울은 지금까지 존재하지 않는 어떤 것에 이르는 것보다 차라리 이미 존재하는 것의 '발전'에 관심을 기울입니다. … 이에 대한 가장 명확한 진술은 빌립보서 3장 10절에 나옵니다. 바울은 여기서 자신의 가장 큰 갈망이 '내가 그분을 알고자 하는 것'이라고 말합니다. 이것이 바울이 그분을 전혀 몰라서 그리스도에 대한 지식을 간절히 동경하고 있다는 뜻입니까? 물론 아닙니다. 바울이 말하는 것은 이것입니다. '나는 그분을 알지만 그분을 좀더 많이 알고 싶습니다. 나는 깊은 지식을 갖기 원합니다.' 바울은 자신이 이미 갖고 있는 지식의 '증가'와 완전함을 갈망하고 있습니다.

이 문제를 이해하기 위해서는 빌립보서 3장 12-15절의 역설적인 진술로 돌아가야 합니다. 바울은 "내가 이미 얻었다 함도 아니요 온전히 이루었다 함도 아니라"(빌 3:12)로 시작하고 나서, 계속해서 "그러므로 누구든지 우리 온전히 이룬 자들은 이렇게 생각할지니"(빌 3:15)라고 말합니다. … 물론 실제적인 모순은 없습니다. 그가 말하고자 하는 것은, 참된 모든 그리스도인들은 이미 구원에 가장 중요한 지식을 갖고 있으며, 어떤 의미에서 완전하다는 것입니다. … 그래서 그는 "그러므로 누구든지 우리 온전히 이룬 자들은 이렇게 생각할지니"라고 말합니다. 이어서 이렇게 말합니다. "만일 어떤 일에 너희가 달리 생각하면 하나님이 이것도 너희에게 나타내시리라"(빌 3:15). 우리가 아직 알지 못하는 믿음과 진리의 여러 측면들이 있습니다. 그것은 우리에게 계시될 것입니다. 그러므로 우리는 그리스도 예수에 관해서는 이미 완전합니다. 그러나 우리는 완전으로 나아가야만 합니다. 우리는 도달함도, '이미 얻었다 함'도 아닙니다(빌 3:12). 우리는 가지고 있는 이 지식에서 지금 자라가고 있습니다. 이제 그것에 들어가고 있습니다. 그것 안에서 그리고 그것을 통해서 자라고 발전할 수 있다는 것은 우리가 이미 그 안에 있기 때문입니다.

The Basis of Christian Unity, 38-39

14일 : 그리스도인의 삶은 처음부터 끝까지 좁은 길입니다

그리스도인의 삶은 시작할 때부터 협착할 뿐만 아니라 지속적으로 좁습니다. 또한 그것은 좁은 문일 뿐만 아니라 협소한 길입니다. 그리스도인의 삶은 처음부터 끝까지 좁습니다. 영적인 영역에서는 휴일과 같은 것은 없습니다. 우리는 일상에서 휴식을 취할 수 있지만, 영적인 삶에서는 휴일과 같은 것은 없습니다. 영적인 삶은 항상 좁습니다. 시작할 때부터 협착하며 계속 그렇습니다. 그것은 항상, 처음부터 끝까지 '믿음의 싸움'입니다. 믿음의 싸움은 좁은 길이며, 한쪽에는 적들이 포진해 있습니다. 우리를 압박하는 것들, 우리를 공격하는 사람들이 그 길을 따라 끝까지 포진해 있습니다. 당신에게는 이 세상과 이생에서 쉬운 오솔길은 없을 것입니다. 그래서 그리스도께서는 처음부터 이것을 말씀하셨습니다. 그리스도인의 삶이 처음에는 어렵다가 나중에는 쉬워질 것이라고 생각한다면 신약성경의 가르침을 완전히 잘못 이해한 것입니다. 그리스도인의 삶은 항상 좁습니다. 거기에는 마지막 순간까지 당신을 공격하는 대적자들이 있을 것입니다.

낙담됩니까? '그렇다면 돌아가지 뭐'라고 말하고 싶습니까? 당신이 그렇게 말하기 전에 이 길의 끝자락에 있는 것에 대해 말씀드리겠습니다. 이것을 차치하고서라도 그분을 끝까지 따라가는 것이야말로 가장 영광스러운 일이 아닙니까? 그렇더라도 착각을 하지는 맙시다. "통치자들과 권세들과 이 어둠의 세상 주관자들과 하늘에 있는 악의 영들을 상대"(엡 6:12)하여 싸우는 것은 이 세상에서 살아가는 동안 지속됩니다. 인생의 여정에서 미묘한 유혹이 있을 것입니다. 그러면 당신은 처음부터 끝까지 지켜보고 경계해야만 합니다. 당신은 결코 늘어질 수 없습니다. 항상 주의해야 합니다. 바울이 말한 대로 당신은 "자세히 주의하여"(엡 5:15) 걸어가야 합니다. 한 걸음 한 걸음을 주시해야 합니다. 그것은 좁은 길입니다. 시작부터 좁으며 계속 협착합니다.

Studies in the Sermon on the Mount II, 226-227

15일 : 거룩함의 장점

　왜 의가 우리 모두가 가장 바라는 갈망이 되어야 합니까? 나는 이런 식으로 대답합니다. 하나님의 의가 없는 사람은 하나님의 저주 아래에 있으며 파멸에 직면해 있습니다. … 이것이 성경의 가르침입니다. … 하나님의 마음에 합하고, 하늘로 가며, 하나님과 함께 있으며, 그분의 거룩한 임재 속에서 영원히 보낼 수 있게 하는 것은 오직 이 의뿐입니다. … 모든 사람이 살아가면서 이 의를 갈망하지 않는 것은 얼마나 경악스러운 일인지요! 이 의는 이생과 내세에서 복을 누리는 유일한 길입니다. 죄의 혐오스러움에 대해서 이야기하겠습니다. 죄는 하나님의 명예를 더럽히는 것입니다. … 하나님의 시각에서 그리고 전적인 거룩함의 빛에서 계속해서 떳떳하지 못한 것을 보았다면, 우리도 하나님처럼 그것을 미워해야 합니다.

　그러나 나는 이를 긍정적인 측면으로 설명하고자 합니다. 의의 새로운 삶에 대해서 영광스럽고 경이로운 것을 알았다면 우리는 그 밖의 다른 어떤 것도 갈망하지 않아야 합니다. 그러므로 주 예수 그리스도를 바라봅시다. 이것이 인생을 살아가는 방법이며, 우리가 닮아야 하는 것입니다. … 예수님을 따르던 자들의 삶을 바라보십시오. 그런 사람들처럼 살고 싶지 않습니까? 그 사람들처럼 죽고 싶지 않습니까? 그에 비견될 만한 다른 삶이 있습니까? 성령의 열매를 나타내는(갈 5:22-23) 거룩하고 깨끗하며 순전한 삶이 있습니까? 이 얼마나 고귀한 삶이며 성품인지요! 이런 사람이 사람다운 사람입니다. 이것이 마땅히 살아야 할 삶입니다. 이런 것들을 본다면 우리는 다른 그 어떤 것도 갈망하지 않을 것입니다. 사도 바울처럼 되어서 이렇게 말할 것입니다. "내가 그리스도와 그 부활의 권능과 그 고난에 참여함을 알고자 하여 그의 죽으심을 본받아 어떻게 해서든지 죽은 자 가운데서 부활에 이르려 하노니"(빌 3:10-11). 당신은 이런 갈망을 갖고 있습니까? 좋습니다. "구하라 그리하면 너희에게 주실 것이요"(마 7:7).

Studies in the Sermon on the Mount I, 93-94

December

16일 : 크게 말하십시오!

"하나님께 가까이함이 내게 복이라 내가 주 여호와를 나의 피난처로 삼아 주의 모든 행적을 전파하리이다"(시 73:28). 이는 정말로 중요한 말씀입니다. 우리 모두는 이 지점에 도달해야 합니다. 시편 기자가 하나님을 가까이하기로 결정한 마지막 이유는 하나님께 영광을 돌리기 위해서, 그분의 모든 역사를 선포하기 위해서입니다. 나는 시편 기자의 논증이 다음과 같다고 생각합니다. '하나님께 가까이 다가가면 나는 복을 받고, 그분의 구원을 체험하며, 엄청나고 경이로운 안전함을 느끼게 될 거야.' 물론 나는 이것으로 인해서 하나님을 찬양하고 찬미하며, 다른 사람들 앞에서 하나님께 영광을 돌립니다. 나는 항상 하나님을 찬양하기 위해서 그분을 가까이할 것입니다. 하나님을 찬양할 때 다른 사람들에게 그분을 증언하게 될 것입니다. 이것이 우리 모두가 도달해야 할 지점입니다.

당신도 기억하다시피, 웨스트민스터 신앙고백 소요리문답의 첫 번째 질문은 '인간의 제일 목적은 무엇인가?'입니다. 대답은 이것입니다. '인간의 제일 목적은 하나님을 영화롭게 하며, 그분을 영원히 즐거워하는 것이다.' 시편 기자는 이것을 다른 방식으로 설명합니다. 그는 경험의 문제를 다루고 있기 때문에 즐거움을 먼저 이야기합니다. 시편 기자는 스스로 불행하다고 여기고 있었습니다. 그래서 그는 우리의 차원까지 내려와서 말합니다. '하나님을 가까이하라. 그러면 행복할 것이며, 하나님을 즐거워하고 영화롭게 할 것이다.' 이 두 가지는 항상 함께 있습니다. '인간의 제일 목적은 하나님을 영화롭게 하며, 그분을 영원히 즐거워하는 것이다.' 그렇습니다. 이 사람은 말합니다. '하나님을 즐거워함은 물론 영화롭게 하기 위해서 하나님을 가까이할 것이다. 그분은 전능자 주 하나님이시다. 사람과 세상과 역사의 비극은 세상이 그 사실을 모른다는 것이다. 그러나 내가 해야 할 일은 하나님에 대해 사람들에게 말하는 것이다. 일평생 동안 내 입술로 그렇게 할 것이다. 내 삶 전체를 하나님의 영광을 위해 드릴 것이다. 그분을 가까이하고 체험할 때에야 비로소 그분을 영화롭게 할 수 있다. 그렇게 할 때 그분의 생명을 드러내게 될 것이다.'

Faith on Trial, 123-124

17일 : 믿습니다, 그대로 따라가겠습니다

예수 그리스도의 복음은 결단과 헌신을 요구합니다. …그것은 당신이 자세히 살펴보고 다른 철학과 비교하고 대조하는 일개 철학이 아닙니다. … 물론 예수 그리스도의 복음은 놀라운 사상입니다. 하지만 문제는 그 복음을 그저 읽을거리나 흥밋거리로 정도로 간주한다는 것입니다. 그러나 복음은 그렇게 취급되는 것을 용납하지 않습니다. 그것은 우리 삶을 지배합니다. 그것은 우리 주님이 사람들에게 다가섰던 것과 같은 방식으로 우리에게 다가옵니다. 당신이 알다시피, 예수님은 걸어가시다가 마태와 같은 사람을 만났을 때 '나를 따라오라'고 말씀하셨습니다. 그때 마태는 일어나서 그분을 따라갔습니다. 복음은 이와 같은 것입니다. 복음은 '나를 한번쯤 고려하라, 나를 존경하라'고 말하지 않고, '나를 따르라, 나를 믿으라'고 말합니다. 복음은 항상 결단을, 헌신을 촉구합니다.

이는 절대적으로 중요합니다. 만일 우리가 멀리서만 복음을 바라보면서 그 좁은 길의 영광과 경이로움과 미덕을 묘사하는 것은 아무런 소용이 없습니다. 그것은 뚜벅뚜벅 걸어가야만 하는 길입니다. 우리가 들어가야만 하는 그 무엇입니다.

그래서 우리는 자신에게 아주 간단한 질문을 던지게 됩니다. … '이 길에 내 자신을 맡겼는가? 이 길이 내 삶을 지배하고 있는가?' … 물론 이는 매우 명확한 의지의 행위를 수반합니다. 이는 다음과 같이 말하라고 요구합니다. '이것을 하나님의 진리와 그리스도의 부르심으로 받아들여서 어떤 일이 닥쳐오더라도 내 자신을 거기에 맡길 거야. 결과는 개의치 않아. 나는 그것을 믿어. 그것을 따라 행동할 거야. 이 이후로 이것은 내 삶이 될 거야.'

일부 선배들이, 모든 그리스도인이 하나님과 서약을 맺는 것은 좋은 일이라고 가르쳤던 시절이 있었습니다. … 그들은 앉아서 자신들이 하나님과 맺은 서약을 종이에 쓰고, 서명을 했습니다. … 그리스도인의 삶은 결단을 요구합니다.

Studies in the Sermon on the Mount II, 229-230

18일 : 기도하고 기도하고 기도하십시오

실제적인 노력을 계속하십시오. 계속해서 연구하십시오. 그러나 하나님은 우리가 그것에 의존하는 것을 금지하셨습니다. 그럼에도 불구하고 하나님의 이름으로 그것을 멈추지 마십시오. 성령의 권세와 권능이 없다면 그것은 전혀 소용이 없다는 것을 깨달으십시오. … 내가 누구인지 또는 내가 무엇을 하는지는 중요하지 않습니다. 그것은 내게 아무런 유익이 되지 못합니다. 오직 성령의 권세만 효력이 있습니다.

이것이 슬픈 현실입니다. 나는 오늘날 그리스도인들, 심지어 복음주의자들이 부흥을 위해 기도한다는 소리를 듣지 못합니다. … 그들은 자신들의 체계적인 노력을 위해서 기도합니다. … 최근에 누군가 부흥을 위해서, 하나님께서 하늘의 창을 여셔서 성령을 부어 주시기를 기도한다는 소리를 들은 적이 있습니까? 당신은 언제 그것을 위해서 기도했습니까? 우리는 거의 이를 무시하고 있습니다. 우리는 성령의 권세를 망각하는 죄를 짓고 있습니다. … 우리를 능력 있게 만드는 한 가지 사실을 망각했습니다. 우리는 반드시 매 주일 목사와 설교를 위해서, 본질적인 조직을 위해서 계속해서 기도해야 합니다. … 그러나 무엇보다도 부흥을 위해서 기도하고 탄원해야 합니다. 하나님은 부흥을 일으키실 때 50년 동안 우리 기관이 한 것보다 하루에 더 부흥시키실 수 있습니다. 이것이 오랜 교회사 이야기에서 나온 생각입니다.

이것이 오늘날 가장 필요한 일입니다. 참으로 이것이 유일한 소망입니다. 그러므로 우리는 날마다 시간을 내서 하나님 앞에서 부흥을 위해 간구해야 합니다. … 과거에 갑자기 예상치 못한 순간에 죽어 가는 교회에 오셔서 새로운 생명을 불어넣어 승리하게 하셨던 그 하나님이 여전히 동일하시며, 그분의 팔이 결코 짧지 않으며, 그분의 능력이 결코 줄어들지 않았다는 것을 떠올리십시오.

Authority, 92-93

19일 : 그분의 발자취를 따라서

좁은 문으로 들어가 좁은 길을 걸어가야 하는 가장 큰 자극 요인은 이것입니다. 당신보다 앞서 가신 분이 계십니다. 당신은 세상을 바깥에 남겨 두어야 합니다. 당신은 자신에게 소중한 많은 것을 떠나야 할 수도 있습니다. 당신 자신, 곧 당신의 옛 자아를 버려야 합니다. 그 문을 지날 때 당신은 고립되고 외롭다고 생각할 수도 있습니다. 그러나 그렇지 않습니다. 당신과 같이 이 길을 걸어가는 다른 사람들도 있습니다. … 다른 길만큼 많지는 않습니다. 그러나 그들은 매우 구별된 사람들입니다. 하지만 무엇보다도 모든 사람보다 먼저 그 길을 뚜벅뚜벅 걸어가시는 분을 바라보십시오. 그분은 "나를 따르라"(마 8:22)고 말씀하셨습니다. 또 그분은 말씀하셨습니다. "누구든지 나를 따라오려거든 자기를 부인하고 자기 십자가를 지고 나를 따를 것이니라"(마 16:24). 좁은 문에 들어가는 다른 자극 요인이 없을지라도 그것으로 충분합니다. 이 길을 들어가는 것은 주 예수 그리스도의 발자취를 따르는 것입니다. 그것은 그분이 사셨던 것처럼 살라는 초대입니다. 이는 더욱더 그분처럼 되라는 초청입니다. 그것은 복음서에서 읽는 그분의 삶처럼 살라는 것입니다. … 이런 방식으로 생각하면 할수록 그 자극 요인은 점점 더 강해질 것입니다. 당신이 떠나야 할 것에 대해서 생각하지 마십시오. 그것에는 아무것도 없습니다. 잃어버리는 것에 대해서 생각하지 마십시오. 희생과 고난에 대해서 생각하지 마십시오. 이런 용어들을 쓸 필요가 없습니다. 당신은 아무것도 잃지 않으며, 오히려 모든 것을 얻습니다. 그분을 바라보십시오. 따라가십시오. 당신이 궁극적으로 그분과 함께 있어 그분의 복된 얼굴을 보며 영원히 그분을 즐거워하게 될 것을 생각하십시오. 그분이 이 좁은 길에 계십니다. 이것으로 충분합니다.

Studies in the Sermon on the Mount II, 235-236

20일 : 당혹스러운 시대를 사는 방법

사람들은 특정 문제에 대해 명확한 해답을 원합니다. 그러나 성경은 이런 측면에서 우리가 바라는 것을 항상 주지 않습니다. 그러나 성경은 방법을 가르쳐 줍니다. …

첫째, 생각하십시오. 먼저 할 일은 말하기 전에 생각하는 것입니다. 야고보는 말합니다. "사람마다 듣기는 속히 하고 말하기는 더디 하며 성내기도 더디 하라"(약 1:9). 우리의 문제는 말하거나 성내는 것은 속히 하는 반면에 생각은 더디 한다는 것입니다. 하박국 선지자는, 먼저 숙고하라고 말합니다. 반응을 보이기 전에 우리는 생각하기를 훈련해야 합니다. …

둘째, 기본 원리를 되뇌십시오. … 당신은 먼저 직접적인 문제를 출발점으로 삼지 말고 좀더 뒤로 거슬러 올라가야만 합니다. … 절대적으로 확실한 것, 결코 의심할 수 없는 것을 떠올려야 합니다. 그것을 쓰고 마음속으로 생각하십시오. '이 끔찍하고 당황스러운 상황 속에서 견고한 토대를 어디서 발견할 수 있는가?' 황무지를 걷거나 산을 오르다가 수렁에 빠졌을 때 그곳을 벗어나는 유일한 방법은 발을 디딜 수 있는 딱딱한 땅을 발견한 것뿐입니다. … 영적인 영역에서도 마찬가지로 당신은 영원하고 절대적인 원리로 되돌아가야만 합니다. …

셋째, 기본 원리들을 문제에 적용하십시오. … 문제를 올바른 상황에 가져다놓을 때만 해결될 수 있습니다.

넷째, 여전히 의심된다면 그 문제를 하나님께 맡기십시오. … 기도로 하나님께 아뢰고 그분께 맡기십시오. 이것이 하박국 선지자가 1장 13절에서 행한 것입니다. "주께서는 눈이 정결하시므로 악을 차마 보지 못하시며 패역을 차마 보지 못하시거늘 어찌하여 거짓된 자들을 방관하시며 악인이 자기보다 의로운 사람을 삼키는데도 잠잠하시나이까." 12절과 13절 상반절에서 하박국 선지자는 여전히 당황해하고 있습니다. 그래서 그는 그 문제를 하나님께 가져가서 맡겨 버립니다.

올바른 방법을 갖고 있다면 우리는 하나님께서 나를 이상하게 대하시는 것이든, 세상의 문제든, 개인적인 어려움이든 간에 동일하게 그 방법을 적용할 수 있습니다.

From Fear to Faith, 25-28

21일 : 은혜와 긍휼

긍휼이란 무엇입니까? 긍휼을 가장 잘 이해하는 방법은 그것을 은혜와 비교하는 것이라고 생각합니다. … 그동안 내가 읽었던, 이 두 가지에 대한 가장 좋은 정의는 이것입니다. '은혜는 특별히 사람들의 죄와 관련이 있고, 긍휼은 인간의 고통과 관련이 있다.' 은혜가 죄를 전체적인 시각에서 내려다보는 것인 반면 긍휼은 죄의 비참한 결과를 올려다봅니다. 그래서 긍휼은 고통을 벗어나고 싶다는 갈망에 연민을 더한 것입니다. 긍휼의 본질적인 의미는 자비로운 것입니다. 그래서 그리스도인은 측은지심을 갖습니다. 사람의 비참함(고통)에 관심을 기울이면서 그 고통을 덜어 주고 싶어 합니다. … 긍휼히 여기는 마음을 가지는 것은, 당신이 문득 권세를 행사할 수 있는 지위에 있는 자신을 발견할 때 당신에게 죄를 지은 사람에게 표현하는 마음입니다. … '이 사람은 나에게 죄를 지었어. 그래 이제 나한테 기회가 왔어!'라고 말할 겁니까? 이는 긍휼히 여기는 마음과 정반대입니다. … 우리는 다른 사람이 겪는 슬픔과 고통에 대해서 측은히 여기는 마음을 행동으로 나타낼 수 있습니다. … 신약성경에서 긍휼을 가장 잘 보여 주는 예는 선한 사마리아인 비유입니다. 그는 길을 가다가 강도당한 불쌍한 사람을 보자 멈춰 서서 그 사람이 누워 있는 자리로 다가갑니다. 다른 사람들은 그 사람을 보자마자 지나쳤습니다. 그들은 동정과 연민을 느꼈지만 아무 조치도 취하지 않았습니다. 그러나 긍휼히 여기는 사람이 있었습니다. 그는 희생자를 보며 안타까워하면서 다가가 상처를 싸매 주고 그에게 필요한 것을 준비해 주었습니다. 이것이 긍휼히 여기는 마음입니다. 이것은 단순히 불쌍히 여기는 마음이 아닙니다. 그것은 큰 갈망이며, 그 상황을 해결하려고 무언가를 행하는 노력입니다.

Studies in the Sermon on the Mount I, 99-100

22일 : 가장 가까이에 있는 의무를 행하십시오. 다음에 할 일이 명확해질 것입니다(토머스 칼라일)

'너희가 모든 것을 행하면 그가 자신의 힘을 너희에게 부어 주실 것이다.' 얼마나 놀라운 생각인지요! 이것은 일종의 영적 수혈입니다. 바울의 가르침입니다. 한 환자가 여러 가지 이유로 피를 너무 많이 흘렸습니다. 그는 의식이 가물가물하며 숨을 몰아쉽니다. 그 환자에게 약을 주는 것은 아무런 소용이 없습니다. 왜냐하면 그는 약을 흡수해서 사용할 피가 모자라기 때문입니다. 그는 빈혈을 앓고 있습니다. 그를 위해 할 수 있는 일이라곤 수혈해 주는 것뿐입니다. 이것이 바울이 우리에게 말하는 것, 즉 주 예수 그리스도께서 바울을 위해서 행하신 것입니다. 바울은 말합니다. "나는 매우 허약합니다. 기력이 다 떨어져서 내 안에 피가 고갈된 것 같습니다. 그러나 … 이 때문에 그분이 내 안에 힘을 주입하시는 것을 발견합니다. 그분은 나의 모든 상태와 처지를 아십니다. 내게 필요한 것이 무엇인지 정확하게 아십니다. 아, 그분이 얼마나 많이 주시는지요! 그분은 말씀하십니다. '내 은혜가 네게 족하도다'(고후 12:9). 그래서 나는 말할 수 있습니다. '내가 약한 그때에 강함이라'(고후 12:10). 나는 때때로 큰 능력을 느낍니다. 아무것도 기대하지 않을 때도 있습니다. 그러나 그분은 모든 것을 주십니다." 이것이 그리스도인의 삶의 낭만입니다. 나는 교회 강단 외에 그 어디에서도 이런 경험을 할 수 없습니다. 나는 매주 설교 강단에 오릅니다. 어떤 일이 일어날지 모릅니다. 고백하건대, 여러 가지 이유로 아무 것도 기대하지 않지만 갑자기 능력이 임재하기도 합니다. 감사하게도 그것은 그렇게 일어납니다. 나는 최선을 다하지만, 그분이 능력과 공급을 주관하십니다. … 그분은 천상의 의사이십니다. 내 상황에서 일어나는 모든 변화를 아십니다.

처방은 바로 이것입니다. 그분께 기도로 능력을 간구하면서 고민하지 마십시오. 그분이 당신에게 하라고 명령하신 것을 행하십시오. 그리스도인의 삶을 사십시오. 기도하고 그분을 묵상하십시오. 그분과 시간을 보내며, 그분 자신을 당신에게 나타내 달라고 구하십시오. 그렇게 할 때 당신은 나머지를 그분께 맡길 수 있습니다. 그분은 당신에게 힘을 주실 것입니다.

Spiritual Depression, 299-300

23일 : 산상설교에 나오는 삶을 바라보십시오

　넓은 길에서 사는 세상적인 삶을 바라보십시오. … 그 삶을 보고 검토해 보십시오. 궁극적으로 그 삶에 무엇이 있습니까? 종국에는 그처럼 공허한 것을 생각할 수 있습니까? … 얻는 것이 무엇입니까? … 눈에 띄는 옷을 입고, 사교지에 사진을 게재하고, 최신 유행의 정장이나 개인적인 용모로 알려진다고 해서 품격을 높이는 것이 있습니까? 그런 것을 위해서 사는 사람들을 보고 그들의 삶, 특별히 그들의 결말을 살펴보십시오.

> 세상적인 쾌락은 시들고 그가 자랑하는
> 모든 겉치레와 과시는 사그라지네.

　얼마나 공허한지요!
　… 그러고 나서 다른 삶을 보십시오. 본질적으로 모든 면에서 얼마나 다른지 살펴보십시오. 넓은 길은 지적으로나 도덕적으로나 모든 면에서 공허하며 무익합니다. 이는 심지어 그 당시조차도 구역질나게 합니다. … 그러나 다른 길을 보십시오. 그러면 현저하게 다르다는 것을 알게 됩니다. 산상설교(마 5-7장)를 다시 한 번 읽어 보십시오. 이 얼마나 멋진 삶입니까! 신약성경을 읽으십시오. 당신의 지성에 얼마나 좋은 양식이 되는지요! 신약성경에 당신의 마음을 사로잡는 것이 있습니다. … 이것보다 더 높은 지적인 일을 생각할 수 있습니다. 여기에 당신이 생각할 것, 지적으로 씨름할 것, 실제적인 만족을 안겨 줄 것이 있습니다. 얼마나 윤리적이며, 고무적이며, 크고 고상한지요!
　그리스도인이 아닌 사람들이 안고 있는 궁극적인 문제는 그들이 그리스도인의 삶의 영광과 장엄함을 결코 보지 못한다는 것입니다. 그것이 얼마나 고귀하고 순전하며 고결한지요! 그러나 그들은 그것을 결단코 보지 못합니다. 그것을 보는 눈이 없습니다. … 어떤 사람이 이 고귀한 소명의 영광과 장엄함과 특권을 어렴풋이나마 본다면 나는 그가 그 어떤 다른 것도 갈망하지 않을 거라고 생각합니다.

Studies in the Sermon on the Mount II, 232-234

24일 : 선포되어야 할 하나님의 진리

우리는 두려워하는 마음, 잠복해 있는 교만, 열등감, 하나님의 말씀과 복된 진리를 변명하는 성향을 제거해야만 합니다. … 우리는 확신과 자신감을 가져야만 합니다! 무엇에 대해서 말하는 것입니까? 바로 하나님의 말씀인 성경에 대한 확신을 말합니다. 왜 그렇습니까? 성경은 하나님의 말씀이며 계시이기 때문입니다. 그것은 진리에 대한 사람들의 이론이나 생각이 아니기 때문입니다. … 그것은 살아 계신 하나님께서 사람들에게 계시하신 것이며, 전하라고 명령하신 것입니다. 마틴 루터는 다음과 같이 설명했습니다. '철학은 인간의 사유로 알 수 있는 것과 관련이 있다. 신학은 믿어지는 것, 믿음으로 깨닫는 것과 관련이 있다.'

이것이 하나님의 말씀이며 진리입니다. 이것은 사람에게서가 아니라 하늘로부터 온 것입니다. 그래서 불가항력적입니다. 우리는 바울이 갈라디아서 1장에서 말했던 것을 알아야 합니다. … "그리스도의 은혜로 너희를 부르신 이를 이같이 속히 떠나 다른 복음을 따르는 것을 내가 이상하게 여기노라 다른 복음은 없나니 다만 어떤 사람들이 너희를 교란하여 그리스도의 복음을 변하게 하려 함이라 … 형제들아 내가 너희에게 알게 하노니 내가 전한 복음은 사람의 뜻을 따라 된 것이 아니니라 이는 내가 사람에게서 받은 것도 아니요 배운 것도 아니요 오직 예수 그리스도의 계시로 말미암은 것이라"(갈 1:6-7, 11-12). 바울은 고린도 교회 교인들과 다른 사람들에게 "나는 [복음의] 사명을 받았노라"(고전 9:17)고 말했습니다. 이것이 그의 입장이며, 우리의 입장이 되어야 합니다. 이것이 하나님의 말씀입니다! 계시입니다! 그것은 하나님의 말씀이기 때문에 오류가 없습니다. 이것은 우리 전쟁에서 사용하는 제일의 무기입니다. 이것은 변호되어야 하는 것이 아니라 선포되어야 합니다. 거룩한 담대함으로 사람들에게 전해지고 선언되어야 하는 말씀입니다. 대화가 필요한 것이 아니라 선언이 필요합니다.

The Weapons of our Warfare, 20-21

25일 : 내 아들아, 네 마음을 내게 다오

하나님이 원하시고, 우리의 복된 주님이 원하시는 것은 무엇보다 우리 자신입니다. 즉 성경이 말하는 우리 '마음'입니다. 그분은 내적 인간, 곧 마음을 원하십니다. 우리의 복종을 원하십니다. 그분은 단지 우리의 고백, 열심, 호의, 사역, 그 밖의 다른 것을 원하지 않으십니다. 그분은 '우리'를 원하십니다. … 하나님은 우리의 제물을 바라지 않습니다. 우리의 희생제사가 아니라 우리의 순종, 곧 '우리'를 원하십니다. 사람이 올바른 것을 말하거나, 바쁘고 활동적이며, 경이로운 성취를 이루면서 주님께 자신을 드리는 않을 수도 있습니다. 그는 자신을 위해 이 모든 것을 행합니다. … 이는 궁극적으로 우리가 하나님께 저지를 수 있는 가장 큰 모욕입니다. 그것은 열정적으로 '주여, 주여'라고 말하며 바쁘고 활동적이면서도 주님께 헌신하고 복종하지 않으며, 우리 자신의 삶을 주관하기를 고집하며, 성경보다 우리 자신의 견해와 주장을 내세우며, 행할 것과 행할 방법을 자기 마음대로 하는 것입니다. 우리가 무엇을 하든지 간에, 우리의 제물과 희생이 얼마나 크든지, 그분의 이름으로 우리가 얼마나 큰일을 하든지 간에 그것은 아무런 쓸모가 없습니다. 나사렛 예수님이 하나님의 유일하신 아들이며, 그분이 세상에 오셔서 갈보리 십자가를 지시고 우리의 죄를 위해 죽으시고 우리를 의롭다 하시기 위해서 다시 살아나셔서 우리에게 새 생명을 주시며, 우리를 위해 천국을 준비하신다는 것을 믿는다면, 당신이 이것을 믿는다면 피할 수 없는 결론에 도달합니다. 즉 우리의 삶 전체에 대한 권리가 그분에게 있습니다. 이는 그분이 큰일뿐만 아니라 아주 작은 일도 주관하셔야 한다는 의미입니다. … 우리는 그분과 그분이 성경에 즐거이 계시하셨던 방식에 복종해야 합니다. 만일 우리의 행위가 이 모범에 맞지 않는다면 … 그것은 그리스도께서 어떤 사람들에게 말씀하셨던 유형의 행위, 즉 "불법을 행하는 자들아 내게서 떠나가라"(마 7:23)에 해당됩니다. 그분은 그 행위를 불법이라 부르셨습니다. 그 사람들은 주님이 아니라 자신을 기쁘게 하기 위해서 행하고 있기 때문입니다. 이 말씀에 비추어서 우리 자신을 진지하게 시험해야 합니다.

Studies in the Sermon on the Mount II, 281-282

26일 : 기독교란 오직 그분을 사랑하고 섬기는 것입니다

  오늘날 매우 흔한 위험은 기독교의 개인적인 측면보다 사회적이고 일반적인 측면에 관심을 기울인다는 것입니다. 이는 특별히 금세기에 중요합니다. 오늘날 이 나라와 사회 문제에 직면한 많은 사람들은 이 국가와 사회 문제에 대한 성경의 가르침과 기독교적 자세가 필요하다가 이야기하고 있습니다. 국회의원과 정치인들, 심지어 지도자적인 인물들을 주시해서 지켜보십시오. 그들은 주일에 예배에 참석하지 않더라도 '종교'와 '기독교'라는 말을 점차로 더 사용하고 있습니다. 그들은 기독교의 가르침이 나라의 문제를 해결할 수 있다고 막연하게 생각하고 있는 것 같습니다. 능동적이고 실천적인 그리스도인들이 아니고 … 개인적으로 주님께 순종하지 않을지라도 그들은 기독교가 일반적인 방식으로 도움을 줄 수 있다고 생각하는 듯 보입니다. 우리는 '기독교 문명'과 '기독교적' 또는 '서구적' 가치에 대해 이야기할 때면 항상 논쟁에 빠집니다. … 나는 기독교를 마치 반공산주의 가르침 정도로만 취급하는 경향에 대해 이야기합니다. 이는 때때로 기독교 단체들이 광고하는 방법에서, 곧 '그리스도인가 아니면 공산주의인가?' 등과 같은 그러한 슬로건 사용에서 보이기도 합니다. … 이는 교묘한 방식으로 이용됩니다. 반공산주의자이기 때문에 자신이 그리스도인임이 틀림없다고 확신하는 사람도 있습니다. 그러나 결단코 아닙니다. … 기독교의 개인적이고 특별한 문제를 사회적이고 일반적인 것으로 대체하는 것은 정말로 위험합니다. … 만일 좀더 일반적이고, 사회적이고 또는 정치적인 문제에 관심을 기울인다면, 기독교에 대해서 그런 문제에 대해 더욱더 관심을 기울인다면 극도로 위험합니다. 왜냐하면 더 이상 내 자신을 시험하지 않고 있기 때문입니다.

Studies in the Sermon on the Mount II, 286-287

27일 : 은혜와 율법 둘 다 필요합니다

성경을 잘못 해석하는 가장 흔한 이유가 의심의 여지없이 한 가지 이론을 가지고 성경에 접근하는 것입니다. 우리는 이 이론을 가지고 성경에 다가가며, 이것을 기준으로 모든 것을 읽습니다. … 당신이 좋아하는 것을 성경에서 입증할 수 있다고 말하는 것도 일리가 있습니다. 이것이야말로 이단들이 생기는 방법입니다. 이단들은 결코 부정직한 사람들이 아니라 잘못 판단한 사람들입니다. … 그들은 교회에서 잘 알려진 가장 진지한 사람들이었습니다. 그들의 문제가 무엇입니까? 그들이 안고 있는 문제는 이것입니다. 즉 그들은 한 이론을 발전시켜서 만족해하며 그 이론을 가지고 성경으로 돌아가서 그 이론을 성경 이곳저곳에서 발견하는 것처럼 보입니다. … 한 이론을 가지고, 선입견을 가지고, 우리 자신이 특별히 좋아하는 생각을 가지고 성경을 찾아가는 것만큼 위험한 것은 없습니다. …

이 특별한 위험성은 율법과 은혜의 관계 문제에서 잘 드러납니다. … 어떤 사람들은 율법을 너무 강조한 나머지 영광스러운 자유를 주는 예수 그리스도의 복음을 한낱 도덕적인 격언들로 전락시키고 맙니다. 복음은 그들에게 온통 율법뿐이고 은혜는 전혀 남아 있지 않습니다. 그들은 그리스도인이 되기 위해서 무언가를 해야만 하는 것처럼 그리스도인의 삶을 이야기하는데, 그것은 순수한 율법주의입니다. 그것에는 실제로 은혜가 없습니다. 그러나 마찬가지로 율법을 희생시켜 가면서 은혜를 지나치게 강조하는 것도 신약성경의 복음이 아니라는 것을 기억하십시오.

Studies in the Sermon on the Mount I, 11-12

28일 : "사람은 외모를 보거니와 나 여호와는 중심을 보느니라"
(삼상 16:7)

예수님은 복음을 전하고 마귀를 내쫓도록 제자들을 파송했으며, 그들은 크게 성공했습니다(눅 10:17-20). 그들은 그때 일어난 일로 자부심이 가득해서 돌아왔습니다. 우리 주님은 제자들에게 실제로 이렇게 말씀하셨습니다. '내가 산상설교에서 하나님 나라 밖에 있는 사람들이 내 이름으로 복음을 전하고 귀신을 내쫓으며, 놀라운 이적을 많이 행할 수 있다고 말하지 않았더냐? 이런 것들로 미혹되어서는 안 된다. 네 자신을 확신하라. 중요한 것은 바로 너의 마음이다. 네 이름이 하늘에 기록되어 있느냐? 너는 정말로 내게 속해 있느냐? 내가 가르친 이 거룩한 의를 가지고 있느냐?' "나더러 주여 주여 하는 자마다 다 천국에 들어갈 것이 아니요 다만 하늘에 계신 내 아버지의 뜻대로 행하는 자라야 들어가리라"(마 7:21). 당신 자신이나 다른 사람을 시험하는 방법은 이면을 바라보는 것입니다. 명백한 결과를 바라보지 마십시오. 기적과 이적을 바라보지 마십시오. 대신에 그가 팔복을 따라 사는지 확인하십시오. 그는 마음(심령)이 가난합니까? 온유합니까? 겸손합니까? 세상을 바라보면서 그의 심령이 끙끙거리며 애통해합니까? 하나님의 거룩한 사람입니까? 엄숙하며 진실합니까? 바울처럼 "참으로 이 장막에 있는 우리가 짐진 것같이 탄식하는 것은 벗고자 함이 아니요 오히려 덧입고자 함이니"(고후 5:4)라고 말합니까? 이것이 시금석, 팔복의 시금석, 산상설교의 시금석들입니다. 사람의 성품, 사람의 본성에 대한 시금석입니다. 하나님은 외모가 아니라 중심(본체) 자체를 보십니다.

Studies in the Sermon on the Mount II, 270-271

29일 : 거룩해지기 위해서 시간을 투자하십시오

어떻게 하나님을 가까이할 수 있습니까? … 무엇보다 기도 생활을 통해서입니다. … 하나님이 어떤 분이신지를 진정으로 안다면 그분과 이야기하기를 원할 것입니다. 실제로 하나님을 가까이하는 사람은 항상 하나님과 이야기를 나눕니다. 우리는 기도하기로 결단해야 합니다. 우리는 세상이 우리를 더 이상 지배하게 내버려 두지 않고, 도리어 우리가 세상과 우리의 시간과 힘과 그 외의 것을 지배하겠다고 결심해야 합니다.

기도에 더하여 성경 읽기를 통해서 하나님을 가까이하게 됩니다. … 성경을 읽고 연구하십시오.

다음은 공예배를 통해서입니다. 시편 73편의 기자가 영혼의 평안과 안식을 누린 것은 하나님의 성소에 나아갔을 때였습니다. 우리도 종종 동일한 체험을 합니다. 계속해서 하나님을 가까이하기를 원한다면 개인적으로 기도할 뿐만 아니라 다른 사람들과 함께 기도해야 합니다. 혼자서 성경을 읽을 뿐만 아니라 다른 사람들과 함께 읽어야 합니다. 서로를 도와야 합니다. 서로의 짐을 져야 합니다.

또한 묵상하고 생각할 시간을 가져야 합니다. 신문을 한쪽으로 치워 놓고 하나님과 당신의 영혼에 대해 묵상하십시오. 독백을 하지 말고, 우리가 그분의 존전에 있으며, 그분의 자녀이며, 그리스도께서 우리를 위해서 죽으셔서 우리를 하나님과 화해시키셨다는 것을 스스로에게 말해야 합니다. 우리는 하나님의 임재를 연습하고 깨달아야 하며, 그분과 이야기하며 시간을 보내야 합니다. …

물론 마지막은 순종입니다. 그분께 불순종하면 단절되기 때문입니다. 죄는 항상 관계 단절, 하나님에게서 멀리 떨어지는 것을 의미합니다. 그래서 하나님을 찾고 그분께 순종하는 것, 이 두 가지 규칙을 따라야 합니다. 죄를 지어서 관계와 교제가 단절되었다면 우리는 즉시 '하나님의 아들 예수 그리스도의 피'가 모든 불의에서 우리를 깨끗하게 하신다는 것을 알고 죄를 고백함으로 다시 견고하게 세워야 합니다. … "하나님께 가까이함이 내게 복이라"(시 73:28). 하나님의 얼굴빛 안에서 그분을 알고 그분과 함께 거하며 여생을 보내게 되기를 바랍니다.

Faith on Trial, 124-125

30일 : 참된 신자의 모습

　… 참된 신자는 산상설교의 전체 가르침을 대면하는 사람입니다. 그는 일부만 뽑거나 선택하지 않고, 성경 전체에 귀를 기울입니다. 조급해하지 않습니다. 시간을 내서 성경을 읽습니다. 일부 시편만 선호해서 잠 못 이루는 밤에 수면제로 사용하지 않습니다. 성경 전체에 자신을 비추어 검토하며, 조사합니다. 참된 신자는 이렇게 자신을 살피는 일을 불쾌하게 여기지 않고 도리어 환영합니다. 그는 그것이 자신에게 유익이라는 것을 알아서 그 고통을 기꺼이 감수합니다. … 참된 그리스도인은 말씀 아래서 자신을 낮춥니다. 말씀이 자신에게 말하는 것이 사실이라고 인정합니다. '하나님의 말씀이 나에 대해서 말하는 것보다 나는 더 심하다'고 말합니다. 성경의 비평이나 다른 사람의 비난에 불쾌해하지 않습니다. 도리어 자신에게 말합니다. '그들은 절반도 말하지 않았어. 그들은 너를 모르잖아.' … 팔복의 효과 때문에 그 말씀을 즉시 인정합니다. 그 때문에 자신에게 제시된 삶의 유형과 모범을 따르기를 갈망합니다. 매우 좋은 시금석이 있습니다. '산상설교대로 살기를 원합니까? 당신은 진정으로 그것을 간절히 원합니까? 그것이 당신의 열망입니까?' 그렇다면 그것은 매우 유익하고 건강한 징조입니다. 그리스도인은 산상설교에 나오는 그런 유형의 삶을 살기를 원하고 열망하는 사람입니다. 의에 주리고 목말라합니다. 이것이 그의 인생에서 큰일입니다. 그는 자신의 됨됨이에 만족하지 않습니다. 그는 말합니다. '오, 나는 내가 읽었던 성도들, 곧 허드슨 테일러, 브레이너드, 칼빈과 같은 성도가 되기를 원합니다. 토굴이나 동굴에서 살며 그분을 위해서 모든 것을 희생하고 고난을 겪었던 사람들처럼 되면 좋은 텐데, 내가 바울과 같다면 좋은 텐데 말입니다. 오 내가 복된 주님처럼 된다면 (좋을 텐데).' 정직하게 이렇게 말할 수 있는 사람은 반석 위에 집을 짓는 사람입니다. 그는 팔복을 따르는 사람입니다. 이 시금석의 본질을 주시하십시오. 그것은 당신이 죄가 없는지 완벽한지를 묻지 않습니다. 다만 당신이 어떻게 되고 싶어 하는지, 어떻게 되기를 갈망하는지를 묻습니다.

Studies in the Sermon on the Mount II, 312-313

31일 : 오직 예수님을 위해서

믿음은 항상 전 인격에서 드러납니다. 우리는 믿음을 요한1서 1-2장에 나오는 말씀으로 요약할 수 있습니다. "만일 우리가 하나님과 사귐이 있다 하고 어둠에 행하면 거짓말을 하고 진리를 행하지 아니함이거니와"(요일 1:6). "그를 아노라 하고 그의 계명을 지키지 아니하는 자는 거짓말하는 자요 진리가 그 속에 있지 아니하되"(요일 2:4). 우리는 산상설교를 우리에게 적용할 수 없으며, 다만 주님 시대의 제자들과 다가올 미래 나라의 유대인들에게만 해당된다고 주장하는 사람들이 어디서 잘못되었는지를 알 수 있습니다. 그들은 산상설교가 그런 것이 틀림없으며, 그렇지 않다면 우리는 은혜가 아니라 율법 아래에 놓여 있다고 말합니다. 그러나 앞서 인용한 요한1서의 말씀은 '은혜 아래서' 기록되었습니다. 요한은 그것을 다음과 같이 설명합니다. "만일 어떤 사람이 '그를 아노라'고 말한다면(이것이 예수 그리스도와 아무런 대가없이 죄를 사해 주는 은혜를 믿는 당신의 신앙이라면), 만일 어떤 사람이 '그를 아노라 하고 그의 계명을 지키지 않는다면' 그는 거짓말하는 자이다." 이는 우리 주님이 여기서 하나님 나라에 들어갈 사람에 대해서 말씀하신 것을 단순히 반복하는 것에 불과합니다. "나더러 주여 주여 하는 자마다 다 천국에 들어갈 것이 아니요 다만 하늘에 계신 내 아버지의 뜻대로 행하는 자라야 들어가리라"(마 7:21). 이것이 신약성경 전체의 메시지입니다. 바울은 디도에게 이렇게 말합니다. "그가 우리를 대신하여 자신을 주심은 모든 불법에서 우리를 속량하시고 우리를 깨끗하게 하사 선한 일을 열심히 하는 자기 백성이 되게 하려 하심이라"(딛 2:14). 우리는 거룩함에 이르도록 구원을 받았습니다. 그분은 자신을 위해 우리를 준비시키려 구별하셨습니다. "주를 향하여 이 소망을 가진 자마다 그의 깨끗하심과 같이 자기를 깨끗하게 하느니라"(요일 3:3). 이것이 성경의 가르침입니다.

Studies in the Sermon on the Mount II, 310-311

가장 위대한 메시지
로이드 존스와 함께 하는 365 묵상

초판 1쇄 발행 2011.11.30
초판 2쇄 발행 2011.12.10

지은이   로이드 존스
엮은이   프랭크 챔버스
옮긴이   정길호
펴낸이   방주석
책임편집   설규식
영업책임   유영채
디자인   전찬우

펴낸곳   도서출판 소망
주소   서울특별시 종로구 연지동 136-56 기독교연합회관 1309호
전화   02-392-4232 | **팩스**   02-392-4231
이메일   somangsa77@hanmail.net
홈페이지   www.peterhouse.co.kr

출판등록   1977년 5월 11일(제11-17호)
ISBN   978-89-7510-079-6 03230
책값   뒤표지에 있습니다

ⓒ이 출판물은 저작권법에 의해 보호를 받는 저작물이므로
무단전재와 복제를 할 수 없습니다.

도서출판 소망은 기독교문화 창달을 위해 좋은 책 만들기에 힘쓰고 있습니다.

오직 성령이 너희에게 임하시면 너희가 권능을 받고
예루살렘과 온 유대와 사마리아와 땅끝까지 이르러 내 증인이 되리라 (행 1:8)